U0693373

《宋会要辑稿·刑法》研究

SONGHUIYAOJIGAO XINGFA YANJIU

马泓波◎著

司法部“法治建设与法学理论研究部级科研项目成果”
专项项目（15SFB5007）

教育部规划基金项目（18YJA820011）

陕西省社科基金后期资助项目（13HQ016）

西北大学出版基金项目

西北大学社科繁荣项目

西北大学青年学术骨干资助项目

目　录

下篇 《宋会要辑稿·刑法》专题研究

绪 论

《宋会要》是记录宋代典章制度的政书，[①] 是有关宋代历史最原始、最丰富的资料汇编。《宋会要》原本已经遗失，存世的只有清人所辑《宋会要辑稿》。

一、《宋会要辑稿》的由来[②]

现在所称的《宋会要》是个笼统的概念，是对宋代多部《会要》的总称。宋代从仁宗朝开始修《会要》，到宋末共修成多部，其中有《国朝会要》、《续国朝会要》、《中兴会要》、《乾道会要》、《孝宗会要》、《光宗会要》、《宁宗会要》、《国朝总类会要》、《十三朝会要》等。编修《会要》的目的是通过对档案资料的分类汇编以便于有效地处理政务。修好的《会要》都存放在中央，使用者较少、篇幅却很庞大，而宋代法律又规定"本朝《会要》""不得雕印，违者徒二年"[③]。这就决定了《宋会要》不能广泛、长久地流传于世。

所幸的是，明初仍能看见一些《宋会要》的原本，编修者将其按"韵"收入《永乐大典》中。明中期《宋会要》原本已遗失，[④]《永乐大典》成为唯一的来源。

---

① 会要体始创于唐代，成长、成熟于宋代。《宋会要》在历代会要中最丰富、最完备。

② 本节参考了汤中《宋会要研究》、陈智超《解开〈宋会要〉之谜》两书。

③ （清）徐松：《宋会要辑稿》，中华书局 1957 年版，刑法 2 之 38，第 6514 页。

④ 《文渊阁书目》卷 6（丛书集成初编本，第 73 页）记"《宋会要》一部二百三册，缺。"

清嘉庆十四年徐松奉命入《全唐文》馆，他从《永乐大典》中发现并辑出了“世无传者”的《宋会要》。① 此时的《宋会要》辑本“零编写出，凌乱错杂”，必须加以整理，② 徐松只作了部分工作，去世时仍“厘订未就”。③ 徐松的辑本后又经过缪荃孙、屠寄、刘富曾、费有容之手，不过只是被用来编写新本《宋会要》，是“准备遗弃之物”④。1936年北平图书馆购得徐松的辑本，将其影印发行，名为《宋

---

① 《宋会要》在徐松辑出之前的命运：清代修《四库全书》时，从《永乐大典》编入的“古书善本，世所罕见者”共有三百六十五种，但没有《宋会要》。邵晋涵为四库馆臣，他精于史学，有志于修订《宋史》，但没有辑《宋会要》。全祖望在翰林时每日读《永乐大典》近二十册，且在他所撰的《九经字样跋》中曾引《宋会要》，但也没有辑《宋会要》。俞正燮不知《宋会要》已收在了《永乐大典》中，从类书说部辑录了五卷。汤中对他的评价是“贸然掇拾，未能得其要领”。徐松辑本：清嘉庆十四年徐松奉命入《全唐文》馆，任提调兼总纂官。《永乐大典》也移在了馆中。他从中发现了这部“世无传者”的《宋会要》，将它辑了出来，自称“无虑五六百卷”。又缪荃孙所撰《徐星伯先生事辑》记《宋会要》五百卷。刘承干记原稿一卷一册，极薄，也有“百数十页一册者”。而汤中所见“原稿卷数，并不分明，殆以一册为一卷，非当时卷自为册也。”陈智超先生认为：“各册所以厚薄不均，应是因为在《大典》各卷中，所收《宋会要》文有多少不同的缘故。”他进一步推测，徐松辑录《宋会要》的第一步是按照《大典》的顺序，将各卷中收录的《宋会要》文抄录，并分装成五百册。徐松辑的《宋会要》稿本式样分两种，都是朱丝格，一种半页十一行，每行二十一字；另一种每半页八行，每行二十八字。

② 因为《永乐大典》按“韵”将《宋会要》收录后已失去了原书的体例，徐松辑时《永乐大典》已有残缺，而他翻检找寻时难免遗漏，再由书手抄录又会产生新的错误，所以辑本《宋会要》必须加以整理。

③ 这从辑稿上所留徐松的批语，以及李兆洛和严可均给徐松的信可看出。汤中对此略加分析。归纳起来有二：一是徐松对整理一事非常谨慎。他受李兆洛“无复以欲速致悔”的影响，“因此而慎重，因慎重而迟缓，因迟缓而束之高阁”。二是工作量大，而无得力的助手相助。徐松在“食货类”内纲运令格一卷的签注中写到“此卷纲目混淆，既非编年，又难分类，思之再四，不得编排主脑，意抄胥有颠倒脱落，非检原书，未敢一定。”一卷尚且这样难，全书五百卷，难度可想而知。

④ 缪荃孙、屠寄、刘富曾、费有容的整理本为广雅书局本和嘉业堂本。
广雅书局本。徐松死后，《宋会要》辑本在同治初年散出，由缪荃孙得于北京翰文斋。光绪十三年张之洞创设了广雅书局，收集、整理古籍。缪荃孙客游广州，将此书归于书局。次年，张之洞请缪荃孙、屠寄在广雅书局整理辑本。这项工作后

会要辑稿》。1957年中华书局“用前北平图书馆影印本复制重印”，本书所用即是此版本。

二、《宋会要辑稿·刑法》的研究现状及选题意义

《宋会要辑稿》虽然已有残缺，但其内容依旧非常丰富。本书选取其中的“刑法”部分作整理与研究。

学术界对《宋会要辑稿》所做的基础文献工作，既有工具类的成果，如（日本）江田忠《徐辑〈宋会要〉稿本目录》（1939年）、（法国）Etienne与Balazs《宋会要目次》（1958年）、开封师范学院历史系编写《宋会要辑稿标目》（1963年油印本）、日本东洋文库宋代史研究委员会编印《宋会要研究备要—目录》（1970年）、中国台湾大学王德毅《宋会要辑稿人名索引》（1978年）、（日本）青山定雄《宋会要研究备要》（1981年）、四川大学与哈佛大学联合制作的数据库（2002年，没有在大陆公开发行）、上海人民出版社出版的以U盘为载体的数据库（2008年，有标点，无校勘）等，又有苗书梅老师《宋会要辑稿·崇儒》（河南大学出版社2001年版）、马泓波《宋会要辑稿·刑法》（河南大学

来因张之洞的调离而中止。和徐松的整理思想不同，缪、屠是另写新本，所以他们在辑本之外，还留下了整理本。它“红格阔栏，板心鱼尾下书‘要’字，每半叶十四行，行二十五字；每卷十余叶、数十叶不等。”其中缪荃孙釐订了帝系一门，“似未毕业”。屠寄釐订了职官一门，基本完成。所以广雅稿本，共计一百一十册，另有目录一册、重复本两册。其中帝系七册、后妃三册、礼五册、职官九十五册，而刑法部分没有整理。

嘉业堂本。《宋会要》辑本在张之洞调离后，为书局提调王秉恩所有，王因欠他人之债，遂欲卖书以抵债。当时嘉业堂的主人刘承幹正在广搜群书，便以二千四百元购得了此书。交接时才发现缺刑法一门及其他零散的若干册。八九年后才又以五百金将剩余部分购齐。刘承幹遂请刘富曾来整理。刘用力甚勤，但他和缪、屠一样，把《宋会要》辑本当作底本，另写新本，即为清本。在他离开嘉业堂后，由费有容负责，但费的成就并不大。嘉业堂清本共分四百六十卷。其目录被汤中照录了下来，现存。其中刑法为卷三百七十九至三百九十八。

所以陈智超先生说：今本《宋会要辑稿》并不是整理的结果，而是准备遗弃之物。

出版社 2011 年版）等对《宋会要辑稿》部分内容的点校，更有舒大刚老师等对《宋会要辑稿》（上海古籍出版社 2014 年版）全本的点校。

学术界对《宋会要辑稿》的研究，论文有多篇[①]、专著有四部，分别为汤中《宋会要研究》[②]、王云海《宋会要辑稿考校》[③]、王云海《宋

① 研究论文主要有：徐辑《宋会要》原稿的“副本”问题（王云海：《河南师大学报》1983 年第 4 期，第 41—43 页）、再校《宋会要辑稿》的几点体会（王云海：《史学月刊》1987 年第 4 期，第 31—35 页）、评《宋会要研究备要》（王云海：《宋史论集》，中州书画 1983 年版，第 474—493 页）、《宋会要》两议（王云海：《河南师大学报》1982 年第 4 期，第 57—61 页）、《宋会要辑稿补》序（王利器：《社会科学战线》1990 年第 2 期，第 320—325 页）、《解开〈宋会要〉之谜》读后（杨渭生：《历史研究》1997 年第 3 期，第 186—188 页）、《宋会要辑稿考校》评介（邓广铭：《史学月刊》1986 年第 1 期，第 119—120 页）、《宋会要辑稿》述论（韩长耕：《中国史研究》1996 年第 4 期，第 136—146 页）、从《宋会要辑稿》出现明代地名看《永乐大典》对所收书的修改（陈智超：《史学月刊》1987 年第 5 期，第 31—33 页）、《宋会要辑稿》遗文、广雅稿本及嘉业堂清本的再发现（陈智超：《中国史研究动态》1982 年第 1 期，第 5—8 页）、《宋会要辑稿》的前世、现世和来世（陈智超：《历史研究》1984 年第 4 期，第 182—192 页）、《宋会要辑稿》复文成因补析（陈智超：《中国史研究》1982 年第 1 期，第 127 页）、《宋会要》的利用与整理（陈智超：《文献》1995 年第 3 期，第 260—266 页）、《宋会要》研究备要（目录）序（[日] 青山定雄：《河南师大学报》1981 年第 3 期，第 58—60 页）、《宋会要辑稿》刊误一则（一安：《河南师大学报》1982 年第 4 期，第 56 页）、宋代两浙围湖垦田之弊——读《宋会要辑稿》“食货”、“水利”笔记（郑学檬：《中国社会经济史研究》1982 年第 3 期，第 88 页）、《宋会要辑稿》证误一《职官》七八宰辅罢免之部（王瑞来：《史学月刊》1984 年第 5 期，第 46—54 页）、藤田抄本《宋会要·食货·市舶》考源（王云海：《中州学刊》1990 年第 2 期，第 126—127 页）。此外，方健、尹波、雷闻等老师也有相关研究成果，恕不一一列出。

② 该书实由三篇文章组成。一、《宋会要考略》，主要据多种史实考定各种会要的卷数、编修年月及修纂奏进的诸臣等。对宋代《会要》做了系统的介绍。二、《俞正燮〈宋会要〉辑本跋考证》，针对俞正燮文中所举的各种书“未注明某卷某篇”、“文多首尾不具，并有将书名误称者，读者惑之”的情况，根据原书，逐条加以考证。三、《大典本〈宋会要〉辑订始末》就徐松辑出的原稿、广雅校本、嘉业堂清本一一叙述其原委，且附有刘承幹编的目录。（汤中：《宋会要研究》，上海商务印书馆 1932 年版，第 21 页。）

③ 该书共分四部分。一是《宋会要辑稿》校补，校补内容以中华书局影印残本《永乐大典》所保存的《宋会要》为限。这部分没有刑法的相关信息。二是《永乐大典》本《宋会要》增入书籍考。三是《宋会要辑稿》重出篇幅成因考。四是《宋会要辑稿》篇目索引。

会要辑稿研究》[①]、陈智超《解开〈宋会要〉之谜》[②]。这些研究成果由于侧重点的问题，虽然也涉及“刑法”部分，但并不多，[③]在深度上也有所欠缺，所以有必要对“刑法”部分做专门的整理。

学术界对《宋会要辑稿》的内容，多是利用其中的材料去研究其他问题，对其本身研究得较少。就“刑法”部分而言，学者们已经认识到它对于研究宋代法制史、宋史的价值，故常加以引用，却无专门研究。

故本书拟以《宋会要辑稿·刑法》为对象，在较大的研究空间里对其作一定程度的整理与研究。

三、本书的主要结构

《宋会要辑稿》是《宋会要》的辑本，它记录宋代的典章制度，

① 该书分八章。一是会要体史书的源流。二是宋代官修本朝《会要》。三是《宋会要》的流传。四是《宋会要》的整理和印行。五是《宋会要辑稿》的现状。六是近人对《宋会要》的研究。七是《永乐大典》所收《宋会要》的底本问题。八是《永乐大典》本《宋会要》的增入书籍。

② 该书共分上下两篇。上篇是解谜，包括十五章，首先提出《宋会要辑稿》是未解之谜，然后提出了解谜应遵循的正确的步骤。第三章介绍了从《宋会要》到《宋会要辑稿》的曲折历程，第四章介绍了从《宋会要》原本到永乐大典的变化，第五章介绍了从永乐大典到今本《宋会要辑稿》的变化，第六章提出要回到徐松的出发点。在接下来的八章中分别介绍了遗文之谜、按语之谜、标目之谜、格式之谜、注文之谜、复文之谜、原名与原本之谜、类门之谜。最后是简短的结语。下篇分十七章，是对十七个门类的复原方案。

③ 汤中先生之书，篇幅不长，但是《宋会要》研究的开山之著，加之他亲眼目睹、亲手翻检了刘承幹的稿本，所以他的著作值得参考，可惜对“刑法”部分涉及得很少；王云海先生的《考校》中仅在第361页至364页中列了刑法部分的索引，其他部分很少提及；陈智超先生之书，上篇是对《宋会要》整体的认识，对“刑法”部分的研究有一定的指导意义，但所举“刑法”部分的例子极少，下篇中有对《宋会要·刑法》“门”的复原方案，言简意赅，但仍有可商榷之处。需要说明的是，陈先生此书对于本书的体例、研究思路等极具参考价值。听闻陈先生近些年来依然孜孜不倦地做着《宋会要》的复原工作，期待先生的新成果早日问世，到时定认真拜读。

是有关宋代历史的最丰富的资料汇编。本书选取其中的“刑法”部分进行文献整理与专题研究，分为上篇、下篇、附录三部分。

上篇是对《宋会要辑稿·刑法》的文献整理。通过对《宋会要·刑法》的类、门、条、卷及《宋会要辑稿·刑法》的注、空格、按语、史源、史料价值、缺陷的分别考查，为认识和复原《宋会要·刑法》以及更方便、准确地利用《宋会要辑稿·刑法》奠定了基础。

下篇是对《宋会要辑稿·刑法》做的专题研究。就立法与颁布、司法与皇权、制度与实践、法律与社会生活四个主题加以深入研究，以期从法律的角度认识宋代社会。

附录针对《宋会要辑稿·刑法》几经易手、残缺零乱、问题繁多的情况，对其中的时间、地名、人名、职官、书名、数字等内容进行校勘，共有 2392 条，以便于对《宋会要辑稿·刑法》的使用。

行文中区别《宋会要》、《宋会要辑稿》。《宋会要》即指宋人编修的原本，《宋会要辑稿》是辑佚所得。

书中为了醒目及节省篇幅，《宋会要辑稿·刑法》的引文格式如《宋会要辑稿·刑法》二/147/17-19，指引文出自《宋会要辑稿·刑法》二之一四七的第十七至十九行。

上篇

《宋会要辑稿·刑法》整理

第一章 《宋会要·刑法》的类、门、条、卷

《宋会要辑稿·刑法》与宋人修的《宋会要》原本已有很大的不同。《宋会要》由类、门、条构成，其类下有门，门中有条。本章拟解决的问题为：《宋会要》是否有“刑法”类？类内有什么门？门之间关系如何？条的内容如何？格式如何？

第一节 《宋会要》有“刑法”类

《宋会要》确实有“刑法”类，这可从两个途径来考查：

一、文献中记载了《宋会要》的“刑法”类

《群书考索》记“王洙《会要》，总类十五：帝系三卷、礼三十六卷、乐四卷、舆服四卷、学校四卷、运历瑞异各一卷、职官三十三卷、选举七卷、食货十六卷、刑法八卷、兵九卷、方域八卷、蕃夷三卷。”①可见，王洙编修的《国朝会要》中有“刑法”类。

① （宋）章如愚：《群书考索·续集》，书目文献出版社 1992 年版，卷 16，第 1015 页。《古今源流至论·前集》卷 4 同。

《玉海》卷 51 记元丰四年王珪上《元丰增修会要》共“二十一类，帝系、后妃、礼（分为五）、乐、舆服、仪制、崇儒、运历、瑞异、职官、选举、道释、食货、刑法、兵、方域、蕃夷。”由此知《元丰增修会要》中也有“刑法”类。①

从上文来看，《国朝会要》、《元丰增修会要》的总类并不相同，分别为“十五”类和“二十一”类。这说明宋代各部《会要》的类数并不完全相同。虽然不能肯定宋代所修的每一部《会要》都有“刑法”类，但至少在《国朝会要》、《续国朝会要》、《中兴会要》、《乾道会要》、《孝宗会要》、《光宗会要》、《宁宗会要》中有“刑法”类，这从《宋会要辑稿 · 刑法》的注文可以看出。再从常理上推测，《会要》中也应该有“刑法”类，因为《会要》是政书，是对典章制度的汇编，而“刑法”则是其中非常重要的内容，所以推测其他的《会要》也应当有“刑法”类。

二、《宋会要辑稿》的门可旁证“刑法”类的存在

《宋会要辑稿 · 刑法》二 /1 的“《宋会要》”下标有“刑法禁约”，“禁约”肯定是《宋会要》的门②，而“刑法”则应是《宋会要》的类。

可见，《宋会要》中有刑法类。其类内包括门和条。类、门、条应严格对应，即必须是同一主题。

第二节　《宋会要 · 刑法》的门③

《宋会要辑稿 · 刑法》的门不等同于《宋会要 · 刑法》的门。

① （宋）王应麟：《玉海》，江苏古籍出版社 1988 年版，卷 51《庆历国朝会要 · 元丰增修》，第 975 页。

② “禁约”是《宋会要》的门。《续资治通鉴长编》卷 133 庆历元年八月壬辰条（3165 页）的注文“此据《会要》禁约篇追附”可以证明。

③ 宋代所修各部具体《会要》的门可能不尽相同（如《乾道续四朝会要》有 666 门，

其中，只有一部分是《宋会要·刑法》的门，[①] 另外一部分是后人所加，而且还缺失了一部分。所以要恢复《宋会要·刑法》的门，应分两步，一是以《宋会要辑稿·刑法》为基础，剔除掉不是《宋会要·刑法》的门。二是依据其他线索补入《宋会要辑稿·刑法》没有但实属《宋会要·刑法》的门。这两步工作的总和则应是《宋会要·刑法》的门。

对《宋会要·刑法》门的复原，陈智超先生在《解开〈宋会要〉之谜》一书中已作了一些研究。[②] 由于陈先生着眼于整部《宋会要》，“刑

而《光宗会要》则只有 364 门）。本书所指《宋会要·刑法》的门仍是总称，而不区别是哪一部《会要》的门。陈智超先生认为“只要它确实存在于其中一部会要中，就不妨碍其成为《宋会要》的一门。换句话说，是否是《宋会要》的一门，并非以是否包括从太祖初年至宁宗末年全部记事为必要条件。”（陈智超：《解开〈宋会要〉之谜》，社会科学文献出版社 1995 年版，第 98 页。）

① 如《宋会要辑稿·刑法》的“矜贷门”可以肯定是《宋会要·刑法》的门。从《建炎以来系年要录》卷 106 绍兴六年十一月丙戌条（第 1734 页）的注文“苗亘事，《日历》不载，《会要》矜贷门亦无之”中可以看出。

② 以下为陈智超先生的原文。见陈智超：《解开〈宋会要〉之谜》，社会科学文献出版社 1995 年版，第 270—273 页。

第十四章　刑法类

一、《宋会要辑稿》刑法类目录

《宋会要辑稿》标目	《宋会要辑稿》位置	《大典》卷数	《大典》字韵 / 事目	备注
格令	1/1—61	19027/19028	令 / 宋格令	
法律	1/62—68	21309	法 / 事韵	应为“法官”。
刑法禁约	2/1—161	21777/21779/19392	约 / 禁约 禁 / 事韵	应为“禁约”。
杂禁	2/162—163	9484	金 / 事韵	有“禁造伪金”等小目，应为“金禁”。
定赃罪	3/1—9	7520	赃 / 事韵	
诉讼	3/10—43	13220	讼 / 事韵	
田讼	3/43—48	13220	讼 / 事韵	

续表

《宋会要辑稿》标目	《宋会要辑稿》位置	《大典》卷数	《大典》字韵 / 事目	备注
勘狱	3/49—88	19978	狱 / 事韵	
配隶	4/1—68	15168	配 / 事韵	
断狱	4/69—84	19979	狱 / 事韵	
狱空	4/85—92	19982	狱 / 事韵	
冤狱	4/93—94	19987	狱 / 事韵	
断死罪	4/95	15459	罪 / 事韵	
出入罪	4/95	15459	罪 / 事韵	
亲决狱	5/1—15	19980	狱 / 事韵	
省狱	5/15—48	19980	狱 / 事韵	
检验	6/1—8	12206	检 / 事韵	
矜贷	6/9—50	15004	贷 / 事韵	
禁囚	6/51—76	9216	囚 / 事韵	
枷制	6/77—79	5811	枷 / 事韵	
军制	7/1—39	8345	兵 / 兵令	
赦宥	8/1	9060	仇 / 事韵	应为“复仇”。

二、《宋会要辑稿》刑法类的问题

刑法类的辑文属起居院及三公三少型，因此《宋会要》的各门，绝大部分保持完整；但也正因为属于此两类型，第一，各门的归属及顺序不明确。第二，在《大典》中收录《宋会要》及从《大典》辑录《宋会要》的过程中，容易遗失。根据《宋会要辑稿》的小注及《长编》与《建炎以来系年要录》的注文，可知《宋会要》原有刑制门、特用刑制门等，均属刑法类，现已遗失。其中的刑制门是刑法类中相当重要的一门。

（一）应从他类划入的内容

1. 守法门。《宋会要辑稿》帝系类有守法门，据唐会要，应入刑法类。

2. 诉理所门。《宋会要辑稿》职官类（三 /75—78）有“诉理所”，附“当赎”、“检覆”，应入本类。

3. 推勘门。《宋会要辑稿》职官类（五 /47—64）有“推勘”，亦应入本类。

（二）应划归他类的内容

1. 一 /62—68，《宋会要辑稿》标目为“法律”，录自《大典》卷 21309，“法”字韵，事韵，为“法官”门，应属职官类。

法”只是其中一小部分，所以仍有一些可以补充和商榷的地方。主要表现为：一是《宋会要辑稿·刑法》中的一些门不是《宋会要》的门，可能是后人所加，这些门的条文应归入其他门中。二是有的门虽是《宋会要》的门，但不属“刑法”类，所以不应当划入《宋会要·刑法》

（三）编排上的问题

现参照《通考》的《刑考》及《宋史》的《刑法志》，对《宋会要辑稿》刑法类各门顺序加以调整。

三、《宋会要》刑法类复原方案（第272—273页）

门名	出处	备注
格令	1/1—61。	
定赃罪	3/1—9。	
禁约	2/1—159。	
禁采捕	2/159—161。	
金禁	2/162—163。	
亲决狱	5/1—15。	
矜贷	6/9—50。	
断狱	4/69—84。	
配隶	4/1—68。	
勘狱	3/49—88。	
推勘	职5/47—64。	
诉讼	3/10—43。	
田讼	3/43—48。	
狱空	4/85—92。	
冤狱	4/93—94。	
断死罪	4/95。	
出入罪	4/95。	
省狱	5/15—48。	
检验	6/1—8。	《大典》卷914有“验尸”事目，为复文。《大典》此卷现存。
诉理所	职3/75—78。	
禁囚	6/51—76。	
枷制	6/77—79。	
兵令	7/1—39。	
复仇	8/1。	
守法	帝11/1—14。	

"刑法类"。三是初步推测《宋会要·刑法》的门在内容多时还可能有子门，所以《宋会要辑稿·刑法》中的一些门应属于《宋会要·刑法》某门的子门，而不应该为独立的门。此外，还有门与条不相符、条文顺序颠倒的情况。具体如下：

一、《宋会要·刑法》中有"刑制"门①，"枷制"应入"刑制"门

《宋会要辑稿·刑法》和《永乐大典》的残本中都没有"刑制"，但从《宋会要辑稿·刑法》的内容或其他文献资料来看，以刑罚为主要内容的"刑制"门确实存在于《宋会要·刑法》中，现论证如下。

（一）"刑制"门理应存在

《宋会要辑稿·刑法》的两个小注表明《宋会要·刑法》有"刑制"门：《宋会要辑稿·刑法·禁约》二之一四七的小注为"立法见刑制"，即"禁约"门中此条立法的详细内容在"刑制"门中；又有《宋会要辑稿·刑法·诉讼》三之33的小注为"已而刑部看详到条制，详见刑制门"。即"诉讼"门中此条相关的内容可见"刑制"门。由这两个小注可知，"刑制"门确实存在。"禁约"、"诉讼"是《宋会要》的另两门，这种以"详见××门"、"见××门"等形式表示的小注，"是编者原注，是供查阅会要时使用的，意思是说，这一条文详见或互见于另外一门中。既然如此，它所指的××门必然是《宋会要》的一门。"②

① 陈智超先生只言"根据《辑稿》的小注及《长编》与《建炎以来系年要录》的注文，可知《宋会要》原有刑制门、特用刑制门等，均属刑法类，现已遗失。其中的刑制门是刑法类中相当重要的一门"，没有更具体论述。见陈智超：《解开〈宋会要〉之谜》，社会科学文献出版社1995年版，第271页。

② 陈智超：《解开〈宋会要〉之谜》，社会科学文献出版社1995年版，第99页。

(二)“刑制”门应以刑罚为主要内容

首先，由上面两个注文对应的正文内容可以证明。

第一个注的正文为：绍兴三年十月十七日“欲乞自今二广边郡透漏生口、铜钱，应帅臣、监司、守倅、巡捕、当职官乞比犯人减等坐罪。诏依奏，令户、刑部限三日立法申尚书省。”由此知，注文所指即是处罚官员的立法在“刑制”中。第二个注的正文为乾道“五年七月一日，大理寺丞魏钦绪言：‘越讼之法，前后申严非不详备，今有所讼至微而辄以上闻者，又有冒辜而伏阙者，则越诉之法，殆为虚设。欲望明诏有司，严立法制，庶几人稍知畏。’诏送刑部看详。”看详是中央或上级司法机关根据以往的敕令或律例对案件所作的批示或签署的意见，具有法律效力，是以后司法时参考的依据，此处是对越诉者的惩罚。这两处都是刑罚的内容，可见《宋会要·刑法》“刑制”门中的一些条文与刑罚有关。

其次，从其他宋代所修文献“刑制”门的记载也可推测《宋会要》“刑制”门是以刑罚为主旨。

《玉海》、《西汉会要》、《东汉会要》中都有“刑制”门。它们都由宋人所修，既然是同时期之作，故有互相参考的可能。所以，可从这些“刑制”门的主旨来推测《宋会要·刑法》“刑制”门的主要内容。

《玉海》卷67有“刑制”，其开篇为“《汉书》，先王制礼以崇敬，作刑以明威，刑罚威狱，以类天之震曜杀戮也。圣人因天讨而作五刑。”可见，此处的刑制是指刑罚。

《西汉会要》卷61《刑法一》“刑制”中记有夷三族、磔、弃市、腐刑、髡钳等刑罚名称及与此相关的臣僚奏议。

《东汉会要》卷35《刑法上》中也有“刑制”。其内容分两部分，一是刑罚的具体规定：腰斩、蚕室、鬼薪白粲等。二为臣僚有关刑罚的奏议。

可见这三部书的“刑制”门都是刑罚的内容，所以《宋会要》的“刑制”门也可能如此。

此外，记载宋代典章制度较为完备的《文献通考》的《刑考》中也有“刑制”，是部分刑罚的内容。如：大辟详覆法、折杖法、凌迟、有关是否实行肉刑的讨论等。《文献通考》中有关宋代刑法的门分别为“刑制”、“徒流”、“配役”、“详谳平反”、“赎刑”和“赦宥”。“刑制”共 2 卷，即卷 166 和卷 167。所记主要内容有三类：一是有关法律典籍制订的情况，这一类内容在《宋会要辑稿 · 刑法 · 格令》中有记。二是有关狱的内容，这一类内容《宋会要辑稿 · 刑法 · 禁囚》等部分有记载。三是有关刑罚的内容，也是《宋会要辑稿 · 刑法》所缺的。另外，《文献通考》的《刑制》中没有包括五刑中的“徒流”，而徒流另为专门，即卷 186 的“徒流”。

故由上可推知：《宋会要 · 刑法》的“刑制”门所记也应是有关刑罚的内容。

《宋会要辑稿 · 刑法》没有有关刑罚的门，连极富宋代特色的“折杖法”也没有专门记载。但从《事物纪原》所引《宋会要》条文来看，[①]《宋会要》中原有折杖法。说明《宋会要辑稿 · 刑法》已失的折杖法的内容应包含在《宋会要 · 刑法》“刑制门”中。

（三）枷制应入“刑制”门

“枷制”在《宋会要辑稿 · 刑法》六 /77—79。“枷制”是刑罚工具枷的记载，涉及国初到高宗时枷的尺寸、重量、使用的情况等，共十条。它应属于“刑制”门。

---

① 折杖法的详细内容，见本章第三节对条文的辑佚。

二、“禁采捕”、“金禁”应归入“禁约”

(一)《宋会要·刑法》中有“禁约门”

从《续资治通鉴长编》的注“此据《会要》禁约篇追附”① 知,《宋会要·刑法》确实有“禁约”门。由《宋会要辑稿·刑法·禁约》知,《宋会要·刑法》“禁约”门应是对官僚、百姓日常行为的规范的记载,它的涉及面非常广,包括禁杀耕牛、禁赌博、禁书、禁看谒、禁秘密集会、禁伐树木等。②

(二)《宋会要·刑法》的“禁采捕”应归入“禁约”门中

“禁采捕”三字,出现在《宋会要辑稿·刑法》二/135的正文中间,以上下文各空一格的书写形式来表示“禁采捕”是门。但这个门是否是《宋会要·刑法》的门,尚需讨论。从内容上看,“禁采捕”是禁止捕鱼、鸟、虫等行为的法律规定,它应是“禁约”内容中的一项。再从《宋会要辑稿·刑法》有关“禁采捕”的条文看,除了集中记于“禁采捕”外,还有一部分则按编年分散在“禁约”门中。所以有两种可能,一是《宋会要·刑法》本无“禁采捕”门,《宋会要辑稿·刑法》“禁采捕”的内容应按编年写入“禁约”中。二是在《宋会要·刑法》的“禁约”门下还有子门,即因为禁约的内容较多,故在其内部又按主题分有子门,在子门中依编年记事。从《宋会要辑稿·刑法》二/109—

---

① (宋)李焘:《续资治通鉴长编》,中华书局1995年版,卷133庆历元年八月壬辰,第3165页。但所言为“禁约篇”,不知是什么原因。待考。

② 《宋会要辑稿·刑法·禁约》中条的排列顺序有问题,应作调整。具体见本章“条文位置的调整”一节。

111都是火禁的记载、111—113专记吃菜事魔教、113—115专记官员禁谒、115—116都是禁奢靡的内容来看，门中再分子门是有可能的。不过，这个结论只是推测，尚待证实。

此外，《宋会要辑稿·刑法》中表示“禁采捕”门的这三个字的书写位置也不正确，造成了门与条内容的不相符。依“禁采捕”的标识，它包括《宋会要辑稿·刑法》二/135至二/146，但其中的内容与“禁采捕”无关，却为开禧元年至嘉定十七年间“禁约”的内容，且与“禁约”门的其他时间相衔接。而真正的“禁采捕”的内容却在《宋会要辑稿·刑法》二/159至二/161，包括建隆二年—绍兴二十九年。所以应将表示门名的“禁采捕”三个字放在二/159第十行的空白处。

（三）《宋会要·刑法》中“金禁”不应当作为一门出现，而应属于“禁约”门

陈智超先生的“金禁”实际上是《宋会要辑稿·刑法》二/162的“禁造伪金”门、“诏禁市金”门、“禁服用金”门、“禁金出关”门的合称。这四门各包含一条，共四条。从条的内容来看，它们与《宋会要辑稿·刑法·禁约》中的一些规定非常相似，所以推测这四条应归入“禁约”中，如淳熙元年条入《宋会要辑稿·刑法·禁约》二/118，隆兴元年条入《宋会要辑稿·刑法·禁约》二/156。

三、《宋会要·刑法》“断死罪”应入“冤狱”

《宋会要辑稿·刑法》四/95有“断死罪”，只淳熙四年一条，从内容和时间上看都应归入“冤狱”。

四、《宋会要·刑法》“出入罪”应入“断狱”

《宋会要辑稿·刑法》四/95有“出入罪”，只有淳熙元年、六

年两条，从内容和时间上看，应入“断狱”门。

五、“复仇”应入“矜贷”门

陈智超先生的“复仇”即是指《宋会要辑稿·刑法》八/1中淳熙十四年之条，在《宋会要辑稿·刑法》中无门的标志。天头的按语为“应归赦宥类”。从它的内容和记述方式来看，应属“矜贷”门。

六、“诉理所”门不应划入《宋会要·刑法》

《宋会要辑稿·职官》三/75—77有诉理所门，出自《永乐大典》的卷10943。记事始于哲宗元祐元年，终于元符三年九月。在《宋会要辑稿·职官》三/77有注为“国朝、中兴、乾道会要无此门”，从条文的内容看，应出自《续国朝会要》，其他《会要》无此门，也是正常的，因为诉理所本是元祐元年初置，用以重新审理熙宁元年正月以后至元丰八年三月六日大赦前命官与诸色人等判罪案件中事涉冤抑者且予以申雪的机构，它理应属于“职官”类。因为它涉及法律内容，所以其中的一些条目也存在于《宋会要辑稿·刑法》中，如元祐二年二月十四日条、元符元年六月二十五日条在《宋会要辑稿·刑法》三/20、三/21中也有相应的条，但它们出自于《永乐大典》的卷13220。这种情况符合《宋会要》的编修传统，即各类间、门间有的条文会有些相似，但各有侧重，彼此不能替代。所以“诉理所”不应当归入《宋会要·刑法》中。

第三节 《宋会要·刑法》的条

《宋会要·刑法》的条是指门的具体内容，与《宋会要辑稿·刑法》条的内容不尽相同。恢复《宋会要·刑法》条的原貌，要以《宋会要·刑法》门为框架，以《宋会要辑稿·刑法》的条文为基础，对《宋会要辑稿·刑法》中已遗失了的条文进行辑佚；对《宋会要辑稿·刑法》有缺漏的条文进行补充；对《宋会要辑稿·刑法》中顺序颠倒了的条文进行调整。如此所得，即是《宋会要·刑法》之条。

一、遗文的辑佚

宋代法律禁止传抄《会要》，但仍有一些书引用了《宋会要》的内容。其中有官修史书，也有私人著述。它们间接地保存了《宋会要》的内容，但它们标注引文出处时只注“此据《会要》”或“《会要》”，很少言及出自《会要》的哪一类、哪一门。所以对《宋会要·刑法》的辑佚要把握三点：其一，所辑内容必须出自《宋会要》；其二，且必须是《宋会要·刑法》的内容；其三，应判定它属于《宋会要·刑法》的哪一门。

1.《事物纪原》卷10《律令刑罚部》：“《宋朝会要》曰：建隆四年三月张昭请，加役流，脊杖二十，配役三年；流三千里，脊杖二十；二千五百里，脊杖十八；二千里，脊杖十七，并役一年。徒三年，脊杖二十；二年半，十八；二年，十七；一年半，十五；一年，十三。杖一百，臀杖二十；九十，十八；八十，十七；七十，十五；六十，十三。笞五十，杖十；四十、三十，八下；二十、十，七下。旧据《狱官令·用杖》：受杖者，皆背臀腿分受。殿庭决者，皆背受。至是，始折杖。又徒流皆背受，笞杖者皆臀受也。”①

按：《宋会要辑稿·仪制》8之9载：建隆三年三月诏尚书省集议徒流合杖用常行杖制。四年三月二十一日张昭上奏。此内容，在建隆

① （宋）高承：《事物纪原》，上海古籍出版社1990年版，卷10《律令刑罚部》，第242页。

四年成书的《宋刑统》中有具体的内容，即为非常有宋代刑罚特色的折杖法。此外，在《续资治通鉴长编》、《文献通考》中都有相同内容，所以《事物纪原》所记虽不见于《宋会要辑稿·刑法》，但属《宋会要·刑法》无疑。结合上文“门”的讨论，此条应归至“刑制”门中。

2.《事物纪原》卷10《律令刑罚部》：“(《宋朝会要》）又曰：旧制，杖皆削节目。常行杖，大头二分七厘，小头一分七厘；笞杖大头二分，小头一分半，皆长三尺五寸。建隆四年张昭等定常行杖。昭请官杖长三尺五寸，大头阔不过二寸厚，及小头径不过九分。小杖长四尺五寸，大头径六分，小头径五分。今官府常用者，是此盖其始也。”①

按：张昭等定常行杖的内容，在《续资治通鉴长编》卷四乾德元年三月癸酉条、《文献通考》卷一百《刑五》、《宋史》卷199《刑法一》中都有记载，它是杖具的具体规定，应归入《宋会要·刑法·刑制》中。

3.《续资治通鉴长编》卷279“判司农寺熊本言：蒙朝旨令张谔并送详定盐法文字付臣。伏缘所修盐法，事干江淮八路，凡取会照应盐课增亏赏罚之类，系属三司。窃虑移文往复，致有稽滞，兼昨权三司使沈括曾往淮、浙体量安抚措置盐事，乞就令括与臣同共详定。从之。”注为“此据《会要》十二月八日事增入”。②

按：这是熊本请求令沈括与他一起详定《盐法》的内容，即是差详定官的问题。从《续资治通鉴长编》的注文知，这是《宋会要》的内容，为熙宁九年十二月八日之事。《宋会要辑稿·刑法》无此条，但有相关的内容，即此前熊本请求立法、后来诏沈括为详定官。分别记载于《宋会要辑稿·刑法》一/9和一/10—12，内容为熙宁九

---

① （宋）高承：《事物纪原》，上海古籍出版社1990年版，卷10《律令刑罚部》，第242页。

② （宋）李焘：《续资治通鉴长编》，中华书局1995年版，卷279熙宁九年十二月庚寅，第6832页。

年六月“二十四日判司农寺熊本言：乞取索本寺一司敕式，选官重行看详修定。诏只于本寺选属官一员编修，令本寺提举”；“十二月二十日中书门下言：重修编敕所勘会《熙宁编敕》，时系两制以上官详定，宰相提举。乞依例差官。诏知制诰权三司使公事沈括、知制诰判司农寺熊本详定。”这三条，时间上首尾相连，分别为六月二十四日、十二月八日、十二月二十日；内容上依次是申请立法、请求沈括为详定官、诏沈括和熊本同详定。可见它们是同一件事的三个不同阶段。所以“十二月八日”条既是《宋会要》的内容，且应和“六月二十四日”、“十二月二十日”一样，归入《宋会要·刑法·格令》中。

二、缺文的补充

缺文有两种，一是指《宋会要辑稿·刑法》空格处的文字，有的加注“缺”等，另一种虽无缺的标志但内容缺失。这些缺文，有的无伤大雅，有的却影响对句意的理解，所以应尽量把这些空缺的字补足。本节所补的主要是第一种，后一种放在附录即《宋会要辑稿·刑法》的校勘中。

1.《宋会要辑稿·刑法》四/75中缺一行又5字，但意义完整，且有按语“接下页”。可不补。

2.《宋会要辑稿·刑法》四/77哲宗元祐元年十二月十七日尚书省言：“左司状，失入死罪未决，并流徒罪已决，虽经去官及赦降原减，旧中书例各有特旨。昨于熙宁中始将失入死罪修入海行敕，其失入死徒罪例为比元罪稍轻，以此不曾入敕，只系朝廷行使。近准朝旨，于敕内删去死罪，（原缺）[4格][①]罪例在刑房者，依旧不废。即

① （原缺）[4格]中（原缺）是原文的注，而[4格]为笔者所加，表示此处空了4格，下文的格式同此。

是重者（原缺）[4 格]，反异于轻者，于理未便。本房再详，徒罪已决例既不可废。即死罪未决例仍合存留。乞依旧存留《元丰编敕》全条。从之。”

按：《续资治通鉴长编》卷 393 记“辛丑尚书省言：左司状，失入死罪未决，并流徒罪已决，虽经去官及赦降原减，旧中书例各有特旨。昨于熙宁中始将失入死罪一项修入海行敕，其失入流徒罪例为比死罪稍轻，以此不曾入敕，只系朝廷行使。近准朝旨，于敕内删去死罪例一项，其徒流罪例在刑房者，依旧不废。即是重者不降特旨，反异于轻者，于理未便。本房再详，徒罪已决例既不可废，即死罪未决例仍合存留。乞依旧存留《元丰编敕》全条。从之。”①

将两段文字相比较②，知第一处（原缺）的 4 个空格似应为“例一项，其徒流”6 字。第二处（原缺）4 格应为“不降特旨”4 字。

3.《宋会要辑稿·刑法》四 /78 元符三年五月二日臣僚言：“大理寺谳断天下奏案，元丰旧法，无失出之罚，后因臣僚建言，增修失出比较，逮绍圣立（原缺）[1 格] 遂以失出三人比失入一人，则一岁之中偶失出罪三人者，便被重谴，甚可惑也。（原缺）[4 格] 者，臣下之小过。好生者，圣之大德。（原缺）[3 格] 失出之罚。诏绍圣四年十一月二十九日指挥勿行。”

按：《宋史》卷 201“元符三年，刑部言：祖宗重失入之罪，所以恤刑。夫失出，臣下之小过；好生，圣人之大德。请罢失出之责，使有司谳议之间，务尽忠恕。诏可。”③

---

① （宋）李焘：《续资治通鉴长编》卷 393，元祐元年十二月辛丑，中华书局 1995 年版，第 9563 页。

② 这两段文字的不同处还有：其一，《续资治通鉴长编》多“一项”两字。其二，死徒罪—流徒罪　比元罪—比死罪。《宋会要辑稿·刑法》错，《续资治通鉴长编》对。

③ （元）脱脱：《宋史》，中华书局 1977 年版，卷 201《刑法三》，第 5024 页。

《文献通考》卷 167“刑部言：祖宗以来重失入之罪，所以恤刑。绍圣之法，以失出三人比失入一人，则是一岁之中偶失出死罪三人，即抵重谴。夫失出，臣下之小过；好生，圣人之大德。请罢理官失出之责，使有司谳议之间，务尽忠恕。从之。”①

由上知，第一处空 1 格疑为“法”。第二处空 4 格，应补“夫夫出”3 字。第三处空 3 格，《宋史》为“请罢”2 字，而《文献通考》为“请罢理官”4 字，两者与空格数不一致。

4.《宋会要辑稿 · 刑法》四 /80/8—9 行“四年二月丁亥都省言大 [3 格] ② 百姓孙昱等案内，孙昱所杀人，系尸 [3 格]，作疑虑奏裁。”

按：《建炎以来系年要录》卷 72 记“右治狱近断孙昱杀一家七人，亦系尸不经验”③。据《建炎以来系年要录》的“右治狱近断”，推测第一个空处似应为“理寺断”3 字。因为右治狱属于大理寺。第二个空处应补入“不经验”3 个字。

5.《宋会要辑稿 · 刑法》四 /81 的 6—9 行有两处空缺，“光则上奏曰：如赵倩等所犯，皆得免死，则强盗加盛，良民无以自存。殆 [2 格] 恶劝善之道。乞自今后应天下州军勘到 [2 格] 理无可悯，刑名无可虑，辄敢奏闻者，并令刑部举驳，重行典宪。”

按：司马光《传家集》卷 48 中有此，即《乞不贷强盗白札子》，其原文为“如赵倩等所犯如此，皆得免死，则是强盗不放火杀人者，尽得免死。窃恐盗贼转加恣横，良民无以自存。殆非惩恶劝善之道。其赵倩等，欲乞并令本州依法处死。仍乞立法，自今后应天下州军勘到强盗情理无可悯，刑名无疑虑，辄敢奏闻者，并令刑部举驳，重行

① （元）马端临：《文献通考》，中华书局 1986 年版，卷 167《刑六》，第 1451 下—1452 上。

② 缺字处无注文，但空 3 格。

③ （宋）李心传：《建炎以来系年要录》，中华书局 1956 年版，卷 72 绍兴四年正月戊午，第 1200 页。只是两书所记月份不同，有正月、二月之别。

典宪。”虽然《宋会要辑稿·刑法》并没有一字不差的引原文，但空缺处还是可以补出，应分别为“非惩”、“强盗情”。

《续资治通鉴长编》卷358记“窃恐盗贼转加恣横，良民无以自存，殆非惩恶劝善之道。”“门下省言：自今应天下州军勘到强盗情无可悯刑名无疑虑辄敢奏闻者，并令刑部举驳，重行朝典。不得用例破条。从之。”①《建炎以来系年要录》卷88记“乞天下州军勘到强盗，情理无可悯”可进一步证实所补四字是正确的。②

6.《宋会要辑稿·刑法》四/83的十八年闰八月七日“大理寺丞石邦哲言：伏睹绍兴令，决大辟皆于市。先给酒食，听亲戚辞，示以犯状，不得窒塞口耳、蒙蔽面目及喧呼奔逼，而有司不以举行，殆为文具。无辜之民至有强置之法。如枉年抚州狱案（原缺）[2格]陈四闲合断放，陈四合依军法。又如泉州（原缺）[3格]陈翁进合决配，陈进哥合决重杖。姓名略同而罪犯迥别。临决遣之日，乃误设以陈四闲为陈四，以陈公进为进哥。皆已决而事方发露，使不窒塞蒙蔽其面目口耳而举行给酒辞诀之令，则是二人者岂不能呼冤以警官吏之失哉？欲望申严法禁。如有司更不遵守，以违制论。从之。”

按：《文献通考》卷167“大理寺丞石邦哲上疏曰：伏睹绍兴令，决大辟，皆于市，先给酒食，听亲戚辞诀，示以犯状，不得窒塞口耳、蒙蔽面目及喧呼奔逼而有司不以举行，视为文具。无辜之民至是强置之法。如近年抚州狱案已成，陈四闲合断放，陈四合依军法。又如泉州狱案已成，陈翁进合决配，陈进哥合决重杖。姓名略同，而罪犯迥别。临决遣之日，乃误以陈四闲为陈四，以陈翁进为陈进哥，皆

① （宋）李焘：《续资治通鉴长编》，中华书局1995年版，卷358元丰八年七月甲寅，第8570—8571页。

② （宋）李心传：《建炎以来系年要录》，中华书局1956年版，卷88绍兴五年四月壬子，第1469页。

已配而事方发。倘使不窒塞蒙蔽其面目口耳而举行给酒辞诀之令，是二人者岂不能呼冤以警官吏之失哉？欲望申严法禁，否则以违制论，从之。"①

《宋会要辑稿·刑法》与《文献通考》的两处文字大致相同，只有个别字不同，《宋会要辑稿·刑法》的空缺处可据《文献通考》补入。第一处当为"已成"2字。第二处当为"狱案已"3字。

7.《宋会要辑稿·刑法》四/85/28—29"十月十三日朝奉郎试大理（缺）[1格]汲言：大理寺断绝狱空，诏付史馆。以汲试刑部侍郎。"

按：《续资治通鉴长编》卷340记"朝奉郎试大理卿杨汲试刑部侍郎。初，汲言：大理寺断绝狱空，诏付史馆。因有是命。"②可知，缺处应补入"卿杨"2字。《宋会要辑稿·刑法》四/85元丰五年四月七日条、九月十三日条可旁证。

8.《宋会要辑稿·刑法》六/45/16"盖缘坐（缺）[1格]官，虽贷而不死，世为奴婢。"

按：《文献通考》卷170有"盖缘坐没官，虽贷而不死，世为奴婢。"③可见，缺处应为"没"字。

此外，《宋会要辑稿·刑法》中尚存待补的空格还有：四/79空了3处，共9处空格；四/80有4个空格；四/82有两处"原缺"，空五格。④

---

① （元）马端临：《文献通考》，中华书局1986年版，卷167《刑六》，第1454页。

② （宋）李焘：《续资治通鉴长编》，中华书局1995年版，元丰六年二月乙酉，第8185页。

③ （元）马端临：《文献通考》，中华书局1986年版，卷170《刑九》，第1478页。

④ 除了上面所列的之外，还有几处缺文，见本书第二章第二节"《宋会要辑稿·刑法》的空格"部分。即《宋会要辑稿·刑法》一/14应补入"宰臣富弼韩琦编修"；一/14应补入"右正言王觌"；一/64应补入"习法律望"、"众官举奏"、"今臣等参"、"州县官但历任"、"前敕但"、"公平"、"否"、"右正"、"烨"、"臣僚"；三/52/5有一处"原空"，空一格，当为"依"或"从"字；四/84有一处"原缺"，空三格，

三、条文位置的调整

条文位置的调整包括不同门间的调整及同一门内部的调整，以使门与条对应，条与条之间以编年相继。

（一）不同门之间的调整

如《宋会要辑稿·刑法》四/84记“二年四月二十七日臣僚言：狱者，愚民犯法，固其自取。然亦有迁延枝蔓而情实可悯者，窃见春夏之交，疫疠方作，囚系淹抑，最易传染。一人得疾，驯至满狱，州县谓之狱殟。乞明诏诸路监司守臣遵守成宪，入夏之初，躬亲或差官虑囚，如犯大辟，立限催促勘结，不得迁延枝蔓。其余罪轻者，即时断遣。见坐狱人或遇疾病，亦须支破官钱为医药膳粥之费，具已断遣人数及有无疾病以闻。仲夏，复命宪臣断行疏决，无致后时。务令囚系得脱疫疠炎暑之酷。从之。”这一条本在“配隶”门，但从内容上看应放在“禁囚”门中。

（二）同一门内的调整

如《宋会要辑稿·刑法·禁约》中条的排列顺序有问题，应作调整。《宋会要辑稿·刑法·禁约》中二/1—60为建隆四年—政和二年、二/60—117为政和三年—绍兴二十七年、二/118—135为淳熙元年—嘉泰四年、二/135—146为开禧元年—嘉定十七年，二/147—159为绍兴三年—乾道九年。从编年体应遵循的编年原则来看，上所列条文的顺序颠倒，即二/147—159为绍兴三年—乾道九年的内容应

当为“诏刑”二字；五/2有六处“缺”，共空了14个空格：一处实不缺，一处待补。其他的为“夜踰垒垣”、“因偏索”、“得数百余人不”。

放到二/118—135为淳熙元年—嘉泰四年之前。

第四节 《宋会要·刑法》的格式

一、《宋会要·刑法》分卷

《宋会要辑稿》不分卷，可《宋会要》是分卷的，且卷与门不一定对应。从晁公武《郡斋读书志》、陈振孙《直斋书录解题》、王应麟《玉海》和马端临《文献通考》中可知《宋会要》是有卷数的，有时一卷不一定只包括一门。对此，陈智超先生已有论述，故不详谈。①

此外，还可从其他途径来证明《宋会要》分卷的事实。

（一）从修会要的传统推知《宋会要》应该分卷

《唐会要》始修于唐，最终成于宋初。唐德宗贞元间苏冕开始写时是四十卷，武宗时崔铉又续了四十卷，宋建隆初王溥在苏冕、崔铉的基础上又增添了宣宗以后的内容，共为一百卷。宋代的《会要》都

① 陈智超先生在《解开〈宋会要〉之谜》一书第50页对此已有论述。"一、《宋会要》原书分卷，卷或作册。晁公武《郡斋读书志》、陈振孙《直斋书录解题》、王应麟《玉海》和马端临《文献通考》等书著录《宋会要》，都称分卷。《南宋馆阁续录》卷4《修纂》门也称宋代各部《会要》分卷，但同书卷3《储藏》门载秘书省所藏《会要》，却称分册。如《孝宗皇帝会要》，卷4作三百六十八卷，卷3则作三百六十八册；又如《光宗皇帝会要》，卷4作一百卷，卷3则作一百册。可见册与卷其实是一样的。二、《宋会要》并非按门分卷，一卷不一定包括一门。据《玉海》卷51知《光宗会要》分23类364门，而各书所载《光宗会要》都是100卷，可见并非按门分卷，一般一卷不只包括一门。三、各卷卷首题提举官衔名。《馆阁续录》卷4《修纂门》载，嘉泰元年七月十一日奉安《总修孝宗皇帝会要》于秘阁，秘书省'乞依逐次已进累朝会要体例，卷首书写提举官衔名，撰述序文'，得到同意。可见《会要》的规格同正史一样，卷首书提举官衔名。既然并非按门分卷，这里所说的序文，不是每卷的序文，而应指每门的序文。这从《辑稿》中也可以看到。"

成书于《唐会要》之后，很有可能参考《唐会要》分卷记事的体例。

南宋徐天麟所撰的《西汉会要》有四十六卷、《东汉会要》有四十卷。分别成书于南宋嘉定四年、宝庆二年，此时宋代所修的《会要》除李心传《十三朝会要》外，其他的都已修好。徐天麟的书很有可能参考了当时官方修会要的体例，即从徐天麟书分卷的情况可推知《宋会要》也可能分卷。

(二)《续资治通鉴长编》小注证明《宋会要》有总卷，门内有时也分卷

《续资治通鉴长编》卷481哲宗元祐八年二月壬申条的注为"《政和会要》第三十八卷《郊议》第四卷，元祐八年二月二十五日苏轼奏六议，诏令集议闻奏，即载四月十一日罢集议诏，不载乞加反复诘难札子。"[①]《宋会要辑稿·礼》三/12—18"郊祀议论"中保存了苏轼此议。可知"郊议"是门，它至少有四卷，可见门内也分卷。这可能与此门内容较多有关。

由上知，《宋会要》全书分总卷，卷与门并不一一对应，有的是几门属于一卷，有的门内容多时可能会分属于几卷。此外，门内也可能分卷。

"刑法"作为《宋会要》的一部分，也应当是这样的格式。从《宋会要辑稿·刑法》"禁约三"来看，"禁约"是《宋会要》的门，"三"可能是禁约门内的第三卷。

二、《宋会要·刑法》的书写格式

陈智超先生认为《宋会要》格式应有三个特征：一、每门之前，

---

① （宋）李焘：《续资治通鉴长编》，中华书局1995年版，卷481哲宗元祐八年二月壬申，第11459页。

必著其所属之类。而且很可能分两行著录，首行为类名，次行为门名。二、在原本中，在著录类名时，只录名称，并无类字。如作职官而非作职官类。三、每类之下，还分一、二、三、四等次序。①

陈先生是针对《宋会要》的格式而言，但也同样适用于“刑法”部分。我同意他的看法。现以成书于南宋的《西汉会要》、《东汉会要》加以验证。

《西汉会要》和《东汉会要》是南宋徐天麟所撰。徐天麟“以二史所载汉家制度典章散于纪、传、表者，仿唐以来会要体分门编纂”②，那么也很有可能参考官方编的《宋会要》。

《西汉会要》的卷61—63为“刑法”，以卷62为例，其书写格式为：

“《西汉会要》卷六十二　宋徐天麟撰

刑法二

疑谳”

《东汉会要》的卷35—36为“刑法”，以卷35为例，其书写格式为：

“《东汉会要》卷三十五　宋徐天麟撰

刑法上

法令”

由以上知，《宋会要·刑法》的格式似应如下：

“《宋会要》卷XX（代表数字，以下同），提举官衔名（每卷不一定包括一门，有的可能几卷为一门）

刑法XX

门名XX

条”

① 陈智超：《解开〈宋会要〉之谜》，社会科学文献出版社1995年版，第53—54页。
② （元）马端临：《文献通考》，中华书局1986年版，卷201《经籍考》，第1684页。

第二章 《宋会要辑稿·刑法》的注、空格与按语

《宋会要辑稿·刑法》也由“类”、“门”、“条”组成。“刑法”是类的名称，类下有门，门下有条，条按编年排序，一条往往记述一事。《宋会要辑稿·刑法》正文有两种书写格式。一种为：每页十一行，每行二十一个字，为大字部分。另一种为：每页三十二行，每行二十八个字，为小字部分。

除正文外，《宋会要辑稿·刑法》中还有注文、空格和按语。解读其中蕴含的信息，有助于进一步加深对《宋会要辑稿·刑法》及《宋会要·刑法》了解与认识。

第一节 《宋会要辑稿·刑法》的注

《宋会要辑稿·刑法》的小注是指在正文中出现的单行或双行的小字。它们分散在刑法一至七的各部分之中，数量不等，长短不一，内容迥异。以下从注的类型、注的作者、注的作用等方面加以考查。

一、标明出处的注

标明出处的注，即“以上某某会要”型注，“以上”指正文的内容，

“某某会要”是指正文出自哪一部《会要》。这类小注在刑法一、刑法六中表现得非常充分，而其他部分则只是偶尔出现，并不齐全。现以刑法一为例，列出其中指示出处的注，见表2—1。

表2—1　《宋会要辑稿》刑法一“格令”门中指示出处的注

出处	注文	正文记事范围
1. 一/6	以上国朝会要	建隆四年—治平二年六月
2. 一/33	以上续国朝会要	治平四年十月—靖康元年九月
3. 一/47	以上中兴会要	建炎二年四月—绍兴三十年八月
4. 一/49	以上乾道会要	隆兴二年正月—乾道九年三月
5. 一/54	以上孝宗会要	淳熙元年四月—淳熙十五年五月
6. 一/57	以上光宗会要	淳熙十六年八月—绍熙三年六月
7. 一/61	以上宁宗会要	庆元二年十一月—嘉定十五年十月

由此注知，宋代曾修过《国朝会要》、《续国朝会要》、《中兴会要》、《乾道会要》、《孝宗会要》、《光宗会要》、《宁宗会要》，而这七部《会要》都有“格令”门。其他部分也可如此推断。

这类注有可能是《宋会要》的注，也有可能是《永乐大典》的注。

二、指示门名的注

指示门名的注，即“见某某门”型注。这类注的作用在于它保留了《宋会要》门的信息。《宋会要》编纂时有将同一事件依不同的侧重点修入不同门的情况，为了让检阅者更方便地找到与此相关的内容，编纂者以小注的形式，注出另一条应见哪一门，即指示找寻的途径。如小注“立法见刑制门”，即是指有关正文中提到的立法的具体内容，载于“刑制门”中。而注中所提到的门，恰也是《宋会要》原来的门。利用这种注，可以认识《宋会要》的门。

《宋会要辑稿·刑法》中提示门名的注文有四处，指示了《宋会要》的三个门名。

首先，表明《宋会要·刑法》中有刑制门，这样的注有两处（见前文）。

其次，证实《宋会要辑稿》“大理寺”门在《宋会要》中确实存在。

《宋会要辑稿·刑法》一/68“熙宁五年五月十四日诏：大理寺详断官每二人同共看详定断文案外更于奏状上系衔仍同点检。从本寺所请也。”下面小注为“事具大理寺”。

由此可知，《宋会要》中有“大理寺”门。《宋会要辑稿·职官》二四/5现存“大理寺门”，其中有此内容，共226字，[①] 比《宋会要辑稿·刑法》同条记事更为详细，既有新改条法的内容，也记述了旧制的情况，说明了改动的原委。两者详略不同，是因两门的主旨不同，因为有参考的必要，所以注明“事具大理寺”。

最后，表明《宋会要辑稿》中没有的“黜监门”在《宋会要》中曾经存在。

《宋会要辑稿·刑法》三/45—46有绍圣元年十一月十六日左司谏商英上言之事，其下有小注“同并后由此罢，事具黜监门”。由此注知，“黜监门”是《宋会要》的门，《宋会要辑稿》无此门，说明已遗失。

---

① 具体内容为“神宗熙宁五年五月十四日：大理寺官旧条详断官八员为定制，每二人连签同看详。如有失错，本断官与连签官一等科罪。勘会旧来定断公案，或不详审及有积滞。盖是方案稍多，断官员少，今来新法试中八人。欲乞增置断官二员，以为定制。所有久远不致淹留差失兼自来连签官，虽有条约并承例不同看详文案，只候本断官断草检书字后虽主判与审刑院改动刑名，以至奏上，更不经由连签官，深属不便。乞依条详断官每二人同共看详定断文案外，更于奏状上系衔，仍同点检。所贵二人协立递相照管文字。从之。”

三、补充、解释型的注

（一）对诏令颁布的原因、背景进行补充

《宋会要辑稿·刑法》正文条的书写有两种格式：

一是奏请式，即由臣僚或某一机构上奏建议朝廷应如何，然后得到朝廷批准。通常格式为“X年号X年X月X日X人言（奏）XX。”后接“从之”、“诏可”、“诏XX以闻”。这种格式一般不加小注。

另一种格式即为诏令型，往往是“X年号X年X月X日诏X。”如果只是诏文时，也不加小注。但如要介绍此诏颁布的原因、当时的背景等，则会有两种形式。一是在这一诏令后空一格，再接“先是……，故有是诏”等来体现。二是以小注的形式来体现这些内容。通常的形式为“先是……条约之”、“以……故也”、“从……请也”、“时……故有是诏”等。这一种格式在《宋会要辑稿·刑法》都出现过，刑法七中最多，基本上都是以小注来表示。这种小注应是书吏所为。但还不能确定是《永乐大典》的书吏，还是《全唐文》的书吏。因为这涉及《宋会要》原文有没有一个统一的格式来表示原因或介绍背景的问题。在《宋会要》原书中，这类内容是以空一格表示，还是以小注来表示，还是两者都可，尚待进一步考查。

（二）解释时间

《宋会要辑稿·刑法》中有十处小注为“X宗即位未改元”，见表2—2。加此小注是为了更明确地说明是何时发生的事。这类小注应是《宋会要》原本就有的注。

表 2—2 《宋会要辑稿·刑法》中解释时间的注

小注位置	小注的内容	小注所指的内容	备注
1. 一 /6	神宗即位未改元	治平四年十月九日	
2. 一 /18	徽宗已即位未改元	元符三年七月二十四日	
3. 二 /33	神宗已即位未改元	英宗治平三年七月十二日	
4. 二 /156	即□未改元	孝宗绍兴三十三年十月	缺“位”字
5. 三 /30	孝宗即位未改元	绍兴三十年八月二十三日	
6. 四 /75	英宗已即位未改元	治平四年十一月二十六日	“英宗”错，当为“神宗”
7. 四 /78	徽宗已即位未改元	元符三年五月二日	
8. 五 /7	仁宗即位未改元	乾兴元年五月七日	
9. 五 /11	徽宗即已元民	元符三年十二月九日	“已元民”当为“位未改元”
10. 七 /14	神宗已即位未改元	治平四年五月三日	

（三）解释文中字词的注

有些话语是对句中某个字或某个词所作的解释或补充，为了不影响对整个句意的理解，以小注的形式注出。这也应是《宋会要》的原注。如《宋会要辑稿·刑法》一 /31 的宣和元年八月二十五日条。

四、表明文字有缺漏的注

《宋会要辑稿·刑法》正文中有缺字的地方，以空格表示，通常标以“原缺”、“原空”、“缺”等注。将《宋会要辑稿·刑法》一 /14 与《宋会要辑稿·刑法》四 /77—78 处的此类注相比较。可得出如下的结论：其一，刑法一与刑法四的正文出自两人之手，字迹不同。其二，它们的注属两种笔体，但分别与正文的字迹相同。说明这类注是书吏所加。至于是《永乐大典》的书吏所加，还是《全唐文》的书吏所加，还需今后再证。[①]

五、指示省略了相同内容的注

《宋会要辑稿 · 刑法》正文中一条内容记述完毕后，如果又有与其同样的内容，只是时间不同而已，那么一般会在第一处正文下加上小注“……同此制”。目的是为了省去相同条目反复抄写的劳苦，同时也利于对此内容作整体把握，这类注也应是书吏所为。

但是有的地方的文字从表述上看应是注的内容，却不以小注的形式出现，而是直接大字书写在正文后。如《宋会要辑稿 · 刑法》五 /9“治平四年十九日神宗即位，未改元，上御崇政殿录在京诸司系囚，杂犯死罪已下递降一等，杖已下释之。熙宁元年三月二十八日、三年八月九日、四年六月十三日、五年四月五日、六年七月十三日、七年三月五日、八年五月一日、十年三月二十一日，元丰元年三月七日、四年四月十五日、六年五月十五日、七年五月十四日并同此制。”同样的情况还有《宋会要辑稿 · 刑法》五 /6、五 /7、五 /9、五 /10、五 /11、五 /12 等。

总的说来，《宋会要辑稿 · 刑法》注的种类要少于其他部分，如没有“详见 X 字”型的注，也没有引其他书作的注。

第二节 《宋会要辑稿 · 刑法》的空格

《宋会要辑稿 · 刑法》中的空格指缺失文字之处。空格的存在有

① 陈智超先生认为：这应该是《大典》的注文，“原本”即指《宋会要》原本。如果是《宋会要》原注，“原本”无所指。（见陈智超：《解开〈宋会要〉之谜》，社会科学文献出版社 1995 年版，第 58 页）其实也不一定，因为也有可能是《全唐文》的书吏从大典中辑《宋会要》时所加的注，“原”也有可能指《永乐大典》。而王云海先生恰也认为是第一种，即“明初修《永乐大典》时，所根据的《宋会要》底本就是残缺的”。

时会影响对文意的理解，所以有必要将其补齐。为此，有必要搞清楚空格的类型及空格数与原文文字数的对应关系。

一、空格的类型

空格的类型共有三种：一是正常的空格，即《宋会要辑稿·刑法》正文中一条记述完后，如果要交代颁布的原委或臣僚有此奏请的原因、当时的背景等与此相关的内容时，通常在中间空一格，将文字隔开，但前后的内容相互衔接。二是标明“原空”或“原缺”字样，表示正文缺字。三是没有任何标志的空缺。三者中后两种情况都缺了文字，需要补充。

二、空格数与实际字数并不一一对应[①]

（一）空格数与实际字数有一致的情况

如《宋会要辑稿·刑法》一/14/28—30“先是，六年三月二十四日诏御史中丞刘挚、（原空）[5格] 刑部郎中杜纮将元丰敕令格式重行刊修。至是上之。”

按：《续资治通鉴长编》记为：“诏御史中丞刘挚、右正言王觌、刑部郎中杜纮将元丰敕令格式重行刊修。”[②]《文献通考》记为“哲宗元祐元年诏御史中丞刘挚、右正言王觌等刊修元丰敕令格式。”[③]将三条材料相对照，可知原空处应补入“右正言王觌”5字，而原空处也

① 陈智超先生认为：“这些所谓‘原缺’是指原本有缺字或空围，或漫漶不清，其所缺字数，即所谓空格数”。（见陈智超：《解开〈宋会要〉之谜》，社会科学文献出版社1995年版，第58页）笔者以具体的例子证明这一结论不一定正确。

② （宋）李焘：《续资治通鉴长编》，中华书局1995年版，卷373哲宗元祐元年三月己卯，第9025页。

③ （元）马端临：《文献通考》，中华书局1986年版，卷167《刑六》，第1450页。

恰为5格。

（二）有时空格数与所缺字数并不一致

例一：《宋会要辑稿·刑法》一/14/14—16有“四日中书省言：刑房断例，嘉祐中（原空）[6格]，今二十余年。内有该在不尽者，欲委官将续断例及旧例策一处看详情理轻重，去取编修成策，取旨施行。从之。”

按：《续资治通鉴长编》卷391记戊午中书省言：“刑房断例，嘉祐中宰臣富弼、韩琦编修，今二十余年。内有该载不尽者，欲委官将续断例及旧例策一处看详情理轻重，去取编修成策，取旨施行。从之。”①

《宋会要辑稿·刑法》原空6格，而据《续资治通鉴长编》应补入“宰臣富弼韩琦编修”8字。

例二：《宋会要辑稿·刑法》一的“试法律”与《宋会要辑稿·职官》三“法官”是复文，所以它们的文字应该是一样的。现将它们相比对。

《宋会要辑稿·刑法》一/64共有10处空缺，前6处各空4格，所缺文字分别为“习法律望”4字、“众官举奏”4字、“今臣等参”4字、“州县官但历任”6字、“前敕但”3字、“公平”2字；第7处空1格，为“否”1字；第8处空2格，为“右正”2字；第9处空1格，为“烨”1字；第10处空4格，为“臣僚”2字。

例三：《宋会要辑稿·刑法》五/6的“七年正月十四日，御崇政殿录在京诸司系囚，多所原减。”小注为“以车驾［1格］行幸故”，

① （宋）李焘：《续资治通鉴长编》，中华书局1995年版，卷391元祐元年十一月戊午，第9509页。

虽然行前空一格，但并没有缺字。同样五/11的“六月十一日［1格］并同此制”虽然中间有一空格，但并没有缺字。

从以上分析可见，有的空格数与实缺数一致，有的却不一致。究其原因可能是书吏疏忽而致。所以在补充这些空缺时并不一定要严格遵守空格数的多少。

第三节 《宋会要辑稿·刑法》的按语

《宋会要辑稿·刑法》的天头和标题下有各种按语，共28条，见表2—3。准确地解读这些按语有助于更好地使用、整理、研究《宋会要辑稿·刑法》。以下从按语的作者、按语的作用等方面来分析。

表2—3 《宋会要辑稿·刑法》的按语

序号	刑法/页/行	所按的《宋会要辑稿》原文	按语内容	
1.	一/8/16	傅尧丨	渭清按	此并有缺文丨之误
2.	一/10/10—12	甲乙二人—幸不幸		甲乙二人至幸不幸不应小注
3.	一17/17—18	尚书言		尚书下应有省字
4.	一/20/12	女冠（兵）		应作女冠
5.	一/49/3	元修因依		并
6.	一/54/12	并不许收		收
7.	一/62/标题	《宋会要》法律		按当是试法律（按语写在标题下）
8.	二/12/11	寿丘庆丘		丘易邱，下同
9.	二/123/23	以上孝宗会要		小字失写
10.	二/135/9	禁采捕		禁采捕

续表

序号	刑法/页/行	所按的《宋会要辑稿》原文	按语内容	
11.	二/146/13—20			从之+增小注以上《续会要》。淳熙二年十二月十七日及三年五月八日两条移前第一百十九页前半十五行四年二月七日条上；四年六月二十日条应移第一百十九页后半第六行八月二十七日条上。
12.	二/149/26	八月二十四日	渭清按	此八月二十四日是绍兴五年此德音卷一万三千二百二十。《田讼门》引有正作五年可证。
13.	二/151/24—27		渭清按	十二月九日是十三年《宋史》本纪高宗七：十三年十二月辛卯毁私铸毛钱。是日癸未朔，九日则辛卯也。
14.	二/162/1			杂禁
15.	三/43/3	田讼		田讼
16.	四/15/11	奏可		“奏可”下脱四条补在末页
17.	四/41/5			盐曲
18.	四/75/21			接下页
19.	四/83/15	臣闻		窃
20.	五/15/17	太祖建隆二年		省狱附太祖建隆二年起
21.	五/23/17			“轻者仍听奏裁。八月一日诏：开封府畿内及辅郡系囚，杂犯死罪已下递降一等，杖已下释之。斗杀，”添“可悯”上。
22.	五/39/6—10			“委提点刑狱前往催促结绝。事理轻者，先次决断。临安府属县，”添“徒已下”上。
23.	六/10/15			业
24.	六/20/11	绍兴		“兴”应作“圣”
25.	六/24/9	追		追

续表

序号	刑法 / 页 / 行	所按的《宋会要辑稿》原文	按语内容	
26.	六 /41/16	绍兴		兴易熙
27.	六 /67/15	瘦		痩
28.	八 /1/1			应归赦宥类

一、按语的作者

《宋会要辑稿》的产生经历了《宋会要》—《永乐大典》—徐松辑本—广雅书局整理—嘉业堂整理—叶渭清—《宋会要辑稿》的过程，这中间历经多人之手，这些人都有加按语的可能。具体分析如下。

（一）有的是叶渭清所加

《宋会要辑稿·刑法》中有三条按语是叶渭清所加，因为在按语前都标明了“渭清按”三字。

（二）肯定不是徐松和《全唐文》的书吏

从《宋会要辑稿》中可知，徐松所加的按语一般都要加上“徐案”等标志，而这 28 条中没有这样的标志，所以这些按语不应是徐松所加。

《全唐文》的书吏也不可能加按语。现举例来说明。

例一：《永乐大典·验尸》中的一部分内容是《宋会要辑稿·刑法·检验》的复文，将它们相对比，发现《检验》有五处改动，却没有一处按语，即正文中某字抄错时，是直接将该字划掉，然后在旁边的空处填字。另有一处是改正《验尸》中的一个错字，也是在正文中直接改正，而不出按语。由此可知，《全唐文》的书吏是直接在正文中改动，而不加按语。

例二：《宋会要辑稿·刑法》一/20/12 正文原为女冠，后将“冠”划掉，在旁边改为“兵”，在按语中又写到“应作女冠”。从《宋刑统》中对应的条文来看，“女冠”是正确的。由例一《全唐文》书吏改字的风格可知，改“冠”为“兵”应是《全唐文》书吏所为，可能是因《永乐大典》为“兵”。而按语为“应作女冠”，则应是后来的整理者所加。

例三：按语“省狱附太祖建隆二年起”书在《宋会要辑稿·刑法》五/15 的天头，表示以下的内容属于“省狱”门，但在正文中，无任何标识。从表面上看，这个按语的作者可能有两人，一是《全唐文》的书吏后来发现漏抄后将其补上。二是后来《宋会要辑稿·刑法》辑出之后的整理者所加。但是从按语与正文的字迹来看，并不是同一人所写。所以可以排除前者，即这个按语的作者不是《全唐文》书吏，而是后来的整理者所加。

（三）有的可能是费有容所加①

从汤中《宋会要研究》中知：徐松死后，《宋会要》辑本在同治初年散出，由缪荃孙得之，后归入广雅书局，张之洞请缪荃孙、屠寄整理辑本。其中缪荃孙厘定了帝系一门，“似未毕业”。屠寄厘定了职官一门，基本完成。刑法部分没有整理。所以按语不可能由缪荃孙、屠寄所加。②

《宋会要》辑本在张之洞的调离后，为书局提调王秉恩所有。后被嘉业堂的主人刘承幹购得，他请刘富曾来整理。在刘富曾离开嘉业

---

① 陈智超先生说：“（辑稿的）按语既非《宋会要》原本所有，也非《永乐大典》编者所加。这一点，只要对照《辑稿》和《大典》残本即可证实。”笔者的看法对此又有所印证。（陈智超：《解开〈宋会要〉之谜》，社会科学文献出版社 1995 年版，第 40 页。）

② 汤中：《宋会要研究》，上海商务印书馆 1932 年版，第 45—53 页。

堂后，又由费有容负责整理。汤中记“民国十三年，刘富曾离浔之后，继其役者为吴兴费有容。”“当时嘉业藏书楼继得《宋会要》第二批稿本，富曾已回籍，未及校订，费所编次者，有左列各种”，在汤中文章的左边记有“刑法七册又一叶”。[①] 由此看，按语可能为费有容所加。从按语的笔迹上看，也似出自一人之手。所以另 25 条按语的作者可能是费有容。

由上知，《宋会要辑稿 · 刑法》的作者应有二人，肯定有叶渭清，可能有费有容。

二、按语的类型及作用

（一）针对门所作的按语

对门名所作调整、说明的按语有五处，即“按当是试法律”、“禁采捕”、“杂禁”、“田讼”、“省狱附太祖建隆二年起”，它们分别有不同的作用。

1. 使门名更醒目

《宋会要辑稿 · 刑法》门的书写格式有多种。其中有一种是在正文中写出门名，标志是在其前和其后各空一格。如《宋会要辑稿 · 刑法》三 /43/3 的“田讼”、《宋会要辑稿 · 刑法》二 /135/9 的“禁采捕”即是如此。分别表示的是田讼门和禁采捕门。所以在他们的天头上再加上按语“田讼”、“禁采捕”的目的，以使这些门名更醒目。

2. 补充了门名

《宋会要辑稿 · 刑法》五 /15 的按语“省狱附”指出了门的名称，表示下面的内容应属省狱。正文中却没有任何标志。所以这个按语非

---

① 汤中：《宋会要研究》，上海商务印书馆 1932 年版，第 59—60 页。

常重要。

3. 调整不同门之间的内容

《宋会要辑稿·刑法》八/1/1“应归赦宥类”则指出将条作门之间的调整，以使门名与内容相协调一致。

4. 改变门名

《宋会要辑稿·刑法》一/62标题“《宋会要》法律”下有按语为“按当是试法律”。表明这里的门名应为“试法律”。

（二）针对条文所加的按语

1. 补充条文的出处

如《宋会要辑稿·刑法》二/146/13—20“从之＋增小注　以上续会要”，表明内容的出处。

2. 补充条文的内容

《宋会要辑稿·刑法》一/17/17—18《宋会要辑稿·刑法》原文为“尚书言”，叶渭清按为“尚书下应有省字”，即应为“尚书省”。

《宋会要辑稿·刑法》五/23/17“轻者仍听奏裁。八月一日诏开封府畿内及辅郡系囚，杂犯死罪已下递降一等，杖已下释之。斗杀，添可悯上”。

《宋会要辑稿·刑法》五/39/6—10“委提点刑狱前往催促结绝。事理轻者，先次决断。临安府属县，添徒已下上”，此按语是指将此添入“徒已下”之是，这是对临安府属县应该怎样派官、怎样处理处决的补充。

3. 调整条文的次序

《宋会要辑稿·刑法》二/146/13—20“淳熙二年十二月十七日及三年五月八日两条移前第一百十九页前半十五行四年二月七日条上。四年六月二十日条应移第一百十九页后半第六行八月二十七日条上”。这是因为《宋会要辑稿·刑法》原文将这几条放在了嘉定十七年之后了，对于编年体的史书来说，实是一个大的错误。所以作按语者，明示应将“淳熙二年十二月十七日及三年五月八日”调到二/119/15即淳熙二年十二月七日后。按语又指明将“四年六月二十日条应移第一百十九页后半第六行八月二十七日条上”即是调到了四年四月二十八日后，八月二十七日前。这样，各条就以时间的前后次序排列了下来。

《宋会要辑稿·刑法》四/15/11“奏可下脱四条补在末页”即表明脱条补在刑法四/68配隶门的最后。

《宋会要辑稿·刑法》四/75/21“接下页”是因为《宋会要辑稿·刑法》原文21行缺字，22行缺行。但内容并没有缺，紧连下页。

4.勘正条文的内容

（1）勘正时间

如《宋会要辑稿·刑法》六/20/11“兴应作圣”即是指明“绍兴”应改为“绍圣”。故而可知下面的元年二月二十七日、五月十五日、七月二十一日、十一月十六日、二年正月十一日这五条都是绍圣年间的事。

如《宋会要辑稿·刑法》六/41/16“兴易熙”即是指明“绍兴”应改为“绍熙”。故而可知元年正月二十八日以及接下来的六月十四日、八月十五日、二十五日、三年七月二日、十三日、十九日、四年七月十三日、五年二月七日这九条都是绍熙年间的事。

如《宋会要辑稿·刑法》二/149/26二十四日条，按《宋会要辑稿·刑法》原文来理解，当接上条的时间为“绍兴二十八年”。叶渭清的按语将其改正为绍兴五年八月二十四日，且以田讼门中同日所颁的德音为证。

同样在《宋会要辑稿·刑法》二/151/24十二月九日条，按《宋

会要辑稿 · 刑法》原文应为十五年，渭清按“是十三年”。

（2）勘正错字

《宋会要辑稿 · 刑法》六 /67/15 将“致有瘦死”的“瘦”改为“瘐”。

《宋会要辑稿 · 刑法》二 /12/11“寿丘庆丘”中的“丘”应易为“邱”。

5. 指示条文的书写格式

《宋会要辑稿 · 刑法》二 /123/23 按语为“小字失写”是指本行中的“以上孝宗会要”应该小写。

三、按语存在的问题

（一）按语错误

如前述《宋会要辑稿 · 刑法》二 /135/9 的“禁采捕”，书吏在正文中标识出的“禁采捕”门本身是错误的，因为从此开始接下来的内容与禁采捕无关，而真正的“禁采捕”的内容应始于《宋会要辑稿 · 刑法》二 /159。所以加在此处的按语也是错误的。从中看出加按语者根本没有仔细阅读此段文字。

《宋会要辑稿 · 刑法》二 /146/13—20“从之 + 增小注　以上续会要”，在“从之”后增添小注是必要的，但增“以上《续会要》”是错误的。因为“以上”所指的内容当紧承上一个小注“以上《光宗会要》”，应为从绍熙五年七月至嘉定十七年的事，恰应为《宁宗会要》。

（二）按语与被按对象相同

按语的内容与《宋会要辑稿 · 刑法》原文一致。

如《宋会要辑稿 · 刑法》一 /10/10—12 的按语“甲乙二人至幸不幸不应小注”，而《宋会要辑稿 · 刑法》原文的这段文字本来就是大字。

《宋会要辑稿 · 刑法》一 /54/12 按“收”字，正文也为“收”字。

《宋会要辑稿·刑法》六/10/15“业”，正文也为“业”字，只是写得不太清晰。

《宋会要辑稿·刑法》六/24/9按语为一个字“追”而正文也为“追”字。

（三）按语指代不明

如《宋会要辑稿·刑法》四/41/5按“盐曲”，与对应的该条没有一点关系，不知为何而加。再如《宋会要辑稿·刑法》一/49/3按语仅为一个“并”字，并没有指明是改某字，还是在某处补入此字。

（四）按语与所指对象位置不对应

如《宋会要辑稿·刑法》四/83/15按语为“窃”字，没有指明按何处。从文意来看，当时对“臣闻”中“臣”字的改动，且“窃闻”也符合《宋会要》的书写习惯。但“臣闻”是在该页的第14行。

由于按语也存在问题，所以利用时应多加注意。

第三章 《宋会要辑稿 · 刑法》的史源、价值与缺陷

了解《宋会要辑稿 · 刑法》的史源、明辨其价值与缺陷，有助于更好地认识和利用《宋会要辑稿 · 刑法》，本章对此分别加以考查。

第一节 《宋会要辑稿 · 刑法》的史料来源

《宋会要辑稿 · 刑法》的史料来源，因宋人修《会要》[①]不注出处，已很难作出判定，只能从一些蛛丝马迹中作些许推测。此外，则是通过探寻《宋会要》的史源，间接推测《宋会要辑稿 · 刑法》的史源。

一、来自《国史》

编修《宋会要》的资料有的取自《国史》，[②]《宋会要辑稿》职官、食货两类中有些门的序言中有引自《两朝国史》、《神宗正史》、《哲宗

---

① 宋人编修《会要》、《国史》、《实录》时都不注出处。

② 《宋史》卷203《艺文志》记宋修成的《国史》有：王旦《国史》一百二十卷，吕夷简《宋三朝国史》一百五十五卷，邓洵武《神宗正史》一百二十卷，王珪《宋两朝国史》一百二十卷，王孝迪《哲宗正史》二百一十卷，李焘、洪迈《宋四朝国史》三百五十卷。

正史》、《四朝国史》等内容。[①] 据此推测《宋会要辑稿·刑法》中的部分内容也可能取材于《国史》。

二、来自《日历》[②]

《宋会要》多以《日历》为取材对象，如乾道六年闰五月一日，秘书省受诏续修建炎元年至乾道五年八月《会要》时上言："所有照修文字，合用太上皇帝、今上皇帝《日历》参照编修，今讫，许从本省移文国史、日历所关借照用施行。"[③] 再结合乾道九年九月二十八日秘书少监陈骙所言[④]，可知《中兴会要》、《乾道会要》取材于《日历》。

宋代修成的《日历》主要有《高宗日历》一千卷、汪伯彦《建炎中兴日历》一卷、《孝宗日历》二千卷、《光宗日历》三百卷、《宁宗日历》五百一十卷、重修五百卷，《理宗日历》二百九十二册、又《日历》一百八十册。[⑤] 虽然还没有关于其他《会要》来自于《日历》的记载，但从《中兴会要》和《乾道会要》可推测此后的《会要》也应该参考了《孝宗日历》、《光宗日历》、《宁宗日历》。

之所以参考《日历》，是因为《日历》所依是第一手资料，且内容丰富。明人徐一夔论宋人《日历》记注之制时说"往宋极重史事，《日历》之修，诸司必关白，如诏诰则三省必书，兵机边务则枢司必报，百官之进退，刑赏之予夺，台谏之论列，给舍之缴驳，经筵之论答，臣僚之转对，侍从之直前启事，中外之囊封匦奏，下至钱谷、甲兵、

---

① 王云海：《宋会要辑稿研究》，河南师大学报编辑部 1984 年版，第 36 页。

② 《日历》仅是《宋会要》的史料来源之一。这从《建炎以来系年要录》的注文中可以明显地看到。如在《建炎以来系年要录》中多处出现"《日历》无，以《会要》补入"的注文，说明《宋会要》中有些内容并不是来自于《日历》。

③ （清）徐松：《宋会要辑稿》，中华书局 1957 年版，职官 18 之 34，第 2771 页。

④ （清）徐松：《宋会要辑稿》，中华书局 1957 年版，职官 18 之 35—36，第 2772 页。

⑤ （元）脱脱：《宋史》，中华书局 1977 年版，卷 203《艺文志》，第 5090、5091、5093 页。

狱讼、造作，凡有关政体者，无不随时以录。”[①] 所以修《会要》时要利用《日历》中的一些史料，《宋会要辑稿·刑法》也应包括在内。

三、来自《实录》[②]

《会要》中部分内容可能来自《实录》。[③] 如乾道五年修《续国朝会要》时秘书少监汪大猷指出蔡攸所修之弊时说“乞许令本省重照《实录》诸书再加删定。”[④] 从常理及《续资治通鉴长编》的注[⑤] 推测其他

① 《明史》卷285《徐一夔传》，第7322页。

② 宋朝修有《宋太祖实录》五十卷、《太宗实录》八十卷、《真宗实录》一百五十卷、《仁宗实录》二百卷、《英宗实录》三十卷、《神宗实录》朱墨本三百卷、《神宗实录考异》五卷、《哲宗实录》一百五十卷、《徽宗实录》二百卷、《钦宗实录》四十卷、《高宗实录》五百卷、《孝宗实录》五百卷、《光宗实录》一百卷、《宁宗实录》四百九十九册、《理宗实录》初稿一百九十册。见《宋史》卷203《艺文志》。

③ 但有些内容与《实录》不同。《宋会要》与《实录》有不同的编纂体例，所以两者的内容详略不一定相同。如《续资治通鉴长编》卷286熙宁十年“详定一司敕所以刑部敕来上。其朝旨，自中书颁降者皆曰敕，自枢密院者皆曰宣，凡九门，共六十三条。从之。”其注为“时政太详，《实录》太略，《会要》当用。”可见，《宋会要》与《实录》、《时政记》都不同。

④ （清）徐松：《宋会要辑稿》，中华书局1957年版，职官18之33，第2771页。

⑤ 从《续资治通鉴长编》的注中经常可以看到《宋会要》与《实录》内容有相同的时候。《续资治通鉴长编》的编纂继承并发扬了司马光《通鉴考异》的优良传统。在同一事件有不同的记载时，则在《考异》中胪列异同，并说明其采择的依据和理由。这样不但可以看到作者是如何取材、决断，即使不同意作者的论断，也能够知道相反方面的记载。（见陈高华、陈智超等：《中国古代史史料学》，北京出版社1983年版，第253页）李焘也模仿司马光的这种做法，以注的形式标明其考异的部分。从李焘的自注提供的信息再结合正文的内容，可或多或少地了解一些《宋会要》的史料来源。如《续资治通鉴长编》卷二十二太宗太平兴国六年三月己未条的注为“三限，别本《实录》系之五月丙辰，今从本志”。而《宋会要辑稿·刑法》三/49也为五月，可见《宋会要》与别本《实录》的内容相同。再如宋代诸路设置病囚院，《续资治通鉴长编》卷四十八咸平四年二月的注为“此从本志，与《实录》不同。据《实录》则去年四月已置病囚院。”而从《宋会要辑稿·刑法》六/52所记看，《宋会要》与《实录》的取材相同。《宋会要》往往又与《新录》所记相同。《实录》有时会因政治等原因多次修改，所以同一史实，会有新旧《实录》之别。如《续资治通鉴长编》卷376辛亥条“监察御史韩川乞除官局依旧不许接宾客外，内禁谒并行废罢。监察御史上官均乞除开封大理官局依旧禁谒外，其余一切简罢。如

的宋代《会要》也可能来自《实录》。所以《实录》也是《宋会要辑稿·刑法》的来源之一。

四、来自颁降过的诏令

《日历》、《实录》等虽然都是由第一手资料而成，但它们在编修的过程也会根据自身的体例对材料进行取舍，如乾道六年修《中兴会要》时秘书省指出“续准指挥许逐旋关用建炎以后《日历》编修，缘其间多经去取，未为详备”，所以“欲望特降指挥，在内令六部行下所属，在外令诸路监司行下所管州军，将建炎元年以后至乾道五年终应被受诏书及圣旨指挥。内百司限一月，外路州军限一季。并录全文，赴省送纳，照用编修，所贵大典不致疏略。”① 淳熙三年修《孝宗会要》时陈

罢禁后大小之臣或敢挟私背公慢职玩令，执法言事之吏得以纠举，上闻黜之谪之，谁敢不服。其于治体实非小补。尚书省看详禁谒之法，盖防嘱请或于职事妨废。其安抚司管勾机宜文字勾当公事官难为均立条禁。今欲删去及台谏开封府大理寺官在京管军臣僚各依旧条外，其内外法禁太重理合裁损，及在京通用等条件至繁及有拘碍未尽，宜随事改修，所有申明朝旨内门客僧道技术许往还一节已于下条修立管勾庄产媒保之类，并得朝假不限禁谒，亦自依旧兼不系改修条内所立刑名，宜依今来所定。其旧系徒二年悉从杖一百本应轻者职从本条并从之”其注为“新录于小补下删修，云尚书省看详参用旧条，申饬禁谒之制。其旧系徒二年云云。”而《宋会要辑稿·刑法》二/37“（元祐元年）二十四日监察御史韩川乞除官局依旧不许接宾客外，内谒禁并废。监察御史上官均乞，除开封、大理官局依旧行禁谒外，其余一切简罢。如罢谒禁后小大之臣或敢挟私背公、慢职玩令，执法言事之吏得以纠举。上闻黜之、谪之，于是，尚书省看详参用旧条。申饬谒禁之制，其旧条中徒二年者，悉从杖一百。本应轻者，职从本条。并从之。”与《续资治通鉴长编》注中所言的新录的内容一致。再如《续资治通鉴长编》卷477丙午条（《宋会要辑稿·刑法》二/39）、《续资治通鉴长编》卷493戊申条（《宋会要辑稿·刑法》一/17）、《续资治通鉴长编》卷497丁未条（《宋会要辑稿·刑法》一/17）、《续资治通鉴长编》卷510丁未条（《宋会要辑稿·刑法》一/18）的注为“旧本太繁今从新本”，而据新本所修成的《续资治通鉴长编》的内容与《宋会要辑稿·刑法》的内容基本上都相同。这说明《会要》与《实录》或是取材相同，或是互相参考，只是看哪部书成书早。

① （清）徐松：《宋会要辑稿》，中华书局1957年版，职官18之35，第2772页。

骙言“本省编修今上皇帝会要，合要内外官司被受指挥，参照编类”①、淳熙十三年秘书监沈揆等言“续修今上皇帝会要，自淳熙元年正月修至淳熙十年十二月，已进呈了毕，所有已后年分当接续起修，合要内外官司淳熙十一年以后应申请尽降被受圣旨指挥，并逐处圣旨簿参照编类”②。由此可知，在修《会要》时还需要参照更原始的材料即诸司及州军所受的诏书、指挥。《宋会要辑稿·刑法》亦当如此。

五、参用臣僚奏议

臣僚的奏议往往是陈述事实，指出当前弊端，提出相应建议。很多诏令的颁发就是因臣僚对某事的建议而引发的。这些奏章是当事人记当时之事，比较可靠，是《宋会要》的史料来源之一。但《宋会要辑稿·刑法》中的一些臣僚奏议并不是直接照录原文，而是有选择地节录或间接取材。现举例说明。

例一：《宋会要辑稿·刑法》一/14元祐元年“八月十二日三省中书门下后省修成《六曹条贯》及看详共三千六百九十四册。寺监在外，又据编修诸司敕式所修到《敕令格式》一千余卷。其间条目苛密抵牾难行者，不可胜数。欲下尚书六曹委长（二）［贰］郎官同共看详，删去本曹旧条已有及防禁太繁难为遵守者，惟取纪纲大体切近事情者留作本司法，限两月以闻。从之。”

按：这是司马光的《乞令六曹删减条贯白札子》。原文为“勘会近岁法令，尤为繁多。凡法贵简要，令贵必行，则官吏易为检详，咸知畏避。近据中书门下后省修成《尚书六曹条贯》，共计三千六百九十四册，寺监在外。又据编修诸司敕式所申，修到《敕令

① （清）徐松：《宋会要辑稿》，中华书局1957年版，职官18之37，第2773页。
② （清）徐松：《宋会要辑稿》，中华书局1957年版，职官18之44，第2776页。

格式》一千余卷册。虽有官吏强力勤敏者，恐不能遍观而详览，况于备记而必行之。其间条目苛密、抵捂难行者，不可胜数。昨者条贯初下，吏部侍郎左选差注不行者数日，不免再有奏陈，复依旧法。必料诸曹条贯皆有似此拘碍难行者。今欲特降指挥，下尚书六曹，委长贰郎官同共看详，本曹新旧条贯，内有海行已有及全无义理、于事无益、防禁太繁难为遵守者，尽令删去。惟取纪纲大体切近事情朝夕不可无者，方始存留作本司条贯。限两月申奏施行。”① 将《宋会要辑稿·刑法》文与《传家集》相比，可知《宋会要辑稿·刑法》是节文。

例二：《宋会要辑稿·刑法》二/23 宝元二年三月十七日，“左正言直集贤院吴育言：窃闻近岁以来，有造作纤忌之语，疑似之文，或不显姓名暗贴文字、恣行毁谤，以害雠嫌。臣只传闻，未审虚实。若有此事，乞降出姓名，问其事状。情若涉于妖妄意，或在于倾邪，则乞严于行遣，以绝奸弊。诏开封府御史台觉察。”

按：吴育的《上仁宗乞禁匿名文字》原文为“臣伏见近年以来，多有造作谶忌之语，疑似之文。或不显姓名，暗贴文字，恣行毁谤，以害雠嫌；或密闻朝廷，自谓忠赤。若是公直无隐，何不指事明言？若凭虚造作，必蕴邪谋。更与隐秘姓名，正使奸人得计。臣恐自今忠良立身易为倾陷，国家举事便欲动摇。惑君害时，无大于此。在古之法，皆杀无赦。虽然，陛下聪明，必不荧惑，亦不可使圣朝长此风俗。（宝元二年上，时为右正言，谏院供职。）”②

将两者相对照，知《宋会要辑稿·刑法》所录部分是吴育札子的节文，“臣只传闻”后的文字不知来自何处。

---

① 《司马文正公传家集》，商务印书馆 1937 年版，卷 55《乞令六曹删减条贯白札子》，第 675 页。

② （宋）赵汝愚：《宋朝诸臣奏议》，上海古籍出版社 1999 年版，卷 98《上仁宗乞禁匿名文字》，第 1058 页。《续资治通鉴长编》卷 123 宝元二年三月戊申所引吴育之言与原文只差一字，即将“虽然”作“虽”。（第 2899 页）

例三：《宋会要辑稿·刑法》三/19嘉祐三年闰十二月七日“中外有陈叙劳绩，或诉雪罪状中书批送省司者，谓之送杀。更不施行。自今宜令主判官详其可行者，别奏听裁。”

按：这是范仲淹的《奏乞下审官院等处应官员陈诉定夺进呈》，原文为“臣窃见京朝官、使臣、选人等进状，或理会劳绩，或诉说过犯，或陈乞差遣，其事理分明可行可罢者，则朝廷便有指挥。内中书、枢密院未见根原文字，及恐审官、三班院、流内铨别有条例难便与夺者，多批送逐司。其逐司为见批送文字，别无与夺，便不施行，号为送煞。以此官员使臣三五度进状，不能结绝，转成住滞。臣欲乞特降圣旨，今后京朝官、使臣、选人等进状，理会劳绩，诉雪过犯，陈乞差遣，朝廷未有与夺指挥，只批送审官、三班院、流内铨者，仰逐司主判子细看详。如内有合施行者，即与勘会，具条例情理定夺进呈，送中书、枢密院再行相度，别取进止。如不可施行，亦仰逐司告谕本人知悉。所贵逐司主判各扬其职，事无漏落，亦免官员、使臣、选人等重叠进状，紊烦圣听。”①

将《宋会要辑稿·刑法》文与范仲淹的原文相比，可知，《宋会要》并不是完全照录范仲淹的原文，而是作了不太合适的删减，所引非常简略。

第二节 《宋会要辑稿·刑法》的价值

由于《宋会要辑稿·刑法》取材原始、广泛，内容非常丰富，所以它有很高的史料价值。

记载宋代法律内容的文献，除《宋会要辑稿·刑法》外，还有

① 《范文正公政府奏议》卷上《治体》（见范仲淹：《范仲淹全集》，四川大学出版社2002年版，第540—541页），《续资治通鉴长编》卷144庆历三年十月己未条与此完全相同。

《宋刑统》、《庆元条法事类》、《文献通考·刑考》、《宋史·刑法志》、《续资治通鉴长编》、《建炎以来系年要录》等。现将《宋会要辑稿·刑法》与这些书作对比来看它的价值。其一，与《宋刑统》、《庆元条法事类》等法典相比，《宋会要辑稿·刑法》以年、月、日记事，对法律制定的背景、法律内容、法律执行等都有综合记述，包含了大量的信息，从中即可看到法律变化的轨迹，也可看出制度与实践的关系，以及宋代社会的一些现状。所以《宋会要辑稿·刑法》是研究宋代法律史必不可少的史料。其二，与有刑法专篇的《文献通考·刑考》、《宋史·刑法志》相比，《宋会要辑稿·刑法》有很多内容是后两书所无，即使是三者都有的内容，《宋会要辑稿·刑法》所记往往也更详细。其三，将它与《续资治通鉴长编》、《建炎以来系年要录》这两部史料丰富的编年体史书相比，它较《续资治通鉴长编》资料集中又有《续资治通鉴长编》所缺的徽宗、钦宗两朝以及治平四年四月至熙宁三年三月及南宋的内容。它比《建炎以来系年要录》记事详细，同时又有高宗朝之外的内容。由此可见，《宋会要辑稿·刑法》内容丰富。所以既可利用《宋会要辑稿·刑法》来纠正它书的错误，也可用来补充它书没有或较略的内容。

本节以举例的形式，通过《宋会要辑稿·刑法》对《宋史·刑法志》、《文献通考·刑考》、《续资治通鉴长编》、《建炎以来系年要录》的纠正与补充来揭示它的价值。[①] 限于篇幅，各以三例为示。

一、纠正它书之误

史料在编修中或传抄时难免会发生一些错误，上述之书亦如此。

① 笔者不将《宋会要辑稿·刑法》与《宋刑统》、《庆元条法事类》作具体的比较，是因为它们的性质不同。

如《宋史》成书仓促，又出自多人之手，所以有一些错误。即使是《续资治通鉴长编》，其中也有一些错误。故可利用《宋会要辑稿·刑法》纠正它们的错误。

（一）纠正《宋史·刑法志》之误①

例一：《宋史·刑法志》卷200“即日遣殿中侍御史李范等十四人，分往江南、两浙、四川、荆湖、岭南审决刑狱。吏之弛怠者，劾其罪以闻；其临事明敏、刑狱无滞者，亦以名上。”②

按：上文所记为一件事，实际上是两件事，即太宗两次派遣使臣到各地省狱。派遣李范等人是在“太宗太平兴国九年六月八日”。③而“吏之……亦以名上”，则是“雍熙四年”之事。④《宋会要辑稿·刑法》五/16记此事，即“（雍熙）四年正月十六日诏曰：庶务之中，惟刑是恤。苟狱讼有所枉抑，则和气为损伤。宜遣右补阙韩援等分往西川、岭南、江浙等路按问刑狱。小事即决之，大事趣令结绝。事有可断而官吏故为稽缓者，鞫其状以闻。官吏临事强明，狱无冤滞者，亦以名闻，当行旌赏。见禁人内有命官并合该申奏者，具案以闻。”

例二：《宋史·刑法志》卷200“三班奉职和钦贷所部纲钱，至绞，帝命贷死免杖，刺隶福建路牢城。知审刑院卢士宗请稍宽其罪，帝曰：‘刑故而得宽，则死者滋众，非刑期无刑之道。俟有过误，贷无伤也。’”⑤

---

① 邓广铭先生的《宋史刑法志考证》对《宋史·刑法志》作了详细的考证，另有戴建国先生《中华版〈宋史·刑法志〉辨误》一文又作了补充，两位先生都用了《宋会要辑稿·刑法》的内容，故笔者只就他们尚未考证的部分而作。

② （元）脱脱：《宋史》，中华书局1977年版，卷199《刑法一》，第4969—4970页。

③ （清）徐松：《宋会要辑稿》，中华书局1957年版，刑法5之16，第6677页。

④ （元）马端临：《文献通考》，中华书局1986年版，卷166，亦误。

⑤ （元）脱脱：《宋史》，中华书局1977年版，卷200《刑法二》，第4989页。

按:《宋会要辑稿·刑法》六/16所记为“六月九日，三班奉职和钦贷死，免决刺，配福建路牢城。钦贷所部虔州纲钱，赃至绞，特减死。审刑院卢士宗奏钦坐情轻，乞稍宽减。帝曰:刑故无小，若故而得宽，则犯者滋甚，非期无刑之道。倘有过误，贷无伤也。”

这是英宗治平元年之事，英宗认为宽免罪犯的标准之一，应看其犯罪行为是故意而为，还是过失而致。对故意者，则应严惩，如果“故而得宽”，则他人也会心存侥幸而犯罪，那么故意犯罪的人就会增多，所以《宋史》的“死者滋众”应为“犯者滋甚”。

例三:《宋史·刑法志》卷201“乾兴以前，州军长吏，往往擅配罪人。仁宗即位，首下诏禁止，且令情非巨蠹者，须奏待报。”①

按:《宋会要辑稿·刑法》四/10记载了仁宗颁此诏的背景，即“乾兴元年七月永兴军言:民王延福累犯巨蠹，已刺面杖配蔡州牢城。诏:今后不得直行刺配，如有此类，依决讫收禁奏裁。”其中的“如有此类”所指的应是“巨蠹”者，所以《宋史·刑法志》中的“情非巨蠹者”应去掉“非”字。

(二) 纠正《文献通考》之误

例一:《文献通考》卷166“(咸平)四年知黄州王禹偁奏:令诸路置病囚院。持杖劫贼徒流以上有疾者处之。余悉责保于外。”②

按:从文意知，病囚院应为王禹偁的建议置，时间为咸平四年。

《宋会要辑稿·刑法》六/52则记(咸平)“四年二月二十六

① (元)脱脱:《宋史》，中华书局1977年版，卷201《刑法三》，第5016页。

② (元)马端临:《文献通考》，中华书局1986年版，卷166《刑五》，第1445页。

日知黄州王禹偁上言：病囚院每有患时疾者，互相浸染，或致死亡。请自（令）[今]持杖（劫劫）[劫]贼徒流以上，有疾即于病牢将治。其斗讼户婚杖以下，得情款者，许在外责保看医，俟痊日区分。从之。”由此来看，王禹偁所奏的内容并不是令诸路置病囚院，病囚院在此前已存在，即在咸平四年前建成。据《续资治通鉴长编》卷 48 咸平四年二月己巳条的注“据《实录》则去年四月已置病囚院”来看，病囚院在咸平三年就已置。[①] 所以《文献通考》所记时间有误。

例二：《文献通考》卷 167“二年刑部侍郎林粟言：嘉泰改元，一年天下所上死案，共一千八百一十一人，而断死者才一百八十一人，余皆贷放。夫有司以具狱来上，必皆可论刑之人。陛下贷其罪辜者，凡一千三百六十人。岂为细事？请诏秘书省修入《日历》，上以示陛下好生之德，下以戒有司用刑之滥。从之。”[②]

按：文中有两处错误。一是林粟应为林采。二是“陛下贷其罪辜者”中“罪辜”应为“非辜”。《宋会要辑稿 · 刑法》六 /44 的嘉泰二年十一月十一日条可对此校正。且从下文“戒有司用刑之滥”，也可看出这些被贷命的人本是罪不致死的，所以应是“非辜”。

例三：《文献通考》卷 170“庆历间，宁州童子年九岁，殴杀人当弃市。帝以童孺争斗无杀心，止命罚金入死者家。”[③]

按：《宋会要辑稿 · 刑法》六 /11 记此为天圣元年十一月十六日事，内容更详细。如记打死人者为庞张儿，死者为庞惜喜。罚铜 120 斤。

---

① （宋）李焘：《续资治通鉴长编》，中华书局 1995 年版，卷 48 咸平四年二月己巳，第 1052 页。“是月，从知黄州王禹偁之请，令诸路置病囚院”也有误。

② （元）马端临：《文献通考》，中华书局 1986 年版，卷 167《刑六》，第 1455 页。

③ （元）马端临：《文献通考》，中华书局 1986 年版，卷 170《刑九》，第 1475 页。

（三）纠正《续资治通鉴长编》之误

纠正《续资治通鉴长编》的内容时可分为两个部分，一是《续资治通鉴长编》引《宋会要》的内容，二是《续资治通鉴长编》其他内容。

1. 对《续资治通鉴长编》中引自《宋会要》文字的纠误

《续资治通鉴长编》引《宋会要》时常加注说明。说明方式有两种，一是直接以《宋会要》作正文，再加小注“此据《宋会要》增入”、“此据《会要》”、“此据《宋会要》追附”等来标识。二是《续资治通鉴长编》的内容与《宋会要》有异，李焘求同存异，把《宋会要》的内容放在小注中，以“《宋会要》云XX”、“《宋会要》XX”来表示。从理论上讲，《续资治通鉴长编》所引《宋会要》文应该是保留了《宋会要》原貌。因为多个例子表明，如果对《宋会要》文作了改动，则会在注中说明，如“此据《会要》，稍删润之”。但是，把《续资治通鉴长编》引自《会要》的内容与《宋会要辑稿·刑法》对照来看，就会发现《续资治通鉴长编》所引也有出错的时候，表3—1即是几例。可利用《宋会要辑稿·刑法》对其加以纠正。

表3—1 《续资治通鉴长编》引《宋会要》文与《宋会要辑稿·刑法》文对照表

《续资治通鉴长编》正文内容	《续资治通鉴长编》注文	《宋会要辑稿·刑法》的内容	《续资治通鉴长编》错的原因
《续资治通鉴长编》卷216熙宁三年十月丙子“嘉祐删定编敕官以二年为任，五年为两任。乞自今应删定官每月各修敕十条送详定官。如二年内了当，不计月日，并理两任。如有拖滞，虽过二年，亦理一任。从之。”	“此据《会要》三年十月十九日所书增入。二年五月十七日，三年七月二十二日可考”。	刑法一/8三年十月十九日的“并理为任”与《续资治通鉴长编》的“并理两任”不同，其他都相同。	这是对删定官的赏罚制度。即尽职勤勉之人如在二年内完工，虽不足二年，也“并理为任”。如果拖延，过了二年，也为一任。而两任的规定为五年。

续表

《续资治通鉴长编》正文内容	《续资治通鉴长编》注文	《宋会要辑稿·刑法》的内容	《续资治通鉴长编》错的原因
《续资治通鉴长编》188 嘉祐三年十二月壬寅“……委刑部点检，如不系编敕合该敕配往彼者，具事由以闻。”	“此据《会要》增入，五年三月二十五日可考，治平四年六月二十五日李庆奏可并考。”	刑法四 /24 的“合该刺配”与《续资治通鉴长编》“合该敕配”不同。刑法四 /14—15 中有《续资治通鉴长编》注的内容。	“合该敕配”应为“合该刺配”。刺配是刑罚的一种。
《续资治通鉴长编》卷 213 熙宁三年七月庚戌“诏编修敕所，见编续降宣敕、删定嘉祐编敕，仰候修成一卷日，于逐条上铺贴增损之意，先赴中书门下看详，俟书成日同进呈。”	“此据会要三年七月二十一日所书增入。”	刑法一 /7 为“七月二十二日编敕所”。	“编修敕所”，应为“编敕所”。宋代没有编修敕所。注中“二十一日”应为“二十二日”，可据《续资治通鉴长编》卷 216 的注“三年七月二十二日可考”作旁证。

2.《续资治通鉴长编》其他部分

例如有关驸马柴宗庆一案。《续资治通鉴长编》卷 72“癸巳，诏洞真宫及诸公主宅自今所须之物，任便市易，令杂买务供应。时驸马都尉柴宗庆家僮自外州市炭入京城，所过免算，至则尽鬻以取利，复市于杂买务，家僮辈竞有求匄。上曰：‘宗庆不能治家，故纵其下，亦可丑也。’乃加条约焉。”①

按：而《宋会要辑稿·刑法》二 /10 则为“十六日诏：洞真宫及诸公主宅所须之物，任便市易，勿令杂务供应。时驸马都尉柴宗庆家僮自外州市炭入京城，所过免算，至则尽鬻以取利，复于杂买务物市

① （宋）李焘：《续资治通鉴长编》，中华书局 1995 年版，卷 72 大中祥符二年八月，第 1268—1269 页。

炭重取之。家僮辈竞有求丐，故禁绝之。自是诏杂买务罢公主宅所市物。"

两段文字有一处不同，即是"令"还是"勿令"杂务供应？两者都记"任便市易"，是指洞真宫和诸公主们可以自己买所需的物品，而不必由杂买务供应。这与《续资治通鉴长编》的"令"字矛盾，所以《宋会要辑稿·刑法》中的"勿令"是正确的。《宋史》卷463记此为"旧制，诸公主宅皆杂买务市物，宗庆遣家僮自外州市炭，所过免算，至则尽鬻之，复市于务中。自是诏杂买务罢公主宅所市物。"[①]其中的"杂买务罢公主宅所市物"也可作为旁证。

可见《续资治通鉴长编》的"令杂买务供应"应为"勿令杂买务供应"。

（四）纠正《建炎以来系年要录》之误

例一：《建炎以来系年要录》卷39"泰宁县主簿吴明卓特降一资。时邵武军百姓多迁徙出城以避寇者，军吏丁宗亦以其孥出。明卓斩其首，下吏当死。上薄其罪，乃有是命。"[②]

按："丁宗"应为"丁宗贤"。《宋会要辑稿·刑法》六/26记"十四日诏：迪功郎邵武军泰宁县主簿吴明卓特降一资。时本军百姓频移出城，而军期司人吏丁宗贤者，亦将人口出城。明卓乃虚作知军访闻，将宗贤斩首号令。法当死，特贷之。"

---

① （元）脱脱：《宋史》，中华书局1977年版，卷463《柴宗庆传》，第13556页。记载也有错误，即宗庆"遣家僮"的"遣"为衍字，当去掉。这针对的是行为本身是柴宗庆授意家仆而为，还是家仆自己的意志？主体不同，反映的问题也不同。如果是柴宗庆授意家仆，那么所得利肯定归柴宗庆所有，则家仆也不会"竞有求匄"，况且《续资治通鉴长编》中有皇帝指责柴宗庆不能管好下人之语，所以更可肯定是家仆们自己的行为。

② （宋）李心传：《建炎以来系年要录》，中华书局1956年版，卷39建炎四年十一月乙卯，第736页。

例二：《建炎以来系年要录》卷69“癸未起复尚书右仆射朱胜非等上《吏部七司敕令格式》一百八十八卷。”①

按：上文的《吏部七司敕令格式》有误。《宋会要辑稿·刑法》一/36记“二十七日尚书右仆射同中书门下平章事朱胜非等上《吏部敕》五册，《令》四十一册，《格》三十二册，《式》八册，《申明》一十七册，《目录》八十一册，《看详司勋获盗推赏刑部例》三册，《勋臣职位姓名》一册，共一百八十八册。诏自绍兴四年正月一日颁行，仍以《绍兴重修尚书吏部敕令格式并通用敕令格式》为名。”所以，《吏部七司敕令格式》应为《绍兴重修尚书吏部敕令格式并通用敕令格式》。

例三：《建炎以来系年要录》卷185“尚书右仆射提举详定一司敕令陈康伯上《参附吏部敕令格式》七十卷，《刑名疑难断例》二十二卷。翌日，上谓辅臣曰：顷未立法，加以续降太繁，吏部无所遵承，今当一切以三尺从事，不可复令引例。若更精择长贰，铨曹其清矣。”②

按：从上文看，有两层意思，一是陈康伯上书，③二是皇帝对此发

① （宋）李心传：《建炎以来系年要录》，中华书局1956年版，卷69绍兴三年冬十月癸未，第1163页。

② （宋）李心传：《建炎以来系年要录》，中华书局1956年版，卷185绍兴三十年八月丙辰，第3112页。

③ （清）徐松：《宋会要辑稿》刑法1之45—46的内容远比《建炎以来系年要录》丰富，可资补充。其原文如下：三十年八月十一日，尚书右仆射、同中书门下平章事、兼提举详定一司敕令陈康伯等上《尚书左选令》二卷、《格》二卷、《式》一卷、《申明》一卷、《目录》三卷，《尚书右选令》二卷、《格》二卷、《申明》二卷、《式》一卷、《目录》三卷，《侍郎左选令》二卷、《格》一卷、《申明》一卷、《目录》三卷，《侍郎右选令》二卷、《格》二卷、《式》一卷、《申明》二卷、《目录》三卷，《尚书侍郎左右选通用敕》一卷、《令》二卷、《格》一卷、《式》一卷、《申明》二卷、《目录》一卷，《司封敕》一卷、《令》一卷、《格》一卷、《申明》一卷、《目录》一卷，《司勋敕》一卷、《令》一卷、《格》一卷、《申明》一卷、《目录》一卷，《考功敕》一卷、《目录》一卷，《改官申明》一卷，《修书指挥》一卷，《厘析》八卷。诏下本所颁降，仍以《绍兴参附尚书吏部敕令格式》为名。先是，绍兴二十八年九月十九日，权吏部尚书贺允中言：“比年以来，臣僚奏请，取便一时，谓之续降指挥，千章万目，其于成宪不无沿革。舞文之吏依倚生奸，可则附会而从权，否则坚吝

表的意见。《宋会要辑稿 · 刑法》一 /46 对第二层意思的记载为："至是，书成进呈。上曰：顷未立法，加以续降太繁，吏部无所遵承。今既有成法，若更精择天官长贰铨曹其清矣。宰臣汤思退奏曰：顷未立法，官员到部，有所整会，一求之吏，并缘为奸，金多者与善例，不然则否。上曰：今既有成法，当令一切以三尺从事，不可更令引例也。续诏修进官与刑名断例成书通推恩赏。"由此知，这是皇帝讲的两次话，《建炎以来系年要录》所录皇帝之语，是将两次讲话的内容混在了一起。

二、补充它书之缺

（一）补充它书纯粹没有的内容

《宋会要辑稿 · 刑法》内容丰富，有许多它书没有的内容，这些内容是研究某些问题的主要史料依据。

例一：有关刑统，《宋会要辑稿 · 刑法》有六条《文献通考 · 刑

而沮格。惟是吏部七司见今所用法，今最为急务，若无一定之法，革去久弊，而望铨曹之清，不可得也。愿诏敕令所严立近限，将吏部七司祖宗旧制，与续降指挥参定异同，先次条纂，立为定制，庶免用例破条之患。"后详定官黄祖舜言："见修吏部七司条法，欲将旧来条法与今来事体不同者，立为参附条参照。"上谓辅臣曰："祖宗成宪，不可废也。存之以备用甚当，但令所修法须与祖宗法意不相违背。仍谕诸详定。"既而权吏部尚书周麟之言："吏部诸选引用续降指挥，前后不一，或臣僚建明，或有司申请，皆经取旨，然后施行。今以续降条册观之，乃有顷年都省批状指挥参列其间，亦曰续降，诚未为允。"诏令诸选具绍兴二十五年以前批状指挥，如有类此者，仰敕令所可削则削之。时陈康伯为提举，刑部侍郎黄祖舜为详定，右迪功郎闻人滋、左从政郎徐覆、右从政郎陆游为删定官。至是书成进呈。上曰："顷未立法，加以续降太繁，吏部无所遵承。今既有成法，若更精择天官长贰，铨曹其清矣。"宰臣汤思退奏曰："顷未立法，官员到部，有所整会，一求之吏，并缘为奸，金多者与善例，不然则否。"上曰："今既有成法，当令一切以三尺从事，不可更令引例也。"续诏修进官与《刑名断例》成书通推恩赏。（马泓波：《宋会要辑稿 · 刑法》点校，河南大学出版社 2011 年版，第 101—102 页。）

考》、《宋史·刑法志》、《续资治通鉴长编》中没有的内容，通过这六条内容，可以看出《宋刑统》成书之后，虽没有再经大规模地重修，但并不是一成不变，而是随着社会的发展常以《申明》的形式而加以修改。这六条分别为：

1. 详细地记载了修《宋刑统》时参修人员如详定官与删定官的姓名、身份。

2. 记载了乾德四年对《宋刑统》的修正。此次修正缘于大理正高继申的建议。对其修改意见，它书最多只提到《名例律》的修改，而无《断狱律》和《职制律》的修改。"刑统职制律，准周显德五年敕，受所监临财及乞取赃过百匹，奏取敕裁，伏缘准律，若是频犯及二人以上之物，仍合累并倍论。元敕无累倍之文，致断案有取裁之语。今后犯者，望依律，累倍过百匹奏取敕裁，如累倍不过百匹，依律文处分。又刑统断狱律有八十字误作十八字，伏请下诸处，令法官检寻刊正，仍修改大理寺印板。"① 对《刑统》的改动除了直接改版外，一般是以《申明刑统》的形式对《宋刑统》加以补充、解释或修改。

3. 嘉祐二年修成的嘉祐编敕中有对《宋刑统》附令敕的整理。②

4. 记有熙宁四年修订情况。"四年二月五日检正中书户房公事曾布言：近以《刑统》刑名义理多所未安，乞加刊定。准诏令臣看详。今逐一条析，《刑统》疏义繁长鄙俚，及其间条约今所不行可以删除外，所驳义乖缪舛错凡百余事，离为三卷上进。诏布更切看详，《刑统》内如有未便事理，续具条析以闻。"③ 从中可知《宋刑统》随着宋代社会经济的发展，已有与实际不符之处，所以需要加以修正。

5. 记《元符申明刑统》的情况。元符二年"五日宰臣章惇等言：

---

① （清）徐松：《宋会要辑稿》，中华书局 1957 年版，刑法 1 之 1，第 6462 页。
② （清）徐松：《宋会要辑稿》，中华书局 1957 年版，刑法 1 之 6，第 6464 页。
③ （清）徐松：《宋会要辑稿》，中华书局 1957 年版，刑法 1 之 8，第 6465 页。

请将《申明刑统》律令事，已续降相照添入，或尚有未尽事，从敕令所一面删修类聚以闻，至来年正月一日施行。从之。”① 这就是《元符申明刑统》的由来，它是对《宋刑统》的修改与补充。《宋会要辑稿·刑法》一/18—20 又记有承奉郎王实的奏状，约一千一百字，指出了《元符申明刑统》的不妥之处，这说明即使《申明》本身也会有问题，需要经常修改。

6. 高宗绍兴元年修成的《绍兴重修敕令格式》，有专门的《申明刑统》。②

以上六条的记载，对研究《宋刑统》有一定的意义。

例二：《宋会要辑稿·刑法》中有关案件复审中推勘次数的记载。王云海先生主编的《宋代司法制度》中的“翻异别勘是有次数限制的”一节，主要是运用了《宋会要辑稿·刑法》的材料（《宋会要辑稿·刑法》三/51、52、79、80、84、85、86 的内容）来分析从宋初到南宋推勘次数即三推制到五推制的变化。③

例三：《宋会要辑稿·刑法·禁约》中记载了一些地区的陋习，如东南等地区远离中原，虽然版图并入了宋廷，但民风和陋习依旧存在。在宋统治者来看，他们的“土风、饮食、男女之仪、婚姻丧葬之制，不循教义，有亏礼法”。尤其是“杀人以祭鬼、病不求医药及僧置妻孥”更为严重，所以加以禁止。④ 以福建路为例，此地厚婚葬，往往耗费巨资，大大超出其能力所及，“致有父母之丧，岁月深久，而不葬”。有的人则“避于葬费而焚弃”⑤。也常有生子不育而溺死的现象，称“薅子”，男多则杀其男，女多则杀其女，习俗相传，“顽愚

① （清）徐松：《宋会要辑稿》，中华书局 1957 年版，刑法 1 之 8，第 6465 页。
② （清）徐松：《宋会要辑稿》，中华书局 1957 年版，刑法 1 之 35，第 6479 页。
③ 王云海主编：《宋代司法制度》，河南大学出版社 1992 年版，第 318—320 页。
④ （清）徐松：《宋会要辑稿》，中华书局 1957 年版，刑法 2 之 3，第 6497 页。
⑤ （清）徐松：《宋会要辑稿》，中华书局 1957 年版，刑法 2 之 57，第 6524 页。

村乡习以为常，邻保亲族皆与之隐”。所以朝廷多次“立禁赏”。大观四年四月有敕，政和二年四月十二日又规定“诸父母存，非本宗及内外有服亲而辄凶服送丧；若遇父母丧而过百日无故不嫔［殡］者，各杖六十”。对生子不育的禁赏条法又作了补充。① 其他地方如宣、歙最甚，江、宁次之，饶、信又次之。朝廷诏“委监司按察，如有违犯，重置典宪”②。这些材料对研究这些地区的民俗，以及宋朝廷对恶习的态度、采取的措施都有一定的价值。

（二）补充他书虽有但比较简略的内容

1. 补充《宋史·刑法志》的内容

《宋史·刑法志》的内容概括而简略。而《宋会要辑稿·刑法》的相应条目则记载得很详细。可通过《宋会要辑稿·刑法》加以补充。

例一：《宋史》卷 199“嘉祐初，因枢密使韩琦言，内外吏兵奉禄无著令，乃命类次为《禄令》”③。

按：《宋会要辑稿·刑法》一/6 记“嘉祐二年十月三日三司使张方平上新修《（录）［禄］令》十卷。诏颁行。先是元年九月枢密使韩琦言：内外文武官俸入添支，并将校请受，虽有品式，而每遇迁徙，须申有司检（堪）［勘］（中）［申］覆。至有待报岁时不下者。请命近臣就三司编定。命知制诰吴奎、右司谏马遵、殿中侍御史吕景初为编定官；太常博士张子谅、太常丞勾谌、大理寺丞张适为删定官。至是上之。”④

从《宋会要辑稿·刑法》的记载中可知修成的时间、上书人、

① （清）徐松：《宋会要辑稿》，中华书局 1957 年版，刑法 2 之 57，第 6524 页。
② （清）徐松：《宋会要辑稿》，中华书局 1957 年版，刑法 2 之 58，第 6524 页。
③ （元）脱脱：《宋史》，中华书局 1977 年版，卷 199《刑法一》，第 4963 页。
④ （清）徐松：《宋会要辑稿》，中华书局 1957 年版，刑法 1 之 6，第 6464 页。

修书的删定官和编定官，以及韩琦建议修定的详细的原因。

例二：《宋史》卷200“十二年，御史台点检钱塘、仁和县狱具，钱塘大杖，一多五钱半；仁和枷，一多一斤，一轻半斤。诏县官各降一官。”①

按：《宋会要辑稿·刑法》六/78—79记为“高宗绍兴十二年四月二十六日御史台言：检会《绍兴令》：‘诸狱具，当职官依式检校。枷以乾木为之，长者以轻重刻式。其上不得留节目，亦不得钉饰及加筋膠之类，仍用火印，从长官给。’访闻当职官吏视为虚文，并不依时检举，甚失朝廷钦恤刑狱之意。诏令刑部行下，内外应有刑狱去处，各仰遵守成法施行。敢有违戾，在内令御史台，诸路委提刑司弹劾以闻。仍季具奉行有无违戾，申尚书省。本台令检点得钱塘、仁和两县，长枷并大杖各有违戾。内钱塘县杖直丁贵，大杖一条，重多五钱半；仁和县第二等长枷一具，重多一斤，第三等长枷二具，轻少半斤。临安府供到状：钱塘县左奉议郎知县方懋德、右宣议郎县丞蔡纯诚、左修职郎主簿赵彦端、左迪功郎县尉陈从易；仁和县左从政郎知县王巩，左从政郎县丞范光、左迪功郎主簿谢沆、左迪功郎县尉刘贽。诏两县官吏各降一官。”②

《宋会要辑稿·刑法》中可补充的信息有：一是《绍兴令》有关枷具的内容。二是枷制实施的现状。三是枷的等级。四是仁和县有问题枷的数量。五是绍兴十二年时钱塘、仁和县的知县、县丞、主簿、县尉的姓名。

例三：《宋史》卷200《刑法志》：“二十一年，诏官支病囚药物钱。”③

按：《宋会要辑稿·刑法》六/66—67所记非常详细。即“（绍兴）

① （元）脱脱：《宋史》，中华书局1977年版，卷200《刑法二》，第4993页。
② （清）徐松：《宋会要辑稿》，中华书局1957年版，刑法6之79，第6733页。
③ （元）脱脱：《宋史》，中华书局1977年版，卷200《刑法二》，第4993页。

闰四月二十六日臣僚言：绍兴令诸囚在禁，病者官给药物医治，大理寺医官二员，轮日宿狱。缘官中不曾支给药物，又无合破官钱，或遇疾疫，名有医而实无药，法意几为虚设，望明诏有司，行下内外之狱，量支官钱修合汤药。所费甚微，而有利甚大。上曰：可令户部依绍兴令，措置官给药物酌度合支钱数，申尚书省。寻诏户部措置到每岁殿前马步军司各支钱五十贯文，大理寺一百贯文，京府节镇一百贯文，余州六十贯文，大县三十贯文，小县二十贯文，置历收支，若岁终余剩钱数，即充次年支用。”①此段既说明了官支钱的原因，又有钱的数目，且介绍了钱的使用程序。

2. 补充《文献通考·刑考》的内容

例一：《文献通考》卷 167："（淳熙）八年诏自今强盗抵死特贷命之人，并于额上刺强盗二字。余字分刺两颊。"②

按：《宋会要辑稿·刑法》四/56 记（淳熙八年）"五月十六日诏：自今强盗抵死特贷命之人，并为额上刺强盗二字，余字分刺两脸。若额上曾经刺字者，即元系贷命之人，不须更行追会。以浙西提刑司言：强盗内有逃军，已经贷命断配之人，避免再犯重刑，到官不实通元配去处追会，有至数四终不得实，故有是命。"③除了记述额上已有字的情况外，还交代了下此诏的原因。

例二：《文献通考》卷 170："开封民聚童子教之，有因榎楚死者，为其父母所讼。府上具狱，当民死。宰相以为可矜。帝曰：情虽可矜，法亦难屈，命杖脊舍之。"④

① （清）徐松：《宋会要辑稿》，中华书局 1957 年版，刑法 6 之 66—67，第 6726—6727 页。

② （元）马端临：《文献通考》，中华书局 1986 年版，卷 167《刑六》，第 1455 页中。

③ （清）徐松：《宋会要辑稿》，中华书局 1957 年版，刑法 4 之 56，第 6649 页。

④ （元）马端临：《文献通考》，中华书局 1986 年版，卷 170《刑九》，第 1475 页上。其中"当民死"当为"当抵死"。

按:《宋会要辑稿 · 刑法》六 /11 有相关内容，但比《文献通考》卷 170 详细。如时间为天圣四年二月十四日、老师的姓名为董可道、杖脊的数量为十七、除了皇帝之外他人的看法，如宰臣认为老师对学生体罚是应该的、知府王臻又提供信息说学生家无他子等。

例三:《文献通考》卷 171 上:“宋太祖皇帝开宝四年[①]，大理正高继申上言:准《刑统》三品、五品、七品以上官亲属犯罪，各有等用荫减赎。伏恐年代已深，子孙不肖，为先祖曾有官品，不畏宪章。欲请自今犯罪人用祖父亲属荫减赎者，即须祖父曾任望朝官据品秩得使；前代官即须有功及国有惠及民，为时所推。官及三品，方得上请。从之。”[②]

按:《宋会要辑稿 · 刑法》一 /1“乾德四年三月十八日大理正高继申言:《刑统》敕律有错误条贯未周者，凡三事。”即所记共有三事。除了《文献通考》所记的外，另还有有关“《刑统》职制律”与“《刑统》断狱律”两条，来说明《宋刑统》修改的情况。

3. 补充《续资治通鉴长编》的内容

例一:《续资治通鉴长编》卷 61“丙申，诏自今盗贼黥面配牢城者，并于千里之外。从大理评事林陶所请也。”[③]

按:《宋会要辑稿 · 刑法》四 /4 记“十月二十一日诏:今后应盗贼合刺配牢城者，并配千里外。其河北、河东州军并配过黄河南，陕西州军配潼关东，荆湖南路州军配岭南，北路州军配过汉江，江南两浙并配江北，川峡州军配出川界，广南州军近岭者配岭北，不近岭者

① 此处的开宝四年有误。(清) 徐松:《宋会要辑稿》刑法 1 之 1，中华书局 1957 年版为“乾德四年”。

② (元) 马端临:《文献通考》，中华书局 1986 年版，卷 171 上《刑十上》，第 1483 页。

③ (宋) 李焘:《续资治通鉴长编》，中华书局 1995 年版，卷 61 景德二年十月丙申，第 1372 页。

东西路交互移配，福建路亦配广南、江浙。其同火人量远近散配。”① 除了概括说明配千里外，又有详细的刺配路线，可补《续资治通鉴长编》。

例二：《续资治通鉴长编》卷66“上闻京城居民多弃掷麦食物，诏开封府严行禁止，重置其罪。”②

按：《宋会要辑稿·刑法》二/8“（景德四年）九月十六日诏曰：‘所宝惟谷，兆民之天，出于耕耘，是谓劳苦。今万邦嘉靖、五谷大穰，是谓有秋允符上瑞。如闻里巷所弃捐。宜令开封府告谕民，无得弃掷米麦食物，犯者重置其罪’。”③ 此诏的内容更丰富。

例三：《续资治通鉴长编》卷80“二月癸亥朔，诏广南、福建、川峡路军民凶恶为患者，并依法断讫，并家属械送赴阙。”④ 仅记了一种情况，而《宋会要辑稿·刑法》四/6大中祥符六年二月一日内，还记有对“非凶恶者”的处置，以及对刺字的要求、“川峡路”的特殊情况。

4. 补充《建炎以来系年要录》的内容

例一：《建炎以来系年要录》卷118“右从政郎李景山特改右宣义郎。景山济州人，为江州司理参军。先是黄州获渔人二十余人，以为强盗，其后诬服者十三人，斩二人首，余悉流之远郡。朝廷闻其枉，命景山劾之，皆平人也。上命江东提点刑狱公事韩膺胄覆实，与景山同。故有是命。”⑤

① （清）徐松：《宋会要辑稿》，中华书局1957年版，刑法4之4，第6623页。
② （宋）李焘：《续资治通鉴长编》，中华书局1995年版，卷66景德四年九月己卯，第1488页。
③ （清）徐松：《宋会要辑稿》，中华书局1957年版，刑法2之8，第6499页。
④ （宋）李焘：《续资治通鉴长编》，中华书局1995年版，卷80大中祥符六年二月癸亥，第1818页。
⑤ （宋）李心传：《建炎以来系年要录》，中华书局1956年版，卷118绍兴八年三月辛丑，第1914页。

按:《宋会要辑稿·刑法》四/94有“李景山上书”，全文将近400字。详细地记载了这个冤狱的情况，可对《建炎以来系年要录》作补充。

例二:《建炎以来系年要录》卷138“戊寅，尚书右仆射兼提举详定一司敕令秦桧等上《绍兴重修在京通用敕令格式》四十八卷，《申明》十二卷，《看详》三百六十卷。”①

按:《宋会要辑稿·刑法》一/38—39有此内容，且非常详细，共五百余字。不仅有《绍兴重修在京通用敕令格式》中各组成部分的名称、卷数，而且有颁行的时间、立法的原因，参与立法的人员、赏赐情况等。

例三:《建炎以来系年要录》卷149“度支员外郎林大声言：江西州县百姓好讼，教儿童之言（按：书），有如《四言杂字》之类，皆词诉语。乞禁示。刑部请不以赦前后编管邻州。从之。”②

按:《宋会要辑稿·刑法》三/26记“十三年八月二十三日礼部言臣僚札子：江西州县百姓好讼，教儿童之书，有如《四言杂字》之类，皆词诉语。乞付有司禁止。国子监看详检准《绍兴敕》：诸聚集生徒教辞讼文书，杖一百，许人告。再犯者，不以赦前后邻州编管。从学者，各杖八十。今《四言杂字》皆系教授词讼之书。有犯合依上条断罪。欲乞行下诸路州军监司，依条施行。从之。”③ 此条所记很详细，除了《建炎以来系年要录》的内容外，还有《绍兴敕》的内容、礼部上报和国子监看详的程序，可从中看出当时是如何运作的。

---

① （宋）李心传:《建炎以来系年要录》，中华书局1956年版，卷138绍兴十年十月戊寅，第2217—2218页。

② （宋）李心传:《建炎以来系年要录》，中华书局1956年版，卷149绍兴十三年八月丁未，第2406页。

③ （清）徐松:《宋会要辑稿》，中华书局1957年版，刑法3之26，第6590页。

第三节 对《宋会要辑稿 · 刑法》的校勘

《宋会要辑稿 · 刑法》内容丰富，有极高的史料价值，但《宋会要辑稿》是《宋会要》经由两次转录、几次易手而得，所以《宋会要辑稿 · 刑法》有一些错误，造成了它的缺陷。

《宋会要辑稿 · 刑法》中错误的成因不同、类型不一、错误的程度也不同。有的错误较小，对句意无多大影响；有些错误却关系句意的理解，必须对其加以纠正，否则会影响原文的主旨。如《宋会要辑稿 · 刑法》中描述囚死于狱时都写作“瘦”死，实际上应是“瘐”死，即古代指犯人在狱中因饥寒而死，后来泛指在监狱中病死。它与“瘦”死只一字之差，意思却大不相同。又如《宋会要辑稿 · 刑法》六 /56 治平四年十二月二十二日条“仍仰开封府及诸路提点刑狱每岁终会聚死者之数以闻，委中书门下点检，或死者过多，官吏虽不科断，更加点责。”句意前后矛盾：死囚数过多，则应追究责任，不该“不科断”，而且“虽不”与“更加黜责”也矛盾，所以当为“官吏虽已行罚，当议更加黜责。”[①] 再如《宋会要辑稿 · 刑法》六 /64“绍兴法：杖以下囚，在禁病者，止系量病势听家人入侍”，其中的“下”应为“上”字。[②] 杖以下罪，是在外就医，不必由家人入侍。

所以为了更好地利用《宋会要辑稿 · 刑法》，有必要对其进行校勘。出于文章结构的考虑，将校勘的具体内容放在附录中。在此只对校勘中所涉及的问题做一概述。

---

① 见《苏轼文集》卷 26，第 764 页；《宋史》卷 201《刑法志》、《文献通考》卷 167。

② 因为咸平四年时就已有规定：狱囚生病，杖以下许责保在外，杖以上病重者听家人入内侍候。((清) 徐松：《宋会要辑稿》，中华书局 1957 年版，刑法 6 之 52，第 6719 页。)《庆元条法事类》卷 74(第 766 页) 也记为“杖以下，情款已定，责保知在，余别牢医治……仍量病势听家人一名入侍”。可知，杖以下罪是在外就医。

一、纠正时间之误

（一）补正年号之脱误

1. 年号虽错，但没有大的影响

如《宋会要辑稿·刑法》一/3/29“大中详符”应为“大中祥符”、一/9/5“嘉佑”应为“嘉祐”、一/15/19“元佑”应为“元祐”、一/41/14“正和”应为“政和”、二/15/17“天僖”应为“天禧”、三/69/11“致和”应为“政和”。

2. 年号脱漏，使句意本身自相矛盾

例如：《宋会要辑稿·刑法》六/77“四年十二月二十八日，太常博士河北提点刑狱陈纲言：诸州勘事，杖已下法，当令众及抗拒不招当枷问者，未有定制，自今诣置枷重十五斤，命法寺参议如纲奏。从之。仍须情状顽恶及准条令众者，方得行用。”①

按：此条脱漏了年号“景德”。依《会要》的体例，前一条为淳化三年二月条，则本条的“四年十二月”则当为“淳化”。而北宋的提点刑狱官淳化②四年十月八日已罢设。故淳化四年十二月不可能再有陈纲的上奏。

陈纲上言论定枷重的时间，《续资治通鉴长编》卷67记为“景德四年”、《事物纪原》卷十也记为“景德四年”，可见景德四年是正确的。③所以应补上“景德”二字。

① （清）徐松：《宋会要辑稿》，中华书局1957年版，刑法6之77，第6732页。

② 北宋的提点刑狱官设于淳化二年五月二日。见《宋史》卷2；（元）马端临：《文献通考》，中华书局1986年版，卷61《提刑》，第558页。

③ 复置诸路提点刑狱公事官是在“景德四年七月二十七日”，所以《事物纪原》的五月当为十二月之误。《续资治通鉴长编》记为十二月辛酉，十二月癸巳朔，辛酉当为二十九日。《宋会要辑稿·刑法》为二十八日，存疑待考。

3. 一个年号脱漏或有误，不仅本条的时间错，也影响到了随后的几条

《宋会要》门内编年记事。同一年号的诸事，年号只写在第一条上，其后诸条都省去年号。这样，只要一条的年号有误，其后的几条也必有误。

例:《宋会要辑稿·刑法》一/58/10为“嘉庆元年二月十四日”吏部尚书张釜上书请修吏部七司法之条。其后又有四条，分别为“三月十八日”、“二年十一月四日”、“三年七月十九日”、“四年五月二十三日”事。

按:宋代没有“嘉庆”这个年号，只有“嘉祐”、“嘉泰”、“嘉定”、“嘉熙”。究竟是哪个呢？首先排除“嘉熙”，因为《宋会要辑稿》只记到嘉定年间，所以不可能有理宗嘉熙年间的事。

《宋史》卷38记“续修吏部七司法”是在嘉泰元年二月乙未，嘉泰元年二月乙未，即二月十四日。[①] 这与《宋会要辑稿·刑法》的嘉庆条时间吻合，内容也一致。所以可以断定嘉庆为嘉泰之误。同时可知其后几条都是嘉泰年间的事。

以《宋会要辑稿·刑法》“二年十一月四日”来验证。此条所记为朝廷批准臣僚重修吏部七司法的请求。《宋史》卷38记重修吏部七司法事为嘉泰二年十一月乙巳。[②] 该月壬寅朔，乙巳则为四日，即为嘉泰二年十一月四日。所以《宋会要辑稿·刑法》此条应为嘉泰二年。证明“嘉庆为嘉泰之误”的判定正确。

(二) 补正年月日的错误

1. 将同一条中混合的不同时间的事以明确的纪年分开

例一:《宋会要辑稿·刑法》一/14二年“十二月二十四日详

---

① 《纲目备要》卷7、《宋史全文》卷29下所记相同。二月是壬午朔，乙未是十四日。

② 《纲目备要》卷7、《宋史全文》卷29下同。

定重修敕令书成，以《元祐详定敕令式》为名颁行。先是六年三月二十四日诏御史中丞刘挚（原空）、刑部郎中杜纮将《元丰敕令格式》重行刊修。至是上之。修书官光禄大夫吏部尚书苏颂，朝散郎试大理卿杜纮，奉议郎试侍御史王觌，朝散郎王朋年，朝奉郎宋湜、祝康，奉议郎王叔宪，宣义郎石谔、李世南，承务郎钱盖，各迁一官；蔡州观察判官晁端礼循一资；宣义郎张益减磨勘一年；奉议郎陈兟、承奉郎刘公噩减磨勘二年。”①

按：此条有两处错误。其一，“先是六年”，应当为“先是元年”。《续资治通鉴长编》卷373记“诏御史中丞刘挚、右正言王觌、刑部郎中杜纮将《元丰敕令格式》重行刊修”的时间为哲宗元祐元年。《文献通考》卷167同。②

其二，赏赐修书官的时间误。《续资治通鉴长编》卷408记此事为元祐三年二月乙未。③二月戊寅朔，乙未为十八日。即三年二月十八日。而不是二年十二月二十四日，所以应在《宋会要辑稿·刑法》此条的“修书官前”补入时间。

再以赏赐修书官的下一条来验证，可知补入“三年”是正确的。其下一条在《宋会要辑稿·刑法》一/15，为“闰十二月一日”之事。④

---

① （清）徐松：《宋会要辑稿》，中华书局1957年版，刑法1之14，第6468页。

② 《续资治通鉴长编》记为三月己卯即二十二日，《玉海》卷66同。元祐元年三月戊午朔，己卯当为二十二日。虽然《宋会要辑稿·刑法》此条的时间是二十二日还是二十四日现还不能确定，但为元祐“元年三月”没有问题。

③ 《续资治通鉴长编》卷408哲宗元祐三年二月乙未，第9940页。原文为：“诏光禄大夫、吏部尚书苏颂，朝散郎、试大理卿杜纮，奉议郎、试侍御史王觌，朝散郎王彭年，朝奉郎宋湜、祝康，奉议郎王叔宪，宣德郎石谔、李世南，承务郎钱盖，各迁一官；蔡州观察判官晁端德循资；宣义郎张益减磨勘一年；奉议郎陈兟、承奉郎刘公噩减磨勘二年。以《详定元祐敕令式》成书推恩也。”

④ （清）徐松：《宋会要辑稿》，中华书局1957年版，刑法1之15，第9469页。原文为：“闰十二月一日尚书省言：初官制未行，凡定功赏之类，皆朝廷详酌之。自行官制，先从六曹用例拟定。其一事数例轻重不同，合具例取裁，或事与例等辄加

元祐二年无闰月，三年闰十二月。《续资治通鉴长编》卷 419 亦有此内容①，时间也为“元祐三年闰十二月癸卯朔”。可知《宋会要辑稿·刑法》一/15 的此条应为“三年”之事。

由上分析可知，《宋会要辑稿·刑法》一/14 的元祐二年十二月条是把二年的事和三年的事混在了一起。这不符合《会要》的写作体例，所以应该分开。

例二：《宋会要辑稿·刑法》一/15 六年五月十二日“刑部言：一路等修有不以去官赦降原减条，合行删去。如枢密院奏请凤翔拣中保宁兵士投换及改敕擅投、中书省请熙河兰岷路蕃部司公使钱辄支用、坐仓籴诸军粮不取军人情愿者，皆不以去官赦降原减，并合删去。从之。”

按：《续资治通鉴长编》卷 458 也有相应的内容，即“刑部言：‘一路等条有不以去官赦降原减条，合行删去。熙宁八年九月，应密院奏请，凤翔府拣中保宁兵士不许投换及改刺别军，如违法，依擅行差遣例，不以去官赦降原减。元丰四年，中书省言，请熙河兰岷路蕃部司公使钱，依额定每年转运司分作两料支拨，除干边事应副支费外，辄支用者并徒二年，不以去官赦降原减。元丰六年五月，诏坐仓收籴请军粮斛不取军人情愿，以违制论，不以赦降去官原减。并合删去。’

增损。或功状微小，辄引优例，并当分别事理，等第立法，今以旧条增修，凡事与例同而辄增损漏落者，杖八十。内事理重他施行者，徒二年。如数例重轻不同，或无例而比类他例者，并具例勘当拟定奏裁。从之。仍增三省枢密院相干事并同取旨。”

① 《续资治通鉴长编》卷 419 元祐三年闰十二月癸卯朔，第 10143 页。原文为：“尚书省言：‘未行官制以前，凡定功赏之类，皆自朝廷详酌，自行官制，先从六曹用例拟定。其一事数例，轻重不同，合具例取裁，事与例等，不当辄加增损。若不务审察事理，较量重轻，惟从减损，或功状微小，辄引优例，亦当分别事理轻重及已未施行，等第立法。今以旧条例增修，凡事与例同而辄增损漏落者杖八十，内事理重，已施行者徒二年，如数例重轻不同或无例而比类他例者，并具例勘当拟定奏裁。’从之，仍增三省、枢密院相干事，并同取旨。诏颁元祐敕令格式。”

从之。”①

将两者相对可知《宋会要辑稿·刑法》该条实际上涉及熙宁八年、元丰四年、元丰六年共三件事。所以应该补上时间。

2. 更正、补充所缺的年月日

和年号一样，年月日也存在这种情况，所以有必要对其进行更正。

例一：《宋会要辑稿·刑法》四/21/22“六年七月七日诏：如闻州郡民若犯轻罪，而多行刺配他处。使其有离去乡里之叹。朕甚悯之。自今非尝受朝廷指挥，毋得擅于法外施行。”

按：《续资治通鉴长编》卷159庆历六年秋七月乙酉“诏如闻百姓抵轻罪而长吏擅刺隶他州。朕甚悯焉。自今非得于法外从事者，毋辄刺隶罪人。”七月己卯朔，乙酉为七日。《宋史》卷201也有相同的内容，记为庆历六年。所以《宋会要辑稿·刑法》应改为“六年七月七日。”

例二：《宋会要辑稿·刑法》三/30/12，绍兴三十年八月二十三日条有小注为“孝宗即位未改元”。其后之条为“二十四日诏：比来省部人吏随事生弊，命官士庶理诉公事，法虽可行，贿赂未至，则行遣迂回，问难不已。若所求如欲，则虽不可行，亦必舞法，以遂其请。自今如有冤抑之人，许诣登闻鼓院陈诉，当议重置于法。”

按：第一条的“三十年”有误，当为三十二年。因为句中有注“孝宗即位未改元”，而孝宗即位在绍兴三十二年六月。第二条也应为绍兴三十二年。由《建炎以来系年要录》卷200记此为绍兴三十二年可证。②

---

① （宋）李焘：《续资治通鉴长编》，中华书局1995年版，卷458哲宗元祐六年五月庚午，第10961页。

② 原文为“又宽恤事。内一省部系政令之原，人吏他日出职，当在民上。所宜廉谨，

二、补正地名之误

（一）补入或删去

如《宋会要辑稿 · 刑法》二 /3/18—21“四年正月十日帝以万州所获犀皮及蹄角示近臣。先是，有犀自黔南来入忠、万之境，郡人因捕杀之。诏自今有犀勿复杀。”但据《宋史》卷 66、《文献通考》卷 311、《四川通志》卷 38 知“入忠、万之境”应为“入万之境”。又如《宋会要辑稿 · 刑法》二 /6/21“河东陕西沿边州军”应为“河北河东陕西缘边州军”。再如《宋会要辑稿 · 刑法》五 /25/1“开府”应为“开封府”。

（二）改正不当的地名

《宋会要辑稿 · 刑法》四 /5/19“向南军”应为“河南军”。《宋会要辑稿 · 刑法》二 /27/5“配慈州”应为“配黄州”。

三、正人名之误

人名的错误，有几种原因引起，现分列如下。

1. 因字形相近而致：如《宋会要辑稿 · 刑法》四 /80/14“擅偕”应为“檀偕”，“院授、院捷”应为“阮授、阮捷”；四 /78/14“汪希且”应为“汪希旦”；四 /79/14“朝直孺”应为“胡直孺”；四 /83/8“陈公进”应为“陈翁进”。

2. 因读音相同而致：如《宋会要辑稿 · 刑法》一 /5/13“张得象”

以立基本。访闻积习成弊，官员士庶理诉公事，贿赂未至，则行遣迁回，问难不已，所求如欲，则虽不可行，亦必舞法，以遂其请。有此等被抑之人，许诣登闻鼓院陈诉当议，重置于法。”

应为“章得象”；一/14/31“王朋年”应为“王彭年”。

3.因缺字而致：如《宋会要辑稿·刑法》四/81/1“陈与”应为“陈与义”。

4.因避讳而致：如《宋会要辑稿·刑法》一/1/5“陈光乂”应为“陈光义”。

四、正官名之误

如：《宋会要辑稿·刑法》二/24/9“二十三日，左司谏直集贤院韩琦言：在京故将相，两地戚里、近臣之家，例合占留六军兵士，枉破衣粮，永为私家仆隶，但资冗食，久妨军役。乞定夺省诏依奏。”据《宋名臣奏议》卷101、《历代名臣奏议》卷191可知“左司谏”应为“右司谏”。

再如《宋会要辑稿·刑法》四/74/9“知枢密院”据《续资治通鉴长编》卷121、《宋史》卷10应为“同知枢密院事”。再如《宋会要辑稿·刑法》二/38/17“知州通州县令”应为“知州通判县令”。

五、纠正其他类型的错误

（一）正书名之误

书名之误有的因缺字而致，有的因笔误而致。

如《宋会要辑稿·刑法》一/2/1《删定编敕仪制敕赦书德音》应为《删定编敕仪制车服敕赦书德音》；《宋会要辑稿·刑法》一/6/4嘉祐《新修录令》应为《新修禄令》。

（二）正数字之误

如：《宋会要辑稿·刑法》三/49/7—9“十月二十二日有司言：

准太平兴国六年五月诏书，诸道刑狱，大事限四十日，中事二十日，小事十一日。笞十下，三日加一等，罪止杖八十"中的"小事十一日"。据《续资治通鉴长编》卷22、《宋史》卷199、《文献通考》卷166、《宋史全文》卷3都为"小事十日"。再如《宋会要辑稿·刑法》四/94/2"六人"应为"五人"，见《建炎以来系年要录》卷63、《宋史全文》卷18下。

（三）正句意之误

1. 因字形相似而造成的讹误

有时仅仅是一两个字的不同，而句中表达出的意思可能就大不相同。

例一：《宋会要辑稿·刑法》一/1/6有"削出令或宣敕"。据《玉海》66、《文献通考》卷171上知应为"削出令式宣敕"。敕、令、格、式不同，神宗总结说"设于此而逆彼之至曰格、设于此而使彼效之曰式、禁其未然之谓令、治其已然之谓敕。"

例二：《宋会要辑稿·刑法》三/87/9有"故失故人"实为"故失故入"。这实际上包含了几种不同的违法行为。"故入"指故意把轻罪判为重罪，或者把无罪判成有罪。而"故出"，指故意把重罪判为轻罪，或者把有罪判成无罪。"失入"指因过失用法不当而将轻罪判为重罪，或者把无罪判成有罪。"失出"指因过失把重罪判为轻罪，或者把有罪判成无罪。而将"故入"误写为"故人"，两者的意思则完全不同。

例三：《宋会要辑稿·刑法》四/8第19行开始的"闰四月十九日诏：诸州该四月二十七日赦文，劫盗至死降从流。伤人者，刺配沙门岛。内广南路配琼崖儋万州，益梓路配商虢均金襄邓等州，利夔路配荆湖南路州军并隶牢城。不伤人者，刺面配千里外牢城。罪不至死，并刺面配本州牢城。先是赦书强劫盗不杀人者，悉奏裁。滨隶巡检赵继昌言：如此等人，朝廷若配本州，虑不悛革，故条约之。”

按：《续资治通鉴长编》卷 91 天禧二年闰四月辛亥有此内容。不同之处有三：《宋会要辑稿 · 刑法》中的“降从流”、“罪不至死”在《续资治通鉴长编》中分别为“降徒流”、“罪不至流”。笞、杖、徒、流、死是宋代的五种刑罚方式，死罪减等则应为流和徒。所以“降从流”应为“降徒流”。又因“刺面配本州牢城”是针对前文的流放沙门岛而言，所以“罪不至死”应为“罪不至流”。此外，“赦书强劫盗不杀人者”中“盗”字后也应补入“贼”字。

例四：《宋会要辑稿 · 刑法》二 /29 第 1—3 行“十二月十二日诏：访闻贝州来投军民，多致殺戮，以邀功赏。其令贾昌朝、王信等严切约束。违者，以运法。从之。”

按：由《续资治通鉴长编》卷 161 相应的内容可知。《宋会要辑稿 · 刑法》“运法”应为“军法”。军法是宋代法律的一项。此条对违反者处以军法是正确的。又因此条是诏令，而不是臣僚的奏请，所以“从之”应改为“从事”。

例五：二 /39 第 1—3 行“闰八月十二日刑部言：暮田及田内林木土石不许典卖，及非理毁伐，违者，杖一百，不以荫论，仍改正，从之。”由《续资治通鉴长编》卷 465 知“暮田”应为“墓田”。禁墓田典卖，符合古代礼法精神。

例六：《宋会要辑稿 · 刑法》一 /1/22“调宰相”应为“谓宰相”。因为其下便是皇帝对宰相所说的话。

此外，还有如《宋会要辑稿 · 刑法》二 /11/16“正至五鼓”应为“正旦五鼓”、三 /28/13“经至省”应为“径至省”、三 /86/29“五次以止”应为“五次以上”、四 /29/10“杖以下罪”应为“杖以上罪”等，虽都是一字之差，但意思并却不一样。

2. 因脱漏字句而误

例一：《宋会要辑稿·刑法》一/3/19—24“九年五月二十五日帝谓辅臣曰：法官每定群臣封奏，多引往年诏敕，云非有大益，无改旧章，所奏请不行。王旦曰：起请频仍，则诏令有司，是以法官重于更改。近日李溥起请私鬻茶盐，随行赃仗全给与人充赏者，多称假借他人物色，却给元主，颇有情弊，望并给官。法寺详定，已从溥奏。上曰：特从溥奏者，正是惮其不伏尔。下位有所见，当详究而行之。”

按：《续资治通鉴长编》卷87“上谓辅臣曰：‘法官每定群臣封奏，多引往年诏敕，云非有大益，无改旧章，所奏请不行。’王旦曰：‘起请频仍，则诏令有碍，是以法官重于更改。’丁谓曰：‘近李溥请私鬻盐茶，随赃仗全给与人充赏者，多称假借，却给原主，颇容情弊，望并纳官。法寺详定，已从溥奏。’上曰：‘特从溥奏者，正是惮其不伏尔。下位有所见，当详究而行之。’”①由此可知，这是皇帝、王旦、丁谓三人的对话。所以应在《宋会要辑稿·刑法》的“近日”前加上“丁谓曰”三字，以便把它和王旦的话区分开。

例二：《宋会要辑稿·刑法》四/75/1—4“嘉祐六年十月十八日诏磨勘选人历任内曾失入死罪决者，俟再任（与王）［举主］应格听引见；已决者，三次乃许之。若夫入二人以上者，虽得旨改官，仍与次等京朝官。”

按：这一段的内容包括两方面的情况，一是失入死罪未决的情况，一是已决的情况。从《续资治通鉴长编》卷195嘉祐六年十月丁

① （宋）李焘：《续资治通鉴长编》，中华书局1995年版，卷87大中祥符九年五月戊辰，第1993页。

酉条可知“失入死罪决者”有误，应在“决”前补入“未”字，这样不论从句式上还是句意上都和下文“已决者”得到了照应。

例三：《宋会要辑稿·刑法》四/81/12—17：“乞今后应奏大辟，刑部于奏钞后别用贴黄，声说情理如何可悯、刑名如何疑虑、今拟如何施行。门下省审如何，委得允当。如有不当及用例条，即奏行取勘。以道德名臣议论如此，岂其乐杀人也哉？乃所以禁奸暴申冤枉，期于庶狱之中允而措一世于无刑也。”

按：这是陈与义的上言，其中引用了司马光的元丰八年八月十四日所上的札子，同时有陈与义的一句评论，即“以道德名臣议论如此，岂其乐杀人也哉？乃所以禁奸暴申冤枉，期于庶狱之中允而措一世于无刑也。”但句首缺“光”字，应补入，以标志这是对司马光的评论。

司马光的札子仍保存在《传家集》卷48中，即《乞不贷故斗杀札子》，其中有“欲乞今后应诸州所奏，大辟罪人，并委大理寺依法定断。如情理无可悯，其刑名无疑虑，即仰刑部退回本州，令依法施行。如委实有可悯及疑虑，即仰刑部于奏钞后别用贴黄，声说情理如何可悯、刑名如何疑虑、今拟如何施行。令门下省省审，如所拟委得允当，则用缴状进入施行。如有不当，及用例破条，即仰门下省驳奏，乞行取勘。庶使画一之法不至隳坏，凶暴之人有所畏惮。其姜齐等缘系未立法之前，今欲先次进入。”

将这两条对比来看，就会发现《宋会要辑稿·刑法》的内容有缺漏。缺漏文字对句意的理解非常重要。一是“应奏大辟”由大理寺定断后，分情理“可悯”或“无可悯”、刑名有无“疑虑”两种情况来处理。如果两者都无，则退回本州。如果有，则由刑部在奏钞后贴黄。所以《宋会要辑稿·刑法》此条应补入“并委大理寺依法定断。如情理无可悯，其刑名无疑虑，即仰刑部退回本州，令依法施行。如委实有可悯及疑虑，即仰”诸字。二是“门下省审如何，委得允当”一句应补为“门下省省审，如所拟委得允当，则用缴状进入施行。”三是“如有不当及用例条，即奏行取勘”中，“用例条”应补为“用例破条”。例是宋代法律制度的一项重要内容。它“或出于一时之特恩，或出于一时之权宜，有徇亲故而开是例者，有迫于势要而创是例者”。如果审理疑难案件，无敕、律等常法作为依据时，允许引例断罪。但例只是对常法的补充，它的使用有一定的范围。如果并无疑难，且有常法可依，则不能依例断案，否则就是“用例破条”。所以此句应补为“如有不当及用例破条”。

其他的如《宋会要辑稿·刑法》三/44/1“祖父在日”应为“祖父母、父母在日”、《宋会要辑稿·刑法》三/73/2“下刑举催”应为“下刑部举催”、《宋会要辑稿·刑法》二/38/14“委州县监司国子监觉察”应为“凡不当雕印者委州县监司国子监觉察”等。

3. 衍文之误

（1）删去重复的文字：如《宋会要辑稿·刑法》二/45第12行有两个“盖”字，应去掉一个。《宋会要辑稿·刑法》二/60第15、16行有两个“所有”，应去掉一个。

（2）删去影响句意的文字：《宋会要辑稿·刑法》四/70“九年三月八日，免给事中慎从吉削一任，翰林学士给事中、知制诰钱惟演罢职守本官。”① 这里的“免”字应去掉。《续资治通鉴长编》卷85壬子条可证。

① （清）徐松：《宋会要辑稿》，中华书局1957年版，刑法4之70，第6656页。

下篇 《宋会要辑稿·刑法》专题研究

第一章　立法与颁布

宋代立法频繁，故有大量的成文法问世。[①]《宋会要辑稿·刑法·格令》记载了这些成文法开始修立及完成的时间、所含内容的起止时间、立法的缘由、立法机构、立法人员、卷数、修成后对立法者的赏赐等情况，包含了大量信息。通过研读《宋会要辑稿·刑法·格令》，既可以看出宋代立法的特点[②]，也可了解立法过程中地方

---

① 宋代的成文法令多数已遗失，仅有《宋刑统》、《天圣令》、《庆元条法事类》、《吏部条法》等少数尚存。

② 有关宋代立法的研究成果已有很多。如戴建国先生、郭东旭先生、陈景良先生等都有相关研究成果，故本章对此不列专节讨论。以下内容只是《宋会要辑稿·刑法·格令》所记到的宋代立法的特点。放在注中是因其中有的内容前人成果中已有。一、立法活动频繁。太祖立法尚少，多是对前代法的继承，除用唐律令格式外，对《元和删定格后敕》、《太和新编后敕》、《开成详定刑法总要格敕》，后唐的《同光刑律统类》、《清泰编敕》、后晋的《天福编敕》、后周的《广顺类敕》、《显德刑统》都参考使用。（(清）徐松：《宋会要辑稿》，中华书局1957年版，刑法1之1）只是针对前代法中的不合宜之处，作些许的改动。如建隆三年乡贡明法张自牧上书，指出《显德刑统》中“不便者凡五条”，太祖令有关部门“参议而厘正之”，对《显德刑统》作了一点修改。(《玉海》卷66）随着时间的发展，国情的变化，宋代立法活动日益频繁。频繁立法的原因有很多，如社会经济生活、文化生活等的日益变化引发了法律调整的需要；如受政治斗争的影响，神宗变法、元祐更化时立法活动较多等。《宋会要辑稿·刑法》中记载敕令格式不断重修的情况自不待言，就连后人常误以为一成不变的《宋刑统》，在建隆四年修成后，也有四次较小幅度的改动。二、数量多、种类齐全。多次立法，使宋代的成文法数量剧增。《宋史·艺文志》

官员所起的作用、具体的法律条文修改前后的变化情况以及法律的颁布形式。

第一节 从《刑法·格令》看宋代法律订立时地方官员的作用

宋代非常重视法制建设。就立法而言，宋代在继承前代的基础

有178部。《通考·艺文志》有20部。梁启超《论中国成文法编制之沿革得失》中的《宋代成文法》中以表的形式列出了132部。而《宋会要辑稿·刑法》一共有231部。这些成文法，既有全国通行的法典，也有大量的一路、一州、一县、一司、一务等专门法。这些专门法的出现，使法的内容细化，使法律的触角触及了行政、经济、社会生活的各个领域。故而梁启超言："宋代法典之多，实前古所未闻，每易一帝，必编一次，盖终宋之世，殆靡岁不从事于编纂法典之业。然莫不裒然成一巨帙，少者亦数十卷，多者乃数百卷。亦可谓极千古之壮观矣。"（《饮冰室合集》卷16）

三、有专门的立法机构。太祖、太宗两朝编敕时，还没有专门的机构，往往由皇帝临时召集官员来完成，立完后，官员也就解散。至迟到真宗大中祥符九年时已有了"编敕所"（《宋会要辑稿》刑法1之3），即有了专门的立法机构。立法机构的名称有重修编敕所、编修令式所、详定一司敕令所、详定诸司敕令所等。立不同的法是不同的机构，即使立同样的法，立法机构的名称也不同，如详定编敕所、详定重修编敕所、详定重修敕令所等。立法时一般由宰相提举。如天圣、庆历、嘉祐、熙宁编敕，元符敕令格式都是宰相任提举官，而到"元丰成书，轻重去取，一出神笔刊削"，所以设立了总领官。政和时承此制，为了强调皇帝"笔削润色一禀圣裁"，遂罢提举，设兼领官。（《宋会要辑稿》刑法1之24）南宋时又由宰相提举。直接参与立法的官员有删定官、详定官、检详官、对点官、编排官以及一些书吏。立法任务轻重的不同，参与人数、人选的要求也不同。如嘉祐时规定修敕官二年为一任，五年为两任。宣和元年时详定一司敕令内删定官为十员、详定官为三员，其中四人必须是曾任法律差遣或通晓法律。（《宋会要辑稿》刑法1之32）绍兴十一年规定删定官"差曾任亲民参用刑法官"（《宋会要辑稿》刑法1之38）。编修官一般是专职，防止官员顾此失彼。如元祐元年刘挚言"编修官差移不定，难得成书"，遂罢杜纮按察茶事，令其专门修敕令。（《宋会要辑稿》刑法1之13）绍圣元年针对"官属多是兼令，于职事未能专一"的现象规定重修编敕所除官长可以兼领外，删定官必须是专职人员，人员不超过六人。（《宋会要辑稿》刑法1之16）另外，立法时如果删定官"众议不同"，令详定官定夺，如果还有不一致的地方，则"申中书门下"。（《宋会要辑稿》刑法1之8）

上，又有很大的发展。其立法成果内容丰富，形式广泛。不仅有通行于全国的海行法，适用于一州一县的地方法，还有一司一监的部门法；不仅有基本法典《宋刑统》，而且还有大量的敕、令、格、式[①]等法律形式。

宋代立法工作主要靠中央来完成，但也离不开地方即路府州县官员的力量。[②]概括而言，地方官员的作用主要表现在为立法作资料准备和献策献计两个方面。其具体活动则渗透在立法程序的不同阶段中。

为了醒目，本书将宋代的立法流程表示为图1—1，即提议立法、立法提议被批准后即组建立法机构、为立法做资料准备、修成初稿、

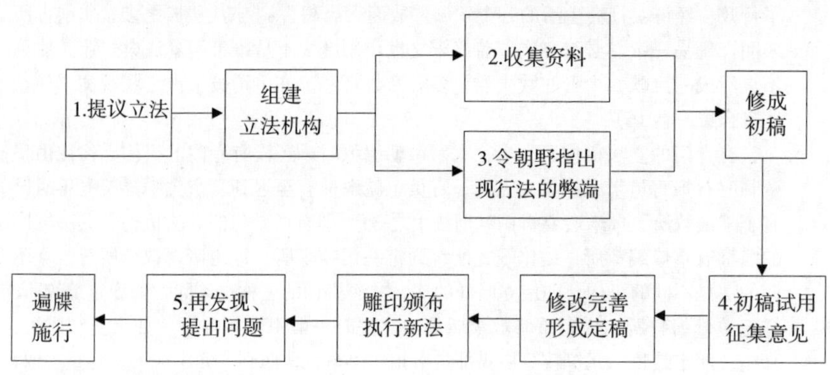

图1—1　宋代立法程序图

① 敕、令、格、式：是宋法令、法制文书名称。唐、五代法令、法制文书为律、令、格、式。宋初称令、格、式、敕。神宗以律不能概括所有情况，改为敕、令、格、式，而仍存律。《宋史·刑法志》："禁于已然之谓敕，禁于未然之谓令，设于此以待彼之谓格，使彼效之之谓式。"凡刑名轻重、行政条法、奖惩标准、公文程式，均有规定。后朝必定编纂前朝的敕、令、格、式，使成正式法制文书。尚书省各部亦将专门的敕、令、格、式编纂成书。（《中国历史大辞典·宋史卷》，上海辞书出版社1984年版，第416—417页。）

② 除官员的作用外，立法中也可能有民间的力量，如《东轩笔录》记"陈晋公为三司使，将立茶法，如茶商数十人，俾各条利害，晋公阅之，第为三等……于是为三说法，行之数年。"（《东轩笔录》卷12，第136页）本章暂不述及。

试用初稿且令朝野提出意见、再修改完善成定稿、颁布执行。如在使用中再发现问题，还可提议对具体条文进行修改、再颁布修订好的法律条文。在此过程中，地方官员的作用表现在五个不同阶段，即图中以“1、2、3、4、5”标识的5个地方。

一、提出立法建议

通常情况下，制定新法或修改旧法多是由皇帝或中央级的官员提出，但偶尔也会由地方人士即路、府、州、军、监、县之人提出。宋《庆元条法事类》卷16《诏敕条制》规定“诸事应立法及敕律令格式有未便应改者，皆具利害申尚书省或枢密院。”地方官员往往会根据在地方行政、司法过程中所遇的具体事件或实际感受提出自己的立法建议。如下几例就是这种情况。

例一：淳熙七年，徽州知州陈居仁建议修立《隆兴以来宽恤诏令》。他建议：由敕令所收集自隆兴年间以来所颁发的有关“优恤”的诏令圣旨，将其按类而分，分为“代纳折帛”、“蠲减重赋”、“惩罚科扰”等。再将其雕印，颁发到州县，要求官吏“务在遵行”。① 陈居仁的建议被采纳并实施，于淳熙十一年五月修成，共三百卷，包括绍兴三十二年六月之后至淳熙十年十二月以前的宽恤事件。②

例二：庆元四年滁州知州曾漸建议将“一司一所补授迁转及省部寺监吏职补授，应所专用格法及续降指挥”，依照《淳熙一州一路酬赏法》的体例，编类成书，“镂版颁行”。朝廷遂命敕令所以此立法且以一年为限。③

再如元丰六年，在湖州知州唐淑问的建议下，详定重修编敕所依

① （清）徐松：《宋会要辑稿》，中华书局1957年版，刑法1之52，第6487页。
② （清）徐松：《宋会要辑稿》，中华书局1957年版，刑法1之53，第6488页。
③ （清）徐松：《宋会要辑稿》，中华书局1957年版，刑法1之58，第6490页。

京师百司法之例，修立了有关州县官员的禁谒法。[①] 从而使州县也有了禁谒之法。大观二年，据广南西路经略司勾当公事关沅的札子而立法。[②] 淳熙元年，朝廷因知隆兴府龚茂良“断配罪囚未到配所，中路托病，为之寄留，往往更不发遣，乞立法禁”之请而立法。[③]

以上几例，从时间上看，既有北宋时期也有南宋时期；从地域上看，有徽州、滁州、湖州、广南西路、隆兴府；从官职上看，州、府、路的各级长官都有。这些说明宋代参与立法的地方官员较广泛。地方官员提出的立法建议，多是出于实际操作的需要，往往能基于实际情况，有针对性，故有可取之处。

二、提供立法所需的资料

立法所需材料，除了中央拥有的之外，地方所存的敕令格式也是必不可少的资源。

地方在宋代早期就已形成了保存所收敕令的传统。如建隆三年十一月曾“令州县置敕书库”。[④] 淳化二年令“州府监县应所受诏敕，并藏敕书楼，咸著于籍，受代批书、印纸、历子，违者论罪。”从此“敕书楼州县皆有之。”[⑤] 各州县按规定应将新降编敕及后来陆续所降的宣、敕、札子等文书。抄录时，“州委司法、县委主簿”[⑥]，即由专职官吏抄写。然后按时间先后依照编敕的体例分门编定成册。[⑦] 抄录好的副本要由当职官校之于原本。原本放在敕书楼（后为架阁库）保

① （清）徐松：《宋会要辑稿》，中华书局1957年版，刑法2之36，第6513页。

② （清）徐松：《宋会要辑稿》，中华书局1957年版，刑法4之33—34，第6638页。

③ （清）徐松：《宋会要辑稿》，中华书局1957年版，刑法4之53，第6648页。

④ （宋）王应麟：《玉海》，江苏古籍出版社1988年版，卷66《太平兴国编敕》，第1255页。

⑤ （宋）王栐：《燕翼诒谋录》，中华书局1981年版，卷4，第40—41页。

⑥ （清）徐松：《宋会要辑稿》，中华书局1957年版，刑法1之38，第6480页。

⑦ （清）徐松：《宋会要辑稿》，中华书局1957年版，刑法1之32，第6477页。

存，州县官员则使用抄录的副本。副本通常有二，“一付长吏收掌，一送法司行用。”[①] 官员离任时要将其移交给下任官员。[②] 但是有些地方官有时并不按规定认真编录，天禧四年针对“今多堕坠不录”的行为，令提点刑狱官“专切检视”[③]。州将编好之书，送该路的转运使检查，转运使也依州的程序进行编录，只是另“奏辟官员”来编写，因“颇为烦冗”，神宗熙宁元年不许差官，而由诸司官依敕的格式按时间顺序抄录入册。只有续降宣敕过多时，才上奏朝廷，请求差官来修。[④]

通过以上方式保存下来的诏令是中央立法的资料来源。如宣和三年两浙、福建路所供“皇祐以后至政和三年终应干条制”，就是详定一司敕令所编修敕令格式的材料来源。[⑤] 南宋初，中央立法对地方的依赖更为突出。这是因为受战火的影响，有些官司文籍“散落，无从稽考”，致使官司决事时，无所凭据。[⑥] 所以需要收罗散落的条法，以备参用。如广南东路转运判官章杰“备使岭外，于是遍行所部搜访”，共收集到自祖宗以来的条令、续降指挥共一千十八卷。其中有关户部的共有一百零九册，一百八十卷。绍兴四年时朝廷下诏，令将章杰所抄录条目内“六曹”的内容分到各部，让各部仔细看详，参照现行法令，“遵守照使”，发现问题，即时上奏。[⑦]

有些条法只为州县专有，当州县依此申述上奏时，朝廷没有依据来考证其是否属实，往往再下诏“诘问”，所以使州县的上请事件“久

① （清）徐松:《宋会要辑稿》，中华书局 1957 年版，刑法 1 之 2—3，第 6462 页。
② （清）徐松:《宋会要辑稿》，中华书局 1957 年版，刑法 2 之 85，第 6538 页。
③ （清）徐松:《宋会要辑稿》，中华书局 1957 年版，刑法 1 之 4，第 6463 页。
④ （清）徐松:《宋会要辑稿》，中华书局 1957 年版，刑法 1 之 6，第 6464 页。
⑤ （清）徐松:《宋会要辑稿》，中华书局 1957 年版，刑法 1 之 32，第 6477 页。
⑥ （清）徐松:《宋会要辑稿》，中华书局 1957 年版，刑法 1 之 34，第 6478 页。
⑦ （清）徐松:《宋会要辑稿》，中华书局 1957 年版，刑法 1 之 36—37，第 6479—6480 页。

而不决”。绍兴五年令诸监司以一月为限，将各路州县所“被受专法”，编写成册，申报尚书省，经过看详考订后成为通行的法令，从而使得朝廷内外政令一统。①

北宋末年战火之后，有些法律条文，中央、地方都不存在，要使它们重新发挥作用，只能靠有司“省记”，其中多是吏省记（既指中央之吏也包括地方之吏）。吏以司法工作为业，对法条非常熟悉。但是，仅靠胥吏省记之文，难免也有“以私意增损，舞文出入”的成分，而且也不统一，所以建炎四年朝廷下令将省记之文“攒类成册，奏闻施行”。为了保持法令的统一性，绍兴元年令敕令所编修省记之文，限一季成书。②绍兴三年令百司将“省记条例与合为永格续降指挥，先委本处当职官吏精加看详，置册分门编纂，申纳朝廷”。有来源出处的条法，要经“所隶审覆”，没有问题之后，送敕令所看详，订立成法。③这样，通过吏的“省记”使一些条文得以保存，使当时的司法活动有了可依的资料来源。

三、指出现行法中不合时宜之处

神宗以前诸朝立法时，往往于立法前先组织立法机构，成立编敕所（太祖、太宗两朝编敕无此专门机构），即“先置局”，然后开始准备立法所需的资料。在此阶段，既需要地方提供资料，又“许人建言”，④其中包括由地方官员针对现行法中某些条法的弊端，提出修改意见。

神宗熙宁二年，中书门下省认为先“置局”后“建言”的立法程

① （清）徐松：《宋会要辑稿》，中华书局1957年版，刑法1之37，第6480页。
② （清）徐松：《宋会要辑稿》，中华书局1957年版，刑法1之34，第6478页。
③ （清）徐松：《宋会要辑稿》，中华书局1957年版，刑法1之34，第6478页。
④ （清）徐松：《宋会要辑稿》，中华书局1957年版，刑法1之7，第6465页。

序不够完善，其弊端是“多年乃能成就”，即立法时间长，相应的投资也就较大。所以建议在编修《熙宁编敕》时，先令朝廷内外官员及诸色人等指出现行法令中（即《嘉祐编敕》与之后颁布的《续降条贯》）的“不便及约束未尽事件”。等到一定时期，修改意见“类聚已多”时，“即置局编修”，“不须多年”，编敕则可成。① 这样，地方的作用就显得更为重要。但这种立法程序的实用期并不长。这是因为熙宁改变立法程序的目的是为了加快立法的速度。但从《熙宁编敕》来看，始修于熙宁三年，完成于六年，和前后的编敕时间相比，也并不是太快，所以不久便又改变。② 元丰年间修敕令格式时已恢复了熙宁前的模式。元丰元年时已有重修编敕所，六年时仍规定，如果“内外官司”发现现行敕令格式中“文有未便于事理”应作修改时，应申尚书省。“若一时处分，应著为法，及应冲改者，随所属申中书省、枢密院奏审。”③ 七年《元丰敕令格式》成书。神宗之后，仍维持“先置局”，后“许人建言”的方式。元祐元年编修《元祐敕令格式》，规定如果“见行条贯有未尽、未便合行更改，或别有利害未经条约者”，不论是官还是民都可以上奏。④ 政和元年二月一日手诏，令修政和敕令格式，设详定重修敕令所，以何执中兼领提举。二十三日何执中上奏“乞从本所关牒诸路监司，遍下本路州县，晓谕官吏诸色人”，即以详定重修敕令所的名义通知诸路官民，让他们指出现行敕令中“未

① （清）徐松：《宋会要辑稿》，中华书局 1957 年版，刑法 1 之 7，第 6465 页。

② 事实上影响立法速度的因素是很多的，如立法人员需是相对固定的专职人员，需要“勤劳”尽职，（（清）徐松：《宋会要辑稿》，中华书局 1957 年版，刑法 1 之 25，第 6474 页）如果“差移不定”或懒惰不尽职，则会影响速度。（（清）徐松：《宋会要辑稿》，中华书局 1957 年版，刑法 1 之 13，第 6468 页）再者，统筹安排、合理分工、通力合作、严立“课程”、遵守时间规定等也是很重要的因素。（（清）徐松：《宋会要辑稿》，中华书局 1957 年版，刑法 1 之 23，第 6473 页）

③ （清）徐松：《宋会要辑稿》，中华书局 1957 年版，刑法 1 之 12，第 6467 页。

④ （清）徐松：《宋会要辑稿》，中华书局 1957 年版，刑法 1 之 13，第 6468 页。

尽未便合行更改，或别有利害未经条约”的部分。①

地方官员发现问题后，应按程序上报。首先要在规定的时间内，往往从命令到达日算起，如政和元年时即往往在指挥到后的两月之内。② 其次应将所述问题写明白，“实封”交所属州军处，由州、府、军、监等处以急脚递的形式传到都进奏院，再由都进奏院交到详定重修敕令所，以备参考。③ 如果所提建议被采用，朝廷会推恩，即“量事酬赏，或随材录用”④。地方官员如果发现问题不上报而擅自改动，则将被“徒一年”。⑤ 如果有“差漏”或拖延不报，“人吏杖一百”⑥。这样的奖励与惩罚，从正反两方面调动了地方的力量，使其更多地参与到立法中来。

现举例来看地方官员所提的具体建议。

例一：淳熙三年潭州知州李椿建议在“《乾道新书》：‘诸强盗囚在禁，每火死及五分以上，依囚在禁病死岁终通计及一分法’”中的“每火”字下添入“谓三人以上”五字为注文。

宋代法律规定囚徒死于狱中，狱官得承担一定的责任。责任大小与死亡的百分比有关。强盗犯也是如此，即以所捕入狱的强盗团伙的人数为分母，来计算死囚的百分比。《乾道新书》原文没有指明人数，如果强盗以两人为伙入狱，一囚徒去世或两个全死，那么死亡率就高达 50% 甚至 100%，对于狱官而言，他所受到的惩罚就会太重。有些狱官为了避免受重罚，则让强盗枉引他人，从而增加在狱的强盗总数。朝廷对狱官的惩罚，目的本是为了减少狱囚死亡人数，结果反

① （清）徐松：《宋会要辑稿》，中华书局 1957 年版，刑法 1 之 24，第 6473 页。
② （清）徐松：《宋会要辑稿》，中华书局 1957 年版，刑法 1 之 24，第 6473 页。
③ （清）徐松：《宋会要辑稿》，中华书局 1957 年版，刑法 1 之 24，第 6473 页。
④ （清）徐松：《宋会要辑稿》，中华书局 1957 年版，刑法 1 之 7，第 6465 页。
⑤ （清）徐松：《宋会要辑稿》，中华书局 1957 年版，刑法 1 之 12，第 6467 页。
⑥ （清）徐松：《宋会要辑稿》，中华书局 1957 年版，刑法 1 之 34，第 6478 页。

使得狱官为了免受重责而妄执平民。所以李椿建议在原来的“每火”下添入“谓三人以上”，即计算强盗在禁的死囚数时，最少也得三人，如果强盗只有两人，则按普通囚犯在狱病死的方法，即年终统计死亡数即可。李椿建议将强盗死囚分两种情况来处理，更符合实际情况，更能维护大多数人的利益。①

例二：神宗时汀州知州周约指出编敕内“诸军年老病患拣充剩员中小分者，若愿放停并听从便，其杂犯军人须及七十以上，或有笃疾方许依此施行。若元犯情轻，即奏取指挥。”这句话有矛盾，“既云‘年及七十或身有笃疾依此施行。’即不应更云‘若元犯情轻，即奏取指挥’。”据周约的建议，大理寺重新核查，才发现编敕内的此条是据嘉祐六年枢密院札子而来，原文为“应看验诸军人年老疾病不堪征役人数，有已系半分人，如后来更合减充半分中小分者，若本人愿要放停并从情愿，其杂犯军人合减充小分愿放停者，即须年及七十以上，或身负笃疾即依此施行。未及此者，如元犯情轻即奏取指挥。”之所以出现矛盾是由于编修时漏掉了“未及此者”四字，故而“致语意不贯，引用疑惑”。于是朝廷下诏在原条文中的“依此施行”字下添入“年未及七十或身无笃疾”十字。②

再如绍圣二年正月五日，由提点京东东路刑狱赵屼建议，在荫补条内删去“长幼为序”四字。③政和四年，在利州路转运判官高景山的建议下，在现行条法内添入“罢任未及三年者同”八字。④宣和时经平阳府知府上奏，将“置炉造熟铁器用”的范围扩大，即不光是在州县，“镇寨有监官兼烟火公事处”同样可以。⑤这些

① （清）徐松：《宋会要辑稿》，中华书局1957年版，刑法6之70，第6728页。
② （清）徐松：《宋会要辑稿》，中华书局1957年版，刑法1之6，第6464页。
③ （清）徐松：《宋会要辑稿》，中华书局1957年版，刑法1之16，第6469页。
④ （清）徐松：《宋会要辑稿》，中华书局1957年版，刑法1之28，第6475页。
⑤ （清）徐松：《宋会要辑稿》，中华书局1957年版，刑法1之32，第6477页。

建议因为能切中要害，解决现行法的弊端，所以提议后往往会被采纳。

四、新法试用期间提出完善意见

立法初稿完成后，并不立即颁布使用，往往有一段时间的试用期，在此期限内，仍需朝廷内外的官员指出毛病、提出建议。此时地方仍有发现问题、提出修改建议的使命。这是因为朝廷考虑到中央修书的官员，“未必能尽知天下土俗之所宜、与夫民情之所便”，所以法典修成之时，都要将其颁发到各路，让“监司审覆可否”，没有问题后才施行。① 如天圣时所编的《敕令赦书德音》，在天圣七年修成后，并没有雕印颁发，而是依照诏令的规定，“写录降下”，令诸路转运司、发运司看详试用，如发现其中有“未便事件”，令其在一年内“实封闻奏”。经验证没问题之后，才于十年付崇文院雕印施行。②

有关诸路的敕令格式，传统上在详定敕令所修成后，再“置局审覆”，如此设官置吏，实际上是用了两倍的人，“糜费禄廪，显属重复”。③ 大观三年颁布新诏：“诏罢审覆。如事干诸路，下逐路安抚转运提刑提举司，依公看详。子细签贴，如有未尽未便事件，限半月指陈利害，保明申尚书省。”④ 即将修成的敕令格式下发到对应的路，令该路的官员审读、检查。发现有问题则在指定日限内上报指出。这样既节省了人力和财力，又便于路级官员根据本路的实情，提出合宜的意见。编敕所根据所提的建议，将初稿中的问题进行更正，形成定

---

① （清）徐松：《宋会要辑稿》，中华书局 1957 年版，刑法 1 之 25，第 6474 页。
② （清）徐松：《宋会要辑稿》，中华书局 1957 年版，刑法 1 之 4，第 6463 页。
③ （清）徐松：《宋会要辑稿》，中华书局 1957 年版，刑法 1 之 23，第 6473 页。
④ （清）徐松：《宋会要辑稿》，中华书局 1957 年版，刑法 1 之 23，第 6473 页。

稿，上奏朝廷，完成立法，然后再将成法雕印颁行。

五、新法运行后发现问题及时反馈

新法颁行后，若再发现问题，仍可提出。如建议可行，则依此修改。如北宋徽宗建中靖国元年，因王实上奏："新颁《元符敕令格式》，其间多有未详未便者，伏望更加详究，再议删定。"[①]后经大理寺、刑部等共同商议，遂修改了《元符敕令格式》与《宋刑统》相矛盾的内容。南宋乾道七年正月十二日，提举福建常平茶事周自强上奏："（切）［窃］见《乾道新书》，既以颁行，自今凡有申请冲改，必先送所属曹部详议，如果合冲改，然后取旨删修。"[②]周自强之言，虽然是建议规范修改程序，但从中也可获悉南宋对于已经颁行的新法，如果发现有问题，仍然可以反馈再作修改。

由以上各阶段来看，地方官在立法中的力量确实不容轻视，当然其中也存在着许多问题。其一，有的官员不尽责，影响了立法的效果。如天禧二年本要重编令式，但因"诸处所供文字悉无伦贯，难以刊缉"，故只能"仍旧"，[③]终以失败而告终。另外，有一些地方官员，接到令"审覆可否"的诏令后，"往往志在观望，不复研究是非，审覆遂为文（且）［具］。"[④]其二，建议之言动机不纯，言之不实。因为修正法令的可行性建议被采纳后会有一定的奖赏，所以也有"贪利希进之徒"，"乘间抵巇，妄意申陈，轻议增损，规毁其成宪"[⑤]。所以朝廷不断对此加以规范。不过，总的来看，地方官员在立法中的作用是利大于弊。

---

① （清）徐松：《宋会要辑稿》，中华书局1957年版，刑法1之19，第6471页。
② （清）徐松：《宋会要辑稿》，中华书局1957年版，刑法1之49，第6486页。
③ （清）徐松：《宋会要辑稿》，中华书局1957年版，刑法1之4，第6463页。
④ （清）徐松：《宋会要辑稿》，中华书局1957年版，刑法1之25，第6474页。
⑤ （清）徐松：《宋会要辑稿》，中华书局1957年版，刑法1之25，第6474页。

第二节 从《宋会要辑稿·刑法》看宋代法律的颁布方式

中央订立好的法律文书要颁发到路、州、县，使司法部门有法可依，也使部分法能被百姓知晓，从而规范、调节其日常行为。宋代法律如何从中央颁布到地方？概括而言，授予对象的不同，颁布的方式也不同。本节试从由中央官府到地方官府、由地方官府到民间两个步骤来考察其颁布方式。

一、从中央官府到地方官府的颁布

法律修订好后，会由中央政府颁布到地方。虽然每部法典的数量和颁降范围没有明文记载，但可以肯定地方官府除了路、府、州、监官府外，还应包括到县级官府。这从宋代司法审判的特点及地方对中央文书保存的规定中可以看出。

宋代司法审判的特点，决定了州县官署中应该具备一定数量的基本法典以备检用。宋代司法审判分为推鞫与检断两个独立的过程。推鞫也称勘鞫，是调查事实，即由狱官与吏对狱中之囚进行审讯；检断又称检法、断刑。是指在犯罪事实清楚的情况下，检索出合适的定罪法规，为最后的判决做准备。① 在最后写定的判决书中要清楚地写明所依据的是哪一条法律条文。如《名公书判清明集》所载的一些真实的案例判决书中大多引用了相关的法律条文。县是宋代最低的审判级别，而且随着宋代商品经济的发展，越来越多的民众参与到诉讼之中，

① ［日］宫崎市定：《宋元时代的法制和审判机构》，见《日本学者研究中国史论著选译》，中华书局 1992 年版，第 252—311 页。

所以县级官府中必须有一定的法典以备检用。另一方面，地方官府包括县在宋代早期就已形成了保存所收敕令等文书的传统。如建隆三年十一月朝廷曾"令州县置敕书库"[①]。淳化二年令"州府监县应所受诏敕，并藏敕书楼，咸著于籍，受代批书、印纸、历子，违者论罪。"从此"敕书楼州县皆有之。"[②] 由此可知，法律文书必然会颁布到县。

法律在由中央官府到地方官府的颁布过程中，主要分为雕印、手抄、雕印与手抄同时并行三种形式。

（一）雕印的形式

随着雕版印刷技术的大力发展，宋代雕版印书的数量和水平都远远超过了前代，不仅官方雕印，民间的书坊、寺院、道观甚至个人亦可雕印书籍。如穆修晚年得《柳宗元集》，"募工镂板，印数百帙"[③]。可见，宋代雕印之书成为文字最主要的载体。所以法典、诏令经常"镂板颁行"也是当时不争的事实。

宋代雕印的法律文书中既包括《宋刑统》之类的成文法典，也有一些单行的补充性的法律条文。这在《宋会要辑稿·刑法·格令》中有大量记载。雕印颁行的成文法典中，有通行于全国的法典。如《宋刑统》太祖建隆四年八月"模印颁行"[④]。咸平元年新修成《删定编敕仪制敕赦书德音》十三卷，"诏镂版颁行"[⑤]。熙宁六年《删定编敕赦书德音附令敕申明敕目录》二十六卷，"诏编敕所镂版"[⑥]。此外，

① （宋）王应麟：《玉海》，江苏古籍出版社1988年版，卷66《太平兴国编敕》，第1255页。

② （宋）王栐：《燕翼诒谋录》，中华书局1981年版，卷4，第40—41页。

③ （宋）魏泰：《东轩笔录》，中华书局1985年版，卷3，第30页。

④ （清）徐松：《宋会要辑稿》，中华书局1957年版，刑法1之1，第6462页。

⑤ （清）徐松：《宋会要辑稿》，中华书局1957年版，刑法1之2，第6462页。

⑥ （清）徐松：《宋会要辑稿》，中华书局1957年版，刑法1之9，第6466页。

也有针对一州一县特定地区之法，或具体到司监等处的部门法也是雕印而行。如景德二年三司所上《新编敕》十五卷就是“雕印颁行”①。

宋初法典的雕印多在崇文院进行，后来又由编敕所雕印。如庆历八年四月二十八日颁布《删定编敕赦书德音附令敕目录》时，“诏崇文院镂版颁行”②，还是在崇文院雕印。到嘉祐七年四月九日颁布《删定编敕赦书德音附令敕总例目录》时，“诏编敕所镂版颁行”，则开始由编敕所“镂版颁行。”③ 此后也基本如此。

（二）抄写的方式

除了雕印的方式外，还有抄写的方式。如《元丰敕令格式》的看详共有二百二十册，数量太大，“难以颁降”，又因为是看详条文，所以下令“自今官司定夺疑议及申明敕令须《看详卷》照用者，听就所掌处抄录”④，即只抄录所需内容即可。

不过，总的来看，在整个宋代抄写的方式并没有雕印的方式普遍，这与宋代雕印技术的发展及其优势有关。将两者相比较，则会发现雕印至少在三方面优于抄写。其一，手抄容易出错，抄手不同，所出的错误各异，不便修正。即时人所言“书吏分录，字多舛误，四方覆奏，或至稽违”；而雕版的错误较少，可以从源头上尽量控制。如王曾就曾经针对时人“版本一误，则误益甚矣”异议，而强调“勿使一字有误可也”⑤。此话似有些绝对，不过即使出错，错处也一致，便于纠正。其二，雕印比手抄省钱。如颁布赦书，“旧制，岁募书写费

① （清）徐松：《宋会要辑稿》，中华书局 1957 年版，刑法 1 之 3，第 6463 页。
② （清）徐松：《宋会要辑稿》，中华书局 1957 年版，刑法 1 之 5，第 6464 页。
③ （清）徐松：《宋会要辑稿》，中华书局 1957 年版，刑法 1 之 6，第 6464 页。
④ （清）徐松：《宋会要辑稿》，中华书局 1957 年版，刑法 1 之 13，第 6468 页。
⑤ （宋）李焘：《续资治通鉴长编》，中华书局 1995 年版，卷 102 天圣二年十月辛巳，第 2368 页。

三百千,”天圣年“模印，止三十千”。[①]其三，在速度上，雕印也远比抄写快得多。

（三）雕印与抄写并行

对于单行法律条文，多是雕印与抄写并行。熙宁九年前，颁向各地的单行条文有两种方式行下。一是直接交给进奏院，由进奏院摹印颁降诸路，且每年给钱一千贯，充“镂版纸墨之费”[②]。二是送到刑部翻录，然后交给进奏院。刑部翻录即抄写，其目的一是为了备份，更主要的则是为了复查。两者都要求在所颁条文上写清楚这一条应属于哪一门，哪一目，即指出这条法应属于哪一个位置，而由地方官员接到后，将其补到相应的位置中。由于两种方式交相行用，“所揔不一，关防未备，致其间有不曾修润成文及不言所入门目者，亦便行下”。故而在熙宁九年规定此后所颁的条贯，“并付刑部翻录，或雕印施行”。进奏院“雕印条并令住罢”[③]。虽然不许进奏院雕印，但许多条文，尤其是有关地方性的还可能仍由进奏院颁布下去。

由中央颁行的法律典籍及条文等到达地方官府后，极便于地方官府使用。而地方官府为了长期使用，还必须对其妥善保存。各州县应将新降编敕及后来陆续所降的宣、敕、札子等文书依原本进行抄录。为此，还有专门的规定。如抄录时，由专职官吏抄写。再按时间先后依照编敕的体例分门编定成册。抄录好的副本要由当职官校之于原本。原本放在敕书楼（后为架阁库）保存，州县官员则使用抄录的副本。[④]

---

① （宋）李焘:《续资治通鉴长编》，中华书局 1995 年版，卷 102 天圣二年十月辛巳，第 2368 页。

② （清）徐松:《宋会要辑稿》，中华书局 1957 年版，刑法 1 之 8，第 6465 页。

③ （清）徐松:《宋会要辑稿》，中华书局 1957 年版，刑法 1 之 10，第 6466 页。

④ 有关地方抄录的具体情况详见本章地方官员“提供立法所需的资料”的相关内容。

二、从地方官府到民间的颁布

官府对官府的颁布，使得这些法律只有官方人员才能看到，普通民众则不可能全部知悉。然而从社会秩序调整、控制的角度而言，一些与民众息息相关的法律[①]必须传达到民众之中。这一部分法律条文通常采用各级官府或宣读于民，或以文榜、粉壁等形式昭示于众，以便规范人们的行为，或通过奖赏的形式调动百姓的积极性。

（一）宣读于民

周代已有党正、州长、族师于“四孟月朔属民读法”的制度。当时所读的内容是什么，朱熹时已有所疑，即“周礼岁时属民读法，其当时所读者，不知云何。”[②]但这是一种很好的普法形式，因为百姓中多有不识字者，通过宣读和讲解能使他们了解其中的意思，以便于遵守。宋时也还有这种形式，如政和二年令有司将“类次诏书律令可以训民者”编成一书，颁布到州县，“委官专掌，孟月属民而读之”[③]。

（二）粉壁晓示与张贴文榜

粉壁和文榜是官府向民间颁布法律条文的两种方式。即文献资料里通常言及的“出榜晓示”、“镂版晓谕”、“粉壁晓示”等。

有关宋代粉壁的研究，笔者所见仅有高柯立先生《宋代粉壁考述——以官府诏令的传布为中心》一文[④]。该文分三部分：宋以前粉壁述略、宋代粉壁在空间上的分布、宋代粉壁联系上下的作用。作

---

① 这里昭示给民众的法条，应是加以选择之后的部分内容。

② （宋）朱熹：《朱子语类》，中华书局 1986 年版，卷 84《论考礼纲领》，第 2177 页。

③ （清）徐松：《宋会要辑稿》，中华书局 1957 年版，刑法 1 之 26，第 6474 页。

④ 高柯立：“宋代粉壁考述——以官府诏令的传布为中心”，《文史》2004 年第 1 期，第 126—136 页。

者认为“粉壁”是个泛指，是为发布榜文而设。榜文的形制因时因地而异，有的直接誊写于粉壁上，有的录写于木板，有的录于纸上，后两者只是以粉壁为载体。结论是：它们都应包含在粉壁的范围之内。在此认识之上，作者开始分析宋代粉壁的分布，即分布于州县衙署门、治所城门、市曹、通衢、驿铺、津渡、邸店以至乡村村落中。他认为“朝廷的平反诏书、宽恤指挥、监司以至县令的文告皆于墙壁上公布，亭宇粉壁就是为发布榜文而创设的。至于榜文的形制则因时因地而异，或录写于木板，或直接誊写于粉壁上，如《作邑自箴》所言，或者录于纸上，如前引出土文书。到宋代，监司和州开始用镂版的文告了，但它们都需要有粉壁的依托。实际上在闹处出榜也要悬挂或张贴于粉壁上，出榜之地就是粉壁之所。宋代公布朝廷官府诏敕政令手段的丰富也使得‘粉壁’的含义有泛化的倾向，所谓‘粉壁晓示’实际上是泛指在特定场所公布诏敕政令。文献中常见‘揭牓通衢’，近乎套语，而不及粉壁，这反映了官府对诏敕政令公布场所的重视，而粉壁的社会意义也正在于这些场所的联系作用。宋代的粉壁是继承前代而来的，分布于在州县衙署门、治所城门、市曹、通衢、驿铺、津渡、邸店以至乡村村落中。共同特点在于它们都是人们公共生活的场所，人群集中或往来频繁，便于传播信息，也是官民发生接触的关节点。对这些场所的考察是把握粉壁传布朝廷官府诏敕政令功能的关键。”

高氏之文以静态的物体反映动态的内容，视野开阔，结构明晰，是一篇值得拜读的文章。但该文也有可商榷之处。笔者对于粉壁与文榜的认识与高先生有所不同。认为它们既有联系也有区别。

就相同处而言，两者都是多针对单行条法而言，这些法律条文与百姓的生活密切相关，如禁越诉、禁春季杀生、禁杀耕牛、禁放火，如追捕强盗、监督官员等，而且在这些条文中多有“赏”的内容，这有助于调动百姓的积极性。两者所处位置的主要特征也相同，即在人群集中的地方如会要处、闹市中等。目的是为了让更多的人们知道这些条文的内容、知道遵守或违反这些条法的赏与罚是什么，以起到宣传和警诫的作用。

但它们不尽相同，具体表现在以下几个方面。

1. 从概念来看，粉壁与文榜有区别

文榜是将录有诏令的纸挂贴在一个固定的地方上，如桥头、衙门口等。这些纸上的文字或是抄写而得，或是雕印而成[①]。此外，还可能将内容刻在木板上。如绍圣二年由“本州置板榜书火禁于桥两岸晓示”[②]，就可以有两种解释，即直接在木板上写或写在纸上然后贴在木板上，因材料不足，且不论述。

而粉壁则是专门置立的墙壁，“粉壁晓示”是特指在粉壁上书写内容，而不是“泛指在特定场所公布诏敕政令”[③]。这除了可以从《宋会要辑稿·刑法》中经常提到的“置立粉壁”等字眼看出外，高宗的一番话更是明确地表示出了两者的不同。绍兴四年当臣僚建议将所颁条文“乞粉壁晓谕”时，高宗说到他在河朔时见到宣和时所颁的茶盐条法，“粉壁列厝长廊，徒为文具，适以害民，不如多出文榜”。建粉壁需要消耗一定的财力，一段时间的风吹日晒后，粉壁又需巡尉派人加以修缮。这些活动的开支，可能主要来自于民间。而且有时巡尉会以修葺为名，差人“下乡骚扰”，给百姓生活带来直接的影响。由于粉壁存在如此弊端，故高宗要求用文榜代替粉壁。[④]可见粉壁与文榜是两个概念。

---

① （清）徐松：《宋会要辑稿》，中华书局1957年版，刑法2之108，第6549页。

② （清）徐松：《宋会要辑稿》，中华书局1957年版，刑法1之16，第6469页。

③ 高柯立：“宋代粉壁考述——以官府诏令的传布为中心”，《文史》2004年第1期，第126—136页。

④ （清）徐松：《宋会要辑稿》，中华书局1957年版，刑法2之148，第6569页。

2. 从它们所处的位置来看，文榜比粉壁灵活

粉壁的位置固定，多设立于州县镇的要会处。如太平兴国三年、绍兴三十二年要求在州县置立粉壁（也有在镇设立粉壁的情况）。①而文榜则以张贴的形式出现，张贴地点不固定，条文内容也常发生变化，故而显得更灵活些。从行政级别来看，从中央到乡村都可以出榜，如京师尚书省、路监司、州县、乡村。从位置来看，“诸军寨门”②、州县衙门、“乡村道店关津渡口”③等都是出榜之地。当然文榜也可能贴在粉壁上，但更多的是贴在粉壁之外的地方。

3. 从信息的传播范围上看，文榜覆盖面更广

由于文榜操作较便捷、地域灵活，所以覆盖面也广，且能在相对短的时间内在较大范围内传播信息。如真宗景德四年象州的有些百姓受牵连而被发配，有人从所发配地逃跑。后经皇帝矜贷，令已捕获的则放免，而未捕获的，则免其罪，不予追捕，遂以“揭榜晓谕”的方式发布此消息，即是利用文榜覆盖面广的特点，以使这个信息早日被人获悉。④

4. 从保存的时间上看，粉壁的保存时间更长

粉壁晓示是直接在墙上书写，⑤这些“录”在粉壁上的文字既以墙为载体，又与墙融为一体。而出榜的文字，或者是用毛笔直接写在纸上，或者是雕印在纸上，都以纸为载体。纸的保存期没有粉壁的时间长。所以文榜的内容没有粉壁内容存留的时间长久。

① （清）徐松：《宋会要辑稿》，中华书局1957年版，刑法2之157、159，第6574—6575页。

② （清）徐松：《宋会要辑稿》，中华书局1957年版，刑法2之131，第6561页。

③ （清）徐松：《宋会要辑稿》，中华书局1957年版，刑法2之126，第6558页。

④ （清）徐松：《宋会要辑稿》，中华书局1957年版，刑法6之9，第6698页。

⑤ 除此外，粉壁还能发挥民众的监督作用，如为了防止监司巡历不遍，令监司官员到一处时则将名字写在上面，从而可看他是否真的到过此处。

（三）碑石的形式

因粉壁不能避免日晒雨淋，而纸也易损坏，所以有些地方则将一些条文刻在石头上，以便长时间保存。如边界地带禁止在山上砍伐树木的“禁山”碑。① 如大观年间立的五刑碑。② 有时甚至把一些典型的案例刻在石头上，以示警诫。如南宋绍定元年平江府的府学诉陈焯侵吞学田之案就刻于碑石上。③ 但碑刻需要专门的工匠，既需人力又费财力，它的成本远高于粉壁书写和文榜张贴，所以这一形式并不普及。

不管是宣读于民、粉壁晓示、张贴文榜，还是刻于碑石，其容量都有限。通过这些方式公布于民众之法，多是加以选择之后的部分内容，并没有也不可能将中央所订立的法律的全部内容昭示于众。这一方面是条件所限，另外，也与朝廷的意志有关。宋代在商品经济的促动下，尽管好讼、健讼之风日起，但在传统的“息讼”观作用下，仍禁止民间私自雕印、抄写法律类书籍，也不允许私自学习法律。如果“诸聚集生徒教授辞讼文书杖一百，许人告。再犯者，不以赦前后，邻州编管。从学者各杖八十。”④ 不过，在上层曾经垄断法律的古代，即使只是部分之法展现在了百姓的面前，本身也有其进步性。

由上文可知，法律由中央颁布到地方的方式形态各异，各有特点，各有利弊，通过交叉使用及共同作用，确保了宋代法律的下达，为地方司法提供了极大的便利。

---

① （清）徐松：《宋会要辑稿》，中华书局 1957 年版，兵 29 之 41，第 7313 页。
② 《江苏金石志》引《江苏通志稿》金石十五，江苏通志局 1927 年版，第 24—25 页。
③ 《江苏金石志》引《江苏通志稿》金石十五，江苏通志局 1927 年版，第 31—32 页。其中有断案时引用的相关的律、令、格、式的具体条文。
④ （清）徐松：《宋会要辑稿》，中华书局 1957 年版，刑法 3 之 26，第 6590 页。

第二章　司法与皇权

宋代皇权虽然受到了一定的制约，但仍高居于法律之上。这既体现为立法时对皇帝意志的禀承与贯彻，也表现为皇权对司法的干预。虽然在原则上既已成文的法律条文就是司法的依据，但在皇权时代，司法并不可能走向真正的独立。

第一节　司法与皇权关系概述

皇权对司法的影响可表现为图2—1[①]中的“赦”、“省狱”、“诏狱”、“亲决狱”、“矜贷”。

其中“赦”是皇帝对罪犯的减、赦。虽是皇帝直接参与司法的行为，但在《宋会要辑稿・刑法》中无“赦”的专门记载，所以只将宋代赦的情况作一简单的概述，放在注中。[②]

① 本图依照流程图格式表示司法流程，然后展示了皇权干预在司法各阶段的表现。

② 赦是古代法律中减免罪犯刑罚的制度。是皇帝“仁政”的表现。《舜典》中已有“眚灾肆赦”之语，这时“赦”罪的范围还小，只对因过失或不幸而犯罪的才肆赦。（丘濬《大学衍义补》卷109《慎眚灾之赦》）春秋时有“大赦”，后为历代所共有。（《中国法律思想史》，中国政法大学出版社2004年版，第233—244页）

“省狱”是皇帝派遣大臣分赴各地疏决在禁的囚人。《宋会要辑稿·刑法》中有此，但由于它只是皇帝间接参与司法的行为，所以也将其放在注中作介绍。①

宋代的赦令极频繁，“自祖宗以来三岁遇郊则赦，此常制也。”这种作法，“于古无有。”（丘濬《大学衍义补》卷109《论赦宥》）《文献通考》中记载了宋太祖至宁宗嘉定17年间所有的赦。赦的名目繁多，如皇帝即位、改元、躬耕籍田、立皇后、立太子、皇太子生、立皇太子、上玉皇圣号、上玉皇圣祖宝、皇太后疾赦等要赦；旱、日食、星变、彗见、冬雷等要赦；再如郊赦、祭地赦、明堂赦；平荆湖、平蜀、平广南、平江南、平河东等也要赦其地。（《文献通考》卷173《赦宥》）岳珂《愧郯录》卷15《赦宥之数》详细地统计了从建隆到绍熙间每位皇帝赦的次数。最后的结论是：凡234年间，共有301赦。

赦的种类也不一，如“大赦”所及遍天下，即释杂犯死罪以下，甚至是常赦不原罪之罪。“曲赦”是区域性的，只包括一路、一州，别京，或畿内的囚犯。“德音”所包括的区域更灵活，死及流罪降等，余罪释之，间亦释流罪。所涉及的范围广狭无常。

赦囚时的仪式，在《宋史·礼》卷117、《东京梦华录》卷10的《下赦》中记载的很详细。仁宗天圣二年则诏御楼赐赦见禁罪人时，“所给衣物，须罪人在禁一月以上，委是贫不济者即给。”（《宋会要辑稿》刑法6之54，第6720页）此外，蔡絛《铁围山丛谈》卷1，第19页；赵升《朝野类要》卷1也有对仪式的记载。而《宋史》卷148《仪卫六》，高承《事物纪原》卷3对仪式中所用“金鸡”也给予描述。

对赦的作用，时人已有微词。熙宁七年，神宗因天旱欲降赦，时已降了两赦，王安石加以阻止且说：“汤旱，以六事自责，曰政不节与？若一岁三赦，是政不节，非所以弭灾也。”可见，他不赞同常赦。舜钦文认为“肆赦天下”，使“杀人者不死，伤人者不抵罪”是使狱的“滥冤”加甚，他说“古者决留狱断滞讼以平水旱，不闻用赦也。”（（明）李濂《汴京遗迹志》卷14苏舜钦《上仁宗论玉清宫灾》）洪迈更认为“多赦长恶”。且以例证之。婺州卢助教，“至田仆之居，为仆父子四人所执，投置實杵臼内，捣碎其躯，为肉泥。”后定案，本要将四人治罪，但“遇己酉赦恩获免。”后这四人竟然再到卢家去侮辱挑衅。所以洪迈认为：“凶盗杀人一切不死，惠奸长恶，何补于治哉。”（（宋）洪迈：《容斋随笔·三笔》卷16《多赦长恶》，上海古籍出版社1996年版，第602页）这是赦超越了常法的特权表现，频率越高，罪犯获得逃避法仁恶罚的机会就越多。滥施赦免，直接造成人不书去，法不惩奸。

除上文之外，有关赦的情况可参看郭东旭先生《论宋朝赦降制度》（《宋史研究论文集》）的专门研究。与本书不同的是，作者把录囚（一、皇帝亲录、遣使录囚、州军长吏录管内囚）也列入其中。

① 省狱是皇帝派遣大臣分赴各地疏决在禁之囚。《宋会要辑稿·刑法·省狱》所记为太祖建隆二年至嘉定十四年的情况。其中太祖时1次；太宗时9次；真宗时18次；仁宗时21次；英宗时5次；神宗时10次；哲宗时20次；徽宗时9次；高宗时27次；

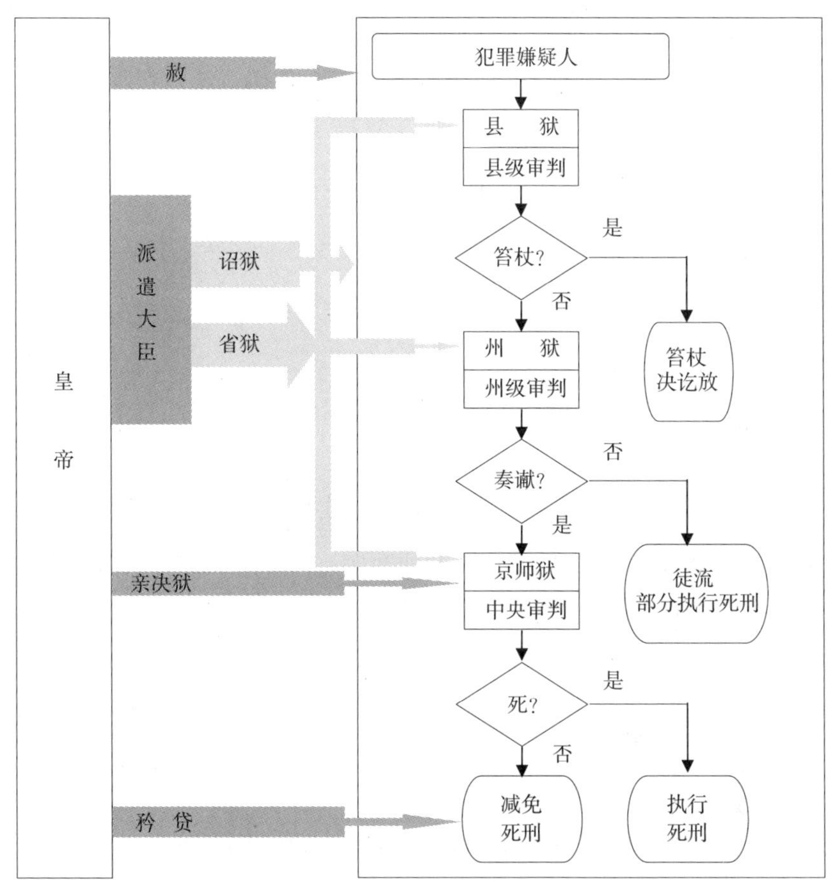

图 2—1 皇权对司法的干预

“诏狱”由皇帝临时设置，用来审理重大案件，多是针对官吏犯罪，因事而设，事毕则罢。因戴建国已有《宋代诏狱制度述论》[①]一

孝宗时 14 次；光宗时 2 次；宁宗时 13 次；孝宗时 27 次。在时间上有时与亲决狱一致，有时不一致，这是由所派往地的特殊原因所决定。从作用上来看，省狱是亲决狱在很大范围的延伸。省狱的原因与亲决狱的原因也很相似。故不详述。(见《宋会要辑稿》刑法 5 之 15—48)

① 戴建国:《宋代法制初探》，黑龙江人民出版社 2000 年版，第 246—263 页；王云海《宋代司法制度》也有论述，但“过于简略”。

文，所述甚详，既论述了“诏狱的设置”、“诏狱的审判”、“宋对诏狱审判活动的监督”，又涉及“宋代诏狱制度的作用、特点和弊病”，所以本章中不专门讨论“诏狱”。

《宋会要辑稿·刑法》“矜贷”中有专门的记载，目前学术界也没有专门的研究，所以在本章中，笔者主要从“矜贷”来看皇权对司法的影响。

第二节　从《刑法·矜贷》看宋代皇帝的司法活动

矜贷是地方司法机关将疑难案件逐级奏谳呈上后，由大理寺和刑部根据案情检出相对应的法律条文或断例，并拟定罪名、附加复核意见，连同审判卷宗一起交给皇帝审阅，由皇帝作出裁决，皇帝对其中部分罪犯给予宽宥的司法活动。宋代实行奏谳制度①，所以宋代皇帝的矜贷活动尤为频繁。矜贷活动是皇权对司法的干预，虽然是皇帝独

① 宋代的地方审判权限有一定的等级。县级审判机关为最基层，由它对入狱之囚进行初级审判。“徒罪以上送本州，杖罪以下在县断遣。”（《宋会要辑稿》刑法3之11—12，第6583页；《庆元条法事类》卷73《决遣》，第744页略同）所以县级司法机关只有笞、杖刑的判决权；对徒刑以上的案件则只能拟判，然后将审判结果及审判时所记录的文本等上交到州，由州裁决。州有权实施徒以上至死刑的判决，即“徒以上及应奏者，并须追证勘结圆备，方得送州。”（《庆元条法事类》卷73《决遣》，第744页）建隆二年规定州有判决执行死刑的权力，即“诸大辟送所属州军决判。”（《宋史》卷1《太祖一》，第9页）元丰以后，死刑案须经路级提刑司详覆后才能执行。（可参看王云海《宋代司法制度》一书的相关内容）如果有“刑名疑虑、情理可悯、尸不经验、杀人无证”等疑难情况，难以定断时，皆许奏裁，实行奏谳制度。奏裁时遵守一定的程序，即奏裁前要经路级监司核查，核准后上奏；如果本非疑难案件而奏，或是地方官遇上棘手案件但怕承担责任而上奏，有关官员则要受到“不应奏而奏”的惩罚。这些地方解决不了或无权处置而奏上的案件，先由大理寺定断，刑部复核，再报宰相、皇帝裁决，即“天下奏案，必断于大理，详议于刑部，然后上之中书，决于人主。”（（元）马端临：《文献通考》，中华书局1986年版，卷170《详谳平反》，第1477页上）

享最高司法权的体现，但也展示了皇帝在儒家思想影响之下的仁爱之心与好生之德。

《宋会要辑稿 · 刑法》中“矜贷”一门，所记的是从至道二年到嘉定八年间皇帝因各种原因将罪犯减、免处罚的案例。这些案例的记述特点也略相似，即首先介绍该人做了什么事，犯了什么罪，于法应该怎样，蒙龙恩“特贷之”、“矜之”、“释之”，实际上如何处置。这些案例的记述较略，不像《名公书判清明集》中的判词详细，但好多案例却通常是它书（包括《续资治通鉴长编》）所不记的。所以仔细研读这些案例，通过对被矜贷者所犯罪的种类、被减免罪的原因、免减的程度等的考察，可以看出皇帝在处理案件时所本的原则，也可看出皇权对司法的干预程度，从而更深入地了解皇帝享有最高司法权的一面。

一、矜贷时遵循的原则

矜贷时皇帝可以在一定程度上超越法律规范的限制，体现皇权的力量，但也会遵循一定的原则。

（一）注重家庭宗法伦理关系[①]

儒家思想作为宋代统治的主导思想影响着宋人的方方面面，司法方面亦然。

1. 尊崇孝道

儒家尊崇孝道，子孙必须对长辈行孝，否则为大逆不道。不孝即“谓告言诅詈祖父母、父母，及祖父母、父母在，别籍异财，若供养

① 当然，只有在特殊情况下才会突破伦理纲常的制约。如当犯罪行为属自我防卫时可以不依，舒州王昇持刀欲杀其堂侄王翰，却被王翰以棒子打死。虽然是侄子打死了叔叔，但因为王翰是自卫，所以王翰被释放。（《宋会要辑稿》刑法 6 之 14，第 6700 页）

有阙，居父母丧，身自嫁娶，若作乐、释服从吉，闻祖父母、父母丧匿不举哀，诈称祖父母、父母死”。[①] 不孝为“十恶”之一，犯此者必受重责。反之，如果禀承孝道，即使有违法犯罪之实，皇帝也会对其网开一面。具体体现为：

（1）对从父命而犯法的罪犯给予矜贷

在父权社会中，父亲是家庭中的至尊。故要求其他家庭成员对他绝对服从。即使父亲的命令是错误的甚至是违法的，儿女也得言听计从，不能违背父亲的意志，否则，视为不孝。所以此时的儿女处于两难境地，要么违法，要么就是不孝。皇帝在面对此类案件时，将“孝”作为了第一要素，将“礼”置于“法”之前。

如开封府长垣县的李遂与其子同盗杀驴，于法两人都当被处以“徒”刑。真宗考虑到其子协从父命而犯法的实际情况，遂于天禧元年下诏“特免其子”。[②]

犯罪行为受父母支配的罪犯也可免死。如安州胡参遵从父命“劫孙绪财”，于法应当处以死刑。[③] 但仁宗认为“情可悯”，故于天圣十年正月将其“黥面配沙门岛”[④]。

（2）对因孝心而犯法的罪犯给予矜贷

为亲属复仇是古代社会中的一个较为普遍的社会现象[⑤]。虽然历

① （宋）窦仪：《宋刑统》，中华书局1984年版，卷1《十恶》，第7页。反过来，如果父亲打死了儿子，则可矜贷。如泉州百姓柯智将其养了五年的儿子蔡伯先打死，法当弃市，最后却只是“杖脊刺配广南”。（《宋会要辑稿》刑法6之12，第6699页）可见，在家庭中家长的地位是至高无上的。

② （清）徐松：《宋会要辑稿》，中华书局1957年版，刑法6之10，第6698页。

③ （宋）窦仪：《宋刑统》卷19《强盗窃盗》（中华书局1984年版，第300—301页）中记劫财当死有两种情况，一是强盗得财“十匹及伤人者绞，杀人者斩”。二是“持杖行劫，不问有赃无赃，并处死”。胡参是以何方式行劫的，《宋会要辑稿·刑法》中没有详细介绍，但他犯死罪则是无疑。

④ （清）徐松：《宋会要辑稿》，中华书局1957年版，刑法6之14，第6700页。

⑤ 瞿同祖：《中国法律与中国社会》，中华书局2003年版，第72页。

代法律对此加以禁约，但复仇的习惯既已形成，不易改变。宋代法律对此严令禁止，但出于兼顾礼法的考虑，又规定对复仇案件“奏取敕裁”[①]。皇帝往往常因复仇者是孝心使然，故常将其赦免。如刘玉杀死了殴死其父的仇人王德，仁宗义之，只令其决杖编管。再如王贇为其父报仇，刺死仇人，依法当斩，但神宗念其有孝心，故下诏贷死。[②]濠州百姓谢象“为李齐打，杀母并惊杀孩儿，后却打齐至死。”谢象本“合决脊”，但皇帝认为“情理可悯”，将其放免。[③]《宋史·孝义传》中有许多“子有复父仇而杀人者，壮而释之”的例子，如乾德时的李璘、雍熙时的甄婆儿、[④]景德时的刘斌[⑤]等虽因复仇而杀人，但都被矜贷而释。

除了复仇外，还有其他因孝心而犯罪的情况，也多获矜贷。如景祐五年五月殿侍李玉“逃归安州葬母，事讫首身。诏特原其罪。”[⑥]

(3) 因罪犯的父母无人养而矜贷罪犯

宣和三年叶居中为睦州通判，率众收捕“凶贼方十三等”时不利，损兵折将人数甚多，又“被贼徒入城放火”。但他当自陈母亲陈氏年老多病无他人照料时[⑦]，被“特贷命”，刺配流放到琼州。[⑧]

推崇孝道而矜贷罪犯，实是寓礼于法之中，体现了古代法制的特点。

---

① （宋）窦仪：《宋刑统》，中华书局 1984 年版，卷 23《斗讼律》；（清）徐松：《宋会要辑稿》，中华书局 1957 年版，刑法 6 之 11，第 6699 页。

② （元）脱脱：《宋史》，中华书局 1977 年版，卷 200《刑法二》，第 4990 页。

③ （清）徐松：《宋会要辑稿》，中华书局 1957 年版，刑法 6 之 15，第 6701 页。

④ （元）脱脱：《宋史》，中华书局 1977 年版，卷 456《孝义传》，第 13386 页。

⑤ （元）脱脱：《宋史》，中华书局 1977 年版，卷 456《孝义传》，第 13397 页。

⑥ （清）徐松：《宋会要辑稿》，中华书局 1957 年版，刑法 6 之 16，第 6701 页。

⑦ 虽然也言“攧损腰脚见求医将理待罪”，但恐怕不是获免的主要原因。

⑧ （清）徐松：《宋会要辑稿》，中华书局 1957 年版，刑法 6 之 24，第 6705 页。

2. 体恤老幼

(1) 照顾老年人

皇帝的矜贷多针对罪犯本人的年迈而减免刑罚，如绍熙三年叶筹犯赃罪，因年老“不任真决”，所以“只令刺配”。[①] 但有时也会对罪犯的家属予以照顾。如因亲属罪犯本应连坐时，年老者可获免。如元丰五年王安犯死罪被处死，家属本应连坐，但因其母亲年老，皇帝“特贷之”，免其母连坐。[②]

如果罪犯人罪不可赦，被处决后家中老人无所养时，也会对老人有所体恤。如前面所举的例子，京兆府魏太娇的妻子赵氏被处死后，家中只留下四个幼小的儿子和八十六岁的母亲张氏，张氏上状称自己“无的亲”，怕赵氏被处死后，自己“难以自活”。仁宗遂下令让京兆府特给张氏“钱二十千，米五石，并廪诸县，日食米二胜”，直至张氏去世，[③] 使张氏老有所养。

(2) 对儿童犯罪常是法外开恩

《宋刑统》规定：十五岁以下犯流罪以下可收赎。十岁以下犯杀人罪应死者“上请，盗及伤人者亦收赎，余皆勿论”[④]。但在皇帝矜贷时会酌情处理。

如四川文次，年十三，从父命持兵器“从行行劫”，太宗“以其幼騃”，“特宥之”。[⑤] 九岁的庞张儿将庞惜喜打死，仁宗认为“童稚争斗，无杀心”，所以“特矜之”。[⑥] 益州的费进将赵氏打死，因年仅

① （清）徐松:《宋会要辑稿》，中华书局 1957 年版，刑法 6 之 42，第 6714 页。

② （清）徐松:《宋会要辑稿》，中华书局 1957 年版，刑法 7 之 19，第 6743 页；6 之 18，第 6702 页。

③ （清）徐松:《宋会要辑稿》，中华书局 1957 年版，刑法 6 之 12，第 6699 页。

④ （宋）窦仪:《宋刑统》，中华书局 1984 年版，卷 4《老幼疾及妇人犯罪》，第 56 页。

⑤ （清）徐松:《宋会要辑稿》，中华书局 1957 年版，刑法 6 之 9，第 6698 页。

⑥ （清）徐松:《宋会要辑稿》，中华书局 1957 年版，刑法 6 之 11，第 6699 页。

十四，而免死。景祐元年濠州王沣奇因与楚李婆"相争斫木柴"，用镰刀将楚李婆砍死，"合处死"，因年仅九岁，免其死。[①]

上述的案例中，除王沣奇符合条件外，另三个孩子都不符合收赎的条件。但在实际执行时，四个儿童都被矜贷，三人收赎，一人直接豁免。这是因为儿童本不是完全行为能力之人，他们或是因争斗或一时气愤而杀人，或是从父命而行劫。皇帝免除他们的死罪，实是出于对生命的珍惜。但不同时期的处罚也有区别。太宗时是直接免除了文次的死罪。仁宗则令其家收赎，如天圣元年时，责令庞张儿出铜一百二十斤给死者庞惜喜家。[②] 十年时罚费进一百二十斤铜。[③] 景祐元年，罚王沣奇一百二十斤铜给死者楚李婆家[④]。这是以经济处罚代替了对生命权的剥夺。罚铜一百二十斤，实际上是很重的经济处罚。其目的是在保全儿童性命的基础上给其父母以警示，以便更好地约束、教育子弟，以使此类事少发生。

3. 维护男尊女卑的传统

男尊女卑是古代一贯的认识，矜贷时亦承袭此传统。

《宋刑统》规定丈夫打伤妻子则"减凡人二等"，打死则处以绞刑。而妻子打伤丈夫，徒一年；如果打得较重，则"加凡斗伤三等"；如果打死则处以斩刑。[⑤] 从减刑与加刑的不同，可以看出，和生活中一样，法律上丈夫的地位同样是高于妻子的。即便是皇帝怀着怜悯之心，再重新裁决时也还是一样。如绍兴十九年韩展殴打妻子，其妻于保辜期死亡。按法律条文本应处以绞刑，但经皇帝的

---

① （清）徐松：《宋会要辑稿》，中华书局 1957 年版，刑法 6 之 14，第 6700 页。
② （清）徐松：《宋会要辑稿》，中华书局 1957 年版，刑法 6 之 11，第 6699 页。
③ （清）徐松：《宋会要辑稿》，中华书局 1957 年版，刑法 6 之 14，第 6700 页。
④ （清）徐松：《宋会要辑稿》，中华书局 1957 年版，刑法 6 之 14，第 6700 页。
⑤ （宋）窦仪：《宋刑统》，中华书局 1984 年版，卷 22《夫妻妾媵相殴并杀》，第 345—346 页。

恩泽后，仅“除名勒停，送汉阳军编管”①。周用打死妻子阿龚，又“逼逐阿龚前夫朱明二子出外”，最后“特贷命除名勒停，决脊杖二十刺配昌化军牢城收管”②。可见夫殴妻死会减刑，而妻殴夫死则不减。如天圣七年五月京兆府民魏太娇被其妻赵氏殴死。法律规定当“处极刑”。此事经府上奏后，赵氏还是被处死。③这些案例都没有交代杀人者的杀人动机和缘由，都打死了自己的配偶，但两个杀人者的命运却大大不同。夫尊妇卑、地位不平等在此便体现得非常明显。

（二）重视德、义

宋代仍是一个礼法并重的朝代，儒家传统思想对皇帝矜贷的另一影响便体现在重德、重义上。

1. 对夷人的包容之心

宋代对夷防范很严，也有夷人在宋境犯罪而不处罚的情况。元符二年泾原路擒获“西界统军嵬名阿理妹勒都逋等共二十七人，诏并特贷命。释缚押赴怀远驿”④。来宋的奸细，只要不是累犯，仍可被遣还本国。皇帝对此的考虑是，敌国派奸细来，“为我所得，曲在彼”，将其遣还，意在使其“知愧”，同时也显示皇帝的“威德”。所以淳熙二年将奸细张禹本人及所招供词状一同交给金朝。而张弼多次往来宋金两国，刺探宋朝机密，则被依宋法处决。⑤对进入宋界而杀人者，有时也不将其绳之以法，而是以“示我包容之意”将其遣回本国。如绍熙三年北人王皋过界劫盗，且将捕盗人王仲杀死。本应处以斩刑，但

① （清）徐松：《宋会要辑稿》，中华书局 1957 年版，刑法 6 之 30，第 6708 页。
② （清）徐松：《宋会要辑稿》，中华书局 1957 年版，刑法 6 之 29，第 6708 页。
③ （清）徐松：《宋会要辑稿》，中华书局 1957 年版，刑法 6 之 12，第 6699 页。
④ （清）徐松：《宋会要辑稿》，中华书局 1957 年版，刑法 6 之 21，第 6704 页。
⑤ （清）徐松：《宋会要辑稿》，中华书局 1957 年版，刑法 6 之 38—39，第 6712 页。

皇上令“牒还对境”①。

2. 宽免以“义”杀人者

詹保本是被配隶的犯人，后逃跑到他所，受雇于张彦文家。一日赵汝谐喝醉酒后持刀要杀张彦文，詹保加以劝止，却也被赵汝谐追杀，情急之下，他用木棒打赵汝谐的脚，遂致赵汝谐于死地。如此，詹保便成了罪上加罪。但是皇帝认为詹保的本意是为了救护主人，并没有要杀赵汝谐的动机，而自己当时也面临不可预测的危险，他的行为“犹是果义”，所以免其死，决脊杖二十，刺面配海外州军牢城收管，永不放还。②

（三）重视军功

有些罪犯因军功而被矜贷。如元符二年刘贵（贲）杀人当死，但以“战功赎罪”，令其“除名勒停，留充本路极边巡防使唤。”③宣和六年四月李遘因“被遇神考及累立战功”而被宽贷。④靖康元年福州兵内乱，首领刘政、姚成等没有“弹压兵众，以致作乱”而违法，但因后来捕捉到了作乱的首犯，刘政、姚成等将官“以功赎过”。⑤绍兴三年二月因王福“累立战功”，免其死刑，只是“除名勒停，决脊杖二十，刺配琼州牢城。”⑥绍兴三十年王杨“任内欠本军酒课及酒务历内虚收钱引及与娼妓踰滥”，本是死罪，但因“尝有战功”而免死。⑦乾道七年以薛千虎“尝立战功”，免其“用锡板伪造官会行作”的死

① （清）徐松：《宋会要辑稿》，中华书局1957年版，刑法6之42，第6714页。
② （清）徐松：《宋会要辑稿》，中华书局1957年版，刑法6之39—40，第6713页。
③ （清）徐松：《宋会要辑稿》，中华书局1957年版，刑法6之21，第6704页。
④ （清）徐松：《宋会要辑稿》，中华书局1957年版，刑法6之24，第6705页。
⑤ （清）徐松：《宋会要辑稿》，中华书局1957年版，刑法6之24—25，第6705—6706页。
⑥ （清）徐松：《宋会要辑稿》，中华书局1957年版，刑法6之26，第6706页。
⑦ （清）徐松：《宋会要辑稿》，中华书局1957年版，刑法6之34，第6710页。

罪。[①] 绍熙元年秦嵩因曾有战功而减罪。[②]

即使没有显赫的战绩，但只要在战场上奋力拼杀，或“久在边任”也可免其过。如元丰元年因杨从先等人以孤军深入贼境，历经十次争战，虽然没有大的收获，但也没有大的伤亡，因为是“劳于王事”，故将他们放免。[③] 李士彬杀了义男并堂侄女小儿三口，于法应死。但因他久在边任，故“特贷极刑”[④]。

宋朝廷不仅重视获军功者本人，就是对功勋之臣的后代也多给予特殊的照顾，使其后代因家世而被矜贷。如绍熙三年常良孙犯赃罪，但因“家世之故特贷之”。[⑤] 开禧二年五月二十五日因韩世忠是勋臣，其孙韩林得以放免。[⑥] 即使是开禧三年吴曦叛逆于法应“诛夷三族”时，因“吴氏三世为将”，为“保蜀之勋”而将其亲属中不曾依附吴曦、与吴曦叛逆无关的人免于死刑。[⑦]

（四）注重身份

1. 对命官的矜贷

命官犯罪因其身份特殊多获矜贷。宋代仍是专制政体，但也有一定的民主性，是王与士大夫共治天下的格局，即在士大夫阶层里有相对的民主，不能随意斩杀士大夫，即使是对犯了罪的士大夫也如此。官员犯罪后往往由州县报上，由朝廷酌情惩治，皇帝对命官罪犯多是减免其刑罚。命官犯罪获贷的罪行主要有两类：

---

① （清）徐松：《宋会要辑稿》，中华书局 1957 年版，刑法 6 之 38，第 6712 页。
② （清）徐松：《宋会要辑稿》，中华书局 1957 年版，刑法 6 之 42，第 6714 页。
③ （清）徐松：《宋会要辑稿》，中华书局 1957 年版，刑法 6 之 17，第 6702 页。
④ （清）徐松：《宋会要辑稿》，中华书局 1957 年版，刑法 6 之 15，第 6701 页。
⑤ （清）徐松：《宋会要辑稿》，中华书局 1957 年版，刑法 6 之 42，第 6714 页。
⑥ （清）徐松：《宋会要辑稿》，中华书局 1957 年版，刑法 6 之 44，第 6715 页。
⑦ （清）徐松：《宋会要辑稿》，中华书局 1957 年版，刑法 6 之 47，第 6717 页。

（1）犯赃罪。命官犯赃罪常被矜贷，犯赃罪的类型有监主自盗、监临主司受赃枉法、监临主受赃不枉法、恐吓取财、强乞取等。宋前后期对赃罪的减免程度有一定的差异。太祖、太宗时对犯赃罪很少矜贷，多采用重刑，有不少官员被处以弃市之刑或于州县牢城中服劳役。真宗大中祥符时犯赃罪开始特恩免死。仁宗朝除免死外，往往刺面、脊杖并配往边远地区牢城服役，或除名编管。如天圣六年索希甫收受百姓刘兴钱银，免其死罪，刺面决配远州牢城。① 神宗时，刺配者已减少，一般只是除名编管，即削籍为民，到指定的地方接受监督管制。南宋对坐赃者除了"杖脊流配，赃罪至死者，籍其家"② 外还追毁出身以来文字。如绍兴三十年王杨坐赃，本应处死，后被贷命，但还是"追毁出身已来告敕文字，除名勒停，送静江府编管"③。绍熙元年犯赃罪的秦嵩被贷命后，又被"追毁出身以来文字，除名勒停，送潭州编管，仍籍没家财"④。

（2）伤害百姓。即指打死百姓或劫掠民财，本应处死，却被矜贷。

仁宗天圣六年"凤翔府盩厔县尉孙周翰"、"决百姓田义至死"，后被"决杖二十，刺面配广南牢城"。⑤ 高宗绍兴十九年"承信郎建康府驻扎御前选锋军使臣张横除名勒停，送饶州编管。以横殴击百姓马皋辜内身死。法当绞，特贷之"⑥。二十年二月诏"进武校尉池州太平州驻扎御前都统制王进下使唤靖皋除名勒停，送南恩州编管。

① （清）徐松：《宋会要辑稿》，中华书局 1957 年版，刑法 6 之 11，第 6699 页。
② （元）马端临：《文献通考》，中华书局 1986 年版，卷 167《刑制》，第 1453 页上。
③ （清）徐松：《宋会要辑稿》，中华书局 1957 年版，刑法 6 之 34，第 6710 页。
④ （清）徐松：《宋会要辑稿》，中华书局 1957 年版，刑法 6 之 41—42，第 6714 页。
⑤ （清）徐松：《宋会要辑稿》，中华书局 1957 年版，刑法 6 之 11，第 6699 页。
⑥ （清）徐松：《宋会要辑稿》，中华书局 1957 年版，刑法 6 之 30，第 6708 页。

以皋用刃杀百姓蒋腊哥身死。法当绞，特贷之”[①]。六月诏“保义郎宝昷除名勒停，送建州编管。以昷殴击百姓郑义致死。法当绞，特贷之。”同月又诏“武功郎东文、从义郎冯青、陈全、忠训郎周宁、成忠郎赵兴、承信郎李真，各除名勒停，不刺面，分配逐州军本城收管。东文韶州、冯青袁州、陈全建州、周宁洪州、赵兴建昌军、李真邵武军，以文等并持杖劫夺民财，法当绞，故特贷之”[②]。七月“武翼郎御前破敌军使臣兰宏除名勒停，送邵武军编管。以宏殴击百姓李彦致死。法当绞，特贷之”[③]。二十一年四月五日诏“忠翊郎阎温除名勒停，送潭州编管，以温殴击百姓吴二致死。法当绞，特贷之”[④]。二十二年诏“进武校尉殿前司策选锋军使臣徐朝除名勒停，送饶州编管。以朝殴击百姓黄五三致死。当绞，特贷之”[⑤]。孝宗乾道二年诏“武义大夫充殿前司神勇军训练官王杰特贷命，追毁出身以来文字，除名勒停，送藤州编（官）[管]，以杰部辖官兵装发马草，因问百姓周二借房宿泊，其人不从，杰乃用拳及纵人殴打，致周二赴水而死。故有是命”[⑥]。

从上面这9个案例来看，本来都应对罪犯处以绞刑，但因其身份特殊，则都获矜贷。从时间上看北宋1例，南宋8例，其中7例发生在高宗时，1例在孝宗时。官打死民，这样的事不可能都发生在高宗朝，其他时期应该也有，但高宗时却有如此多获贷的例子，一方面说明了皇帝个人差异对司法的影响，同时也说明皇帝的态度可能成为一种导向，易助长社会上的不良风气。

① （清）徐松:《宋会要辑稿》，中华书局1957年版，刑法6之31，第6709页。
② （清）徐松:《宋会要辑稿》，中华书局1957年版，刑法6之31，第6709页。
③ （清）徐松:《宋会要辑稿》，中华书局1957年版，刑法6之31，第6709页。
④ （清）徐松:《宋会要辑稿》，中华书局1957年版，刑法6之32，第6709页。
⑤ （清）徐松:《宋会要辑稿》，中华书局1957年版，刑法6之32，第6709页。
⑥ （清）徐松:《宋会要辑稿》，中华书局1957年版，刑法6之35，第6711页。

2. 对皇族成员的矜贷

政和五年沈希能“系宗室女夫”，被“特放罪，仍免根勘”。[①]绍兴二十二年赵不埑因是宗室成员，“殴（张）达限内致死，法当绞，特贷之”[②]。绍熙四年石大协犯死罪，因他“系陈国大长公主孙，特贷之”[③]。这些人都是因为皇族的身份而被矜贷。

3. 对老师的矜贷

如天圣四年老师董可道打死学生最后免死之案，就是基于老师的身份而矜贷的。[④]这是宋代尊师重道精神的体现。

（五）疑罪从轻

宋代断案重视证据，如果证据不足，则从轻处理。如南康军的民女阿梁与叶胜共同谋杀其夫程念二。叶胜死于狱中，而阿梁“节次翻异九，十差官勘鞫。已降指挥处斩，既差官审问，又行翻异”。于是又差江东提刑耿延年亲自勘问，结果是程念二为叶胜所杀，而阿梁“初不同谋”。但因叶胜已死，已无法对证。又因多次所勘“犹有异同，则谓之疑狱”，“罪疑为轻，则阿梁当贷死”，决脊杖二十，送二千里外州军编管。[⑤]再如平江府的阎义打死孙十三，“其罪有可疑者”，故将阎义贷命。[⑥]

除了以上谈到的五个原则外，也有因皇帝新政而矜贷的案例。如建炎元年余大均等都当弃市，但因高宗刚新政，故言“有司之法如此，

---

① （清）徐松：《宋会要辑稿》，中华书局 1957 年版，刑法 6 之 22—23，第 6704—6705 页。

② （清）徐松：《宋会要辑稿》，中华书局 1957 年版，刑法 6 之 32，第 6709 页。

③ （清）徐松：《宋会要辑稿》，中华书局 1957 年版，刑法 6 之 42，第 6714 页。

④ （清）徐松：《宋会要辑稿》，中华书局 1957 年版，刑法 6 之 11，第 6699 页。

⑤ （清）徐松：《宋会要辑稿》，中华书局 1957 年版，刑法 6 之 40—41，第 6713—6714 页。

⑥ （清）徐松：《宋会要辑稿》，中华书局 1957 年版，刑法 6 之 42，第 6714 页。

但朕新政，重于杀士大夫"，而将其贷命。[①] 也有天气的原因，如淳熙六年六月因时暑"不欲多杀"，故免除了 3 名犯强盗罪本应"重杖处死"的犯人的死刑。[②] 不过，这样的情况不是太多。

二、矜贷的积极作用

（一）注重实际、顾全情理

法律的制定是针对普遍问题，面向大众的，但现实中存在的问题可能是防不胜防、层出不穷，对于个别特殊的行为，如果仅依既定的条文来办事，有时难免会过于拘泥。皇帝有权"特旨"处理案件。特旨乃"出于人主之意"[③]，即"人君之利柄，以法令与罪人之情或不相当，则法轻情重者，特旨重之；法重情轻者，特旨轻之。此用所以为利柄也"[④]。皇帝以其高贵的身份、至上的权力，有时能冲出法律条文的制约，从实际情况出发，来处理案情，这样使司法更有一定的灵活性，有时甚至能保全一部分无辜者的生命。

指斥乘舆是十恶罪之一，本应处以极刑。绍圣元年开封府民吕安"坐斥乘舆"，大理寺两次上奏"论当处斩"，哲宗却令"特贷死"。他认为吕安犯罪是"因醉狂语，与情理悖逆者异，故贷其死"[⑤]。

盗贼犯罪是对宋政权的一大威胁，因此对此多是严惩，即使是受牵连人也要治罪。但经皇帝审理，便会考虑实际情况。如真宗景德四

① （清）徐松：《宋会要辑稿》，中华书局 1957 年版，刑法 6 之 25，第 6706 页。
② （清）徐松：《宋会要辑稿》，中华书局 1957 年版，刑法 6 之 39，第 6713 页。
③ （宋）李焘：《续资治通鉴长编》，中华书局 1995 年版，卷 440 元祐五年三月甲午，第 10593 页。
④ （宋）李焘：《续资治通鉴长编》，中华书局 1995 年版，卷 458 元祐六年五月丙子，第 10964 页。
⑤ （清）徐松：《宋会要辑稿》，中华书局 1957 年版，刑法 6 之 20，第 6703 页。

年象州百姓卢霜等给盗贼提供饮食，配隶后又有人逃跑，有关机构遂"散令擒捕，请行严断"。但真宗认为，百姓是"为贼所迫"而为，遂令释罪。[①]而对饥年为盗者，皇帝认为"彼皆平民，因艰食强取糇粮，以图活命尔"[②]，故多予矜贷。如真宗景德元年八月八日，免"饥民劫害藏粟麦者"死罪；"凡七十余人"，将他们"决脊黥面，配牢城。为首隶五百里外，余隶本城"[③]。

在生命和财产受到威胁时，因自我保护而杀人也给予矜贷。如天圣九年渝州民黄添"(挺)[梃]杀盗粟人程大"，于法应死，但只是被黥面配隶海岛。[④]这是因为状况紧急，黄添为保卫自己的财产而杀人。

如对作战时弃城而逃的行为是严惩不贷的，但也会考虑特殊情况。如颉遇屯兵戍守边郡，闻金人来，则弃城逃避，实际上金人并没有来，但因他"尝被受宣谕司文檄"，遂特贷命，刺配吉阳军牢城。[⑤]

再如南安军司户参军蔡大廉延误军期，本应处以斩刑，但因"妻产难乞给假"，故"特贷命，除名勒停，送化州编管永不收叙"。[⑥]

(二) 恩威并施，利于统治

恩威并施是皇帝统摄一国的重要手段。《宋史·刑法志》开篇即言宋前期"立法之制严，而用法之情恕。狱有小疑，覆奏辄得减宥"[⑦]。高宗曾对宰执说："治天下须恩威赏罚并行。"[⑧]皇帝将本应处以死刑的

① (清)徐松：《宋会要辑稿》，中华书局1957年版，刑法6之9，第6698页。
② (元)马端临：《文献通考》，中华书局1986年版，卷166《刑制》，第1445页上。
③ (清)徐松：《宋会要辑稿》，中华书局1957年版，刑法6之9，第6698页。
④ (清)徐松：《宋会要辑稿》，中华书局1957年版，刑法6之13，第6700页。
⑤ (清)徐松：《宋会要辑稿》，中华书局1957年版，刑法6之35，第6711页。
⑥ (清)徐松：《宋会要辑稿》，中华书局1957年版，刑法6之39，第6713页。
⑦ (元)脱脱：《宋史》，中华书局1977年版，卷199《刑法一》，第4962页。
⑧ (宋)熊克：《中兴小纪》，福建人民出版社1985年版，卷21，第261页。

囚犯法外开恩，以免其死，虽然有时仍会将罪犯流放到边远地区，但他们仍会对皇上心存感激，而皇帝遂有仁政爱民、轻罚恤刑的令名。[①]

（三）平反冤抑、维护秩序

矜贷本身带有政治色彩，是政治行为的体现，所以它也能纠正一些因政治原因获罪的案件。如赵訾因父亲赵世居案而连坐，“除名停降，鏁闭”达十年之久，元丰八年时免鏁闭，令其“就僧屋居之”。[②]高宗建炎元年，诏“靖康间敢言之士，或至窜逐，宜悉诏还”[③]。通过皇权的力量，撤销以前判决，从而更好地调整统治秩序，使法律、政治在正常轨道上运行。

三、矜贷的负面影响

矜贷是有一定的积极作用，但如果没有严格奏谳的程序，使不该矜贷的罪犯而被矜贷，或是将矜贷滥用，则会带来一些负面影响。

（一）重罪轻罚，有失公正

将罪犯免死，是好生的表现。如政和六年、七年二年间，淮东十一州军中犯死罪的有一百三十二人，最后只有十二人被处以死刑，

---

① 宫崎市定在《宋元时代的法制和审判机构》中说：“流刑于宋代曾一度在原则上被废除，而它作为死刑的代替刑再度被复活的事实，则又反映了独裁制度的一个侧面。也就是说本应处以死刑的囚犯，因独裁君主的特恩而得以保全生命，使之在流配之地从事劳役，所以囚犯无论何时何地都应感激于君主的特恩。虽然在最开始，统治者并无如此实施流刑的打算，死刑之罪甚多也不单纯是威赫主义的结果。但宋代的一般百姓全然不知审判是依何法进行的，因此首先制定死刑，再以君主的特恩赦免。从而通过恩惠的兜售，表现所谓德治主义。这正是独裁政治的诀窍所在。”（《日本学者研究中国史论著选译》第269页）

② （清）徐松：《宋会要辑稿》，中华书局1957年版，刑法6之19，第6703页。

③ （宋）熊克：《中兴小纪》，福建人民出版社1985年版，卷1，第13页。

另有一百二十人因"州郡奏而免之"[①]。元丰末年大辟共二百六十四人，奏谳后，死者才二十五人，"所活垂及九分"。元祐后有所收，所活人数相对较少，但也在"六分已上"[②]。嘉泰改元，一年中天下所上死案，共一千八百一十一人，执行死刑的才一百八十一人，而被矜贷的为一千六百三十人，也是九分。为此刑部侍郎林粟特别上言请将此事修入《日历》中，"以示陛下好生之德"[③]。

好生的目的是为了"以省刑而召和气"，如果宽免杀人者是"仁心"的表现，那么被杀者则是"受无辜之虐，而衔不报之冤"。这样的举措，既非省刑，也"非所以召和气也"。如右正言凌哲言汀州雷七、处州徐环儿、郭公彦、夔州冉皋四人"情理凶恶，实犯故杀斗杀之条，盖常赦所不原者。于法既无疑虑，于情又无可悯。今各州勘结刑寺看详，并皆奏裁贷减。彼杀人者，可谓幸矣。顾被杀者，衔恨九原，不知何时而已也"[④]。可见对杀人者的仁心则是对被杀者的不公。

（二）法外开恩，滋长了不良风气

虽犯死罪，但因矜贷而可不死，这样的优待会让有些人轻视法律的力量，心存侥幸而犯罪，具体表现：

如武官常因有军功而被矜贷。便有"将官与城寨等使臣"常因其曾立边功而"违朝旨及帅司节制"，且"上下玩习，浸已成风"[⑤]。

如灾年，因饥为盗者多免其死，这就会使有些人趁机钻空，不因

---

① （元）马端临：《文献通考》，中华书局1986年版，卷167《刑制》，第1452页下—1453页上。

② （元）马端临：《文献通考》，中华书局1986年版，卷170《详谳平反》，第1477页上。

③ （元）马端临：《文献通考》，中华书局1986年版，卷167《刑制》，第1455页下。

④ （元）马端临：《文献通考》，中华书局1986年版，卷170《详谳平反》，第1477页下。

⑤ （清）徐松：《宋会要辑稿》，中华书局1957年版，刑法7之22，第6744页。

饥而为盗。如果对此宽容，则是“小加宽纵，则盗贼公行，更相劫夺”。所以朝廷明智的做法应是在饥年时“轻徭薄赋、开仓赈贷以救其死，不当使之自相劫夺也”①。

如非特殊原因而使杀人者免死“是杀人者，不死，其斗杀条律无所用也”。遂使“强暴之风，日益滋长。善良之人，莫能自保。其于刑政为害非细”。所以是“贷死愈众，杀人愈多。殆非以辟止辟之道也”。②

如疑罪从轻，体现出了对生命的重视。那么有些人在作了违法之事后，故意毁坏证据，以期处理从轻，这样便影响了法律的正常执行。

由上可见，矜贷是法律不能包罗万象、情与法轻重不一时，皇帝以其特权兼顾情理灵活处理的结果，它体现了皇帝的好生之德，有一定的意义。但是经常地法外开恩，既影响了法律的稳定和公平，也易助长不良社会风气的滋生。故而司马光言：“杀人不死，伤人不刑，尧舜不能以致治。”③

---

① （元）马端临：《文献通考》，中华书局1986年版，卷167《刑制》，第1447页上。

② （元）马端临：《文献通考》，中华书局1986年版，卷170《详谳平反》，第1477页下。

③ （元）马端临：《文献通考》，中华书局1986年版，卷170《详谳平反》，第1476页下。

第三章　制度与实践

宋代的立法活动频繁，故产生了大量的成文法。法律制度理应是司法的依据，可在实际中能否被认真执行还是问题。本章以检验制度、狱政制度为例加以讨论。

第一节　从《刑法 · 检验》看宋代司法检验中的问题及原因

检验就是在发生杀伤案件时，由有关官员对案发现场进行勘验，对受害人尸、身进行检查、鉴定，以确定死伤原因的行为。它是刑事侦查和证据收集、审查的重要组成部分。对受害人尸、身进行检查作为司法依据由来已久。

宋代重视司法检验，认为“杀人公事，有司推鞫，以验定致死之因为据”①。故其检验制度在前代的基础上有了更进一步的发展和完善。② 具有科学性和进步意义的《验尸格目》、《正背人形图》和《洗

① （清）徐松：《宋会要辑稿》，中华书局 1957 年版，刑法 6 之 4，第 6695 页。

② 目前对检验的研究主要有郭东旭先生《宋代法制研究》一书中“检验制度完善”一节，王云海先生《宋代司法制度》一书中的相关内容。两者都是从制度的完善方面来谈，

冤集录》是当时司法检验水平的体现。事实上，有宋一代，检验制度在实际操作中，仍有一些不合规范的行为游离于制度之外。本节试从检验官、法吏、百姓三个方面来论述。

一、检验官的问题及形成原因

司法检验分两个程序，即初验和复验。死者生前没有缌麻以上亲属在场照应，不管是否是正常死亡，都要验尸，即初验。初验后，如果是囚犯死亡或其他人非正常死亡，都需要复验。检验官的问题大多出在这两个过程中。

（一）检验官不能敬业于司法检验

1. 初验官不亲自去检验现场，复验官也常找借口推脱复验任务

检验制度规定检验尸体时检验官必须亲自到场。检验完后，由检验官填写验尸报告书。初验官的人选范围在咸平三年十月的诏书中已有规定“在县委尉，在州委司理参军。如缺正官，差以次官”①。可有些检验官并不“躬亲检验”，如徽宗政和七年十月十九日有诏言“访闻福建路州县乡村委官检验、复验，多不躬亲前去，只委公人同耆壮等”。朝廷认为事关人命，不可轻率，遂下达了惩罚条令“违者奏劾，不以赦原”②。可高宗绍兴三十二年闰二月六日时依然是“州县之官视检验一事不肯亲临，往往多以事辞免”。这些检验官有时把职事委托给巡检，巡检多是武人出身，好多人根本就不识字，在验尸结束后无法填写验尸报告。于是朝廷再一次强调“不许以事辞免”③。

很少涉及检验制度的执行情况。

① （清）徐松：《宋会要辑稿》，中华书局 1957 年版，刑法 6 之 1，第 6694 页。

② （清）徐松：《宋会要辑稿》，中华书局 1957 年版，刑法 6 之 3，第 6695 页。

③ （清）徐松：《宋会要辑稿》，中华书局 1957 年版，刑法 6 之 4，第 6695 页。

然而到了孝宗乾道元年五月二十六日时还是“近日州县所差检验官，其间多有素昧书画庸懦畏避之人”，于是只能再次规定“今后遇有差检验官，令守令选择谙晓世务者，内武臣仍差识字有心力人”。[①] 从这些反反复复的制度规定中可以看出检验官不亲临现场的现象一直存在。

有关复检的范围、程序、官员身份等，咸平三年十月的诏令作了规定即“若是非理致命及有它故，即检验毕，旦时，申州差官覆检，诣实方可给与殡埋。其远处县分，先委本县尉检验毕，取邻近相去一程以下县分内牒请令尉或主簿，一程以上只关报本县令佐覆检。独员处亦取邻州县最近者覆检。诣实，即给尸首殡埋。申报所隶州府不得推延”[②]。按规定复验时应该请邻县的官员，只有特殊情况下才能移牒本县。但景祐五年时“每有非理死伤公事，县尉检验才毕，多就近移牒本县”。至此规定“今后县尉检验讫，于别州县最近处请官复检，不得一例移牒”。[③] 复验制度规定，凡是应该延请邻县官员复验的，如果被延请的官员请假不在而又没有其他官员可派时，该县在接到通知的当天就要写明理由（请假的要写明假期的起止时间）报告给州主管官和提点刑狱司，并回复原行文单位，以便他们能即时地向其他县延请验官。[④] 但是有些县收到延请验尸的公文时，常以官员休假或官员已全差出等为借口把该接受的公文推辞掉，甚至是“或预有所闻，则并与缄封不启”[⑤]。即使真的是无官可派时，也不及时回复。经过这样的拖延和反复，致使有的尸体“暑月腐坏，至不可验”[⑥]。复验

① （清）徐松：《宋会要辑稿》，中华书局1957年版，刑法6之4，第6695页。
② （清）徐松：《宋会要辑稿》，中华书局1957年版，刑法6之1，第6694页。
③ （清）徐松：《宋会要辑稿》，中华书局1957年版，刑法6之3，第6695页。
④ （宋）宋慈：《洗冤集录》，福建科学技术出版社1980年版，卷1《条令》，第2页。
⑤ （清）徐松：《宋会要辑稿》，中华书局1957年版，刑法6之7，第6697页。
⑥ （清）徐松：《宋会要辑稿》，中华书局1957年版，刑法6之7—8，第6697页。

官推诿的情况到嘉定六年十二月时依然存在。

2.检验官不遵守验尸制度中的时间规定

检验制度规定检验官接到检验任务后，必须在两个时辰内出发(不包括晚上)，但是不遵守出发时间的现象常有发生；检验官验完尸体后，应把验尸报告即时交给上级有关部门，但有些报告却“动经旬月”才上交。这样拖延后，如果发现检验的结论与事实不符，再想重新验时，“其尸已是坏烂，难以辨明”，只能“迁就挟同结断”；如果检验官此时“受赂请托，以时增改”，还可在检尸报告上作文章。[①]淮南西路提刑使雷寿松认为这是因“从来未有定申发验状条限”造成的，在他建议下，宣和六年六月十八日朝廷规定“验限当日具验状申所属”，且在验状内写明检验结束的时间，如有违反“从一百科罪”。[②]可淳熙元年时，还是“州县视为闲慢，不即差官或所差官迟延起发”等情弊百端。[③]

(二) 检验官不敬业的原因

为什么检验官不按规定办事呢？这与验尸工作的艰辛、检验官所承担的责任及检验制度本身有关。

1.验尸的艰辛使官员们对检验一事望而却步

中国人历来多忌讳验尸。尸体代表着生命的终结，是不祥的象征。抛开人们的心理因素不谈，单就尸体本身的脏和臭、验尸程序的烦琐程度而言，检验工作确实是一项苦差。

验尸时要按次序进行每一个部位的检查，先是正面，然后背面，最后是左侧和右侧。验尸中的一部分工作可由其他人员如接生婆、仵

① （清）徐松：《宋会要辑稿》，中华书局1957年版，刑法6之4，第6695页。
② （清）徐松：《宋会要辑稿》，中华书局1957年版，刑法6之4，第6695页。
③ （清）徐松：《宋会要辑稿》，中华书局1957年版，刑法6之5，第6696页。

作去做，但一些致命的部位必须由检验官亲自检验，如头顶、囟门、两额角、两太阳穴、颈喉、胸膛、两胁、心、腹、脑后、肛门等。① 对于稍有怀疑的地方必须剥掉浮皮，以看浮皮下是否有明显的血荫。伤痕不明显的尸体，要用糟醋等清洗。

一般的尸体存放一段时间后都会发生腐烂、发臭等变化。季节不同，尸体变化的程度也不同。春季，经过两三天，口、鼻、肚皮、两胁、胸前等部位的皮肤颜色即微微发青。经过十多天，鼻孔、耳孔里会有臭血水流出；夏季，尸体经过一二天，肤色就逐渐发生变化。三天后，嘴里、鼻孔里便会有臭血水流出来，且会生出蛆虫，全身膨胀发臭。秋、冬、春天腐烂的慢些，而夏季则不容耽搁，否则将惨不忍睹、臭不可闻。②

尸体检验前通常要烧些苍术、皂角等薰烟；检验完在离尸体三五步远的地方将木炭烧红，用醋泼在炭火上，趁烟气蒸腾时从炭火上跨过去，可清除一些臭气；也有"辟秽方"以防止和减轻尸毒和尸臭的传染，虽然有这些防范措施，但毕竟只能在一定程度上见效。检验官如果怕脏怕臭，则很难验出真正的死伤之因。况且这些方法对于减弱由视觉造成的心理上的不良影响而言无任何作用，所以这些经过科举考试等努力才入仕的官员在身兼行政与司法的双重职责时，不尽心于检验事业，似乎也可以理解。

2. 检验不实所承担的法律后果使检验官们不愿惹火烧身

《宋刑统》卷 25 的《检验病死伤不实》条，规定"诸有诈病及死伤，受使检验不实者，各依所欺减一等。若实病死及伤，不以实验者，以故入人罪论。"即检验不实则受重责。如开封府检验官一次验尸时，

---

① （宋）宋慈：《洗冤集录》，福建科学技术出版社 1980 年版，卷 2《验尸》，第 3 页。

② （宋）宋慈：《洗冤集录》，福建科学技术出版社 1980 年版，卷 2《四时变动》，第 5—6 页。

验定是“金刃杀伤尸”，而他官复验时，则认为是“挞所害”，初验者遂“坐是差缪，从违制，徒三年科罪。”针对这种较重的处罚，天禧二年在权知开封府乐黄目建议下，才开始按检验官检验不实程度轻重分情况来处罚。[①]南宋成书的《庆元条法事类》仍有检验官所验“不定要害致死之因，或定而不当（谓以非理死为病死，因头伤为胁伤之类）”，要受到“以违制论”的法律惩罚。[②]

有些死伤情况非常不明显，死伤之因不易辨明，这既需要专门的知识，更需要丰富的经验，即使如此，也难免出错。但法律仍规定“其事状难明，定而失当者，杖一百”[③]。可见，尽管不是故意作弊，但也要受到惩罚，这让检验官们心有余悸。

3. 检验制度不能尽善尽美，使检验官们有时可以得过且过

宋代的检验制度已很完善，但个别地方却也不尽如意，如制度制订的反复就是一例。制度随着时间的推移、实际情况的变化而相应变化是必要的。但是，如果朝令夕改，制度本身没有了持续性，便会造成操作上的困难。如“四月至八月是否应该复验”便反映了制度的反复。

最初规定所有的复验不分时间月份，即应该复验的尸体都要复验。后来因暑天天热，尸体易腐烂，不便长久放置。真宗大中祥符六年二月一日遂下诏于开封府，“自四月至八月死亡者，不须复检，余月仍旧施行”[④]；天禧三年九月十六日推行到全国，“今后三月以后，八月以前应有非理致命公事，只本州县差官复检。九月以后一依元敕

① （清）徐松：《宋会要辑稿》，中华书局 1957 年版，刑法 6 之 1—2，第 6694 页。

② （宋）谢深甫：《庆元条法事类》，黑龙江人民出版社 2002 年版，卷 75《验尸》，第 798 页。

③ （宋）谢深甫：《庆元条法事类》，黑龙江人民出版社 2002 年版，卷 75《验尸》，第 798 页。

④ （清）徐松：《宋会要辑稿》，中华书局 1957 年版，刑法 6 之 1，第 6694 页。

施行”[1]。可见真宗时四月到八月间是不复验的。

可到了仁宗天圣元年四月十二日，审刑院大理寺言：“欲望自今应处复检尸首不以冬夏，并依咸平三年十月敕施行。其天禧三年九月敕，更不行用。从之。”[2]这样便又恢复到最初的状态即不分时月复验。

天圣二年四月十二日又诏：“自四月一日后至九月更不复检，春冬依旧制施行。”[3]

神宗元丰八年六月“山陵役兵病死”后，知河南府韩绛因天热没有复验，然“违诏条，自劾以闻”。[4]虽然韩绛之罪后来被赦免，但可知此时仍要复验。

从四月至八月应否复验来看，确实是常有变化，这就让检验官在适应着新的规定时又担心它会被取代，对制度信心的不足有时可能使他们得过且过。不过，从整个检验制度来看，这样的情况还不是特别多，所以制度的反复只是一个原因，但不是重要原因。

由上可知，验尸是个苦差，既脏又累，还需要专门的知识和丰富的经验，如果检验不实还得遭受法律的惩罚。所以官员们对此不是很热心。往往能避则避，能逃则逃。不能逃避时也常谎称“尸坏不验”应付了事。[5]于是一些具体的任务便委托给了法吏。

二、吏的问题及其根源

检验官验尸时，县里派“手力五人当直”[6]，吏的身份虽然很低，

---

① （清）徐松：《宋会要辑稿》，中华书局 1957 年版，刑法 6 之 2，第 6694 页。
② （清）徐松：《宋会要辑稿》，中华书局 1957 年版，刑法 6 之 2，第 6694 页。
③ （清）徐松：《宋会要辑稿》，中华书局 1957 年版，刑法 6 之 2，第 6694 页。
④ （清）徐松：《宋会要辑稿》，中华书局 1957 年版，刑法 6 之 3，第 6695 页。
⑤ （宋）宋慈：《洗冤集录》，福建科学技术出版社 1980 年版，卷 1《条令》，第 2 页。
⑥ （宋）谢深甫：《庆元条法事类》，黑龙江人民出版社 2002 年版，卷 75《验尸》，第 799 页。

但其作用却举足轻重。这是因为吏在长期的实践中积累了丰富的经验，既能顺利地完成验尸的任务，也可能借此徇私舞弊。

（一）吏弄虚作假、徇私舞弊

检验制度对吏也作了规定，即出发检验时要求行吏不得擅自离开检验官，以防接受贿赂，串通作弊。夜间，作保证后才可住宿。验尸时要当着邻人、保伍的面检验喝报，防止从中做手脚，如以重伤报轻伤以替罪犯开脱。然而尽管有了这些规定，但并不能根绝吏的一些不合法行为，如下面的行为则可窥见一斑。

验尸前，吏多让邻舍、保伍等作向导，吆喝开路，惊动乡里，乱闯尸场，预作手脚。吏的嚣张气焰严重地骚扰了民众，使一些邻人唯恐避之不及。①

验尸时，需要传唤四邻对证。吏如果收受了贿赂，便会让近邻事先避开，只让一些远邻或老人、妇女及未成年人来作证。因这些人不是主要人证，他们的证词不能作为确凿证据，这样便能隐瞒实情，增加破案的难度，或使一些案件成为不了了之的悬案。

验尸后，要填写验尸报告。报告中有“凶身”一项，需罪犯签字画押。吏如果收受了贿赂，反而会教罪犯玩弄花样，写上“被诬”或“干连”等字，企图钻空子变动案情，逃脱罪责。②

（二）吏徇私舞弊的根源

吏为什么要这样做，为什么能这样做呢？下文试从三个方面来

---

① （宋）宋慈：《洗冤集录》，福建科学技术出版社 1980 年版，卷 1《检覆总说上》，第 3 页。

② （宋）宋慈：《洗冤集录》，福建科学技术出版社 1980 年版，卷 1《检覆总说下》，第 5 页。

分析。

1. 吏一般没有俸禄

吏最初是一种差役，因此没有俸禄（王安石变法时期除外）。为了维持生计，满足欲望，他们便寻求其他谋利的机会。宋代的吏已趋于世袭化、职业化，吏和百姓接触得最多，日渐成为官府与百姓沟通联结的桥梁，吏便在此过程中向百姓收取手续费等以作生存之资。同时也会利用工作之便收受贿赂、贪赃枉法、徇私舞弊。而一些富室犯了罪想幸免时也会向吏行贿，如泉州“豪民巨室，有所讼诉，志在求胜”，常“不吝挥金”①。吏与豪民各有所需，各持所长，二者便在牺牲了他人利益、亵渎了法律公正的前提下达成了一致，满足双方的私欲。由此可见收受贿赂是吏的主观需求。

2. 吏具体办事经验丰富能钻法律的空子

官与吏的分化由来已久，宋代时依然存在。官位居显职，看重的是名誉与身份，多把具体事务交给吏做；吏的地位很低，几乎没有晋升为官的机会，所以他们多没有更远大的抱负，只是期冀于眼前的实际利益。吏终日从事具体事务，非常熟悉业务，②有时会利用丰富的经验以钻法律的空子。而有的官员不但不亲自治理民事，且“罕见吏民，凡有词诉，吏先得金，然后呈判，高下曲直，惟吏是从”③。有的

---

① （宋）《名公书判清明集》，中华书局 1987 年版，卷 1《谕州县官僚》，第 5 页。

② 吏对法律条文的熟悉从周密所记《律文去避来》中可见一斑。其原文为：“律云‘去避来’之文，最为难晓。太宗尝问孔恭承曰：‘令文中贵贱少长轻重，各有相避，何必又云去避来，此义安在?’恭承曰：‘此必戒于去来者，互相回避耳。’上不然，曰：‘借使去来相避，此义止是憧憧于通衢之大路，人密如交蚁，乌能一一相避，但恐律者别有他意耳。’余尝扣之棘寺老吏云：‘所谓去避来者，盖避自我后来者，以其人自后奔走而来，此必有急事故耳，故尝避之也。’此语亦甚有理。”（见《癸辛杂识后集》第 76 页）

③ （宋）《名公书判清明集》，中华书局 1987 年版，卷 2《知县淫秽贪酷且与对移》，第 42 页。

官甚至与吏相勾结。即使是尽忠职守的官员有时也会因经验不足而被吏欺，如声名威赫的包青天被老吏所欺就是一例。这是因为官是几年一任，任满后便离开，而吏则长期居于此地，在业务、人情诸方面都比官熟悉。他们怀着极强的地缘优越感，掌握着较高的专业技能，故自视为主人，而视官员如过客。

3. 客观存在着的一些相似症状也为吏的徇私舞弊提供了可能

有些死、伤的症状很相似，较难鉴别。如人被勒死的伤痕很像上吊自杀的；被人溺杀的和投水自杀又差不多。有的斗殴受伤在保辜期限内死亡，但其真正的死因却是由于患病。检验时稍有疏忽，便会有两种不同的检验结果。而吏如果收受了贿赂，在这样的检验上便大有文章可做。如“仵作、行人受嘱，多以芮草投醋内，涂伤损处，痕皆不见”。这样制造出无伤的假象，使行贿者躲避过法律的惩罚，受伤者却无证据来佐证，而吏的舞弊行为也不易被发觉。[①]

三、其他责任人的问题及其原因

参与司法检验的人除官、吏之外，还有一部分人如死者的家属、邻居、地保以及证人等，都有申报检验的责任，即在发现死伤后应及时向官府报案，请官验尸。如果死者是狱囚，则狱官也有义务上报以对死囚检验。但是，并不是所有的人都会这样做，有的人会因某种原因阻碍检验工作的正常进行。

（一）应报官检验而不报

有死伤案发生，州县获悉后有时会主动派官员去验尸，这从《名公书判清明集》中翁浩堂的书判可看出：民妇周五十娘去世后，“事

① （宋）宋慈：《洗冤集录》，福建科学技术出版社 1980 年版，卷 2《验尸》，第 3 页。

闻于县，本县方差县尉体究检验”时，才收到了周五十娘丈夫愿免检验的请求。[①] 但通常情况下，都是由死者的亲属或当地的保甲报告官府后，才开始派官检验。所以亲属等报官是其应尽的义务，但在实际上，却常有应报而不报的现象。造成这种现象的原因可能有以下三个方面。

1. 受报官验尸费用的制约

报官验尸需要一定数额的申报费。这个费用由谁支出，数额是多少，都没有明确的史料记载。据下面的两例，我们可以作一点推测。例一，《容斋随笔》记一个士卒从军队中逃跑后，杀死了一个村民。这个村民的兄弟却因“畏申官之费”，焚烧了尸体，而没有报官。[②] 例二，嘉泰元年大臣分析“大辟行凶案多不报官”的原因时说：“保甲惮检验之费，避左证之劳。”保甲怕检验的费用和作证之烦而胁迫死者家属不许报官。[③] 从这两个例子可以看出，申报费可能来自两个渠道，即由民和保甲共同支出，从中可看出经济制约是一些人不愿报官检验的原因之一。

2. 被害人家属因受到他人的胁迫或贿赂而不报官检验

《宋刑统》有“亲属被杀私和”条，规定对亲属被杀而与仇人私和者的惩罚，即“诸祖父母、父母及夫为人所杀，私和者流二千里，周亲徒二年半，大功以下递减一等，受财重者，各准盗论。虽不私和，知杀周以上亲，经三十日不告者，各减二等”[④]。但到南宋嘉泰时仍有不报官的情况，如“近日大辟行凶之人，邻保逼令自尽或使之说

① （宋）《名公书判清明集》，中华书局 1987 年版，卷 13《姊妄诉妹身死不明而其夫愿免检验》，第 501 页。

② （宋）洪迈：《容斋随笔 · 容斋三笔》，上海古籍出版社 1996 年版，卷 16，第 602 页。

③ （清）徐松：《宋会要辑稿》，中华书局 1957 年版，刑法 6 之 7，第 6697 页。

④ （宋）窦仪：《宋刑统》，中华书局 1984 年版，卷 17《杀一家三人及支解人》，第 278 页。

诱被死家，赂之钱物，不令到官。”朝廷遂规定：“其行财受和会之人，更合计赃重行论罪。”① 但到南宋淳祐七年《洗冤集录》成书时，仍然记“凡血属入状乞免检，多是暗受凶身买和”，并串通差役递状要求免检。如此这般，死者真成了“妻子亲戚乞钱之资”。

3. 钻免验的空子而不报验

检验制度对病死者有免验的规定。分四种情况：一是有和死者同居的“缌麻以上亲”、或分居的“大功以上亲”请求免验。二是和尚道士死时有家属在身边的、徒弟死时师父在身边，且所在寺庙的住持又保证没有其他不正常事故的。三是和尚道士死亡虽然没有家属在场，但有寺庙住持或僧众担保的，也都可以免验。② 四是奴仆病死者不用检验。现实中，一些人往往趁机钻免验的空子。如对于奴仆的死，朝廷很关心，亦有专门的规定。太祖开宝二年曾诏：“自今奴婢非理致死者，即时检视，听速自收瘗。病死者不用检视。”③ 开宝二年八月己卯又有富人害死奴婢后，谎称病死，以逃避检验。朝廷对此又规定“公私家婢仆疾病，三申官者，死日不须检验”，于是有的主人便一天三次报官称奴仆生病，以逃避检验，有的“申状内，无医人姓名”④。

（二）利用亲属或他人的尸体以资诬告

法律规定凡缌麻以上的亲属因病死亡却捏造罪名诬陷他人者，按诬告法论罪，但生活中诬告的现象却没有绝迹。诬告的情况有好多种，常见的是亲人本是病死，却故意诬告是他人害死；本不是亲属的

① （清）徐松：《宋会要辑稿》，中华书局 1957 年版，刑法 6 之 7，第 6697 页。

② （宋）宋慈：《洗冤集录》，福建科学技术出版社 1980 年版，卷 1《条令》，第 2 页。

③ （宋）李焘：《续资治通鉴长编》，中华书局 1995 年版，卷 10 开宝二年八月己卯，第 230 页。

④ （清）徐松：《宋会要辑稿》，中华书局 1957 年版，刑法 6 之 2，第 6694 页。

尸体却胡乱指认以诬告。

例如，处州何强只是骂了仆人何念四，何念四遂逃走，但并没有死。他人在河溪的淤泥内找到了一具不知名的尸首，何念四的父亲“妄行识认”，认定是其子之尸。检验时发现不明尸体上确实有致命的伤痕，在看似成立的人证物证俱全的情况下，何强被迫认罪，最后死于狱中。①

就此案的“妄告、妄认、妄勘”的情况，绍熙二年八月三日诏：“尸虽经验，妄将傍人尸首告论到官，致拷掠无罪人诬暇，因而在囚致死者，依诬告罪人法。其家属妄认者，以不应为重坐之。至死者，加以徒刑，其承勘官司依故入人论罪。”②但是诬告之事却没有停止。蔡久轩的书判记到：“江东风俗，专以亲属之病者及废疾者诬赖报怨。”而在《名公书判清明集》卷十三也保留了一些诬告的案例。如蒋百六因病死于家，他的哥哥蒋百五却以此诬告朱百八。再如《叔诬告侄女身死不明》、《姊妄诉妹身死不明而其夫愿免检验》、《以叔身死不明诬赖》、《妄以弟及弟妇致死诬其叔》、《以女死事诬告》等皆是。

（三）不注意保存甚至残害尸体

《宋刑统》卷 18“残害死尸”条记“诸残害死尸（谓焚烧、支解之类），及弃尸水中者，各减斩杀罪一等。”但实际上仍有残害死尸的现象。

有些尸体的毁坏是无意中造成的，如有的奴仆、长工在主人家里上吊自杀，主人不懂法律或是认为有人死在家里是一件很倒霉的事，

① （清）徐松：《宋会要辑稿》，中华书局 1957 年版，刑法 1 之 57，第 6490 页。
② （清）徐松：《宋会要辑稿》，中华书局 1957 年版，刑法 1 之 57，第 6490 页。

为避免不必要的麻烦常将尸体移出去，这样便给验尸制造了人为的障碍。①

有些尸体却是被故意毁坏以逃避法律责任。如宣州民叶全二盗檀偕窖钱，檀偕指使人杀死叶全二后“弃尸水中”，有司遂以“尸不经验”上奏。② 虽然最后檀偕没有幸免，但他的出发点是为了逃避法律的制裁。

故意残害尸体的原因在于宋代法律规定，告人罪时必须“指陈实事”不得称疑，即不能以无事实依据的可疑之事来控告人罪，“违者笞五十”。如果尸体被毁“尸不经验”，根据“罪疑唯轻”和“狱疑者谳”的原则，应一律上奏朝廷，由皇帝决断，凡奏裁的案子大多可以获得宽贷。如元丰末年大辟共二百六十四人，奏谳后，死者才二十五人，“所活垂及九分”。元祐改法后，所活人数相对较少，但也在“六分已上”。③ 这样在重视人证、物证的审判中，犯罪者可能会侥幸减轻或逃避法律的惩罚。

宋代的司法检验制度比较完善，但制度是原则性的，客观事物却千变万化，所以实际操作与制度间仍有一定的距离。这与执法者的水平、工作态度、民众的法律素质等有关。宋朝廷也在有意识地解决这些问题，但效果却不甚理想。

第二节　从《刑法·禁约》看宋代的书禁

宋代禁书法是指宋朝廷对部分书籍实行控制而制订的法律条文。书籍是文化的载体，每一个崇尚文化的人都无法与之绝缘。宋

① （宋）宋慈：《洗冤集录》，福建科学技术出版社 1980 年版，卷 3《自缢》，第 5 页。
② （元）脱脱：《宋史》，中华书局 1977 年版，卷 201《刑法三》，第 5013 页。
③ （元）马端临：《文献通考》，中华书局 1986 年版，卷 170。

代以“右文”著称，重用文人的同时也给了文人相对宽松的环境。但是，一旦有危及朝廷的统治或有不利于社会秩序正常运作的现象出现时，朝廷便会采取相应的措施，这就是宋代禁书条文出台的根本原因。

禁书是基于一定的社会现实而采取的政府行为，研究宋代禁书对于了解宋代法制状况及宋代社会有一定的意义。目前学界对宋代禁书的研究多集中于宋代禁书的原因、类型、特征等方面。① 本节从宋代禁书条文出发，立足于宋代禁书条文的实践状态，考查其执行情况，并对其形成原因进行分析。

一、宋代禁书法透视

宋代没有有关禁书的专门法，但在《宋刑统》、《庆元条法事类》、《宋会要辑稿·刑法》等典籍中却有专门的禁书的条文。以这些资料为中心，再佐以其他宋代文献，对宋代禁书法大致有以下的认识。

宋代禁书法所涉及的禁书的范围非常广泛。② 主要包括：严禁私

---

① 1. 陈日升《宋代禁书的类型及影响》（《福州师专学报》2000 年第 2 期）讨论了禁书的类型，认为专制主义的加强和皇帝较好的文化素养能发现书中对政权不满的内容是禁书的两个主要原因。2. 四川大学林平女士对宋代禁书做了专题研究。已发表的文章中《论北宋禁书》（《四川大学学报》2003 年第 5 期）集中讨论了北宋时期的禁书，主要是结合政治背景而谈；《宋代禁书特征及原因分析》（《求索》2004 年第 8 期）认为宋代禁书有“次数多、范围广泛、手段多样、通过禁书而规范出版、通过征书修书而禁书、禁书与右文的结合”的特征，原因有四，即“政治原因、文化原因、技术原因、经济原因”。由于整篇文章只有两页，所以多是概述，不详细。其博士论文《宋代禁书研究》完成于 2006 年，不过对禁书法的执行情况所涉甚少。3. 刘森《宋代刻印书籍法初探》（《中国史研究》1990 年第 1 期），该文论述了宋代“审查刻书的看详法”、“明确规定禁止刊印的书籍”，以及“《宋会要辑稿·刑法二》所载的量刑”。其中“关于两宋的刻印书籍法，史籍未见明载”的看法并不正确。

② 宋代曾编有《禁书目录》一卷，现已遗失。见（元）脱脱：《宋史》，中华书局 1977 年版，卷 204《艺文三》，第 5147 页。

有“天文图书、历法、谶书、兵书”等[①]；严禁私自雕印《历日》[②]；严禁宗教性质的“妖书妖言”[③]；严禁雕印、传写“时政得失、边事军机文字、本朝会要、国史、实录”[④]；严禁雕印法律书籍[⑤]；等等。

宋初的禁书是对前代禁书法律的继承。如关于《历日》的规定依准于后周敕；禁“造妖书妖言”依准于唐开元二十八年、天成二年、显德五年敕。再如“禁玄象器物”是对《唐律疏义》卷四“若诈死私有禁物”和后周广顺三年九月五日敕的继承。宋代只是增加了兵书，这是由于宋代边防战争的需要及防止士人对政权造成威胁、维护专制统治的目的而加的。宋初对前代法律的继承主要反映于乾道四年修成的《宋刑统》中。随着时间的推移，新情况、新问题不断涌现，一些条法遂不能适应社会生活的需要，于是出现了富有宋代特色的编敕。后来敕、令、格、式及例逐渐取得了使用时的优先权。

根据书籍性质的不同，控制程度也不同。有的书是因为内容被禁，如宣扬秘密宗教的书（与当今不同，宋代不禁淫秽书）；有的书内容本身没有问题，所禁的只是传播，如《实录》等不能在民间流传，再如涉及朝廷的机密的书不能流传到境外等。所以有的书是禁止雕印、有的书是禁止私人拥有、有的书是禁止传抄。

---

① （宋）窦仪：《宋刑统》，中华书局 1984 年版，卷 9《禁玄象器物》，第 155 页；（宋）谢深甫：《庆元条法事类》，黑龙江人民出版社 2002 年版，卷 17《质卖》，第 376 页。

② （宋）窦仪：《宋刑统》，中华书局 1984 年版，卷 9《禁玄象器物》，第 156 页；（宋）谢深甫：《庆元条法事类》，黑龙江人民出版社 2002 年版，卷 17《雕印文书》，第 364—365 页。

③ （宋）窦仪：《宋刑统》，中华书局 1984 年版，卷 18《造妖书妖言》，第 289 页；（清）徐松：《宋会要辑稿》，中华书局 1957 年版，刑法 2 之 83，第 6537 页。

④ （宋）窦仪：《宋刑统》，中华书局 1984 年版，卷 9《泄露大事》，第 154 页；（宋）李焘：《续资治通鉴长编》，中华书局 1995 年版，卷 445 元祐五年秋七月戊子，第 10722 页；《庆元条法事类》，卷 17《雕印文书》，第 364 页。

⑤ （宋）窦仪：《宋刑统》，中华书局 1984 年版，卷 11《律令式不便于事》，第 185 页；《庆元条法事类》卷 17。

根据被禁的原因，禁书的期限也不同。宋代禁书的原因有多种，如与民争利、保证质量[①]及减少社会安全隐患，国家垄断《历日》的雕印和销售；如为避免对统治不利，禁止民间宗教经书的雕印与传播。这类书一旦被禁，往往持续的时间较长；如怕泄露国家机密，而禁止雕印、传写的“时政得失、边事军机文字、本朝会要、国史、实录”，随着宋与西夏、辽、金之间关系的变化，其被禁的程度也会时松时紧；如受政治斗争的影响，反对派被禁的著述，往往有一定的时效性，即随着时间的更替，政治矛盾的转变，有些书会随之解禁。这也是彼时的一些禁书能流传到当今的原因之一。

宋代对违禁者的处罚也不同，分没收、毁版、刑事惩罚等区别待之。宋前后期对同一犯罪行为的量刑有一些变化。以“玄象器物”类书为例，比较宋初的法典和南宋后期的法典，可看出两者的共同点是要求此类书不能私有、传习，都没有明文指出不能雕印。不同点有三：一是虽然所禁的是同类书，但南宋时禁书的范围比宋初有所扩大。二是南宋针对不同的犯罪程度，分等级来处罚，较宋初的笼统处罚更为科学。三是南宋的量刑较重。从宋初的徒二年到南宋的流三千里，在刑罚上重了五等。南宋最轻的量刑在减了六等后，才比宋初的低一等。

再如私造妖书传用以惑众者，宋初规定犯此者绞，不满三人者流三千里，言理无害者杖一百。私自拥有妖书，徒二年；言理无害，杖六十。宣和六年禁《五公符》，规定在限期内不自首的，徒二年。[②]南宋陆游的《渭南文集》卷五记“为人图画妖像及传写刊印明教等妖妄经文者，并从徒一年论罪。”从这些记载可看出处罚呈减轻的趋势。

---

① （清）徐松：《宋会要辑稿》，中华书局 1957 年版，职官 18 之 97，第 2803 页。淳熙十一年官印《历日》内有错字，朝廷遂处罚了参与雕印的全体人员。

② （清）徐松：《宋会要辑稿》，中华书局 1957 年版，刑法 2 之 89，第 6540 页。

又如对私自"雕印御书、本朝会要及时政、边机文书"的惩处从徒二年到杖八十，减轻了五等。由此可见，对违反禁书法的惩罚从总的趋势来看，似有减轻的态势。

二、宋代禁书法的执行情况探析

宋代禁书法条法众多，且常重申，但违法私藏、私印、传抄禁书的现象依然存在。胡适在《中国古代哲学史》中曾说："政府禁书，无论古今中外，是禁不尽绝"。此语可谓精辟，宋代也是同样的状况，这从不断颁布的禁令中可以看出。如大观元年诏："天文等书，悉已有禁，奉法驰慢，私藏盗习尚有之。一被告讦，诖误抵罪，可令诸路应系禁书，限一季首纳，并与免罪，不首，复罪如初。"如熙宁二年禁矫撰、雕卖敕文。[①] 元祐三年诏"编敕及春秋颁降条具勿印卖"、"禁民庶传录编敕"。[②]《庆元条法事类》中又加以重申。如禁止民间私自雕印《历日》的法令，熙宁四年诏令民间"毋得私印造"[③]。乾道四年强调"不得盗印"。[④]《庆元条法事类》的《雕印文书》中再次强调。由此可以看出尽管有明文规定，但与此对应的违法行为却没有绝迹。[⑤]

为了取得禁书的目的，宋代每一次禁书命令下达后都允许人告，并且规定了赏金的多少。政和四年禁《太平纯正典丽集》"赏钱五十贯，许人告"[⑥]。北宋的赏钱数额多少不定。到南宋，《庆元条

---

① （清）徐松：《宋会要辑稿》，中华书局1957年版，刑法2之34，第6512页。

② （清）徐松：《宋会要辑稿》，中华书局1957年版，刑法2之37，第6514页。

③ （清）徐松：《宋会要辑稿》，中华书局1957年版，职官18之84，第2796页。

④ （清）徐松：《宋会要辑稿》，中华书局1957年版，职官18之92，第2800页。

⑤ 有关图书禁令的不完全执行和违法传播，可参看李孟晋《宋代书禁与椠本之外流》（《宋史研究》第十三册）。该文有关书禁的内容并不多，但很详细地介绍了图书外流的情况。

⑥ （清）徐松：《宋会要辑稿》，中华书局1957年版，刑法2之62，第6526页。

法事类》中有专门的赏格，规定已非常详细，分各种情况来定赏金的数额。① 赏金制的实施是为了发动民众的力量，以形成一个大网，实现人与人之间的相互监督。利用赏金来鼓励人告发，也体现了宋代商品经济的特色。但是也因此出现了因利益驱动而妄告、乱告的现象。

此外，用以防范禁书出现、流传的审查制度也没有彻底执行。宋代为了防止国家机密泄露于敌国、防范民间秘密宗教对政权的颠覆、维护传统儒学的地位等，对一部分书能否雕印作了限制。规定要雕印的书需要经过有关机构的审查，通过后才可以印行。这种审查制度虽然能起到一定的作用，但仍不能杜绝不合法律规范的书籍的出现。所以有关书籍审查的条文不断地出现和重申。如元祐五年规定："其它书籍欲雕印者，纳所属，申转运使、开封府、牒国子监选官详定，有益于学者，方许镂板。候印讫，以所印书一本具详定官姓名，申送秘书省。如详定不当，取勘施行。""凡不当雕印者，委州、县、监司、国子监觉察。"② 绍兴十五年重申，"自今民间书坊刊行文籍，先经所属看详，又委教官讨论，择其可者许之镂版。"绍熙四年六月十九日又加以强调。《庆元条法事类》亦有专门的条令，"诸私雕印文书，先纳所属，申转运司选官看详，有益于学者，听印行。"③

① （宋）谢深甫：《庆元条法事类》，黑龙江人民出版社 2002 年版，卷 17《雕印文书》，第 366 页。"告获私雕印时政、边机文书，钱五十贯；御书、本朝《会要》、《国史》、《实录者》，钱一百贯。""告获私雕或盗印《律》、《敕》、《令》、《格》、《式》、《刑统》、《续降条制》、《历日》者：盗印，钱五十贯；私雕印，钱一百贯。告获辄雕印举人程文者：杖罪，钱三十贯；流罪，钱五十贯。"

② （宋）李焘：《续资治通鉴长编》，中华书局 1995 年版，卷 445 元祐五年秋七月戊子，第 10722 页。

③ （宋）谢深甫：《庆元条法事类》，黑龙江人民出版社 2002 年版，卷 17《雕印文书》，第 365 页。

三、宋代禁书禁而不止的原因分析

宋代禁书之所以禁而不止，除了制度层面的原因之外，还受到诸多因素的制约，最主要的还是因为禁书有一定的市场，卖方和买方都施以了推动力。

（一）读书人对书的渴望和追逐促进了禁书市场的活跃

宋代是一个崇尚文化的时代。它以“右文”为文教政策，以科举取士为主要的选官之途。国家以文德致治、重用文人的大政方针和指导思想似催化剂，催生了一批批的读书人，他们从读书中看到了前途，看到了希望。他们渴望知识，渴望书籍。他们为书籍市场注入了“需求”因子，包括对禁书的需求。

宋代科举对士人影响力之大超过了任何一个朝代。和唐代相比，宋代不限考试的人身份、增大了录取的名额、实行特奏名、中举后可授官而不只是获得一种身份，所以宋代人对参加科举考试有极高的热情。为备战科考，他们需花大量的时间和精力，看大量的书。比如一些法律类的书。因为宋代的行政、司法不分家，为使士子们具备一定的法律知识和素养，故法律是必考的内容。王安石变法时尤其重视法律考试。秦观曾感叹道：“近世以法律为实，诗书为名。”再如科举考试时要考“策论”，以测试考试者对政治的敏感度和处理政务的能力。应试者为了掌握政治动态，故对举子的程文、士大夫的奏章、札子等非常感兴趣。

这时如果有一种书能集科考的重点和精华，让人在短期内速成，那么这本书自然会成为书籍市场上的卖点。如《玉海》就是王应麟为了方便士人参加科考而编的一部类书。这样的情况下，有些书商便顺应此潮流，迎合此需求，取一些相关书籍（其中包括一些禁书）编类成书，贯以吸引人的书名来印卖。士子们可不管是否是禁书，只要有利于科考，他们便不会拒绝。如《决科机要》就是一本杂采多年“时文”而编成的书，“偷惰之士”便利用此书“记诵以欺有司”。[①] 再如《编题》、《要类》等书便是“书肆私购程文，镂板市利”而成的书，本是不经之文，却受一些“晚进小生，蹈袭剽窃，不根义理”的青睐。

就法律类的书而言，即便不是为了参加科举考试，普通民众也有一定的求知欲。这是因为在宋代商品经济发达、土地买卖自由、租佃关系占绝对优势、仆主人身依附关系减弱的状态下，人与人之间的民事纠纷日益增多，要求人们改变法律意识，掌握法律知识。虽然朝廷三令五申地严禁雕印法律书籍，但那些禁令根本抵挡不住人们对法律的追逐。北宋时名为《邓思贤》的法律书在民间流传，“村校中往往以教生徒”[②]。南宋时江西的虔州、吉州“专有家学教习词讼，积久成风”[③]，江西人好讼已成为社会的一个新景观，专门写诉状的书铺、专门替人打官司的讼师已大量涌现。

所以有这样大的一个消费群，有这么强烈的对书的渴望，禁书拥有市场的情形便不难想象。

（二）书坊和书商为利益所驱不惜铤而走险印售禁书

随着商品经济的发展，印刷术的提高，图书市场开始形成，书坊与书商们顺应市场的需要，积极地、专业化地印书、卖书。宋代的有些卖书人很有雅致，如穆修在相国寺摆摊卖《柳宗元集》，“有儒生数辈至其肆，未评价值先展揭披阅”，穆修将书夺过来说：你们如果能没有错误地读上一篇，我就赠送你们一本。结果“经年不售

① （清）徐松：《宋会要辑稿》，中华书局 1957 年版，刑法 2 之 62，第 6526 页。
② （宋）郑克：《折狱龟鉴校释》，复旦大学出版社 1988 年版，卷 8《严明》，第 6 页。
③ （清）徐松：《宋会要辑稿》，中华书局 1957 年版，刑法 2 之 150，第 6570 页。

一部”。[1]但是并不是所有的书坊都像穆修这般“忤物”，他们以印书、卖书为业，以追求利润为第一目标，甚至不惜铤而走险，走入法律的禁区。

清人叶德辉《书林清话》卷六《宋监本书许人自印并定价出售》条中记载了《汉隽》、《大易粹言》、《小畜集》等书刻印时所需成本的数额及每部书的价格。袁逸在《唐宋元书籍价格考》据此加以推算，得出南宋刻卖书的平均利润为141%。[2]虽然这只是个大概的推测，但是宋代刻卖书利润之高已可见一斑了。

因为有如此大的利润相诱，所以尽管印、卖禁书的法律规定很严，惩罚很重，仍有一些书坊与书商铤而走险。他们不断地想新办法，改变策略。

一是移花接木，改头换面，将禁书换一个书名来印，而内容不变，这样能一时蒙混过关。庆历二年所禁的《金科正义》实是《刑统律疏》的改称。[3]宣和四年禁《舒王日录》，实际上是王安石《熙宁日录》换了个名称而已。[4]再如《辞场新范》实际上是《神宗皇帝政绩故实》新改的名称。[5]

二是弄虚作假，将多部禁书的内容杂糅在一起，按类编序，成为新书。这样的书杂糅在一起，不仔细看根本看不出任何问题。如《决科机要》是政和年间书商“于时文中采摭陈言，区别事类，编次成集”而成，“读之则似是，究之则不根于经术本源之学”。[6]庆元年间，书肆将“曲学小儒撰到时文，改换名色，真伪相杂”，“破碎编

① （宋）魏泰：《东轩笔录》，中华书局1985年版，卷3，第30—31页。
② 袁逸：“唐宋元书籍价格考”，《编辑之友》1993年第2期，第63—66页。
③ （清）徐松：《宋会要辑稿》，中华书局1957年版，刑法2之26，第6508页。
④ （清）徐松：《宋会要辑稿》，中华书局1957年版，刑法2之86，第6538页。
⑤ （清）徐松：《宋会要辑稿》，中华书局1957年版，刑法2之87，第6539页。
⑥ （清）徐松：《宋会要辑稿》，中华书局1957年版，刑法2之62，第6526页。

类”成书。[①] 这些书改版前已是禁书，所以改版后被禁与侵犯版权无甚相关。

三是迎合读者，撰造根本不存在的内容。如在庆元四年，福建麻沙书坊刊印了太学生郭明乡的文章。国子监查验后，发现郭明乡在三年的春季策试中根本就没有中选，所以不可能有那些程文。实际上是书坊“撰造怪辟虚浮之语”，以欺惑天下。[②]

可以推测，在当时社会，印书作假的现象皇帝也应该有所耳闻。如司马光《涑水纪闻》因“其间颇关前朝政事”被禁后，司马伋害怕受牵连，违心地否认是司马光的作品。申明说：“窃缘曾祖光平日论著即无上件文字，妄借名字，售其私说。”朝廷相信了他的话而没有治他的罪。[③] 由此可见托名作假的现象并不是偶然为之，这可以看作是书商们作弊的大背景。

这样做的结果，对书坊、书商而言，因为抓住了卖点，便可获得较大的利润；对国家来说，管理不善，流传广泛，可能泄密或产生不利于统治的不良因素；对读者而言，读这种粗制滥造的书则是弊大于利。如政和四年太学生张伯奋上请朝廷禁《太平纯正典丽集》，原因是“其间甚有诈伪”。[④] 如前所说的《宋文》，欧阳修认为“更有其余文字非后学所须，或不足为人师法者，并在编集，有误学徒。”再如《决科机要》“为害不细”。嘉泰二年民间私印私史，人们竞相传阅。“其间盖有不曾徼圣听者，学者亦信之。”[⑤] 所以苏棫言：“鬻书之人，急于锥刀之利，高立标目，镂板夸新，传之四方，往往晚进小生，以为時之所尚，争售编诵，以备文场剽窃之用。不复深究义理之归。忌本尚

① （清）徐松：《宋会要辑稿》，中华书局 1957 年版，刑法 2 之 129，第 6560 页。
② （清）徐松：《宋会要辑稿》，中华书局 1957 年版，刑法 2 之 129，第 6560 页。
③ （清）徐松：《宋会要辑稿》，中华书局 1957 年版，刑法 2 之 151，第 6571 页。
④ （清）徐松：《宋会要辑稿》，中华书局 1957 年版，刑法 2 之 62，第 6526 页。
⑤ （清）徐松：《宋会要辑稿》，中华书局 1957 年版，刑法 2 之 132，第 6561 页。

华，去道逾远。”[①]这一番话，既指明了卖书者的动机、一部分买书人的目的，也指出了其危害。

（三）其他因素的影响

探究宋代禁书屡禁不止的原因，除了上述两点外，还应考虑以下两个因素：

禁书作者魅力的感召使一些书禁而不止。如苏东坡的诗文，成文后便会为人传诵。崇宁大观年间，因为党争之故，朝廷禁止苏东坡的诗文，对告赏者的赏钱增加到了八十万。然而“禁愈严而传愈多”，人们往往“以多相夸”。士大夫如果不能诵读其诗，“便自觉气索，而人或谓之不韵。”[②]

此外，手抄书的存在为禁书的存活提供了便利。虽然宋代的雕版印刷已经成为主流，但手抄书并没有退出历史舞台。官方、私人都有抄书的现象。手抄书籍虽然速度较慢，但抄书简单易行，能够秘密进行。又因手抄而成的书量较小，流传不广，故也不易被朝廷发现。这也成为一部分禁书不能被禁绝的原因。

由上可知，宋代重视对禁书的管理。禁书法规定严密，特点鲜明，但在实际执行中并没有取得如期的效果，往往是屡禁不止，主要原因是禁书能满足买方和卖方的实际需求，有一定的市场。

---

① （清）徐松:《宋会要辑稿》，中华书局 1957 年版，刑法 2 之 48，第 6519 页。

② （宋）朱弁:《曲洧旧闻》，中华书局 2002 年版，卷 8，第 204 页。

第四章　法律与社会生活

法律是为了保证特定社会的顺利运行而制定，法律现象的存在离不开一定的社会背景，所以应将法律问题置于特定的社会文化、政治、军事、经济等背景下去研究，这既有利于对问题本身的研究，也有助于加深对社会背景的认识。本章选择了《宋会要辑稿·刑法·禁约》中的植树护林、火禁两个专题加以研究。

第一节　从《刑法·禁约》看宋代的植树护林[①]

本节在前人研究的基础上，从宋代有关植树护林的法律规定和家

---

① 有关宋代林木的研究，已有一些成果，主要有熊燕军的“试论北宋林木破坏的历史转折”（《农业考古》2003年第1期）、谢志诚的“宋代的造林毁林对生态环境的影响”（《河北学刊》1996年第4期，第95—99页）和“从生态效益看宋代在平原区造林的意义”（《中国农史》1997年第3期，第14—17页）、张全明的“论宋代的生物资源保护及其特点”（《求索》1999年第1期，第115—119页）、“简论宋人的生态意识与生物资源保护”（《华中师范大学学报》1999年第5期，第80—87页）和“论宋代的生物资源保护”（《史学月刊》2000年第6期，第48—55页）三篇文章，郭文佳的“简论宋代的林业发展与保护”（《中国历史》2003年第2期，第28—34页）、刘彦威的“中国古代对林木资源的保护”（《中国经济史上的天人关系》，中国农业出版社2002年版）。这些文章对认识宋代林木的保护、破坏及其生态作用等做了很有价值的探讨。

训族规出发，对其规范树木采伐的程序、禁止违法伐木、鼓励植树造林及有关边境、河堤、坟墓、荒地等特定区域的专门规定加以归纳，且结合当时的社会情况对法规出台的原因进行分析，阐明了这些树木在军事防御、环境保护、尊祖敬宗等方面所起到的作用，最后结合具体的案例进行分析，旨在一窥宋代法律的执行情况。

一、宋代植树护林的法律规定及其社会成因

宋代法律中有对林木的保护措施，具体内容现存于《宋刑统》、《庆元条法事类》及《宋会要辑稿·刑法》、《续资治通鉴长编》、《宋史》中。此外，作为规范家族成员行为的家训族规中也有相关的条规。概括而言，这些规定主要涉及规范树木采伐的程序、禁止违法伐木、鼓励植树造林三个方面。

（一）规范树木采伐的程序

木材的应用范围非常广泛，是人们建房造屋、造船、造纸、烧饭等生产生活的必需品，所以砍伐树木是社会生活的一部分。为了保证树木的合理采伐和最大限量地满足社会需要，宋代法律规定砍伐活动必须遵循一定的程序。其一，砍伐官树时要先申请，即“官司兴造须采伐者报所属”，经过批准后才可砍伐。① 如天禧三年江北缘边安抚使言：“本州先有材木，望令渐建屋宇，冀行旅往来，有所障蔽”②，得到批复后才能按规定伐木建屋。其二，要遵守时间、地点的规定。如“春夏不得伐木。”③ 军队伐木在二月十三日以前，如其后缺少柴薪，则必须申请，被

① （清）徐松：《宋会要辑稿》，中华书局 1957 年版，方域 10 之 7，第 7477 页。

② （宋）李焘：《续资治通鉴长编》，中华书局 1995 年版，卷 93 天禧三年五月辛巳，第 2148 页。

③ （宋）谢深甫：《庆元条法事类》，黑龙江人民出版社 2002 年版，卷 80《采伐山林》，第 912 页。

批准后，方可在指定地点限量砍伐。如果擅自砍柴，则“当依军法。将佐不钤束，重置典宪。”其三，南宋军队砍伐时需要有专门的“号”。绍兴元年规定，诸军及三衙被批准后可以打柴。打柴兵士需要持有长官所发给的“号”，而且还得受到专门官吏的监管。如果士兵没有“号”砍伐坟地上的林木，巡尉、乡保可将其捕获送枢密院听候裁决，随行官员也要受到一定的处罚。①其四，采伐过后的林地，要即时种植，“以时补足。”②

（二）禁止违法伐木

宋代法律对违法砍伐官私树木的行为有明确规定。宋朝立国之初就明令“毁伐树木、稼穑者，准盗论。”政和时规定诸系官山林辄采伐者，杖八十。如有告者，赏钱二十贯。③庆元时重申此条，同时将赏钱增加为“三十贯”④。

私人树木也不许随便砍伐，即使是百姓自己的桑柘等树，如果“非灾伤及枯朽而辄毁伐者，杖六十”⑤。如果对仇家心怀报复“剥人桑树致枯死者，至三功（于木身去地一尺，围量积满四十二尺为一功），绞。不满三功及不致枯死者，等第科断。”宋代后期规定“诸因仇嫌毁伐人桑柘者，杖一百，积满五尺，徒一年，一功徒一年半。每功加一等，流罪配邻州。虽毁伐而不至枯死者，减三等。”⑥

---

① （清）徐松：《宋会要辑稿》，中华书局1957年版，刑法2之109，第6560页。

② （宋）谢深甫：《庆元条法事类》，黑龙江人民出版社2002年版，卷49《种植林木》，第686页。

③ （清）徐松：《宋会要辑稿》，中华书局1957年版，方域10之7，第7477页。

④ （宋）谢深甫：《庆元条法事类》，黑龙江人民出版社2002年版，卷80《采伐山林》，第913页。

⑤ （宋）谢深甫：《庆元条法事类》，黑龙江人民出版社2002年版，卷80《采伐山林》，第911—912页。

⑥ （宋）谢深甫：《庆元条法事类》，黑龙江人民出版社2002年版，卷80《采伐山林》，第911—912页。

从量刑上看，违法砍伐自家树杖六十，砍伐官树杖八十，而砍仇家树严重者则处以绞刑，可见树的所属不同，量刑轻重也不同，这与宋代“礼”、“法”共存的社会现实相关。同时也可看出，就砍伐同种性质的树而言，宋初的量刑重于宋代后期。

（三）鼓励植树造林

宋代朝廷要求各地因地制宜地植树造林。要求在全国范围内种植经济林木，主要是种植桑树、枣树、榆树。且规定了不同户等的人所应种的株数，也实施了减免赋税等优惠政策以鼓励种植。此外，还把植树的多少、成活率高低与官员政绩的考核相结合。如规定诸县丞任内种植林木须二万株成活，[①] 任满时“任内种植林木亏三分，降半年名次，五分降一等，八分降一资”。所植林木茂盛者，依格推赏（战乱时停止推赏）。军营、坊、监、马递铺等“内外有空地”时，要种植榆树、柳树之类。

之所以如此，是基于自古以来人们对经济林木与生产生活密切关系的认识。如汉代时就有“黄金珠玉，饥不可食，寒不可衣……务劝农桑，益种树，可得衣食物”[②] 之言。《淮南子·主术训》中也言：“教民养育六畜，以时种树，务修田畴，滋植桑麻，肥硗高下，各因其宜。丘陵阪险不生五谷者，以树竹木。春伐枯槁，夏取果蓏，秋蓄疏食，冬伐薪蒸，以为民资。”经济林木在灾荒时还可以用来充饥，所以历朝各代都要求大力种植经济林木，宋代也是如此。宋人家训中也有这样的规劝，如袁采说：“桑果竹木之属，春时种植甚非难事，十年、二十年之间即享其利。”[③]《宋史》中多处记到百姓饥年

① （清）徐松：《宋会要辑稿》，中华书局 1957 年版，刑法 1 之 27—28，第 6475 页。

② （宋）徐天麟：《西汉会要》，中华书局 1955 年版，卷 50《食货》，第 512 页。

③ （宋）袁采：《袁氏世范》，商务印书馆 2017 年版，卷下《治家》，第 150 页。

用柳皮、桑叶充饥活命的例子。由于种植经济林木本身能够获益，再加上优惠政策以及官员的支持，所以宋代百姓种植了大量的经济树木①。

（四）特定区域的规定

宋代法律除对树林的种植和禁伐做了一般的规定外，还就边境、河堤、坟墓、荒地等特定区域内的树木做了专门的规定。

1. 边境之树

有宋一代，曾受到辽、西夏、金、元的侵扰。加强边境防御遂成为其对敌作战中的一个重要的环节。树木既可作为修筑、巩固城池的必要物资，更可作为天然屏障以减缓敌方骑兵的攻势，能起到军事中的防御作用。

如宋辽之战中辽军以铁骑为主，而宋辽边境地处华北平原北部，这里“地广平，利驰突”，② 地势开阔平坦，利于骑兵疾驰而下，如有众多树木阻隔，则可形成障碍以“限马”，即在一定程度上减缓敌骑南下的速度。所以在此地注重植树和禁止非法伐木。如“北边地近西山，势渐高仰，不可为塘泊之处，向闻差官领兵遍植榆柳，冀其成长，以制敌骑”③。庆历三年规定：“河北堤塘及所在闲田中官所种林木，毋辄有采伐，违者治其罪。”④ 皇祐元年三月十二日规定“定州界以北一概禁止采伐林木”⑤。

---

① 相关内容可参见郭文佳：“简论宋代的林业发展与保护”，《中国历史》2003 年第 2 期，第 28—34 页。

② （宋）李焘：《续资治通鉴长编》，中华书局 1995 年版，卷 59 景德二年三月甲寅，第 1323 页。

③ （宋）李焘：《续资治通鉴长编》，中华书局 1995 年版，卷 262 熙宁八年夏四月丙寅，第 6387 页。

④ （清）徐松：《宋会要辑稿》，中华书局 1957 年版，兵 27 之 28，第 7260 页。

⑤ （清）徐松：《宋会要辑稿》，中华书局 1957 年版，刑法 2 之 29，第 6510 页。

四川边郡与蕃界相接，太祖太宗时就禁采伐。治平、元丰之时，曾在边界地立封堠，谓之“禁山”，民间不得砍伐树木，以“保藩篱之固”。遂至“深山峻岭，大林巨木，绵亘数千百里，虎狼窟宅，人迹不通，自无窥伺之虞”①，后来由于管理不善，有砍伐现象，淳熙七年又立新堠，尤其是青城以西“与蕃部接连，去成都仅五舍”，故令四川制置司严行禁止伐木。② 八年又重申“多栽林木，重立赏罚”③。淳熙十六年真符县沿边因归正人的破坏，林木渐稀，“关隘不足恃矣”。遂令四川制置司行下沿边州郡，“严切禁戢，毋致采斫”④。嘉泰元年施州边民“嗜利冒禁，公然斫伐”，为了避免引发“万一夷人从此出没，则八寨防托遂成虚设”的恶果，遂制订了守卫官吏的连带责任、加重了对犯法者的处罚，同时也申明“蜀郡禁山，各于要害之地一例照应施行”⑤。叙州一带禁止夷汉禁山伐木打造舟船，也主要是为了防范夷人。而在永安军一带岷江森林严禁采伐，也主要是出于军事防御的目的。

绍熙四年二月，光宗曰“淮上一望都无阻隔，时下栽植榆柳，虽未便何用，缓急亦可为藩篱”。三年令两淮、京西、湖北、四川等路“多种林木，令人防守”⑥。十二月四日枢密院言：“两淮、荆、襄控扼去处，全籍山林蔽护，访闻民间采斫，官司更不禁止。”上曰：“屡有约束，久而人玩，宜再禁戢。”⑦

可见，不论是北宋还是南宋，不论是对辽、西夏还是对金，都曾

① （清）徐松：《宋会要辑稿》，中华书局 1957 年版，刑法 2 之 131，第 6561 页。
② （清）徐松：《宋会要辑稿》，中华书局 1957 年版，兵 29 之 41，第 7313 页。
③ （清）徐松：《宋会要辑稿》，中华书局 1957 年版，兵 29 之 42，第 7313 页。
④ （清）徐松：《宋会要辑稿》，中华书局 1957 年版，刑法 2 之 124，第 6557 页。
⑤ （清）徐松：《宋会要辑稿》，中华书局 1957 年版，刑法 2 之 131，第 6561 页。
⑥ （清）徐松：《宋会要辑稿》，中华书局 1957 年版，兵 29 之 44，第 7314 页。
⑦ （清）徐松：《宋会要辑稿》，中华书局 1957 年版，刑法 2 之 126，第 6558 页。

采用过种植树木防边的政策。

2. 河堤、道路旁之树

宋代的水灾共有 465 次，黄河多次决口泛滥，也曾有 3 次重大的改道，较大的改道则多达 10 余次。公元 1117 年，黄河堤岸溃决，一次淹死上百万人。① 为了避免水灾造成的惨重影响，宋人努力找寻解决的途径。途径之一便是在沿河地区种植树木，使其能够保持水土、加固堤坝，从而减少洪涝灾害的发生。故朝廷曾多次下诏要求在沿河地区植树、禁伐树木。如太祖建隆三年令黄河、汴河两岸州县长官每年督促农民种植榆柳树，以"防河决"②、"壮堤防"③。开宝五年春正月令黄、汴、清、御等沿河州县"委长吏课民别种榆柳及土地所宜之木"。百姓除"孤寡穷独者免之"④ 外，其他人按户籍分为五等，第一等每年种树五十棵，第二等以下递减十棵。允许超额种植，且不限数量。真宗景德二年"申严盗伐河上榆柳之禁"⑤。大中祥符七年令"广济河并夹黄河县分"种植榆柳⑥。天禧元年制定了有关汴河流域官员种植榆柳的奖惩政策⑦。该政策既要求种植的数量，也对树林的成活率提出了要求。二年汴河"沿河县令佐、使臣能植榆柳至万株者，书历为课"⑧。仁宗天圣六年"委令佐专察护，浅则浚治，岸薄而圮则增

① 康弘："宋代灾害与荒政述论"，《中州学刊》1994 年第 5 期，第 123—128 页。

② （宋）李焘：《续资治通鉴长编》，中华书局 1995 年版，卷 3 建隆三年九月丙子，第 72 页。

③ （清）徐松：《宋会要辑稿》，中华书局 1957 年版，方域 14 之 1，第 7546 页。

④ （宋）李焘：《续资治通鉴长编》，中华书局 1995 年版，卷 13 开宝五年正月己亥，第 278 页。

⑤ （宋）李焘：《续资治通鉴长编》，中华书局 1995 年版，卷 61 真宗景德二年十月己卯，第 1369 页。

⑥ （清）徐松：《宋会要辑稿》，中华书局 1957 年版，食货 45 之 1，第 5594 页。

⑦ （清）徐松：《宋会要辑稿》，中华书局 1957 年版，方域 16 之 5，第 7578 页。

⑧ （宋）李焘：《续资治通鉴长编》，中华书局 1995 年版，卷 92 真宗天禧二年五月甲申，第 2127 页。

筑之，植榆柳为固，而辇运使总按其不如法及干绩而可纪者"[①]。神宗熙宁八年诏"黄河向著堤岸榆柳，自今不许采伐"。后又诏："虽水退背堤岸，亦禁采伐"[②]。元丰六年诏"量置河清兵及选官分巡，岁增榆柳。其汴南岸亦准此。"[③]

种植在官道两旁的树木，既可护路基、备材用，更可蔽日乘凉，所以宋朝廷多次下令在道路两旁种树。大中祥符五年令"河北缘边官道左右及时植榆柳。"[④]九年太常博士范应辰针对诸路缺"系官材木"的情况，建议马递铺卒夹官道植榆柳，或者是当地适宜的树木。这些树"五、七年可致茂盛"，除了用于"供费"外，"炎暑之月，亦足荫及路人"。这个一举两得的策略得到了皇帝的首肯。[⑤]天圣三年，诏川峡及益州路转运司每年令铺兵于入川路旁种植所宜之树，"委管辖使臣、逐县令佐提举栽种，年终栽到数目，批上历子，理为劳绩"[⑥]。政和六年规定："辄采伐官驿道路株木"者杖八十，"告获辄伐系官山林者"赏钱二十贯。[⑦]

河堤、道路边的树，由邻近地的官员负责，如有枯死，要"以时栽补"[⑧]。

---

① （宋）李焘：《续资治通鉴长编》，中华书局 1995 年版，卷 106 仁宗天圣六年十二月戊子，第 2487 页。

② （宋）李焘：《续资治通鉴长编》，中华书局 1995 年版，卷 259 神宗熙宁八年正月丙辰，第 6323 页。

③ （宋）李焘：《续资治通鉴长编》，中华书局 1995 年版，卷 333 神宗元丰六年二月辛亥，第 8016 页。

④ （宋）李焘：《续资治通鉴长编》，中华书局 1995 年版，卷 79 大中祥符五年十一月庚申，第 1806 页。

⑤ （宋）李焘：《续资治通鉴长编》，中华书局 1995 年版，卷 87 大中祥符九年六月辛丑，第 1997 页。

⑥ （清）徐松：《宋会要辑稿》，中华书局 1957 年版，方域 10 之 2，第 7474 页。

⑦ （清）徐松：《宋会要辑稿》，中华书局 1957 年版，方域 10 之 7，第 7477 页。

⑧ （宋）谢深甫：《庆元条法事类》，黑龙江人民出版社 2002 年版，卷 49《农田水利》，第 685—686 页。

3. 坟墓之树

宋代禁止砍伐坟墓上的树木。这是因为“祖父置立墓田，子孙封植林木，皆所以致奉先追远之意”①。坟墓包括历代帝王陵墓、宋朝各帝之陵及百姓之墓。《宋刑统》中规定：“诸盗园陵内草木者，徒二年半。若盗他人墓茔内树者，杖一百。”② 乾德四年颁布《前代帝王置守陵户祭享禁樵采诏》，规定周桓王等三十八帝的陵寝“常禁樵采”③。景德元年令诸路管内各帝王陵寝“禁樵采”④、“历代圣贤陵墓摧毁者官为修葺，申严樵采之禁”⑤。天禧元年又申禁“历代帝王陵寝樵采”，“违者特收捕严断”⑥。甚至在河中府“周朝葬冠剑处”⑦ 也禁樵采。而对本朝墓木，除禁伐先帝陵寝之木外，也禁伐其他坟墓上的树木，更不准许典卖。如元祐六年规定：“暮（按：墓）田及田内林木土石不许典卖及非理毁伐。违者，杖一百，不以荫论。”⑧ 庆元时“非理毁伐者，杖一百，不以荫论。”⑨

严禁砍伐、买卖墓木之外，还防御火灾的发生，如山陵兆域内失火，“延烧林木者，流二千里”。“其在外失火而延烧者”减一等论罪。

① （宋）《名公书判清明集》，中华书局 1987 年版，附录二《张运属兄弟互诉墓田》，第 585 页。
② （宋）窦仪：《宋刑统》，中华书局 1984 年版，卷 19。
③ 《宋大诏令集》，中华书局 1962 年版，卷 156《前代帝王置守陵户祭享禁樵采诏》，第 585 页。
④ 《宋大诏令集》，中华书局 1962 年版，卷 156《圣帝贤臣陵墓禁樵采诏》，第 586 页。
⑤ （宋）李焘：《续资治通鉴长编》，中华书局 1995 年版，卷 58 真宗景德元年十月壬午，第 1273 页。
⑥ 《宋大诏令集》，中华书局 1962 年版，卷 156《申禁历代陵寝樵采诏》，第 587 页。
⑦ 《宋大诏令集》，中华书局 1962 年版，卷 156《河中府周朝葬冠剑处修筑禁樵采诏》，第 587 页。
⑧ （清）徐松：《宋会要辑稿》，中华书局 1957 年版，刑法 2 之 39，第 6515 页。
⑨ （宋）谢深甫：《庆元条法事类》，黑龙江人民出版社 2002 年版，卷 80《采伐山林》，第 912 页。

对墓木的保护除了在法律文书中有严格规定外，一些士大夫也在家规中积极劝导，如袁采在《袁氏世范》劝诫“各自勤谨，坟墓、山林欲聚录长茂荫映”，为了防止被他人毁坏，还“须高其墙围，令人不得踰越。”①

由上可知，不论是毁伐自家墓木还是别人家的，都要被“杖一百”，如果是帝王陵寝上之树，则加重处罚，以流刑处之，远重于对违禁伐卖一般官、私树。

4. 田间树木

对田地上的树木，除了有禁违法采伐的保护措施外，还要求防火。因为古人为保证农业生产的良性运行有烧野草的习惯，有时也会烧荒助耕。为了避免“昆虫未蛰，草木犹蕃，辄纵燎原，则伤生类”②的情况，烧野草只能在每年的十月三十日到二月一日间进行，否则即违法，“笞五十”。烧荒时，如果其上有“桑枣”树则禁止放火。③大中祥符四年重申“火田之禁”。④庆元时规定“诸因烧田野致延烧系官山林者，杖一百，许人告。其州县官司及地分公人失觉察，杖六十”⑤。而对告获“故烧官山林者：不满一亩，钱八贯；一亩，钱一十贯，每亩加二贯（五十贯止）”⑥。

可见，不仅纵火者要受到法律的惩处，就是负责的官员也要受牵连。而告赏制度的实施调动了百姓的力量，形成了一个相互监督的网络，有利于制度的实施。

---

① （宋）袁采：《袁氏世范》，商务印书馆2017年版，卷下《治家》，第151页。

② （元）脱脱：《宋史》，中华书局1977年版，卷173《食货上一》，第4162页。

③ （宋）窦仪：《宋刑统》，中华书局1984年版，卷27《失火》，第434页。

④ （元）脱脱：《宋史》，中华书局1977年版，卷173《食货上一》，第4162页。

⑤ （宋）谢深甫：《庆元条法事类》，黑龙江人民出版社2002年版，卷80《失火》，第913页。

⑥ （宋）谢深甫：《庆元条法事类》，黑龙江人民出版社2002年版，卷80《烧舍宅财物》，第918页。

二、宋代植树护林的社会作用

宋人已经认识到适度砍伐以及种植树木的必要性，由于各地间自然环境的差异，故不同区域对林木保护、种植的目的也不同。除了“官司营缮”、经济作用外，边境地区多是出于军事防御的需要，沿河地区多是出于加固堤坝、保持水土、防止洪涝的考虑，道路两旁林荫树的种植多是为遮阳蔽日，而坟地上树木的种植与保护则是为了尊祖敬宗。因为树木的经济作用是最基本且为人熟知，所以本部分主要谈其军事防御、环保、尊君敬祖的作用。

（一）军事防御作用

笔者以宋辽边境的树木种植与保护为例来看它在军事防御中的作用。

宋辽边境的植树护林行动随着宋辽关系、战争势态的变化而变化。这从不同时期对同类事件的处理态度上可以看出。如森林茂密，人迹罕至，既有防御作用，有时又可成为逃军、盗贼的匿身之所，那么，是把树砍掉呢，还是保护树的前提下寻求其他解决办法呢？不同时期处理的方法并不一样。

天禧二年，河北缘边安抚副使张昭远认为保州等地所种的榆柳林中多藏匿“亡命军士，亦尝杀害守卒”，又认为“缘边寨栅多种此树，久亦非便”，提出“望加采伐”的建议。此建议得到了批准。[①] 而后，大观元年大理少卿任良弼札子言“窃闻州县推狱承勘盗贼，多容妄称山林田野宿泊，更不根究的实窝藏去处，不惟使代支官赏无从追理，

① （宋）李焘：《续资治通鉴长编》，中华书局1995年版，卷92天禧二年十月辛亥，第2127—2128页。

兼藏盗之家、干系邻保等人，无所惮畏，致有公然容养，纵令他界作过，侵害良民。"[①]政和六年六月四日，平定军"系河东山崄最幽僻去处，缘此盗贼逃军隐藏"。如李免犯罪后便藏匿其中，朝廷动用了"河东、北两路将兵不能收捉"，最后"必至于厚赏"，才将其捕获，故平定军郭价认为"非李免有智谋强勇，止是藏泊于山林幽隐去处所致也"。[②]但朝廷最后裁决都是另想办法，如加强对囚犯发配地、捕捉官吏的管理等，而不是砍伐林木。

同样有逃兵、犯人藏身其中难以捕捉的弊端，为什么天禧二年与大观元年、政和六年的处理意见却不同呢？其中原因之一便在于宋辽关系的变化。

宋辽战争在景德元年发生了变化，即澶渊之盟的订立。此前对非法砍伐树木者的处罚很重。如景德元年宋军赴天雄时，有三个虎翼军的士兵"辄入村落伐桑枣为薪"，被以军法处置。[③]而澶渊之盟后，宋边境的威胁暂时解除，宋辽双方处于相对的和平期，经济发展取代战争而成为当时的主要任务。这时，宋开始裁减北方边防的军事力量，对敌防备之心减弱，有些臣僚开始指出大片树木存在的弊端。如有些地方种树时占了耕地，又"隔州借车牛，载桑榆，甚扰"、"科桑椹"、"令村社监督浇灌"，农民"甚苦之"。[④]所以，此时对植树护林防边的重视相对减弱，所以下令伐林。但到庆历二年时，辽又开始威胁宋，强迫宋增加了岁银和绢。熙宁六年六月雄州报"北界巡马五百余骑入两属地"。神宗说"北人渐似生事"。然后命王安石"密为经画"，加强

① （清）徐松：《宋会要辑稿》，中华书局 1957 年版，刑法 3 之 69，第 6612 页。

② （清）徐松：《宋会要辑稿》，中华书局 1957 年版，刑法 4 之 36，第 6639 页。

③ （宋）李焘：《续资治通鉴长编》，中华书局 1995 年版，卷 58 真宗景德元年十二月辛卯，第 1294 页。

④ （宋）李焘：《续资治通鉴长编》，中华书局 1995 年版，卷 245 熙宁六年五月辛酉，第 5954 页。

军事防备。[①]宣和二年与金订立“海上之盟”，议定联合灭辽。在此期间，对树木的防御作用又加以重视。熙宁五年时“齐、棣间数百里，榆柳桑枣树，四望绵亘，人马实难驰骤”。大臣赵忠政建议朝廷“若自沧州东接海、西彻西山，仿齐、棣植榆柳桑枣，数年间可以限戎马，然后召人耕佃塘泺，益出租，可助边储”[②]。元符元年，宋深“乞开塘泊、种榆柳”[③]。宣和三年时，因代州、忻州、宁化军等处树木“采伐渐多”，又曾严立法禁。[④]所以，大观、政和时的处理意见并不是砍伐树木。再如崇宁五年时五台山一带盗伐颇多，考虑此“于边防所系不轻”，而林木的种植本是为“遏胡马之冲”，所以加派了守卫人员加强监视。[⑤]

虽然宋辽关系缓和时伐林的禁令也有些松弛，但有的大臣仍保持着对敌的警惕性，为作战作准备。如李允则景德三年至天禧二年知雄州日，命令“安抚司所治境有隙地，悉种榆，久之榆满塞下”。他对僚佐说：“此步兵之地，不利骑战，岂独资屋材耶。”[⑥]又如从界河往南至沧州城，有二百余里的塘泊，但其中的水或有或无。夏秋时的水也不深，可以“徒涉”，而冬天水一结冰，则“无异平地”。如果辽骑兵南下，则很危险。所以也有大臣进言“河北沿边可植桑榆杂木，以限敌骑，且给邦之材用”[⑦]。

---

① （宋）李焘：《续资治通鉴长编》，中华书局1995年版，卷245熙宁六年七月丙申，第5972页。

② （宋）李焘：《续资治通鉴长编》，中华书局1995年版，卷235熙宁五年七月辛卯，第5707页。

③ （宋）李焘：《续资治通鉴长编》，中华书局1995年版，卷501元符元年八月戊子，第11935页。

④ （清）徐松：《宋会要辑稿》，中华书局1957年版，刑法2之80，第6535页。

⑤ （清）徐松：《宋会要辑稿》，中华书局1957年版，兵29之3，第7294页。

⑥ （宋）李焘：《续资治通鉴长编》，中华书局1995年版，卷93天禧三年六月丁酉，第2151页。

⑦ （宋）李焘：《续资治通鉴长编》，中华书局1995年版，卷245熙宁六年五月辛酉，第5954页。

种树限马的观点为多数人所赞同，在宋辽交战中也可看到树木所起的作用。如澶渊之盟订立前辽军攻保州之战时，宋军孙密等“依林木彀弓弩以待之”，迫使敌军不得不下马“以短兵格斗”。孙密等杀了数十人，其中有敌军的首领。以此和其他战场相配合，使辽军“不利而北。”[①]可以看出这些树木确实是起了缓冲辽军进攻速度的作用。山西北部的忻州、代州、宁化军，仁宗、神宗时常下诏禁止采斫，多年以后森林茂密，遂有“山林险阻”、“险固可恃，犹河朔之有塘泺也”[②]之说，这种说法虽然有些夸张，但也说明它确实有一定的防护作用。

但和大多事物都有两面性一样，植树造林也是既有利也有弊，这一点少数宋人已注意到，如熙宁八年时宋人沈括就曾针对“定州北境先种榆柳以为寨，榆柳植者以亿计”的情况，提出异议，他认为“契丹依之可蔽矢石，伐材以为梯冲，是为寇计”[③]。事实上也有这样的例子，如辽军抵瀛州城下，“昼夜攻城，击鼓伐木之声，闻于四面”[④]。可见此时树林并非限马之用。

（二）环保作用

宋人虽然没有提出环境保护这个概念，但其行为已是基于环保的目的而实施，如种植、保护河堤树和林荫树就是很好的体现。

1. 河堤树的种植与保护

宋人对树木对河堤所能起到的保护作用已有了较高的理论认识。

---

① （宋）李焘：《续资治通鉴长编》，中华书局 1995 年版，卷 57 景德元年闰九月癸酉，第 1265 页。

② （清）徐松：《宋会要辑稿》，中华书局 1957 年版，刑法 2 之 80，第 6535 页。

③ （宋）李焘：《续资治通鉴长编》，中华书局 1995 年版，卷 267 熙宁八年八月癸巳，第 6543 页。

④ （宋）李焘：《续资治通鉴长编》，中华书局 1995 年版，卷 58 景德元年十月己酉，第 1279 页。

如魏岘就认为树木多时“虽遇暴水湍激，沙土为木根盘固，流下不多，所淤亦少。”① 而当林木被伐后，“大水之时，既无林木少抑奔湍之势，又无包缆以固沙土之积，致使浮沙随流奔下，淤塞溪流”。所以他提出应该“植榉柳之属，令其根盘错据，岁久沙积，林木茂盛，其堤愈固，必成高岸，可以永久”②。

官员们也积极响应植树护堤的号召，大量种植树木。如太宗时王嗣宗为澶州通判日，于河东西植树达万株，“以固提防”③。真宗时谢德权在汴河植树“数十万以固岸”④。熙宁三年同判都水监张巩言：“乞于黄河芟滩收地，栽种修河榆柳。”上批：“速如所奏，庶早宽陕西配卒之役。”⑤ 淳熙元年知平江府陈岘言许浦河已“植杨柳一万株”以固岸堤。⑥ 宁宗时袁枢知江陵府，因江陵“濒大江，岁坏为巨浸，民无所托”，遂“种木数万，以为捍蔽，民德之”。⑦

在积极种植树木的同时，也严惩不法分子的破坏行为。仁宗天圣七年针对河清军士兵故意“盗斫沿堤林木”之事，将其折合钱不满一千者“从违制失定断，军人刺面配西京开山指挥”；已满千钱向上奏裁，听候处置；三犯即决配广南远恶州军牢城。⑧

由上来看，无论是北宋还是南宋，都很重视河堤树的种植与保护。其种植地域包括黄河、清、御、汴河、广济河、许浦河、长江

① （宋）魏岘：《四明它山水利备览》，景印文渊阁四库全书本，卷上《淘沙》，第22页。

② （宋）魏岘：《四明它山水利备览》，景印文渊阁四库全书本，卷上《防沙》，第24页。

③ （元）脱脱：《宋史》，中华书局1977年版，卷287《王嗣宗传》，第9647页。

④ （元）脱脱：《宋史》，中华书局1977年版，卷309《谢德权传》，第10166页。

⑤ （宋）李焘：《续资治通鉴长编》，中华书局1995年版，卷215神宗熙宁三年九月庚寅，第5234页。

⑥ （清）徐松：《宋会要辑稿》，中华书局1957年版，方域16之37，第7594页。

⑦ （元）脱脱：《宋史》，中华书局1977年版，卷389《袁枢传》，第11936页。

⑧ （清）徐松：《宋会要辑稿》，中华书局1957年版，方域14之13，第7552页。

等。所种树木主要是榆树和柳树，这是因为榆、柳树易成活、生长快。重和元年三月己亥，诏："滑州、浚州界万年堤，全藉林木固护堤岸"。[①] 这其中不乏夸张的成分，但也可以肯定树木对固定沙土、加固河堤、减缓洪涝灾害发生所起到的作用。

2. 林荫树的种植

林荫树的种植也得到了地方官员的积极配合，下面所举诸例可窥一斑。

太祖乾德六年辛仲甫知彭州，因此地树少，百姓"暑无所休"，遂"课民栽柳荫行路"。郡人感恩地称此树为"补阙柳"[②]。其孙辛有终受其影响，知益州新都县时也曾"课民植槐、柳、杂果于两旁，未几木荫茂密"，"邑居便之"[③]。

麻城县令张毅曾植"万松于道，周以芘行者"[④]。

李璋知郓州时"发卒城州西关，调夫修路数十里，夹道植柳"，人称此柳为"李公柳"。[⑤]

蔡襄知泉州时"植松七百里以庇道路，闽人刻碑纪德"[⑥]。政和六年福州知州黄裳上奏言，福建境内建、汀、南剑州、邵武军的驿路及福州方山北铺都未曾植树，夏秋时，人们冒热而行，"多成疾疫"。后"遍于驿路及通州县官路两畔"种植杉、松、冬青、杨柳等树，此时"共栽种杉松等木三十三万八千六百株"。[⑦] 解决了人们中暑成疾的问题。

---

① （元）脱脱：《宋史》，中华书局 1977 年版，卷 93《河渠志》，第 2315 页。
② （元）脱脱：《宋史》，中华书局 1977 年版，卷 266《辛仲甫传》，第 9176 页。
③ （宋）苏颂：《苏魏公文集》，中华书局 1988 年版，卷 58，第 881 页。
④ （宋）苏轼：《东坡全集》，景印文渊阁四库全书本，卷 11《万松亭并叙》。
⑤ （元）脱脱：《宋史》，中华书局 1977 年版，卷 464《李璋传》，第 13566 页。
⑥ （元）脱脱：《宋史》，中华书局 1977 年版，卷 320《蔡襄传》，第 10400 页。
⑦ （清）徐松：《宋会要辑稿》，中华书局 1957 年版，方域 10 之 6，第 7476 页。

蔡挺知南安军、提点江西刑狱、提举虔州监时，看到梅岭以南驿路荒远、室庐稀疏、往来之人无庇身之处的情形，遂与其任广东转运使的哥哥商量，决定“课民植松夹道，以休行者”①。

陶弼为阳朔令时，“课民植木官道旁，夹数百里，自是行者无夏秋暑暍之苦。它郡县悉效之”②。

虽然笔者并没有列出宋代所有林荫树种植的地域范围，但已包括了现今四川、河北、山东、福建、江西、两广等地，由此推知，宋代林荫树种植地域较为广泛。至于各地所种品种，则与该地的地理条件有关。北方少水，所以多植柳树，因为柳树的生命力较强；南方的品种较多，除了柳树外，还有杉、松、槐、冬青、杂果等品种，如宜黄便有“官居四合峰峦绿，驿路千林橘柚黄”的景象。③虽然树种不同，但作用却相同，即除了用作一般的建筑用材、保护路基外，还能提供一个良好的环境，如文同所描绘的“春条森森，夏阴团团，禽弄蜩唱，荟翳蕃茂。于是，彼人乃能识荣落以记时节”，更重要的是能遮阳避日，使“行者得休荫，无惧暍乏”④。宋代的官署、驿站由官道所联系，人们为政务或私利常常奔波于这些官道上，林荫树的种植为宋人减却了路途上艳阳的炙烤，避免了中暑的侵扰，大大便利了生活。

（三）尊君敬祖的作用

禁止砍伐先朝帝王墓上之木，是出于对前代帝王追崇之意。太祖认为自古帝王“受天睠命，功侔造化，道庇生民，咸载简编，宜崇典

---

① （元）脱脱：《宋史》，中华书局1977年版，卷328《蔡挺传》，第10575页。
② （元）脱脱：《宋史》，中华书局1977年版，卷334《陶弼传》，第10735页。
③ （宋）吴曾：《能改斋漫录》，上海古籍出版社1960年版，卷11《诗不厌改》，第330页。
④ （宋）文同：《丹渊集》，《种柳诗序》，景印文渊阁四库全书本，卷25。

礼”[①]，故禁止伐墓木以保护前代帝王陵寝，欲使其“载刻翠珉，永垂后裔”[②]。禁砍伐前代“名臣贤士义夫节妇”墓上的树木[③]，如景德四年令“唐孝子潘良瑗禁樵采”，是为了通过对“贤”、“义”、“节”、“孝”的宣扬和鼓励，“以厚人伦”[④]。

而对本朝墓木的保护原因在于，为人子孙在父母过世后守护其坟茔是对父母尽孝的表现，所以说“爱护墓木者，所以爱护其祖宗也”[⑤]。又因为古人的坟地一般是看风水择地的结果，保护好坟地及坟上之树既能使死者安息九泉，也能福荫子孙后代，所以宋人对此予以一定的重视。

现以王十朋为：“化子孙”[⑥]而写的《家政集》中对墓木的具体要求为例来说明。他认为：“坟墓者，祖先体魄所归之地，神魂所凭之宅也，为子孙者不可不保守焉。”保护墓上的树木，就是保护坟墓，所以“坟有树木，当封植保惜。”[⑦]为此，他提出了四个要求：

1. 不可砍伐为“屋宇材器之用”。他认为用坟墓上的树来建房屋，“必不吉也”。[⑧]

2. 不能卖坟墓上的树“求钱财以利益其家”。卖坟上树的人是“不肖子孙”。其他族人不制止，或“分其所伐之木”，或“分其所得之价”

---

① 《宋大诏令集》，中华书局 1962 年版，卷 156《前代帝王置守陵户祭享禁樵采诏》，第 585 页。

② 《宋大诏令集》，中华书局 1962 年版，卷 156《河中府周朝葬冠剑处修筑禁樵采诏》，第 587 页。

③ 《宋大诏令集》，中华书局 1962 年版，卷 156《圣帝贤臣陵墓禁樵采诏》，第 586 页。

④ 《宋大诏令集》，中华书局 1962 年版，卷 156《唐孝子潘良瑗墓禁樵采诏》，第 586 页。

⑤ （宋）《名公书判清明集》，中华书局 1987 年版，卷 9《争墓木致死》，第 331 页。

⑥ （宋）王十朋：《王十朋全集·家政集》，上海古籍出版社 1998 年版，第 1031 页。

⑦ （宋）王十朋：《王十朋全集·家政集》，上海古籍出版社 1998 年版，第 1038 页。

⑧ （宋）王十朋：《王十朋全集·家政集》，上海古籍出版社 1998 年版，第 1039 页。

者，虽然都没有直接砍树，但“不孝之罪与之等焉”。[①]

3. 不能捐给寺院以求福。有些人“以坟墓木舍归佛寺造宫殿堂宇，以求福田利益”。因为“所舍之木必是成材合抱，可为梁栋之用者，干修根钜，枝盛叶茂，其木僵倒之时，纵横数亩之地，必毁伤坟墓，震惊骸骨，使浮魂不安于九泉之下”。这样做是不孝的行为，而且“祖宗既不佑，福田从何而得耶”？[②]

4. 不能砍伐别人坟上的树木，“以利一己之用”。有些乡间豪强看见“小民墟墓间有良材美木，必乘其子孙贫弱之时，以酒食啖之，钱财赂之，牢笼百端，期于必得。甚者胁之以威，迫之以势”。这种做法“必亏损阴德，殃及子孙”[③]，绝不能为。

三、违禁砍伐的案例分析

尽管法律对植树护林有了明确规定，不同地域的树木也起到了一定的作用，但生活中违反规定砍伐林木的现象仍然存在。如泸州、叙州、长宁军边境本以“禁山林箐，以为限隔”，但“夷人”常来卖板木，汉民也常“侵越禁山，斫伐林木”，以资为利。[④]再如真符县沿边所置关隘，“皆高山峻岭林木参天，虎豹熊罴，不通人行，自可以限隔”，归正人遂耕种关外空闲山地，三十年间，其“斫伐林木，为刀耕火种之事”的生活方式使得一山“地力稍退，又复别斫一山”；又常射猎，于“深山穷谷持弓挟矢，探虎豹之穴，又将林木蓊翳之处，开踏成路，采取漆蜡，以为养生之具”。如此年复一年，林木渐稀，“则关隘不足恃矣”。[⑤]此外，也有破坏林荫树的情形，如苏轼《东坡

① （宋）王十朋：《王十朋全集 · 家政集》，上海古籍出版社 1998 年版，第 1039 页。
② （宋）王十朋：《王十朋全集 · 家政集》，上海古籍出版社 1998 年版，第 1039 页。
③ （宋）王十朋：《王十朋全集 · 家政集》，上海古籍出版社 1998 年版，第 1039 页。
④ （清）徐松：《宋会要辑稿》，中华书局 1957 年版，刑法 2 之 128，第 6559 页。
⑤ （清）徐松：《宋会要辑稿》，中华书局 1957 年版，刑法 2 之 124，第 6557 页。

全集》卷11《万松亭并叙》中所记：张毅所植之松其后十年不到，“存者十不及三四”。

即使是墓木，也有被违法砍伐、买卖的情况。现以《名公书判清明集》中所记南宋时的五个案例为对象，结合相关的法律加以分析，旨在一窥宋代法律的执行情况。

案例一：程端汝不孝，“舍坟禁之木以与僧”，被其侄告官，故被“杖一百”；而妙日乃“不识法之僧”，“诱其舍而斫禁木”，被“杖六十”。①

案例二：李克义砍伐祖墓上的松柏来修庙宇。因怀疑他是名家之后，所以“罚赎”，而将受其命砍伐的仆人蒋才进和刘文通“小杖十二”。②

案例三：师彬“背本忘义”卖祖墓之木，因其“先世皆名门先达也”，所以他仅被“决脊杖二十，配千里州军牢城收管”。③

案例四：郑文礼将墓木卖于冷彦哲，后来案发。官府判曰：郑文礼“擅卖坟木之罪，若果不可逃，则冷彦哲知情而买木，亦当与之同坐”④。

案例五：余再三家的祖墓林与胡小七家的田地相连。余家墓山是“累世之业”，所以“墓林茂盛，宁免岚蔽田地”。胡小七之田是“近年得之”。当胡家的佃户嫌田地照不到阳光想让胡给“退减苗租”时，胡小七遂“差诸悍仆率群佃百余人”，将余家“墓木恣行斫伐，几于赭山”。余家闻讯前来护林，与其中的危辛一相遇，双方交战时，余再三之子余再六和其侄余再三将危辛一刺死。余细三十“决脊杖

---

① （宋）《名公书判清明集》，中华书局1987年版，卷9《舍木与僧》，第330页。

② （宋）《名公书判清明集》，中华书局1987年版，卷2《冒立官户以他人之祖为祖》，第44页。

③ （宋）《名公书判清明集》，中华书局1987年版，卷9《庵僧盗卖坟木》，第332页。

④ （宋）《名公书判清明集》，中华书局1987年版，卷9《卖墓木》，第333—334页。

二十，刺配二千里军州牢城”，余再三“毙于狱”，余再六被赦。胡小七的仆人胡再五、周先“凭恃威势，号召诸佃，决脊杖十三，编管一千里”；方辛四、梁兴二人“佐助胡小七为恶之人，勘杖一百，编管邻州”。县吏周元、州吏徐必选、周思民执法不公，纵胡小七“以本人见在辛提幹处为言，通神之钱，且有免追之判”，被“杖一百”，如胡小七“两限不到，定追都吏”。①

从以上这五个案例中可以看出保护墓木是合法行为，而砍伐、出卖墓木是违法行为。

守护坟墓上的树木，是“爱护其祖宗”的行为，受法律保护。所以当守护墓木与其他犯法之事相冲突时，法律也会对此有所偏倚。如例五中的余家虽然有杀人之罪，但因其是“爱护墓木”，所以“刑部特与贷命”，免其死罪；例一中程端汝被侄所告，故其侄犯有告尊长罪，于法应罚，但因所告程端汝“舍坟禁之木以与僧”，所以最后受责罚的是程端汝。

砍伐、典卖墓木者则要被“杖一百”，不管该木是自己家的还是别人家的。上文前四例中的程端汝、李克义、师彬、郑文礼都是售卖自家的墓木，都被依法治罪。只是由于李克义、师彬乃名门之后，所以量刑有所不同。

诱导他人卖墓木或明知是墓木而买者都要受到法律的制裁，如例四中的冷彦哲。这是因为纵然卖坟木“不孝也特甚”，而买者明知而故买则是“不仁孰甚焉”，② 所以也都要被治罪。但在实际生活中，罪犯有时所受的处罚要低于法律的规定，如例一中的妙日只被“杖六十”。

---

① （宋）《名公书判清明集》，中华书局1987年版，卷9《争墓木致死》，第330—331页。

② （宋）《名公书判清明集》，中华书局1987年版，卷9《卖墓木》，第333—334页。

如果买者不知情，则另当别论。这从冷彦哲之例可看出。冷彦哲知道如果知情而买墓木是违法行为，所以他在“买郑文礼木植手批”中申明“自用斫伐，搬檐出卖，不涉买方之事”，想钻空子，不想案发后被两名证人揭发，其“明知是郑氏坟木，而故买之”的事实被曝光，所以没有得逞。[①]

此外，即使是受主人的指使砍伐他人墓木也要被治罪，所犯情节的轻重不同量刑也不同。如例二李克义的仆人蒋才进和刘文通受主人之命，仍被“小杖十二”；例五胡小七的仆人根据所犯的不同被处以脊杖十三、杖一百、编管等不同的刑罚。这是因为“虽曰有以使之，然松柏从而为灾”[②]，所以必须受到法律的惩处。

由上可知，宋代法律对植树护林已有了具体规定，树木的种植与保护在社会生活中也起到了一定的作用，但是在生活中仍有违禁现象的发生。

第二节　从《刑法·禁约》看宋代的火禁[③]

火灾直接危及人类生命及财产的安全，危害甚大。防火、救火是历史上各个时期都十分关注的问题。宋代的火禁制度在继承前代的基础上又有了一定发展，不但常申严火禁，重视对火灾的防范[④]，而且对火起时如何组织扑救、火灾发生后如何追究肇事者、负责官吏、趁火打劫者的法律责任都有具体规定。以下拟从火灾前预防、救火过程

① （宋）《名公书判清明集》，中华书局 1987 年版，卷 9《卖墓木》，第 333—334 页。

② （宋）《名公书判清明集》，中华书局 1987 年版，卷 2《冒立官户以他人之祖为祖》，第 44 页。

③ 伊永文《宋代市民生活》以及谢和耐《蒙元入侵前夜的中国日常生活》两书中有关于火的内容，但与本书的侧重点、详略不同。

④ （清）徐松：《宋会要辑稿》，中华书局 1957 年版，刑法 2 之 12，第 6501 页。

及火灾后如何追究法律责任三个方面对宋代的火禁制度加以探讨。

一、火灾发生前的预防措施

火灾的发生并不能杜绝，即使当今社会亦然。但是，在火灾发生前加强防范尽量避免火灾的发生，配备救火的人力和装备，一旦有火灾发生，短时内扑救，将危害降低到最低限度，则是可能的。所以宋代在这方面做了大量的工作，具体表现为以下三个方面：

（一）从火源着手加强预防

1．规范日常用火

在宋代百姓的日常生活中，做饭、照明都离不开火，稍不留意，皆易引发火灾。宋人袁采曾言“火之所起，多从厨灶”，厨灶起火，一是因为“厨屋多时不扫，则埃墨易得引火”，再者“灶中有留火，而灶前有积薪接连，亦引火之端也。”[①]所以应经常打扫厨房，除去埃墨，清除灶前剩余的柴火，防止火从厨房起。照明的火烛，也当及时熄灭，以防夜深人困引起火灾。宋代文献中就有“做罢饭食，便令打灭火烛(夜间仍不得留灯)”[②]、“火禁甚严”，“将夜分，即灭烛”的记载。特殊日子，如“中夕之后”，百姓需要设醮祭祀，焚烧楮币，则必须提前向厢使打招呼，否则，即使是官员也会受到盘问与惩处。仁宗时枢密使狄青就遇有此类事。某夜狄府醮祭，忘了报告。中夕火起，

① （宋）袁采：《袁氏世范》，商务印书馆2017年版，卷下《治家》，第125页。

② （宋）李元弼：《作邑自箴》，卷9，见《宋代官箴书五种》，中华书局2019年版，第59页。《作邑自箴》、《东轩笔录》中所记晚上不许留灯似与宋代社会生活不符。如《梦粱录》卷13《夜市》记宋代杭州“买卖昼夜不绝，夜交三四鼓，游人始稀；五鼓钟鸣，卖早市者又开店矣。”《天晓诸人出市》记“最是大街一两处面食店及西坊西食面店，通宵买卖，交晓不绝。缘金吾不禁，公私营干，夜食于此故也。”（吴自牧：《梦粱录》，中国商业出版社1982年版）这些夜间活动都需要灯和火。对于这个矛盾可能的解释是：宋代居民用火与市场买卖之地的用火规定有所差异。

马上有探子策马报告了厢主及开封府，后“厢主判府到宅”。[①] 可见，宋代对火灾的重视。

蚕房、厕所等地也是需要注意防火之处。袁采在《袁氏世范》中记到：“烘焙物色，过夜多致遗火，人家房户多有覆盖，宿火而以衣笼罩其上，皆能致火，须常戒约。蚕家屋宇低隘，于炙簇之际，不可不防火。”厕所是储积粪壤之所，但因常倒“死灰于其间”，有时“余烬未灭，能致火烛”，所以不可不防。

此外还规定“茅屋须常防火，大风须常防火，积油物、积石灰须常防火。”[②] 这是因为茅屋易燃，大风易使火势蔓延，而积油物积石灰易自燃。

2．规定燃火的注意事项

宋代法律规定，仓库及院内住舍不准燃火，违者“徒一年”[③]。甚至规定“皇城内诸司、在京百司库务仓草场，无留火烛”。如果导致火灾，当事人及主管官吏都将处斩，“番休者减一等”，即当时休假的官吏，也要被处置。[④] 绍兴二年规定：“行在榷货务火禁，并行在省仓草料场火禁，并依皇城法。”[⑤] 百姓需要在道路上燃火，如烧纸钱等，事毕后一定要将火熄灭。如果因此失火必当治罪。[⑥]

以上是从源头入手，加强百姓的防火意识，避免火灾的发生。

（二）建立防火、救火组织，准备救火器具

宋代在京师开封和杭州都设有防火机构。北宋称为军巡铺，南宋

① （宋）魏泰：《东轩笔录》，中华书局 1985 年版，卷 10，第 117 页。
② （宋）袁采：《袁氏世范》，商务印书馆 2017 年版，卷下《治家》，第 127 页。
③ （宋）窦仪：《宋刑统》，中华书局 1984 年版，卷 27《失火》，第 435 页。
④ （清）徐松：《宋会要辑稿》，中华书局 1957 年版，刑法 2 之 12，第 6501 页。
⑤ （清）徐松：《宋会要辑稿》，中华书局 1957 年版，刑法 2 之 110，第 6550 页。
⑥ （宋）窦仪：《宋刑统》，中华书局 1984 年版，卷 27《失火》，第 436 页。

称为防火司。

北宋开封的坊巷中，每隔三百多步就设有一所军巡铺，铺兵五人，夜间“巡警，收领公事”。且在地势稍高之处建望火楼，令专人眺望，以便尽早发现火情，及时报警。望火楼下有官舍数间，驻兵五百余人以备救火。此外，事前须准备好救火工具，主要有“大小桶、洒子、麻搭、斧锯、梯子、火叉、大索、铁猫儿之类”①。景祐三年二十一日诏“在京巡检人户铺分选内侍与新旧城巡检同相度以闻”②，加强对火的预防。

南宋绍兴二年，由于“兵火之后，流寓士民往往茅屋以居，则火政尤当加严”，而当时“虽有左右厢巡检二人，法制阔略，各存而已”，故仿效开封“内外徼巡之法”，在杭州城内分为四厢，每厢设巡检一人，并根据地理远近置若干铺，每铺差禁军长行六名，每两铺差节级一名，每千名差军员一名，由巡检统领。③他们的任务之一便是配备救火器具，负责救火。④绍兴三年于临安府“紧切地分”即重要地方专门设置了防火、救火机构——“防火司”，且“立望火梯楼”、“多

① （宋）孟元老：《东京梦华录注》，中华书局1982年版，卷3《防火》，第116页。有关救火工具的形态可参看伊永文《宋代市民生活》一书（中国社会出版社1999年版）中救火工具图。

② （清）徐松：《宋会要辑稿》，中华书局1957年版，刑法2之22，第6506页。

③ （清）徐松：《宋会要辑稿》，中华书局1957年版，兵3之8，第6805页。另有《枫窗小牍》卷下记比较了南宋临安与汴都的救火效率，认为“临安扑救，视汴都为疏。”其原文为“余始寓京邸。于绍兴二年五月大火，仅挈母妻出避湖上。此时被毁者一万三千余家，及家山中。六年十二月京师复火，更一万余家。人皆以为中兴之始，改元建炎致此。然周显德五年夏四月辛酉城南火作，延于内城。忠懿王避居都城驿，诘旦，且焚镇国仓，王泣祷而灭，计一万九千余家。但临安扑救视汴都为疏。东京每坊三百步有军巡铺，又于高处有望火楼，上有人探望，下屯军百人及水桶洒箒钩锯斧杈、梯索之类，每遇（生）[火]发，扑救须臾便灭。”

④ （清）徐松：《宋会要辑稿》，中华书局1957年版，兵3之10，第6806页记：乾道七年临安府的军巡铺数为232，每铺有兵卒4人，押铺1人。

差人兵”、“广置器用”、“明立赏罚”。[①] 救火器具由官方掌管提供，并负责更新和维修。有火情时，发放器具；扑救结束后，将器具收回。救火任务主要由军队承担。《咸淳临安志》中记有南宋防火军队的规模及分布情况，城内分别有东隅、西隅、南隅、北隅、上隅、中隅、下隅（各102人，嘉定四年置），府隅、新隅、新南隅、新北隅、新上隅、西南隅（各102人，分别为嘉定十四年、绍定四年、淳祐四年、淳祐六年、淳祐九年、淳祐十二年置），南上隅（61人，宝祐四年置）；城外还有海内、外沙、城东、茶槽、城西、城北上、城北下等诸隅。[②]

除京师积极防火外，地方也有组织地准备和管理救火器具，以备救火，尤其重视贮水。州县的“治舍及狱须于天井之四隅各置一大器贮水。又于其侧备不测取水之器”。百姓则“五家为甲，每家贮水之器各置于门”[③]，如广南刘鋹令民家置贮水桶，号“防火大桶”。[④] 袁采认为房屋四周“当为池井，虑有火烛，无水救应”[⑤]。除水之外，还有其他救火器具，这些器具“必预备立四隅。各隅择立隅长以辖焉。四隅则又总于一官，月终勒每甲各执救火之具呈点，必加检察，无为具文”，以便有紧急情况时能“仓卒可集”。如果不提前准备，一旦火起，则“临期张皇，束手无策。”[⑥]

（三）建筑用料以砖瓦代茅草，防范火势蔓延

为了预防火灾及一旦火灾发生后能阻止火势的蔓延，宋朝廷努力

① （清）徐松：《宋会要辑稿》，中华书局1957年版，刑法2之110，第6550页。
② （宋）潜说友：《咸淳临安志》，景印文渊阁四库全书本，卷57《防虞》。
③ （宋）《州县提纲》，见《宋代官箴书五种》，中华书局2019年版，卷2《修举火政》，第127页。
④ （元）脱脱：《宋史》，中华书局1977年版，卷66《五行四》，第1446页。
⑤ （宋）袁采：《袁氏世范》，商务印书馆2017年版，卷下《治家》，第124页。
⑥ （宋）《州县提纲》，见《宋代官箴书五种》，中华书局2019年版，卷2《修举火政》，第127页。

做好以下工作：

1. 倡导以砖瓦建房

宋代房子多用茅草覆顶，茅草易燃，往往一家有火，殃及邻里。为此，宋朝廷提倡以瓦易草。京师是主要对象，房屋分军营、官舍、民居三个类型。

对军营的改造，北宋时就已开始。如真宗大中祥符五年川陕屯兵处“草茅覆屋”，屋舍相连，“颇致延火”，遂下诏令以后房屋有坏处，应以瓦来代替。因为军营太多，耗资重，故强调循序渐进，目的是不“因缘扰民”①。南宋绍兴年间又下诏军营茅屋换为瓦屋。②

宋代对官舍也加以改造。如绍兴二年临安府内屡有火灾，“官司舍屋”多处被烧，而瓦房却得以幸存，故令朝天门以南“官司舍屋旧用茅草搭盖者，限十日改造瓦屋”，十日后，朝廷差官检查。③

此外也提倡对民间住房的改造。如绍兴二年诏令“临安府民居皆改造席屋，毋得以茅覆盖”④。十年时高宗感慨地说：“累令去席屋作瓦屋，皆不奉行。朕已戒内侍，如敢不遵，比众罪当加重。卿等更戒诸房吏亦依此。若内侍堂吏奉行，则众不敢违戾。”⑤

以茅换瓦以防火的主观愿望虽好，但因需要一定的财力，所以不能全部实现，但可以看出宋人为防火所作的努力。

2. 在重要地点建立瓦巷

南宋时还采取重点保护政策，在临安府重要建筑物的四周空出一

---

① （清）徐松：《宋会要辑稿》，中华书局1957年版，刑法2之11，第6501页。

② （宋）李心传：《建炎以来系年要录》，中华书局1956年版，卷137绍兴十年九月辛酉，第2214页。

③ （清）徐松：《宋会要辑稿》，中华书局1957年版，刑法2之110，第6550页。

④ （宋）李心传：《建炎以来系年要录》，中华书局1956年版，卷61绍兴二年十二月戊戌，第1049页。

⑤ （宋）熊克：《中兴小纪》，福建人民出版社1985年版，卷28，第338页。

定的距离，以瓦为建筑材料，阻止火势的蔓延，称为“瓦巷”或“火巷”。如绍兴三年下令“开火巷”，仓场库务“已烧去处只展作一丈五尺，不经火处展作一丈”。此外，在执政臣僚的府邸旁也要空出一定的距离。[①]不依令开通瓦巷者，必治罪，“命官降一官，民户徒一年”[②]。绍兴十年重申此令，在官吏聚居的朝天门一带也开火巷，诏限五日内完成，但后来不果而终。[③]原因是“毁民居，开留隙地，计所毁无虑数百千家，连日急迫，与延烧无异，民咨胥怨，有害仁政”。于是朝廷又改变诏令，根据实际情况，有所选择地开，如令“侍从官宅不经烧毁去处，并免毁拆”。[④]而火灾常发地，则必须开辟瓦巷。

二、火灾发生时的救火制度

火灾有时防不胜防，一旦有火情发生，如何有效地组织扑救，如何将火势控制在一定的范围阻止其蔓延，以尽可能地减少损失便是个重要问题。以下分别从京师、地方来看宋代的救火制度。

（一）京师救火

北宋京师救火主要靠军队。一旦有火情发生，则由“马军奔报军厢主，马步军殿前三衙、开封府各领军级扑灭，不劳百姓。”[⑤]即由马步军殿前三衙和开封府各自带领军兵去救火。军队救火时也必须在各自的辖区内，如果超出了辖区范围擅自救火，则要治罪。如景德四

① （清）徐松：《宋会要辑稿》，中华书局 1957 年版，方域 10 之 8，第 7477 页。

② （清）徐松：《宋会要辑稿》，中华书局 1957 年版，刑法 2 之 110，第 6550 页。

③ （宋）李心传：《建炎以来系年要录》，中华书局 1956 年版，卷 137 绍兴十年九月辛酉，第 2214 页。

④ （清）徐松：《宋会要辑稿》，中华书局 1957 年版，方域 10 之 8，第 7477 页。

⑤ （宋）孟元老：《东京梦华录注》，邓之诚注，中华书局 1982 年版，卷 3《防火》，第 116 页。

年“河南场火”，殿前司虎翼都虞候高鸾、城外都巡检步军副都指挥使王隐等“集近便营兵救扑”。殿前司遂上言“鸾等非本辖，当俟宣旨，请罪之”，认为高鸾、王隐越界救火，应当治罪。虽然最后真宗认为救火是紧急之事，高鸾、王隐能随机应变，及时救火，减少火灾损失，不该治罪，诏“释之”，但仍告诫官员今后仍要遵守旧制。①这可能是怕军队借救火之名，生出不必要的事端。

南宋的主要救火力量还是军队，京师由“殿前马步军司人兵”扑救，并依北宋东京之例“置新号并救火器具”，将救火人员编号且统一发放救火器具。等到火扑灭后，先清查器具、人员，没有问题，才解散救火队伍。②绍兴三年又规定救火人员不能随身携带刀、剑等兵器，以防趁机“邀夺物色”。③

百姓是否参与京师救火，诸文献记载不一致，需作具体分析。宋初成书的《宋刑统》中规定：“诸见火起，应告不告，应救不救，减失火罪二等（谓从本失罪减）。”“见火起烧公私廨宇、舍宅、财物者，并须告见在及邻近之人共救。若不告不救，减失火罪二等。谓若于官府廨宇内及仓库，从徒二年上减二等，合徒一年。若于宫及庙社内，从徒三年上减二等，徒二年。若于私家，从笞五十上减二等，笞三十。”④说明百姓有报告、救火的义务，否则要受到法律惩处。而仁宗天圣九年时却有这样的记载：“帝闻都辇闾巷有延燔者，火始起，虽邻伍不敢救，俟巡警者至，以故焚燔滋多。”遂令“京城救火，若巡检军校未至前，听集邻众赴救。因缘为盗者，奏裁，当行极断”⑤。这条材料提供了两个信息，其一，天圣九年前曾有规定，京师由巡警

---

① （清）徐松：《宋会要辑稿》，中华书局1957年版，刑法6之10，第6698页。

② （清）徐松：《宋会要辑稿》，中华书局1957年版，刑法2之109，第6550页。

③ （清）徐松：《宋会要辑稿》，中华书局1957年版，刑法2之110，第6550页。

④ （宋）窦仪：《宋刑统》，中华书局1984年版，卷27《失火》，第437页。

⑤ （清）徐松：《宋会要辑稿》，中华书局1957年版，刑法2之17，第6504页。

救火，百姓不能参与，所以虽有火起，邻伍也不敢救援。其二，考虑到火起时巡警不能马上就到，为了减少损失，遂令百姓在巡警到来前可以救火。而成于南宋专门记载北宋开封的《东京梦华录》又记京师救火“不劳百姓”。以上这些文献记载，可能反映了各个阶段不同的情况，总的来看，北宋救火的主要力量是军队，百姓只是偶尔参与，其原因可能是百姓没有受过专业训练，没有统一指挥，不能有效救火，且会增强不必要的伤亡。

救火过程时，如果火势过旺、一时难以扑灭，则根据火势大小将火源周围的建筑物拆除，留出一段距离，以阻止火势蔓延。①这个方法至今仍在使用。

（二）地方救火

《作邑自箴》中也记到了民间救火的情况，即“凡有贼发火起，仰邻保立便递相叫唤，急疾救应，不须等候勾追，却致误事，若官司点检，或保众首说，有不到之人，其牌子头，并地分干当人，一例勘决。”②从中可知邻保有救火的义务，如果该到而不到，当事人及相关负责人都要受惩罚。南宋的法典《庆元条法事类》对民间救火也作了规定：诸州县镇寨城内的居民，每十家结为一甲，选一家为甲头。将各户的户主名录于一牌，盖章或画押后交由甲头保管。火灾发生时，每家出一人参与救火，由甲头召集，火灭之后，再按牌点名，检查是否有人失职未到。同时由官方购置防火器具，监督乡里救火。③

---

① （清）徐松：《宋会要辑稿》，中华书局 1957 年版，刑法 2 之 110，第 6550 页。

② （宋）李元弼：《作邑自箴》，见《宋代官箴书五种》，中华书局 2019 年版，卷 6《劝谕民庶牓》，第 37 页。

③ （宋）谢深甫：《庆元条法事类》，黑龙江人民出版社 2002 年版，卷 80《失火》，第 913—914 页。

三、火灾后的惩治处理

火灾发生后，会分情况追究不同人的法律责任，以下从肇事者、相关负责人、趁火打劫三个方面来分析。

（一）对肇事者的处罚

肇事者的行为分为失火和放火两种，失火是疏忽，放火则是故意而为。如元佐夜纵火焚宫则属后者。① 失火与纵火的动机不同，受到的责罚也不同。对放火者的处罚要重，往往大赦时也不会减免。

宋初规定："诸故烧官府廨舍，及私家舍宅若财物者，徒三年。赃满五匹，流二千里，十匹绞。杀伤人者，以故杀伤论。"② 景德二年广南西路州军有纵火烧他人房舍"情理凶蠹者，依法决讫，刺配五百里外牢城"③。绍圣二年规定："故烧黄河浮桥者，罪赏并依故烧官粮草法。即于浮桥内停火及遗火者，各依仓库内燃火遗火律。"④

绍兴七年临安府重修火禁条约，规定："放火者行军法，失火延烧多者，亦如之。"高宗认为立法太重，往往难以执行，放火与失火性质不同，不可同罪，失火者最高处以徒罪可也。⑤《名公书判清明集》中所记的卜元一是杀人放火，无恶不作之徒。最后被"决脊杖二十，刺配三千里远恶州军"⑥。

有的肇事者为了逃脱法律的制裁，火起后逃跑。为了早日将其绳之以法，宋代制订了赏罚政策，发动百姓，捉拿肇事者归案。捕到凶

① （元）脱脱：《宋史》，中华书局 1977 年版，卷 245《元佐》，第 8694 页。
② （宋）窦仪：《宋刑统》，中华书局 1984 年版，卷 27《失火》，第 436 页。
③ （清）徐松：《宋会要辑稿》，中华书局 1957 年版，刑法 4 之 4，第 6623 页。
④ （清）徐松：《宋会要辑稿》，中华书局 1957 年版，刑法 1 之 16，第 6469 页。
⑤ （清）徐松：《宋会要辑稿》，中华书局 1957 年版，刑法 2 之 111，第 6551 页。
⑥ （宋）《名公书判清明集》，中华书局 1987 年版，卷 14《元恶》，第 521—522 页。

手后给予赏钱。寄放赃物、包庇犯人之家当在规定日限内自首，否则将会被治罪。[①] 绍兴二年令临安府每五家结为一保，火灾发生后，“本保人先次收捉正犯人赴府”，如果正犯人走失，那么同保人一并科罪。[②] 邻里当相互监督，不得窝藏逃犯，以使纵火犯人不致“避罪走闪，根捉不获”。而对“告捕人，除依条推赏外，令所属具诣实闻奏，当复与推恩，仍令尚书省出榜。”[③] 如《名公书判清明集》所记杨珪一家被“凶徒焚杀”，一时找不到真凶，州县便多出赏钱，发动民众捕捉凶手。[④]

（二）追究失火处官员的责任

官员没有觉察失火、救火不力，或不能捕获肇事者时，都要承担一定的法律责任。

负责官员因没有觉察失火而受到惩罚的例子有很多。如滑州节度使张建丰坐失火免官。天禧五年杨胜、石惟清坐事材场失火，“法当处死”，被贷命，杨胜“杖脊黥面配沙门岛”，石惟清则被削两任，赎铜二十斤勒停。[⑤] 淳熙二年大内起火，石安、王进因当晚值班而坐罪，后查明是因“积油衣”自燃而致火，虽免死，但还是被“决脊杖二十，刺面配二千里外州军”。[⑥]

绍圣二年对黄河浮桥被烧官员应负的责任作了相关的规定，即“看守巡防及部辖人不觉察，各减犯人五等，监官又减一等。其上流船栰在五里内（停）[遗] 火者，杖八十，在十里内遗火者，杖一百，

---

① （清）徐松:《宋会要辑稿》，中华书局 1957 年版，刑法 2 之 109，第 6550 页。
② （清）徐松:《宋会要辑稿》，中华书局 1957 年版，刑法 2 之 110，第 6550 页。
③ （清）徐松:《宋会要辑稿》，中华书局 1957 年版，刑法 2 之 109，第 6550 页。
④ （宋）《名公书判清明集》，中华书局 1987 年版，卷 14《杀人放火》，第 523 页。
⑤ （清）徐松:《宋会要辑稿》，中华书局 1957 年版，刑法 6 之 10—11，第 6698 页。
⑥ （清）徐松:《宋会要辑稿》，中华书局 1957 年版，刑法 6 之 39，第 6713 页。

带火于浮桥上下过者，并准此。黄河浮桥脚船札漏合用灯者，监官审察差部辖人监守，用讫扑灭，本州置板，榜书火禁于桥两岸晓示”①。

官员救火不力也会受到处罚。州城失火，都监应即时救火，由通判监督，违反者，各杖八十。都监、通判虽已尽力，仍延烧官私舍宅二百间以上者（芦竹草版屋三间比一间），都监、通判则被杖六十，并上报朝廷听候处置。如烧三百间以上，知州也得受到同样的处罚。“其外县丞尉（州城外草市、倚郭县同）并镇寨官依州都监法”。②

如果不能将放火者捕获，官员也会被治罪。所以有的人与官吏有隙，欲“中伤官吏”，便“自爇其所居，罢免者纷然。”为了减少此弊，朝廷又下令“非延及旁家者，虽失捕勿坐”。

对官吏的惩罚是为了引起他们对救火的重视，使法律条文不至于为具文，同时促使官吏们积极组织和监督救火，以减少火灾带来的损失。

（三）对趁火打劫者的处置

宋代对趁火打劫者的惩处也很严厉。如建隆三年，内酒坊起火，坊与三司相连，工徒“突入省署”。乘火为盗者有五十人，皆被“命斩于诸门”。后经“宰臣极谏”，还是杀了三十八人。酒坊使左承规、副使田处岩纵酒工为盗，坐弃市。③

百姓救火趁火打劫者当从重处罚，天圣九年规定“当行极断”④。诱卖他人失火时遗失的妻女，知道下落后又不肯让其家收赎者，被诱

① （清）徐松：《宋会要辑稿》，中华书局1957年版，刑法1之16，第6469页。
② （宋）谢深甫：《庆元条法事类》，黑龙江人民出版社2002年版，卷80《失火》，第913页。
③ （宋）李焘：《续资治通鉴长编》，中华书局1995年版，卷2建隆二年三月丙申，第40页。
④ （清）徐松：《宋会要辑稿》，中华书局1957年版，刑法2之17，第6504页。

卖之家可径直到尚书省起诉，不为越诉。[①]

军士救火时，有起不良之意之人，在离火源相对较远的地方，找富裕人家，将铁猫儿钩在人家屋上勒索钱财，稍不如愿，则将房屋拽倒、拆掉。对此勒索民财、违规拆除百姓房屋祸害百姓者，除令临安府差缉捕使臣，立赏钱，发动民众力量于火灾现场收捉外[②]，还当"计赃断罪，重者取旨"[③]。

由上述可知，宋代火禁甚严，但由于火起的原因多种，有时是自然原因，有时防不胜防，所以禁火、救火、灾后重建[④]，便成为宋代社会的一个侧影。而禁火、救火中的一些经验也值得当今消防工作加以借鉴。

---

① （清）徐松：《宋会要辑稿》，中华书局 1957 年版，刑法 2 之 110，第 6550 页。

② （清）徐松：《宋会要辑稿》，中华书局 1957 年版，刑法 2 之 109，第 6550 页。

③ （清）徐松：《宋会要辑稿》，中华书局 1957 年版，刑法 2 之 110，第 6550 页。

④ 朝廷对于发生火灾的州县，一般要采取抚恤政策。如宿州有火，则"遣使恤灾。"（（元）脱脱：《宋史》卷 1）升州有火灾时，则遣御史查看百姓疾苦，免除"被火屋税"。有时，皇帝会因火灾而录囚。有关火起的原因，可参看伊永文《宋代市民生活》中相关内容。

总　结

本书对《宋会要辑稿・刑法》作了文献整理和专题研究，分上下两篇。

上篇从四个方面对《宋会要辑稿・刑法》进行整理：

一、《宋会要辑稿》与宋人修的《宋会要》已有很大的不同。《宋会要》原本由类、门、条组成。类下分门，门中含条。

本书证明了《宋会要》中"刑法类"的存在。

在前人对《宋会要・刑法》"门"的复原方案的基础上，首先补充证明了《宋会要・刑法》中"刑制"门的存在，并初步推测它的内容应以"刑罚"为主旨，其中包括《宋会要辑稿・刑法》所缺的"杖制"部分。然后提出了三点不同于前人的意见：其一，"诉理所"门虽是《宋会要》的门，但不属"刑法"类。其二，《宋会要辑稿・刑法》中的一些门名可能是后来整理者所加，不是《宋会要》的门，它们的条文应归入《宋会要・刑法》其他门中。如"断死罪"、"出入罪"、"赦宥"门应分别归入"冤狱"、"断狱"、"矜贷"门中。其三，初步推测《宋会要・刑法》的门在内容多时可能还会有子门，所以《宋会要辑稿・刑法》中的一些门应属于《宋会要・刑法》中某门的子门。如"枷制"应是"刑制"的子门；"禁采捕"、"金禁"是"禁约"的子门。这个看法还不成熟，尚待进一步验证。

《宋会要辑稿・刑法》"条"已不完全是《宋会要・刑法》的"条"，有的条文已部分缺漏，有的条与门不一致或顺序错乱，本书对此分别作了补充和调整。此外还辑出了四条《宋会要·刑法》的佚文。

最后在前人已初步确定《宋会要》原书是“分卷”的基础上，进一步加以证实，同时推测《宋会要》不仅有总卷，门的内容多时还可能有分卷，卷与门并不一一对应。

这些工作为认识和复原《宋会要·刑法》奠定了一定的基础。

二、《宋会要辑稿·刑法》中有注、空格、按语。

《宋会要辑稿·刑法》的注以小字的形式出现在正文中。有五种类型，一是指示正文出处的注，即指明正文出自哪些《会要》。它的作用在于说明宋代曾修过这些《会要》，而这些《会要》中有对应此的内容。这类注有可能是《宋会要》的注，也有可能是《永乐大典》的注。二是指示门名的注，它对认识《宋会要》的门有一定的作用。如证实了《宋会要辑稿》中现存的“大理寺”门确实是《宋会要》的门，证明了《宋会要辑稿》现缺的“刑制”门、“黜监”门是《宋会要》的门。这类注应是《宋会要》的原注。三是补充、解释正文的注，也应是《宋会要》的原注。四是表明文字有缺漏的注。五是指示省略了相同内容的注。这两种注应为《永乐大典》的书吏或是《全唐文》的书吏所加。

《宋会要辑稿·刑法》中有一些缺失了文字的空白处，有的标有“原缺”等字，有的无任何标志。本书通过分析具体条文，得出了正文空格数与实际所缺字数并不完全对应的结论，否定了前人“所缺字数即所空格数”的看法，指出在补充空缺时并不一定要严格地按空格数补字。

《宋会要辑稿·刑法》中还有按语。本书通过将《永乐大典》残本中的“验尸”与《宋会要辑稿·刑法·检验》相对比，指出按语应是从《永乐大典》辑出后的整理者所加。其中三条肯定是整理者叶渭清所加，其他的则可能是嘉业堂的费有容所加。最后对按语的类型、加按语的目的与作用进行了分析，并纠正了按语的错误。

这些考查对认识、利用《宋会要辑稿 · 刑法》以及进一步认识《宋会要 · 刑法》有一定的意义。

三、《宋会要辑稿 · 刑法》的史料来源，因宋人编修《会要》、《国史》、《实录》时不注出处，已不是很确定。初步推测它可能来自《日历》、《实录》、《国史》、诏书、奏议等。

正由于《宋会要辑稿 · 刑法》来源于原始资料，内容又非常丰富，所以有很高的史料价值。其一，将它与记有刑法专篇的《文献通考 · 刑考》、《宋史 · 刑法志》相比，它有好多后两书所无的内容，即使是三者都有的内容，《宋会要辑稿 · 刑法》所记往往也更详细。其二，将它与《续资治通鉴长编》、《建炎以来系年要录》这两部史料丰富的编年体史书相比，它比《续资治通鉴长编》资料集中，又有《续资治通鉴长编》所缺的徽宗、钦宗两朝以及治平四年四月至熙宁三年三月的内容。它比《建炎以来系年要录》记事详细，同时又有高宗朝之外的内容。所以可以利用《宋会要辑稿 · 刑法》来补充这些书中的内容或是纠正其中的错误。其三，将它与《宋刑统》、《庆元条法事类》等法典相比，《宋会要辑稿 · 刑法》以年、月、日记事，对法律制定的背景、法律内容、法律执行等都有综合记述，蕴含了大量的信息，从中既可看到法律变化的轨迹，也可看出制度与实践的关系，以及宋代社会的一些现状。所以《宋会要辑稿 · 刑法》是研究宋史、宋代法律史的必不可少的史料。

但《宋会要辑稿 · 刑法》是从《永乐大典》中辑出后又经几次易手后的产物。《永乐大典》的残缺，加上徐松的疏漏、书吏抄录时的笔误等原因，造成了《宋会要辑稿 · 刑法》中现存的一些错误。本书对《宋会要辑稿 · 刑法》作了校勘，勘误及校异共 2392 条，涉及时间、地名、人名、职官等要素。从而大大方便了对《宋会要辑稿·刑法》的利用。

《宋会要辑稿·刑法》内容丰富，本书下篇就其中的四个主题加以研究：

一、在“立法与颁布”的主题中，对两个专题进行了探索。指出了地方官员在立法过程各阶段中所起到的作用。指出法律的颁布有官方到官方、官方到民间两个途径，其中既有雕印成书颁下的形式，又有抄写的形式，同时也有文榜、粉壁、碑石等方式，对它们的优劣做了对比，尤其强调了粉壁与文榜的不同。

二、在“司法与皇权”的主题中，指出皇权对司法的介入有直接行为和间接行为。以皇帝的直接行为矜贷为对象，讨论皇权对司法的部分干预。矜贷是皇帝对地方上报的刑名疑虑、情有可悯案件的减免罪行的最终裁决。通过对具体案例的分析，归纳出矜贷的5个特点，即注重家庭宗法关系（尊崇孝道、体恤老幼、维护男尊女卑的传统）、重视德义（对夷人的包容之心、宽免以“义”杀人者）、重视军功、注重身份（命官、皇族、老师）、疑罪从轻。矜贷是法律不能包罗万象、情与法轻重不一时，以皇权的威力兼顾情理灵活处理的结果，有一定意义。但是皇权对司法的过多干预，经常的法外开恩，既影响了法律的稳定和公平，又会使一些人心存侥幸而犯罪，助长了不良风气的滋生。

三、以“制度与实践”为主题，对检验制度与书禁制度的规定与实践作了讨论。首先在肯定检验制度比较完善的基础上，指出了制度执行中存在的问题，从检验官、吏、其他责任人三个行为主体分析了检验制度执行不力的原因。宋代的禁书规定很详备，书的性质不同，禁的程度也不同。有的是禁内容、有的是禁流传等。对违反者的惩罚也不一样。禁书的原因主要为与民争利、政治斗争的影响、民族矛盾的影响、对秘密宗教的防范，事实上一些违禁的现象，本书认为利益驱动和市场需求是最主要的原因。以上说明制度与实际执行存在着距离，即使制度已很完善，但如果不排除执行不力的因素，也不能达到应有的效果。

四、在“法律与社会”的主题中，本书从植树护林、火禁两个方面加以研究。指出宋代植树护林的规定是出于军事防御、护堤固坝、改善环境、尊祖敬宗、经济利益等目的。本书还从火禁的规定、火灾的防范、救火的措施、灾后的惩治诸方面进行了分析，以此来看宋代京城、民间防火救火的社会现状。

主要参考文献

一、古籍（按朝代先后排序）

[1]（汉）司马迁：《史记》，中华书局 1959 年版。

[2]（汉）董仲舒：《春秋繁露》，上海古籍出版社 1989 年版。

[3]（宋）司马光：《司马文正公传家集》，商务印书馆 1937 年版。

[4]（宋）徐天麟：《东汉会要》，中华书局 1955 年版。

[5]（宋）徐天麟：《西汉会要》，中华书局 1955 年版。

[6]（宋）李心传：《建炎以来系年要录》，中华书局 1956 年版。

[7]（宋）吴曾：《能改斋漫录》，上海古籍出版社 1960 年版。

[8]（宋）陆游：《老学庵笔记》，李剑雄、刘德权点校，中华书局 1979 年版。

[9]（宋）范镇：《东斋记事》，汝沛点校，中华书局 1980 年版。

[10]（宋）李埴：《皇宋十朝纲要》，文海出版社 1980 年版。

[11]（宋）宋慈：《洗冤集录》，罗时润等译，福建科学技术出版社 1980 年版。

[12]（宋）宋敏求：《春明退朝录》，诚刚点校，中华书局 1980 年版。

[13]（宋）李心传：《旧闻证误》，崔文印点校，中华书局 1981 年版。

[14]（宋）张世南：《游宦纪闻》，张茂鹏点校，中华书局 1981 年版。

[15]（宋）欧阳修：《归田录》，李伟国点校，中华书局 1981 年版。

[16]（宋）王辟之：《渑水燕谈录》，吕友仁点校，中华书局 1981 年版。

[17]（宋）苏轼：《东坡志林》，王松龄点校，中华书局 1981 年版。

[18]（宋）王林：《燕翼诒谋录》，诚刚点校，中华书局 1981 年版。

[19]（宋）王铚：《默记》，朱杰人点校，中华书局 1981 年版。

[20]（宋）岳珂：《桯史》，吴企明点校，中华书局 1981 年版。

[21]（宋）西湖老人：《西湖老人繁胜录》，中国商业出版社 1982 年版。

[22]（宋）孟元老：《东京梦华录注》，邓之诚注，中华书局 1982 年版。

[23]（宋）孟元老：《东京梦华录》，中国商业出版社 1982 年版。

[24]（宋）耐得翁：《都城纪胜》，中国商业出版社 1982 年版。

[25]（宋）吴自牧：《梦粱录》，中国商业出版社 1982 年版。

[26]（宋）周密：《武林旧事》，中国商业出版社 1982 年版。

[27]（宋）施谔：《淳祐临安志》，浙江人民出版社 1983 年版。

[28]（宋）何薳：《春渚纪闻》，张明华点校，中华书局 1983 年版。

[29]（宋）方勺：《泊宅编》，许沛、杨立扬点校，中华书局 1983 年版。

[30]（宋）蔡絛：《铁围山丛谈》，冯惠民、沈锡麟点校，中华书局 1983 年版。

[31]（宋）庄绰：《鸡肋编》，萧鲁阳点校，中华书局 1983 年版。

[32]（宋）罗大经：《鹤林玉露》，王瑞来点校，中华书局 1983

年版。

[33]（宋）邵伯温:《邵氏闻见录》，李剑雄、刘德权点校，中华书局 1983 年版。

[34]（宋）邵博:《邵氏闻见后录》，刘德权、李剑雄点校，中华书局 1983 年版。

[35]（宋）周密:《齐东野语》，张茂鹏点校，中华书局 1983 年版。

[36]（宋）窦仪:《宋刑统》，吴翊如点校，中华书局 1984 年版。

[37]（宋）叶梦得:《石林燕语》，侯忠义点校，中华书局 1984 年版。

[38]（宋）文莹:《湘山野录》，郑世刚、杨立扬点校，中华书局 1984 年版。

[39]（宋）文莹:《续录》，郑世刚、杨立扬点校，中华书局 1984 年版。

[40]（宋）文莹:《玉壶清话》，郑世刚、杨立扬点校，中华书局 1984 年版。

[41]（宋）魏泰:《东轩笔录》，李裕民点校，中华书局 1985 年版。

[42]（宋）吴处厚:《青箱杂记》，李裕民点校，中华书局 1985 年版。

[43]（宋）熊克:《中兴小纪》，顾吉辰、郭群一点校，福建人民出版社 1985 年版。

[44]（宋）苏轼:《苏轼文集》，孔凡礼点校，中华书局 1986 年版。

[45]（宋）刘昌诗:《芦浦笔记》，张荣铮、秦呈瑞点校，中华书局 1986 年版。

[46]（宋）《名公书判清明集》，中国社会科学院历史研究所、宋辽金元史研究室点校，中华书局1987年版。

[47]（宋）周密：《癸辛杂识》，吴企明点校，中华书局1988年版。

[48]（宋）王应麟：《玉海》，江苏古籍出版社1988年版。

[49]（宋）曾公亮：《武经总要》（《中国兵书集成》3、4、5册），解放军出版社1988年版。

[50]（宋）苏颂：《苏魏公文集》，王同策、管成学、颜中其点校，中华书局1988年版。

[51]（宋）郑克等：《〈疑狱集·折狱龟鉴〉校释》，复旦大学出版社1988年版。

[52]（宋）叶绍翁：《四朝闻见录》，沈锡麟、冯惠民点校，中华书局1989年版。

[53]（宋）司马光：《涑水记闻》，邓广铭、张希清点校，中华书局1989年版。

[54]（宋）高承：《事物纪原》，上海古籍出版社1990年版。

[55]（宋）王溥：《唐会要》，上海古籍出版社1991年版。

[56]（宋）谢维新：《古今合璧事类备要》，上海古籍出版社1992年版。

[57]（宋）章如愚：《群书考索》，书目文献出版社1992年版。

[58]（宋）张方平：《张方平集》，郑涵点校，中州古籍出版社1992年版。

[59]（宋）陆游：《家世旧闻》，孔凡礼点校，中华书局1993年版。

[60]（宋）姚宽：《西溪丛语》，孔凡礼点校，中华书局1993年版。

[61]（宋）周煇:《清波杂志校注》，刘永翔校注，中华书局 1994 年版。

[62]（宋）李焘:《续资治通鉴长编》，中华书局 1995 年版。因此版的各册皆是不同时间陆续出版，故本书统一标注第一册的出版时间。

[63]（宋）洪迈:《容斋随笔》，上海古籍出版社 1996 年版。

[64]（宋）沈括:《梦溪笔谈》，侯真平点校，岳麓书社 1998 年版。

[65]（宋）王十朋:《王十朋全集》，上海古籍出版社 1998 年版。

[66]（宋）赵汝愚:《宋朝诸臣奏议》，北京大学中国中古史研究中心校点整理，上海古籍出版社 1999 年版。

[67]（宋）李心传:《建炎以来朝野杂记》，徐规点校，中华书局 2000 年版。

[68]（宋）梁克家:《淳熙三山志》，福州地方志编纂委员会整理，方志出版社 2000 年版。

[69]（宋）谢深甫:《庆元条法事类》，戴建国点校，黑龙江人民出版社 2002 年版。

[70]（宋）袁采:《袁氏世范》，刘云军校注，商务印书馆 2017 年版。

[71]（宋）陈傅良:《止斋先生文集》，四部丛刊初编。

[72]（宋）陈振孙:《直斋书录解题》，景印文渊阁四库全书本。

[73]（宋）杜大珪:《名臣碑传琬琰集》，景印文渊阁四库全书本。

[74]（宋）欧阳修:《文忠集》，景印文渊阁四库全书本。

[75]（宋）彭百川:《太平治迹统类》，景印文渊阁四库全书本。

[76]（宋）潜说友:《咸淳临安志》，景印文渊阁四库全书本。

[77]（宋）王称：《东都事略》，景印文渊阁四库全书本。

[78]（宋）魏岘：《四明它山水利备览》，景印文渊阁四库全书本。

[79]（宋）叶梦得：《避暑录话》，学津讨原本。

[80]（宋）叶适：《水心集》，景印文渊阁四库全书本。

[81]（宋）岳珂：《愧郯录》，四部丛刊续编。

[82]（宋）曾巩：《元丰类稿》，景印文渊阁四库全书本。

[83]（宋）郑克：《折狱龟鉴》，光绪四年孟冬月兰石斋校刊。

[84]（宋）朱熹：《晦庵先生朱文公文集》，四部丛刊初编。

[85]（元）脱脱：《宋史》，中华书局1977年版。

[86]（元）马端临：《文献通考》，中华书局1986年版。

[87]（元）佚名：《宋史全文》，李之亮点校，黑龙江人民出版社2004年版。

[88]（元）佚名：《宋史全文》，景印文渊阁四库全书本。

[89]（明）解缙等编：《永乐大典》，中华书局1986年版。

[90]（明）李濂：《汴京遗迹志》，周宝珠、程民生点校，中华书局1999年版。

[91]（明）杨士奇：《历代名臣奏议》，景印文渊阁四库全书本。

[92]（明）杨士奇：《文渊阁书目》，丛书集成初编本。

[93]（清）徐松辑：《宋会要辑稿》，中华书局1957年版。

[94]（清）徐松辑：《宋会要辑稿·崇儒》，苗书梅点校，河南大学出版社2001年版。

[95]（清）黄以周等辑注：《续资治通鉴长编拾补》，中华书局2004年版。

[96]（清）徐松辑：《宋会要辑稿·刑法》，马泓波点校，河南大学出版社2011年版。

[97]（清）徐松辑:《宋会要辑稿》，舒大刚等点校，上海古籍出版社 2014 年版。

二、著作类（按出版时间先后排序）

[98] 汤中:《宋会要研究》，上海商务印书馆 1932 年版。

[99] 陈顾远:《中国法制史》，上海书店，民国丛书本，据商务印书馆 1935 年版影印。

[100] 徐道邻:《中国法制史论略》，台北正中书局 1953 年版。

[101] 戴炎辉:《中国法制史》，台北三民书局股份有限公司 1979 年版。

[102]《宋史刑法志注释》，上海社会科学院法学研究所，群众出版社 1979 年版。

[103]《宋史研究》第十三册，中华丛书编审委员会，国立编译馆 1981 年版。

[104]《宋史刑法志注释（续集）》，上海社会科学院法学研究所，群众出版社 1982 年版。

[105] 张晋藩:《中国法律史论》，法律出版社 1982 年版。

[106] 陈高华、陈智超:《中国古代史史料学》，北京出版社 1983 年版。

[107]《中国历史大辞典》（宋史），上海辞书出版社 1984 年版。

[108] 王云海:《宋会要辑稿研究》，河南师大学报编辑部 1984 年版。

[109] 沈家本:《历代刑法考》，中华书局 1985 年版。

[110] 王云海:《宋会要辑稿考校》，上海古籍出版社 1986 年版。

[111] 王德毅:《宋人传记资料索引》，中华书局 1988 年版。

[112] 梁启超:《饮冰室合集》,中华书局1989年版。

[113] 高潮、马建石主编:《中国古代法学辞典》,南开大学出版社1989年版。

[114] 邓广铭等:《中日宋史研讨会中方论文选编》,河北大学出版社1991年版。

[115] 上海新四军历史研究会印刷印钞分会编:《历代刻书概况》,印刷工业出版社1991年版。

[116] 刘俊文主编:《日本学者研究中国史论著选译》,中华书局1992年版。

[117] 王云海:《宋代司法制度》,河南大学出版社1992年版。

[118] 梁太济、包伟民:《宋史食货志补正》,杭州大学出版社1994年版。

[119] 梁治平:《法律的文化解释》,生活·读书·新知三联书店1994年版。

[120] 朱绍侯:《中国古代治安制度史》,河南大学出版社1994年版。

[121] 陈智超:《解开〈宋会要〉之谜》,社会科学文献出版社1995年版。

[122] 李用兵:《中国古代法制史话》,商务印书馆1996年版。

[123] 梁治平:《清代习惯法:社会与国家》,中国政法大学出版社1996年版。

[124] 邓小南:《课绩·资格·考察——唐宋文官考核制度侧谈》,大象出版社1997年版。

[125] 龚延明:《宋代官制辞典》,中华书局1997年版。

[126] 汪世荣:《中国古代判词研究》,中国政法大学出版社1997年版。

[127] 汪世荣:《中国古代判例研究》，中国政法大学出版社 1997 年版。

[128] 谢和耐:《蒙元入侵前夜的中国日常生活》，江苏人民出版社 1998 年版。

[129] D. 布迪、C. 莫里斯:《中华帝国的法律》，江苏人民出版社 1998 年版。

[130] 李勇先:《〈舆地纪胜〉研究》，巴蜀书社 1998 年版。

[131] 王仲荦遗著:《金泥玉屑丛考》，郑宜秀整理，中华书局 1998 年版。

[132] Philip A.Kuhn :《叫魂》，上海三联书店 1999 年版。

[133] 汪桂海:《汉代官文书制度》，广西教育出版社 1999 年版。

[134] 王群瑛:《中国古代的法律》，希望出版社 1999 年版。

[135] 武树臣主编:《中国传统法律文化辞典》，北京大学出版社 1999 年版。

[136] 伊永文:《宋代市民生活》，中国社会出版社 1999 年版。

[137] 张晋藩主编:《中国法制通史》（第五卷宋），法律出版社 1999 年版。

[138] 张晋藩:《中国法制文明的演进》，中国政法大学出版社 1999 年版。

[139] 包弼德:《斯文：唐宋思想的转型》，江苏人民出版社 2000 年版。

[140] 戴建国:《宋代法制初探》，黑龙江人民出版社 2000 年版。

[141] 徐忠明:《思考与批评：解读中国法律文化》，法律出版社 2000 年版。

[142] 徐忠明:《法学与文学之间》，中国政法大学出版社 2000 年版。

[143] 郭成伟主编:《中华法系精神》,中国政法大学出版社 2001 年版。

[144] Roberto Mangabeira Unger :《现代社会中的法律》,译林出版社 2001 年版。

[145] 范忠信:《中国法律传统的基本精神》,山东人民出版社 2001 年版。

[146] 郭成伟主编:《中华法系精神》,中国政法大学出版社 2001 年版。

[147] 李道军:《法的应然与必然》,山东人民出版社 2001 年版。

[148] 王立民主编:《中国法律制度史》,上海教育出版社 2001 年版。

[149] 赵晓耕:《宋代官商及其法律调整》,中国人民大学出版社 2001 年版。

[150] 曹家齐:《宋代交通管理制度研究》,河南大学出版社 2002 年版。

[151] 倪正茂主编:《批判与重建:中国法律史研究反拨》,法律出版社 2002 年版。

[152] 徐忠明:《包公故事:一个考察中国法律文化的视角》,中国政法大学出版社 2002 年版。

[153] 薛梅卿、赵晓耕主编:《两宋法制通论》,法律出版社 2002 年版。

[154] 白凯:《中国的妇女与财产:960—1949 年》,上海书店出版社 2003 年版。

[155] 陈振:《宋史》,上海人民出版社 2003 年版。

[156] 程树德:《九朝律考》,中华书局 2003 年版。

[157] 田浩:《宋代思想史论》,社会科学文献出版社 2003 年版。

[158] 瞿同祖:《中国法律与中国社会》,中华书局 2003 年版。

[159] 李之亮:《宋代路分长官通考》,巴蜀书社 2003 年版。

[160] 潘君明:《中国历代监狱大观》,法律出版社 2003 年版。

[161] 屈超立:《宋代地方政府民事审判职能研究》,巴蜀书社 2003 年版。

[162] 郑学檬:《中国古代经济中心南移和唐宋江南经济研究》,岳麓书社 2003 年版。

[163] 包伟民主编:《宋代制度史研究百年(1900—2000)》,商务印书馆 2004 年版。

[164] 梁太济:《唐宋历史文献研究丛稿》,上海古籍出版社 2004 年版。

[165] 刘黎明:《宋代民间巫术研究》,巴蜀书社 2004 年版。

[166] 马小红:《礼与法:法的历史连接》,北京大学出版社 2004 年版。

[167] 马小红:《中国古代法律思想史》,法律出版社 2004 年版。

[168] 武树臣:《中国法律思想史》,法律出版社 2004 年版。

[169] 杨鸿烈:《中国法律思想史》,中国政法大学出版社 2004 年版。

[170] 贾志扬:《天潢贵胄:宋代宗室史》,江苏人民出版社 2005 年版。

[171] 胡旭晟:《解释性的法史学:以中国传统法律文化的研究为侧重点》,中国政法大学出版社 2005 年版。

[172] 谢晖:《中国古典法律解释的哲学向度》,中国政法大学出版社 2005 年版。

[173] 张伯元:《出土法律文献研究》,商务印书馆 2005 年版。

[174] 邓小南:《祖宗之法——北宋前期政治述略》,三联书店

2006年版。

[175] 李春棠:《坊墙倒塌以后:宋代城市生活长卷》,湖南人民出版社2006年版。

[176] 史广全:《礼法融合与中国传统法律文化的历史演进》,法律出版社2006年版。

[177] 王立民主编:《中国法律与社会》,北京大学出版社2006年版。

[178] 游彪:《宋代特殊群体研究》,商务印书馆2006年版。

[179] 刘广安等编著:《中国法制史学的发展(法律史)》,中国政法大学出版社2007年版。

[180] 刘建丽:《宋代西北民族文献与研究》,甘肃人民出版社2007年版。

[181] 马作武:《中国法律思想史纲》,中山大学出版社2007年版。

[182] 汪圣铎:《宋代社会生活研究》,人民出版社2007年版。

[183] 王东海:《古代法律词汇语义系统研究:以〈唐律疏议〉为例》,中国社会科学出版社2007年版。

[184] 张晋藩主编:《中国古代监察法制史》,江苏人民出版社2007年版。

[185] 郑显文:《律令时代中国的法律与社会》,知识产权出版社2007年版。

[186] 崔敏:《中国古代刑与法》,公安大学出版社2008年版。

[187] 戴建国:《宋代刑法史研究》,上海人民出版社2008年版。

[188] 丁凌华:《艰难与希望:中国法律制度史讲课实录》,人民出版社2008年版。

[189] 段秋关:《新编中国法律思想史纲》,中国政法大学出版社

2008 年版。

[190] 方燕:《巫文化视域下的宋代女性》，中华书局 2008 年版。

[191] 郭东旭:《宋代法律与社会》，人民出版社 2008 年版。

[192] 胡兴东:《中国古代死刑制度史》，法律出版社 2008 年版。

[193] 姜歆:《细说中国法律典故》，九州出版社 2008 年版。

[194] 蒋传光:《中国法律十二讲》，重庆出版社 2008 年版。

[195] 柳立言:《宋代的家庭和法律》，上海古籍出版社 2008 年版。

[196] 王盛恩:《宋代官方史学研究》，人民出版社 2008 年版。

[197] 肖建新:《宋代法制文明研究》，安徽人民出版社 2008 年版。

[198] 张晓宇:《奁中物（宋代在室女“财产权”之形态与意义)》，江苏教育出版社 2008 年版。

[199] 张中秋:《理性与智慧：中国法律传统再探讨》，中国政法大学出版社 2008 年版。

[200] 中国社会科学院法学所法制史研究室编:《中国法律史学的新发展》，中国社会科学出版社 2008 年版。

[201] 包伟民:《传统国家与社会 960—1279 年》，商务印书馆 2009 年版。

[202] 高楠:《宋代民间财产纠纷与诉讼问题研究》，云南大学出版社 2009 年版。

[203] 管伟:《中国古代法律解释的学理诠释》，山东大学出版社 2009 年版。

[204] 何忠礼:《南宋科举制度史》，人民出版社 2009 年版。

[205] 黄宽重:《宋代的家族与社会》，北京图书馆出版社 2009 年版。

[206] 李裕民:《宋史考论》，科学出版社2009年版。

[207] 吕志兴:《宋代法律体系与中华法系》，四川大学出版社2009年版。

[208] 马小红、庞朝骥等:《守望和谐的法文明——图说中国法律史》，北京大学出版社2009年版。

[209] 马小红:《中国古代社会的法律观》，河南教育出版社2009年版。

[210] 魏殿金:《宋代刑罚制度研究》，齐鲁书社2009年版。

[211] 曾宪义主编:《百年回眸: 法律史研究在中国》，中国人民大学出版社2009年版。

[212] 张其凡:《宋代政治军事论稿》，安徽人民出版社2009年版。

[213] 久保田和男:《宋代开封研究》，上海古籍出版社2010年版。

[214] 平田茂树:《宋代政治结构研究》，上海古籍出版社2010年版。

[215] 陈峰:《宋代军政研究》，中国社会科学出版社2010年版。

[216] 邓小南:《朗润学史丛稿》，中华书局2010年版。

[217] 何辉:《宋代消费史: 消费与一个王朝的盛衰》，中华书局2010年版。

[218] 胡兴东:《中国古代判例法运作机制研究——以元朝和清朝为比较的考察》，北京大学出版社2010年版。

[219] 霍存福、吕丽主编:《中国法律传统与法律精神》，山东人民出版社2010年版。

[220] 李华瑞:《“唐宋变革”论的由来与发展》，天津古籍出版社2010年版。

[221] 李裕民:《宋人生卒行年考》，中华书局 2010 年版。

[222] 梁治平:《在边缘处思考》，法律出版社 2010 年版。

[223] 马伯良:《宋代的法律与秩序》，中国政法大学出版社 2010 年版。

[224] 沈松勤:《宋代政治与文学研究》，商务印书馆 2010 年版。

[225] 王曾瑜:《宋朝阶级结构》，中国人民大学出版社 2010 年版。

[226] 徐世虹主编:《中国古代法律文献研究》，法律出版社 2010 年版。

[227] 杨晓红:《宋代民间信仰与政府控制》，西南交通大学出版社 2010 年版。

[228] 张明:《宋代军法研究》，社会科学出版社 2010 年版。

[229] 郑颖慧:《宋代商业法制研究：基于法律思想视角》，法律出版社 2010 年版。

[230] 戴建国:《唐宋变革时期的法律与社会》，上海古籍出版社 2011 年版。

[231] 戴建国、郭东旭:《南宋法制史》，人民出版社 2011 年版。

[232] 刘云生:《中国古代契约思想史》，法律出版社 2011 年版。

[233] 尚琤:《中国古代流通经济法制史论》，知识产权出版社 2011 年版。

[234] 张晋藩主编:《社会转型与法律变革研究》，中国政法大学出版社 2011 年版。

[235] 柳立言:《宋代的宗教、身份和司法》，中华书局 2012 年版。

[236] 张传玺:《中国历代契约粹编》，北京大学出版社 2014 年版。

[237] 杨卉青:《宋代契约法律制度研究》,人民出版社 2015 年版。

[238] 何兆泉:《两宋宗室研究——以制度考察为中心》,上海古籍出版社 2016 年版。

[239] 贾玉英:《唐宋时期地方政治制度变迁史》,人民出版社 2016 年版。

[240] 余蔚:《士大夫的理想时代:宋》,上海人民出版社 2018 年版。

[241] 陈顾远:《中国法制史概要》,商务印书馆 2019 年版。

三、期刊论文类(按发表时间先后排序)

[242] 王云海:“永乐大典本宋会要增入书籍考”,《文献》1980 年第 3 期。

[243] 王云海:“《宋会要辑稿》校勘举例”,《河南大学学报》1980 年第 5 期。

[244] 青山定雄:“《宋会要》研究备要(目录)序”,《河南师大学报》1981 年第 3 期。

[245] 陈智超:“《宋会要辑稿》复文成因补析”,《中国史研究》1982 年第 1 期。

[246] 陈智超:“《宋会要辑稿》遗文、广雅稿本及嘉业堂清本的再发现”,《中国史研究动态》1982 年第 1 期。

[247] 郑学檬:“宋代两浙围湖垦田之弊——读《宋会要辑稿》‘食货’‘水利’笔记”,《中国社会经济史研究》1982 年第 3 期。

[248] 一安:“《宋会要辑稿》刊误一则”,《河南师大学报》1982 年第 4 期。

[249] 王云海："《宋会要》两议"，《河南师大学报（社会科学版）》1982年第4期。

[250] 王云海："评《宋会要研究备要》"，《宋史论集》1983年第4期。

[251] 王云海："徐辑《宋会要》原稿的'副本'问题"，《河南师大学报（社会科学版）》1983年第4期。

[252] 陈智超："《宋会要辑稿》的前世现世和来世"，《历史研究》1984年第4期。

[253] 王瑞来："《宋会要辑稿》证误——《职官》七八宰辅罢免之部"，《史学月刊》1984年第5期。

[254] 邓广铭："《宋会要辑稿考校》评介"，《史学月刊》1986年第1期。

[255] 黎煜昌："关于刑讯逼供历史沿革之探讨"，《史学月刊》1987年第4期。

[256] 王云海："再校《宋会要辑稿》的几点体会"，《史学月刊》1987第4期。

[257] 陈智超："从《宋会要辑稿》出现明代地名看《永乐大典》对所收书的修改"，《史学月刊》1987年第5期。

[258] 周少川："约论宋会要体史籍"，《北京师范大学学报》1989年第5期。

[259] 刘森："宋代刻印书籍法初探：读《宋会要辑稿·刑法》札记"，《中国史研究》1990年第1期。

[260] 王利器："《宋会要辑稿补》序"，《社会科学战线》1990年第2期。

[261] 王云海："藤田抄本《宋会要·食货·市舶》考源"，《中州学刊》1990年第2期。

[262] 戴建国："中华版《宋史·刑法志》辨误"，《古籍整理研究学刊》1990 年第 6 期。

[263] 戴建国："宋代赎刑制度述略"，《法学研究》1994 年第 1 期。

[264] 陈智超："《宋会要》的利用与整理"，《文献》1995 年第 3 期。

[265] 俞荣根："大陆中国古代法律史研究概述"，《现代法学》1995 年第 4 期。

[266] 刘海年："中国古代经济法制之研究"，《中国史学》1995 年第 5 期。

[267] 张少瑜："近年来大陆学者法律史学研究述评"，《中国史学》1995 年第 5 期。

[268] 韩长耕："《宋会要辑稿》述论"，《中国史研究》1996 年第 4 期。

[269] 梁凤荣："论北宋前期治吏惩贪的特点"，《史学月刊》1996 年第 5 期。

[270] 杨渭生："《解开〈宋会要〉之谜》读后"，《历史研究》1997 年第 3 期。

[271] 戴建国："天一阁藏明抄本《官品令》考"，《历史研究》1999 年第 3 期。

[272] 陈晓枫、柳正权："中国法制史研究世纪回眸"，《法学评论》2001 年第 2 期。

[273] 孔学："论宋代律敕关系"，《河南大学学报（社会科学版）》2001 年第 5 期。

[274] 郭东旭："宋朝以赃致罪法略述"，《河北大学学报（哲学社会科学版）》2002 年第 3 期。

[275] 戴建国："20世纪宋代法律制度史研究的回顾与反思"，《史学月刊》2002年第8期。

[276] 孔学："《名公书判清明集》所引宋代法律条文述论"，《河南大学学报（社科版）》2003年第2期。

[277] 范忠信："中国'封建'法制史研究论纲"，《中国法学》2003年第6期。

[278] 高柯立："宋代粉壁考述——以官府诏令的传布为中心"，《文史》2004年第1期。

[279] 牛杰："论宋代的契约关系与契约法"，《中州学刊》2006年第2期。

[280] 吕志兴："宋代法律体系研究"，《现代法学》2006年第2期。

[281] 柴荣："中国古代先问亲邻制度考析"，《法学研究》2007年第4期。

[282] 邢铁："唐宋时期'同居合活'家庭简说"，《保定学院学报》2008年第1期。

[283] 岳纯之："论宋代民间不动产的原因与程序"，《烟台大学学报（哲学社会科学版）》2008年第3期。

[284] 朱勇："论宋代法律文明及其历史贡献"，《河北法学》2008年第3期。

[285] 乜小红："论我国古代契约的法理基础"，《中国社会经济史研究》2009年第2期。

[286] 刘欣、吕亚军："兴讼乎？息讼乎？——对〈袁氏世范〉中有关诉讼内容的分析"，《邢台学院学报》2009年第3期。

[287] 包伟民、尹成波："宋代'别籍异财法'的演变及其原因阐析"，《浙江大学学报》2009年第3期。

[288] 李娜："宋代累世同居大家庭与国家政权的关系"，《唐山师范学院学报》2009年第6期。

[289] 余寅同："宋代田宅先买权制度研究"，《法制与社会》2009年第34期。

[290] 杨卉青："宋代契约中介'牙人'制度"，《河北大学学报》2010年第1期。

[291] 姜密："宋代官田契约租佃制及地租选择的经济学意义"，《河北学刊》2010年第2期。

[292] 石瑞丽："试述宋代官田的招标投标范围"，《兰州学刊》2010年第2期。

[293] 柳立言："宋代明州士人家族的形态"，《中央研究院历史语言研究所集刊》2010年第6期。

[294] 谢波："宋代法律形式'申明'考析"，《史学月刊》2010年第7期。

[295] 高著军："《袁氏世范》关于家庭的内容及其俗训特征"，《大连大学学报》2011年第2期。

[296] 赵晶："宋代明法科登科人员综考"，《华东政法大学学报》2011年第3期。

[297] 罗海山："传统契约与传统社会论纲——以汉代以后的土地交易契约为中心"，《海南大学学报（人文社会科学版）》2011年第4期。

[298] 邢铁："宋代乡村'上户'的阶层属性"，《河北师范大学学报》2011年第5期。

[299] 戴建国："宋代的民田典卖与'一田两主制'"，《历史研究》2011年第6期。

[300] 丁建军："论中国古代的法律诚信缺失——以宋朝为对象的考察"，《宋史研究论丛》2012年。

[301] 赵晶："《天圣令》与唐宋史研究"，《南京大学法律评论》2012年第1期。

[302] 王谋寅："道教与唐宋法制"，《安徽大学法律评论》2012第2期。

[303] 张本顺："变革与转型：宋代'别籍异财'法的时代特色、成因及意义论析"，《法制与社会发展》2012年第2期。

[304] 祁琛云："集权与慎刑：从制度创意看北宋审刑院法官的选任"，《商丘师范学院学报》2012年第5期。

[305] 陈景良："释'干照'——从唐宋变革视野下田宅诉讼说起"，《河南财经政法大学学报》2012年第6期。

[306] 高玉玲："论宋代的民事息讼"，《安徽师范大学学报（人文社会科学版)》2012年第6期。

[307] 华志强、魏文超："论宋代的书证制度"，《滁州学院学报》2013年第3期。

[308] 乔惠全："儒生与法吏的考试抉择——宋代试刑法考论"，《中国政法大学学报》2013年第3期。

[309] 邢铁："从'相冒合户'到'诡名子户'——唐宋家庭规模的延续性"，《河北师范大学学报》2013年第5期。

[310] 张陶然："《袁氏世范》中的治安智慧"，《北京警察学院学报》2013年第5期。

[311] 郭东旭、郭瑞童："范仲淹的法律思想与法制变革"，《衡水学院学报》2013年第6期。

[312] 王晓龙、滕子赫："论宋代法律文明的缺陷与不足"，《宋史研究论丛》2014年。

[313] 尹成波："传统社会家庭成员户籍与财产法律变迁——从'分异令'到'别籍异财法'的历史考察"，《河南师范大学学报》

2014年第3期。

[314] 隆奕、姚茗川："论中国古代契约制度的发展"，《哈尔滨学院学报》2014年第5期。

[315] 汪庆红："结构与功能的背离：宋代州府司法中的长属分职与长官专权"，《北方法学》2014年第5期。

[316] 张本顺："反思传统调解研究中的韦伯伦理'类型学'范式——以宋代亲属间财产诉讼调解为中心"，《甘肃政法学院学报》2014年第6期。

[317] 谢舒晔："论中国宋代的'诡名子户'现象及其法律应对——兼论我国目前的'一人多户口'现象"，《辽宁行政学院学报》2014年第7期。

[318] 赵丽琴、王荣林："中国古代契约法秩序探析——以土地契约为例"，《人民论坛》2014年第19期。

[319] 何平月："袁采的《袁氏世范》对当今道德文明建设的影响"，《兰台世界》2014年第20期。

[320] 陈景良、吴欢："宋代司法公正的制度性保障及其近世化趋向"，《河南大学学报》2015年第1期。

[321] 王忠灿："宋代法律与风俗的冲突及其化解——以'士庶丧葬法'为中心"，《原道》2015年第1期。

[322] 周翊洁、张在范："两宋田宅买卖和典当契约法律制度论要"，《文史探源》2015年第3期。

[323] 张本顺、刘俊："'推究情实，断之以法'：宋代士大夫法律品格解读——兼论中国古代伦理司法说之误"，《西部法学评论》2015年第3期。

[324] 刘新光："唐宋時期'江南西道'的地域演變"，《国学学刊》2015年第4期。

[325] 张剑源："同居共财：传统中国的家庭、财产与法律"，《北方民族大学学报》2015年第5期。

[326] 李叶宏："宋朝与少数民族走私的法律规制"，《贵州民族研究》2015年第7期。

[327] 刘银良："论契约的由来"，《法学杂志》2015年第7期。

[328] 王旭："宋代江南西路基层区划——乡的调整及相关问题研究"，《中国历史地理论丛》2016年第1期。

[329] 包伟民："新旧叠加：中国近古乡都制度的继承与演化"，《中国经济史研究》2016年第2期。

[330] 孔卓："唐宋析产制度探析"，《扬州大学学报》2016年第2期。

[331] 王杨梅："南宋中后期告身文书形式再析"，《唐宋历史评论》2016年第2期。

[332] 周颖："试析《袁氏世范》道德教育思想"，《江苏第二师范学院学报》2016年第2期。

[333] 包伟民："宋代乡村'管'制再释"，《中国史研究》2016年第3期。

[334] 陈希丰："再谈宋代爵的等级"，《文史》2016年第3期。

[335] 郭桂坤："《宋史·职官志》'爵一十二'试解——兼析宋代〈官品令〉中的爵位序列"，《中国史研究》2016年第3期。

[336] 李振宏："秦至清皇权专制社会说的法制史论证"，《古代文明》2016年第3期。

[337] 任石："北宋元丰以前的日常朝参制度考略"，《文史》2016年第3期。

[338] 周曲洋："奏钞复用与北宋元丰改制后的三省政务运作"，《文史》2016年第3期。

[339] 张志云、汤勤福："北宋太常礼院及礼仪院探究"，《求是学刊》2016 年第 3 期。

[340] 戴建国："宋代官员告身的收缴——从武义徐谓礼文书谈起"，《浙江学刊》2016 年第 4 期。

[341] 任石："略论北宋入閤仪与文德殿月朔视朝仪"，《古籍整理研究学刊》2016 年第 4 期。

[342] 孙健："法律制度史与新法律史——美国学者马伯良宋代法律史研究的两种范式"，《国际汉学》2016 年第 4 期。

[343] 王美华："唐宋时期分家律法演进趋势论析"，《人文杂志》2016 年第 4 期。

[344] 张亦冰："北宋京朝官'磨勘法'形成述论"，《中华文史论丛》2016 年第 4 期。

[345] 龚延明："宋代刑部建制述论——制度史的静态研究"，《河北大学学报》2016 年第 5 期。

[346] 任石："北宋时期转对制度补考"，《史学集刊》2016 年第 5 期。

[347] 朱奎泽："两宋乡治体系中'管'的几个问题"，《甘肃社会科学》2016 年第 6 期。

[348] 周倩、王旭："宋代'团'制新论"，《南都学坛》2016 年第 6 期。

[349] 范国强、张洁："《袁氏世范》的家庭教化与治家之道"，《新西部》2016 年第 19 期。

[350] 古戴、陈景良："宋代疑难案件中的法学命题及其反思——以'阿云案'为分析文本"，《河南大学学报》2017 年第 3 期。

[351] 万翔、俞云龙："达之四海的《袁氏世范》"，《学习时报》2017 年第 3 期。

[352] 郑显文:“宋代官物追偿制度及其债法的变化”,《中国经济史研究》2017 年第 6 期。

[353] 尹成波:“子孙‘自置财产权’研究——以律令和判例为中心”,《学术月刊》2017 年第 7 期。

[354] 闫建飞:“从遥领到遥郡:试论宋代遥郡序列的形成”,《国学研究》2017 年第 38 卷。

[355] 刘博:“刍议传统家训文化创造性转化的三个维度——以《袁氏世范》为考察对象”,《大庆师范学院学报》2018 年第 2 期。

[356] 李云龙:“宋代条例考论”,《首都师范大学学报》2018 年第 3 期。

[357] 李勤通:“论礼法融合对唐宋司法制度的影响”,《江苏社会科学》2018 年第 4 期。

[358] 张倩:“在贫困中求温饱——宋代乡村下户的生活常态”,《首都师范大学学报》2019 年第 2 期。

[359] 肖丽华:“《袁氏世范》中的空间、规训与女性身份”,《宁波大学学报》2019 年第 4 期。

附：校勘表

本表是对《宋会要辑稿 · 刑法》的校勘。表中依次为序号、在《宋会要辑稿 · 刑法》中的位置（中华书局1957年版）、在点校本（马泓波：河南大学出版社2012年版）的位置、被校原文、校勘内容五项。

序号	《宋会要辑稿 · 刑法》位置	点校本页码	被校原文	校勘内容
1.	刑法一 / 一	1	後晉天福編勅	“後晉”二字原脱，據文意補。
2.	一 / 一	1	丞張希讓	“丞”原作“承”，據《長編》卷四乾德元年二月己卯、《玉海》卷六十六改；“張希讓”，《長編》卷四乾德元年二月己卯作“張希遜”。
3.	一 / 一	1	大理寺法直官陳光又	“陳光又”，《長編》卷四乾德元年二月己卯作“陳光乂”。
4.	一 / 一	2	凡削出令式宣勅一百九條	“式”原作“或”，據《玉海》卷六十六、《文獻通考》卷一百七十一上改。
5.	一 / 一	2	增入“制”十五條	“制”，《玉海》卷六十六、《文獻通考》卷一百七十一上皆作“制敕”。
6.	一 / 一	2	受所監臨財	“財”，《宋刑統》卷十一作“贓”。
7.	一 / 一	2	曾任皇朝官	“任”原作“在”，據《文獻通考》卷一百七十一上及下文“如有不曾任皇朝官者”改。
8.	一 / 一	2	乃得上請	“乃”原作“亦”，據《大學衍義補》卷一百五、《續通典》卷一百十六“乃得請”改；《長編》卷七乾德四年三月乙酉作“方可”。

续表

序号	《宋会要辑稿·刑法》位置	点校本页码	被校原文	校勘内容
9.	一/一	3	謂宰相曰	“謂”原作“調”，據《玉海》卷六十六改。
10.	一/一	3	宜命重加裁定	《玉海》卷六十六無“命”字。
11.	一/一	3	右諫議大夫	“右”，《玉海》卷六十六同；《長編》卷三十六淳化五年八月丁酉、《資治通鑒後編》卷十七皆作“左”。
12.	一/二	5	儀制敕	《玉海》卷六十六作“刪定編敕、儀制車服敕、赦書德音”。
13.	一/二	5	太平興國編勅十五卷	“十五卷”原作“三十卷”，據《玉海》卷六十六、《宋会要辑稿·刑法》一之一太平興國三年六月條改。
14.	一/二	5	前後累勅者	“累”原作“格”，據《長編》卷四十三咸平元年十二月丙午、《玉海》卷六十六改。
15.	一/二	5	十一門	“十一門”，《長編》卷四十三咸平元年十二月丙午、《玉海》卷六十六“十二門”。
16.	一/二	5	十二卷	《長編》卷四十三咸平元年十二月丙午、《玉海》卷六十六“十一卷”。
17.	一/二	5	德音九道别為一卷	“九”原作“凡”，據《長編》卷四十三咸平元年十二月丙午、《玉海》卷六十六改。
18.	一/二	5	附淳化赦書合為四卷	“四卷”，《玉海》卷六十六同；《長編》卷四十三咸平元年十二月丙午作“一卷”。
19.	一/二	5	供奉言	“言”當作“官”。
20.	一/二	5	持仗行刼	“持仗行刼”原作“持伏行切”，據《長編》卷四十三咸平元年十二月丙午、《宋史》卷三百四改。

续表

序号	《宋会要辑稿·刑法》位置	点校本页码	被校原文	校勘内容
21.	一/二	5	欲編入敕史	“史”疑當作“文”或“中”。
22.	一/三	6	正月七日	《玉海》同;《長編》卷六十一景德二年十月庚辰作“景德二年十月”。
23.	一/三	6	景德農田編勅	《長編》卷六十一景德二年十月庚辰作“景德農田敕”。
24.	一/三	7	崔端	“崔”原作“催”，據《長編》卷六十一景德二年十月庚辰改。
25.	一/三	7	度支員外郎崔昈、鹽鐵判官樂黃目、張若谷	《長編》卷六十一景德二年十月庚辰作“鹽鐵判官張若谷、度支判官崔曙、樂黃目”。
26.	一/三	7	昈前任度支判官	“昈”，《長編》卷六十一景德二年十月庚辰作“曙”。
27.	一/三	7	既已頒下	“已”原作“以”，據《長編》卷六十六景德四年七月己巳改。
28.	一/三	7	又言	“又”原作“因”，據《長編》卷六十六景德四年七月己巳改。
29.	一/三	7	又有不得慢易之語	原脫，據《長編》卷六十六景德四年七月己巳補。
30.	一/三	8	以上封者言二府命令互出或有差異故也	原作小字注文今改作大字正文。
31.	一/三	8	詔令有礙	“礙”原作“司”，據《長編》卷八十七大中祥符九年五月戊辰改。
32.	一/三	8	丁謂曰	原脫，據《長編》卷八十七大中祥符九年五月戊辰補
33.	一/三	8	望並納官	“納”原作“給”，據《長編》卷八十七大中祥符九年五月戊辰改。

续表

序号	《宋会要辑稿·刑法》位置	点校本页码	被校原文	校勘内容
34.	一/三	8	當詳究而行之	《長編》卷八十七大中祥符九年五月戊辰作"當詳究利害而行之"。
35.	一/三	9	四十三卷	《玉海》卷六十六"翰林學士彭年等詳定《新舊編勅並三司文卷續降宣勅》，盡祥符七年六千二百二道千三百七十四條，分為三十卷，《儀制》、《赦書德音》別為十卷，《目録》二卷"，即共四十二卷。
36.	一/三	9	止大中祥符六年終	"祥"原作"詳"，據上下文及《玉海》卷六十六改。
37.	一/三	9	彭年等重詳定增損	"彭年"原作"彭言"，據本條下文"彭年"及《玉海》卷六十六、《長編》卷八十大中祥符六年四月庚辰改。
38.	一/三	10	五十卷	《長編》卷九十五天禧四年二月辛卯作"三十卷"。
39.	一/三	10	審刑院詳議官尚霖	"議"字原脫，據《長編》卷九十七天禧五年正月甲寅改。
40.	一/三	10	賜器幣有差	原作小字注文，今改作大字正文。
41.	一/四	10	仁宗天聖元年	"天"原作"大"，據《長編》卷一百天聖元年三月甲申改。
42.	一/四	10	定集起請刑名者	《長編》卷一百天聖元年三月甲申作"定奪公事"。
43.	一/四	11	編勅所	"勅"字原脫，據本條上文"編勅所"改。
44.	一/四	11	上刪修令三十卷	"上"原作"止"，據《玉海》卷六十六改。
45.	一/四	11	宋郊爲修令官	"官"字原脫，據《玉海》卷六十六補。
46.	一/四	12	當所已寫錄到	"當"疑當作"本"。

续表

序号	《宋会要辑稿·刑法》位置	点校本页码	被校原文	校勘内容
47.	一/四	12	三十卷	疑當作“十三卷”，參見下條“《天聖編勑》十三卷。
48.	一/五	12	龙图阁待制韩亿	“待”原作“侍”，据《宋史》卷三百一十五改。
49.	一/五	13	章得象	原作“張得象”，據《長編》卷一百十三明道二年八月辛酉改。
50.	一/五	13	向知州，以知制誥宋郊代	原作小字注文，今改作大字正文。
51.	一/五	13	范諷	原作“范楓”，據《長編》卷一百十五景祐元年七月乙未改。
52.	一/五	14	一司一務編勅並目錄四十四卷	《玉海》卷六十六作“《一司一務編勑》、《在京編勑》並《目録》四十四卷”；《長編》卷一百十六景祐二年六月乙亥作“《一司一務及在京編敕》四十四卷”。
53.	一/五	14	大中祥符八年	“八年”原作“八月”，據《玉海》卷六十六改。
54.	一/五	14	減定諸色刺配刑名勅五卷	“刺配”，《長編》卷一百十七景祐二年十一月乙未作“配隸”。
55.	一/五	14	離土鄉土	疑第一个“土”字有误。
56.	一/六	16	十月三日	《玉海》卷六十六作“十月甲辰朔”，即十月一日。
57.	一/六	16	三司使張方平上新修祿令	“祿”原作“錄”，據《玉海》卷六十六改。
58.	一/六	16	須申有司檢堪中覆	《玉海》卷六十六作“須由有司按勘申覆”。
59.	一/六	16	命知制誥吳奎	下此命時為“甲辰”日，見《玉海》卷六十六。

续表

序号	《宋会要辑稿·刑法》位置	点校本页码	被校原文	校勘内容
60.	一/六	16	刪定編敕赦書德音附令勅總例目錄二十卷	《玉海》卷六十六作“三十卷”；《長編》卷一百九十六嘉祐七年四月壬午作“凡十二卷。其元降敕但行約束而不立刑名者，又析為續附，合帙凡五卷”；《宋史》卷一百八十作“《嘉祐編敕》十八卷，《總例》一卷”。
61.	一/六	16	詔以慶曆編勅止嘉祐三年	“止”原作“上”，據《玉海》卷六十六改。
62.	一/六	16	詳定官	“詳”原作“祥”，據《玉海》卷六十六改。
63.	一/六	17	編定祿令所	“祿”原作“錄”，據《玉海》卷六十六改。
64.	一/七	18	與合入差遣	“入”原作“人”，據文意改。
65.	一/七	18	嘉祐編敕	“祐”原作“佑”，據文意改。
66.	一/七	19	二十一日	原脫，據《長編》卷二百十一熙寧三年五月“庚戌”補。
67.	一/七	19	馬政條貫	《長編》卷二百十一作“群牧司編敕十二卷”。
68.	一/七	19	二十二日	《長編》卷二百十三熙寧三年七月庚戌小注作“此據會要三年七月二十一日所書增入”。
69.	一/七	19	鋪寫增損之意	“鋪”疑當作“補”。
70.	一/七	19	候書成日同進呈	“書”字原脫，據《長編》卷二百十三熙寧三年七月庚戌補。
71.	一/七	20	若據為從情輕之人	“情”字原脫，據《長編》卷二百十四熙寧三年八月戊寅、《文獻通考》卷一百六十七補。
72.	一/七	20	若令詳定	“令”原作“今”，據《長編》卷二百十四熙寧三年八月戊寅改。

续表

序号	《宋会要辑稿·刑法》位置	点校本页码	被校原文	校勘内容
73.	一/七	20	復古居作之法	“法”原作“心”，據《長編》卷二百十四熙寧三年八月戊寅、《文獻通考》卷一百六十七、《宋史》卷二百一改。
74.	一/七	20	但苦使之思咎	“使之”原作“之使”，據《長編》卷二百十四熙寧三年八月戊寅、《文獻通考》卷一百六十七、《宋史》卷二百一改。
75.	一/七	20	亦與迭送他所	“迭”原作“免”，據《長編》卷二百十四熙寧三年八月戊寅、《文獻通考》卷一百六十七、《宋史》卷二百一改。
76.	一/七	21	不得髡鉗	“鉗”原作“髻”，據《長編》卷二百十四熙寧三年八月戊寅、《文獻通考》卷一百六十七、《宋史》卷二百一改。
77.	一/七	21	條貫繁多	“條”字原脫，據《長編》卷二百十四熙寧三年八月戊寅、《文獻通考》卷一百六十七、《宋史》卷二百一補。
78.	一/八	21	從之	原脫，據《長編》卷二百十六熙寧三年十月丙子補。
79.	一/八	21	樞密使	原作“樞密院”，據《長編》卷二百十七熙寧三年十一月戊申、《文獻通考》卷一百六十七改。
80.	一/八	21	或加至於死	“加”字原脫，據《長編》卷二百十七熙寧三年十一月戊申、《文獻通考》卷一百六十七補。

续表

序号	《宋会要辑稿·刑法》位置	点校本页码	被校原文	校勘内容
81.	一/八	21	權宜行之以定國亂	“行”原作“從”，“亂”字原脫，據《長編》卷二百十七熙寧三年十一月戊申、《文獻通考》卷一百六十七改、補。
82.	一/八	22	今斷從絞	“從”原作“送”，《長編》卷二百十七熙寧三年十一月戊申及本条下文改。
83.	一/八	22	傅堯俞	“俞”原作闕，天頭舊批：“渭清按：此並有缺文｜之誤。”據《長編》卷二百十八熙寧三年十二月庚辰補。
84.	一/八	22	李壽朋	《長編》卷二百十八熙寧三年十二月庚辰作“同修起居注李壽朋”，即其任非文中的三司度支副使。
85.	一/八	22	唐炯	《長編》卷二百十八熙寧三年十二月庚辰作“唐坰”。
86.	一/八	22	試祕省校書郎喬執中	《長編》卷二百十八熙寧三年十二月庚辰作“三司推勘公事喬執中”。
87.	一/八	22	權許州觀察推官王覿	“權”字原脫，據《長編》卷二百十八熙寧三年十二月庚辰補。
88.	一/八	22	著作佐郎李深、張端、趙蘊、周直儒	《長編》卷二百十八熙寧三年十二月庚辰作“檢法官李深、勾當公事張端、著作佐郎趙蘊、周直孺”。
89.	一/八	23	今所不行可以刪除外	“令”，《長編》卷二百十四熙寧三年八月戊寅作“令”。
90.	一/八	23	所駮疏義	“疏”字原脫，據《長編》卷二百十四熙寧三年八月戊寅補。

续表

序号	《宋会要辑稿·刑法》位置	点校本页码	被校原文	校勘内容
91.	一/八	23	令詳定官參詳	“令”原作“今”，據《長編》卷二百二十熙寧四年二月甲戌改。
92.	一/八	23	即申中書門下	《長編》卷二百二十熙寧四年二月甲戌作“申中書裁下”。
93.	一/八	23	編修條貫六卷	《長編》卷二百三十熙寧五年二月甲寅作“編修條例六卷”。
94.	一/八	23	嘉祐	原作“嘉佑”，據《長編》卷二百三十熙寧五年二月甲寅改。
95.	一/八	23	以田輒有删改元旨	“田”字原脱，據《長編》卷二百三十熙寧五年二月甲寅補。
96.	一/八	23	館閣校理	“校理”，《長編》卷二百三十熙寧五年二月甲寅作“校勘”。
97.	一/九	24	都亭西驛條貫	“制”原作“贯”，据下文及《長編》卷二百三十二熙寧五年四月乙亥改
98.	一/九	24	夏人再朝貢三十餘年	“再”，疑當作“不”，參見《長編》卷二百三十二熙寧五年四月乙亥“夏人久不朝”。
99.	一/九	24	西馹條制前後重復	《長編》卷二百三十二熙寧五年四月乙亥作“西驛條制重復雜亂”。
100.	一/九	24	新修本院條貫十卷、經例一卷	《長編》卷二百四十一熙寧五年十二月庚辰作“新修審官西院敕十卷”。“修”原作“條”，據《長編》卷二百四十一熙寧五年十二月庚辰改。
101.	一/九	24	二十六卷	《長編》卷二百四十七熙寧六年九月丁未作“二十七卷”。
102.	一/九	24	嘉祐	原作“嘉祐”，據《長編》卷二百四十七熙寧六年九月丁未改。

续表

序号	《宋会要辑稿·刑法》位置	点校本页码	被校原文	校勘内容
103.	一/九	24	對點官	《長編》卷二百四十七熙寧六年九月丁未作“點對官”。
104.	一/九	25	秘書丞虞太寧充刪定官	《長編》卷二百四十七熙寧六年九月丁未作“秘書丞胡瑗、太子中舍陳偲、大理寺丞張巨、光祿寺丞虞太寧充刪定官”。
105.	一/九	25	曾布	原作“曾直”，據《長編》卷二百四十七熙寧六年九月丁未改。
106.	一/九	25	龍圖閣待制鄧綰	“待”原作“侍”，據《長編》卷二百四十七熙寧六年九月丁未改。
107.	一/九	25	曾布等九人	《長編》卷二百四十七熙寧六年九月丁未作“翰林學士、右正言曾布為起居舍人，工部郎中、龍圖閣待制鄧綰為兵部郎中，權知審刑院崔台符、權發遣大理寺少卿朱溫其等九人。”
108.	一/九	25	升任	“任”原作“仕”，據《長編》卷二百四十七熙寧六年九月丁未改。
109.	一/九	25	可並送刑法司	《長編》卷二百五十四熙寧七年七月丙辰無“刑”字。
110.	一/九	25	熙寧葬式	《宋史》卷二百四作“熙寧葬式五十五卷”。
111.	一/九	26	比會問	“比”原作“北”，據文意改。
112.	一/九	26	用法漸寬	“漸”原作“斬”，據文意改。
113.	一/九	26	軍馬司敕	《長編》卷二百六十熙寧八年二月乙丑作“馬軍司敕”。
114.	一/一0	27	窃詳赦書之意	“意”原作“易”，據文意改。
115.	一/一0	28	“甲乙二人所犯略同”至“有幸不幸爾”	原在“恐未副”下，為正文大字。據天頭舊批：“甲乙二人至幸不幸爾應小注”改作小字注文，並據文意移到此處。

续表

序号	《宋会要辑稿·刑法》位置	点校本页码	被校原文	校勘内容
116.	一/一0	28	斷訖聞奏	“聞”原作“間”，據上下文“繳連以聞”、“詳定以聞”改。
117.	一/一0	28	二十四卷	《玉海》卷六十六作“四十卷”。
118.	一/一0	28	支贈式十五	《玉海》卷六十六作“賞賜贈式十五”。
119.	一/一0	28	問疾澆奠支賜式一	“賜”原作“支”，據《玉海》卷六十六改。
120.	一/一0	28	御廚食式三	《玉海》卷六十六作“御廚式三”。
121.	一/一一	29	入内鑰匙庫一	“入”，《長編》卷二百八十熙寧十年二月戊申作“大”。
122.	一/一一	29	提點軍器等庫一	“一”字原脱，據《長編》卷二百八十熙寧十年二月戊申補。
123.	一/一一	29	入内内侍省使臣差遣一	“一”字原脱，據《長編》卷二百八十熙寧十年二月戊申補。
124.	一/一一	30	合同憑由司	“同”原作“用”，據《長編》卷二百八十五熙寧十年十一月辛亥改。
125.	一/一一	30	準送下刑部勑二卷	《長編》卷二百八十六熙寧十年十二月壬午作“準朝旨送下編到刑部敕二卷”。
126.	一/一一	30	樞密頒降者	“頒”原作“班”，據《玉海》卷六十六、《長編》卷二百八十六熙寧十年十二月壬午改。
127.	一/一一	30	事幹有司奉行者	“幹”原作“於”，據《長編》卷二百八十八元豐元年三月丁酉改。
128.	一/一一	31	修成勑令式三卷	“勑令式”，《長編》卷二百九十二元豐元年九月丁丑作“勑式”。

续表

序号	《宋会要辑稿·刑法》位置	点校本页码	被校原文	校勘内容
129.	一/一一	31	在京人從敕令式	“勅令式”，《長編》卷二百九十二元豐元年九月丁丑作“勅式”。
130.	一/一一	31	以聞	“聞”原作“間”，據《長編》卷二百九十三元豐元年十月乙巳改。
131.	一/一一	31	重修編敕所	原作“重編修敕所”，據《長編》卷二百九十四元豐元年十一月戊子改。
132.	一/一一	31	成都府等路茶場司	《長編》卷二百九十八元豐二年五月己卯“提舉成都府等路茶場司”。
133.	一/一二	32	若其書全具	“全”，《長編》卷二百九十八元豐二年六月辛酉作“完”。
134.	一/一二	32	二月二日	“二日”二字原脱，據《長編》卷三百二元豐三年二月丙申補。
135.	一/一二	32	詔同判司農寺	“詔”原作“設”，據《長編》卷三百二元豐三年二月丙申改；“同判”，《長編》卷三百二作“權同判”。
136.	一/一二	32	太常博士周直孺	“周直孺”，《長編》卷三百二元豐三年二月丙申作“周直儒”。
137.	一/一二	32	丞、主簿	“丞”原作“承”，據《長編》卷三百二元豐三年二月丙申改。
138.	一/一二	32	又古今事殊	“又”原作“文”，據《長編》卷三百四元豐三年五月乙亥改。
139.	一/一二	33	雖系案問	“系”原作“亦”，據《長編》卷三百七元豐三年八月己亥改。

续表

序号	《宋会要辑稿·刑法》位置	点校本页码	被校原文	校勘内容
140.	一/一二	33	時議者欲漸施倉法	“施”，《長編》卷三百七元豐三年八月己亥作“弛”。
141.	一/一二	33	編修鹽法	“修”，《長編》卷三百二十三元豐五年二月庚申作“排”。
142.	一/一二	33	景靈宫供奉勅令格式	“宫”原作“官”，據《長編》卷三百二十九元豐五年九月辛丑改。
143.	一/一二	34	其所指擿事理	“擿”原作“撾”，據《長編》卷三百三十一元豐五年十二月辛酉改。
144.	一/一三	34	以備照使	“使”，《長編》卷三百四十七元豐七年七月壬戌作“用”。
145.	一/一三	35	刑部	原作“本部”，據《長編》卷三百四十七元豐七年七月壬戌改。
146.	一/一三	35	刑部修立到重祿條	“祿”原作“録”，據《長編》卷三百七十三元祐元年三月壬午改。
147.	一/一三	35	鄭、滑州捕盜賞錢法	“法”字原脱，據《長編》卷三百七十三元祐元年三月乙酉補。
148.	一/一三	35	乞一處相照修立	“乞”字原脱，“修”原作“條”，據《長編》卷三百七十四元祐元年四月庚寅補、改。
149.	一/一三	36	奉行官制	“官”原作“言”，據《長編》卷三百七十四元祐元年四月乙未改。
150.	一/一三	36	除修敕令所	《長編》卷三百七十四元祐元年四月乙未作“除海行敕令所”。
151.	一/一三	36	他司置局見編修者各牒送外	“各”原作“名”，據《長編》卷三百七十四元祐元年四月乙未改。

续表

序号	《宋会要辑稿·刑法》位置	点校本页码	被校原文	校勘内容
152.	一/一三	36	皆厘析改正	“析”原作“所”，據《長編》卷三百七十四元祐元年四月乙未改。
153.	一/一三	36	並申明盡一一刪	《長編》卷三百七十四元祐元年四月乙未作“並申明畫一一册”。
154.	一/一三	36	止據逐案關到上簿	“簿”原作“案”，據《長編》卷三百七十四元祐元年四月乙未改。
155.	一/一三	36	今戶部雖有分職	“今”原作“令”，據《長編》卷三百七十四元祐元年四月乙未改。
156.	一/一三	36	度支主歲計	“主歲計”原作“部”，據《長編》卷三百七十四元祐元年四月乙未改。
157.	一/一三	36	本省昨取索所管	“本”字原脫，據《長編》卷三百七十四元祐元年四月乙未補。
158.	一/一三	36	而諸案文簿無可為校	“簿”原作“部”，據《長編》卷三百七十四元祐元年四月乙未改。
159.	一/一三	36	緣事干諸路	“幹”原作“例其”，據《長編》卷三百七十四元祐元年四月乙未改。
160.	一/一三	37	詳定元豐勑令所	“定”字原脫，據《長編》卷三百七十七元祐元年五月甲子補。
161.	一/一三	37	試給事中兼侍講孫覺	《長編》卷三百七十八元祐元年五月戊辰無“試”字。
162.	一/一三	37	試秘書少監顧臨	《長編》卷三百七十八元祐元年五月戊辰無“試”字。
163.	一/一三	37	太學條制	《長編》卷三百七十八元祐元年五月戊辰作“太學生條制”。

续表

序号	《宋会要辑稿·刑法》位置	点校本页码	被校原文	校勘内容
164.	一/一三	37	刑房	《長編》卷三百八十三元祐元年七月庚辰作“刑部”。
165.	一/一四	37	竊謂當職官以職事墮曠	“竊”原作“切”，據《長編》卷三百八十三元祐元年七月庚辰改。
166.	一/一四	38	三省言	“言”字原脱，據《長編》卷三百八十五元祐元年八月丁酉補。此內容實為司馬光所言，見《長編》卷三百八十五、《傳家集》卷五十五、《歷代名臣奏議》卷二百一。
167.	一/一四	38	六曹條貫及看詳	《長編》卷三百八十五元祐元年八月丁酉、《傳家集》卷五十五、《歷代名臣奏議》卷二百一皆作“尚書六曹條貫”。
168.	一/一四	38	長貳	“貳”原作“二”，據《長編》卷三百八十五元祐元年八月丁酉、《傳家集》卷五十五、《歷代名臣奏議》卷二百一改。
169.	一/一四	38	敕令格式	《長編》卷三百八十五元祐元年八月丁酉在“式”字後還有“並刪去共一百二十四冊”十字。
170.	一/一四	38	得旨施行	《長編》卷三百九十元祐元年十月丙午作“得旨施行事”。
171.	一/一四	38	半年一次具册	“次”字原脱，據《長編》卷三百九十元祐元年十月丙午補。
172.	一/一四	38	今後申請	《長編》卷三百九十元祐元年十月丙午作“今後申請事件”。
173.	一/一四	38	覆定申省	“省”字下，《長編》卷三百九十元祐元年十月丙午還有“依限付制敕庫房看詳取會，改修類聚，半年一次，具册取旨頒行。”二十五字。

续表

序号	《宋会要辑稿·刑法》位置	点校本页码	被校原文	校勘内容
174.	一/一四	38	不及者	"者"字下，《長編》卷三百九十還有"並在六月、十二月二十一日已後申前到者"十七字。
175.	一/一四	39	宰臣富弼、韓琦編修	原有小字注文"原空"，據《長編》卷三百九十一元祐元年十一月戊午補。
176.	一/一四	39	內有該載不盡者	"載"原作"在"，據《長編》卷三百九十一元祐元年十一月戊午改。
177.	一/一四	39	見在文字	《長編》卷三百九十一元祐元年十一月庚午作"迂枉文字"。
178.	一/一四	39	本省舍人看詳訖	"詳"原作"祥"，據《長編》卷三百九十二元祐元年十一月壬午改。
179.	一/一四	40	裁取繁文行下	《長編》卷四百四元祐二年八月癸未作"裁去繁文，行下所屬"
180.	一/一四	40	勿類奏	"勿"，《長編》卷四百四元祐二年八月癸未作"仍"
181.	一/一四	40	丞旨司	"司"原作"同"，據《長編》卷四百四元祐二年八月癸未改。
182.	一/一四	40	十二月二十四日	《玉海》卷六十六同；《長編》卷四百八記書成推恩在三年"二月乙未"即十八日，《長編》卷四百十九元祐三年闰十二月癸卯朔"诏颁元祐敕令格式。"
183.	一/一四	40	元年三月	"元"原作"六"，據《玉海》卷六十六、《長編》卷三百七十三元祐二年三月己卯改。

续表

序号	《宋会要辑稿·刑法》位置	点校本页码	被校原文	校勘内容
184.	一/一四	40	右正言王覿	原作小字注文“原空”，據《長編》卷三百七十三元祐二年三月己卯、《文獻通考》卷一百六十七補。
185.	一/一四	40	刑部郎中杜紘	“杜紘”原作“杜絖”，據《長編》卷三百七十三元祐二年三月己卯改。
186.	一/一四	40	朝散郎王朋年	“王朋年”，《長編》卷四百八元祐三年二月乙未作“王彭年。
187.	一/一四	41	宣義郎石諤、李世南	“宣義郎”，《長編》卷四百八元祐三年二月乙未作“宣德郎”。
188.	一/一四	41	承務郎錢益	“錢益”，《長編》卷四百八元祐三年二月乙未作“錢蓋”。
189.	一/一五	41	蔡州觀察推官晁端禮	“州”字下原衍“一”，據《長編》卷四百八元祐三年二月乙未刪；“推官晁端禮”，《長編》卷四百八元祐三年二月乙未作“判官晁端德”。
190.	一/一五	41	奉議郎陳兟	“陳兟”，《長編》卷四百八元祐三年二月乙未作“陳覢”。
191.	一/一五	41	三年	原脱，據《長編》卷四百十九元祐三年閏十二月癸卯補。
192.	一/一五	41	不當輒加增損	“不當”二字原脱，據《長編》卷四百十九元祐三年閏十二月癸卯補。
193.	一/一五	41	並當分别事理	“理”字下，《長編》卷四百十九元祐三年閏十二月癸卯還有“輕重及已未施行”七字。
194.	一/一五	41	今以舊條增修	“條”，《長編》卷四百十九元祐三年閏十二月癸卯作“條例”。
195.	一/一五	41	已施行者	“已”原作“他”，據《長編》卷四百十九元祐三年閏十二月癸卯改。

续表

序号	《宋会要辑稿·刑法》位置	点校本页码	被校原文	校勘内容
196.	一/一五	42	榷貨務	“榷”原作“權”，據《長編》卷四百二十九元祐四年六月丙午改。
197.	一/一五	42	宜於今者	“今”原作“令”，據《長編》卷四百二十九元祐四年六月丙午改。
198.	一/一五	42	諸路綱運到京	《長編》卷四百三十七元祐五年正月己丑作“諸路起發正綱及附搭官錢到京”。
199.	一/一五	42	元祐赦	“祐”原作“佑”，據《長編》卷四百三十七元祐五年正月己丑改。
200.	一/一五	42	尚書省立監臨主司受乞役人財物枉法者罪賞法	“役”，《長編》卷四百五十八元祐六年五月庚午作“投”。其具體内容為“監臨主司受乞投人財物者，許人告，枉法、杖罪賞錢十貫，徒罪二十貫，流罪三十貫。不枉法者減半。杖罪主典勒停，永不收敘。徒罪仍鄰州編管。”
201.	一/一五	43	一路等條	“條”原作“修”，據《長編》卷四百五十八元祐六年五月庚午改。
202.	一/一五	43	此事	《長編》卷四百五十八元祐六年五月庚午記在“熙寧八年九月”。
203.	一/一五	43	此事	《長編》卷四百五十八元祐六年五月庚午記在“元豐四年”。
204.	一/一五	43	坐倉收糴諸軍糧不取軍人情願者	“收”字原脱，據《長編》卷四百五十八元祐六年五月庚午補。且此事在“元豐六年五月”。
205.	一/一五	43	元祐	“祐”原作“佑”，據《長編》卷四百五十八元祐六年五月丁亥改。

续表

序号	《宋会要辑稿·刑法》位置	点校本页码	被校原文	校勘内容
206.	一/一五	43	並科違制治罪	“治”原作“制”，據《長編》卷四百六十四元祐六年八月甲辰改。
207.	一/一五	44	收為一書	“收”，《長編》卷四百八十四元祐八年六月壬戌作“修”。
208.	一/一五	44	仍乞随敕令格式各	“各”，《長編》卷四百八十四元祐八年六月壬戌作“名”。
209.	一/一五	44	冠以元祐為名	“祐”原作“佑”，據《長編》卷四百八十四元祐八年六月壬戌改。
210.	一/一六	44	緣官屬多是兼領	“領”原作“令”，據本條下文“兼領外”改。
211.	一/一六	44	看詳中外利害文字	“詳”原作“祥”，據本條上文“看詳役法”改。
212.	一/一六	45	按降	“按”字後原文空一格，待補。
213.	一/一六	45	元祐六門	“門”當作“年”。
214.	一/一六	46	詳定重修敕令所言	“言”原作“修”，據文意改。
215.	一/一七	47	國子監	“子”字原脱，據本條下文“詳定國子監三學”補。
216.	一/一七	47	理當一體	“體”字後《長編》卷四百九十三紹聖四年十一月壬申還有“合行編修”四字。
217.	一/一七	47	尚書省	“省”字原脱，據天頭舊批“尚書下應有省字”補。
218.	一/一七	47	上供租買物	《長編》卷四百九十三紹聖四年十二月癸未作“上件科買物”。
219.	一/一七	48	或特旨免改者非	“非”字原脱，據《長編》卷四百九十三紹聖四年十二月癸未補。
220.	一/一七	48	諸國用物所科供	“諸”原作“渚”，“科”原作“料”，據《長編》卷四百九十三紹聖四年十二月癸未改。

续表

序号	《宋会要辑稿·刑法》位置	点校本页码	被校原文	校勘内容
221.	一/一七	48	乞立人吏互相保任法	“立”原作“正”，據《長編》卷四百九十三紹聖四年十二月戊申改
222.	一/一七	48	欲於編敕	“於”原作“令”，據《長編》卷四百九十四元符元年二月己酉改。
223.	一/一七	48	應承告强盜而故不申條	“條”字原脱，據《長編》卷四百九十四元符元年二月己酉補。
224.	一/一七	48	韓忠彦	原作“韓宗彦”，據《長編》卷四百九十七元符元年四月丁未改。
225.	一/一七	49	章惇	原作“章溥”，據《長編》卷四百九十九元符元年六月戊子改。
226.	一/一七	49	常平免役令敕	《長編》卷四百九十九元符元年六月戊子作“常平免役敕令”。
227.	一/一七	49	十七日	原脱，據《長編》卷四百九十九元符元年六月甲午條補。
228.	一/一七	49	乞詔近臣	“近”原作“迎”，據《長編》卷五百一元符元年八月甲辰改。
229.	一/一八	49	而省去職司無補之員	“司”，《長編》卷五百一作元符元年八月甲辰作“同”。
230.	一/一八	49	左司郎中	“左”，《長編》卷五百一元符元年八月甲辰作“右”。
231.	一/一八	49	諸路監司及州縣各以事務格目仿省部	“務”字原脱，“仿”原作“放”，據《長編》卷五百一元符元年八月甲辰補、改。
232.	一/一八	49	令上戶部參驗	“令”原作“今”，據《長編》卷五百十元符二年五月丁未改。

续表

序号	《宋会要辑稿·刑法》位置	点校本页码	被校原文	校勘内容
233.	一/一八	49	賞錢五十貫	《長編》卷五百十元符二年五月丁未作“賞錢五十貫文”。
234.	一/一八	49	條例	“例”字後，《長編》卷五百十二元符二年七月乙巳還有“代蹇序辰也”五字。
235.	一/一八	50	修立	“修”字原脱，据《長編》卷五百十四元符二年八月癸酉改。
236.	一/一八	50	對有數	原脱，據《長編》卷五百十四元符二年八月癸酉補。
237.	一/一八	50	惇等對	原作“京對”，據《長編》卷五百十四元符二年八月癸酉改。
238.	一/一八	50	次進呈	“次”字之前，《長編》卷五百十四元符二年八月癸酉還有：“又讀祀令致齋條。上問：‘新文舊文?’惇等對：‘皆舊文。’”一句。
239.	一/一八	50	所進册多	《長編》卷五百十四元符二年八月癸酉作“所進看詳册稍多”。
240.	一/一八	51	曾旼	原作“曾收”，據《長編》卷五百十五元符二年九月甲子改。
241.	一/一八	51	元祐編敕	“祐”原作“佑”，據文意改。
242.	一/一八	51	雖累皆恩沛	“皆”當作“該”，參見《宋会要辑稿·刑法》一之二一崇寧元年二十一日條“雖累該恩沛，終身無以自新”。
243.	一/一八	51	元祐	“祐”原作“佑”，據文意改。
244.	一/一九	52	男在日	“日”原作“目”，據文意改。與下文“男既死”相對應。
245.	一/一九	52	元符馭議	“馭”當作“駁”。
246.	一/一九	52	若上有稽違	“上”當作“尚”。

续表

序号	《宋会要辑稿·刑法》位置	点校本页码	被校原文	校勘内容
247.	一/二O	54	比凡人	“比”原作“此”，據本條上文“加凡人一等”改。
248.	一/二O	54	女冠	“冠”原作“官”，據天頭舊批“應作女冠”改。
249.	一/二O	54	格上用於刑部、大理寺	“上”當作“止”，與下文“州郡”情況相對應。
250.	一/二O	54	郭如章	當作“郭知章”，參見《宋史》卷三百五十五郭知章傳。
251.	一/二O	55	鄜延路經略安撫使司狀	“狀”原作“伏”，據文意改。
252.	一/二一	55	與法妨者去之	“妨”原作“防”，據《文獻通考》卷一百六十七、《宋史》卷一百九十九改。
253.	一/二一	55	令他曹依奏編修	“令”原作“今”，據《宋史》卷一百九十九改。
254.	一/二一	56	餘犯若遇非決赦	“非決赦”當作“非次赦”，參見本條下文“非次赦宥”、“非次推恩”等。
255.	一/二一	57	中書省言	“言”字原脱，據文意補。
256.	一/二三	59	本所刪定官更不分房	“不”字原脱，據文意補。
257.	一/二三	59	而名實混淆	“實”字原脱，據本條上文“名不可以亂實久矣”補。
258.	一/二四	61	條具聞奏	“聞”原作“開”，據文意改。
259.	一/二四	61	其令存留用	“留”字下原空一格，待補。
260.	一/二四	62	總二十一册	將文中册數相加，實共二十册。
261.	一/二四	62	如有見得見行敕令續降等條貫	“降”字原脱，據文意補。
262.	一/二五	63	已盡覆熙、豐舊法	“覆”當作“復”，据文意改。
263.	一/二五	63	稪發	當作“楊發”。

续表

序号	《宋会要辑稿·刑法》位置	点校本页码	被校原文	校勘内容
264.	一/二五	63	二十八日	《羣書考索後集》卷二十八作“政和元年十二月丙辰”。證明上條“十二月二十七日”與“二年二月十三日”當合作一條。
265.	一/二五	64	以違制論	“以”原作“已”，據文意改。
266.	一/二六	64	遂為文具	“具”原作“且”，據文意改。
267.	一/二七	66	格令三	“三”原作“二”，因《宋会要辑稿·刑法》一之一一已有“宋格令二”，故改之。
268.	一/二七	66	殿中省六尚供奉敕令所書成	“所”字衍，當刪。
269.	一/二七	67	刑部奏奉御筆	“奏”、“奉”原顛倒，據文意改。
270.	一/二八	69	政和四年十月二十日勅	前文此內容在“十月十九日”，兩者必有一錯。
271.	一/二八	69	刊再頒降	疑“再”當作“定”或“印”等。
272.	一/二九	71	詳定一司勑令	“詳”原作“許”，據《羣書考索後集》卷三十改。
273.	一/二九	71	崇寧貢舉法	“法”原作“去”，據《宋史全文》卷十四改。
274.	一/二九	71	改修成	“成”原作“到”，據《宋史全文》卷十四改。
275.	一/三O	71	檢詳官辟雍司業	“雍”原作“廱”，據文意改。
276.	一/三O	71	各轉一官	“官”原作“各”，據文意改，參見上文“各轉兩官”。
277.	一/三O	72	或乞依某條或科某罪	“科”原作“料”，據本條下文“專一科罪指揮”改。
278.	一/三O	72	因事奏請立法	“法”原作“治”，據本條下文“凡因事應立法而輒定刑名者”改。
279.	一/三一	73	願換進義副尉者聽	“尉”原作“刷”，據《宋会要辑稿·刑法》一之三一宣和元年八月二十四日“人吏願補進義副尉者聽”改。

续表

序号	《宋会要辑稿·刑法》位置	点校本页码	被校原文	校勘内容
280.	一/三一	74	誠恐於法誡之損益利害	“法誡”當作“法令”。
281.	一/三二	75	鞫獄干證人無罪應責狀先放	“無”字原脫，據文意補。
282.	一/三二	75	刪定官	“刪”原作“册”，據文意改。
283.	一/三二	75	到	“到”字後原文空二格，待補。
284.	一/三二	75	須歸一司敕令所編修	“所”字原脫，據文意補。
285.	一/三二	75	自今系修本職條令	“令”原文空一格，據文意補。
286.	一/三二	76	竊見朝廷逐時頒下申明續降條制	“竊”原作“切”，據文意改。
287.	一/三二	76	乞詔有司應被受見行勅令	“詔”原作“照”，據文意改。
288.	一/三二	77	竊詳諸路州郡所管縣鎮多寡不同	“竊”原作“切”，據文意改。
289.	一/三二	77	添注入鎮寨有監官兼煙火公事處同一十三字	所添字數實十二字。
290.	一/三三	78	內令省曹寺監諸司	“令”原作“今”，据下文“外令”改。
291.	一/三三	79	引見行條法	“引”字後原文空一格。
292.	一/三三	79	則又祿令用嘉祐格	疑“祿令”當作“律令”以與下文“擬斷”相對應。
293.	一/三四	80	王依	“依”,《建炎雜記》乙集卷五同；《玉海》卷六十七作“衣”。
294.	一/三四	80	仍乞以詳定重修編敕所為名	“為”原作“謂”，據《建炎雜記》乙集卷五改。
295.	一/三四	80	詔詳定一司勅令所刪定官	“官”原作“言”，據下文“兼重修勅令刪定官”改。
296.	一/三四	81	乃有司者記之說	“記”原作“已”，據《繫年要録》卷三十六、《建炎雜記》乙集卷五、《中興小紀》卷十五、《文獻通考》卷一百六十七改。

续表

序号	《宋会要辑稿・刑法》位置	点校本页码	被校原文	校勘内容
297.	一/三四	81	各令合幹吏人將所省記條例攢類成册	“記”原作“己”，據《繫年要録》卷三十六、《建炎雜記》乙集卷五、《中興小紀》卷十五、《文獻通考》卷一百六十七改。
298.	一/三四	81	四月	“月”當作“日”。
299.	一/三四	81	爲如軍人許首身之類適當在三十日	“爲”當作“謂。
300.	一/三五	82	參知政事同提舉重修敕令張守	“同”原作“司”，據《宋会要辑稿・刑法》一之三四建炎四年六月十日條“張守同提舉”改。
301.	一/三五	82	令格式	“令”原作“今”，據文意改。
302.	一/三五	83	望詔監司郡守與夫承用官司	“郡”原作“都”，據《繫年要録》卷六十八、《宋史全文》卷十八下改。
303.	一/三六	83	吏部七司通用勑令	“司”原作“旬”，據本條上文“吏部七司”、《中興小紀》卷十五改。
304.	一/三六	84	二十七日	《中興小紀》卷十五作“紹興三年十月癸未”。
305.	一/三六	84	詔令六曹百司疾速條具申尚書省	“令”原作“今”，據文意改。
306.	一/三六	84	紹興元年十一月二十九日	“十一月”，《繫年要録》卷四十九同；《宋会要辑稿・刑法》一之三四、《三朝北盟會編》卷一百四十九皆作“十月”。
307.	一/三六	84	相繼修到尚書左右	“書”衍，當删。
308.	一/三七	85	師守	“師”當作“帥”。
309.	一/三七	86	左宣教郎王居修	“左”原作“在”，據《繫年要録》卷一百十九改。
310.	一/三七	86	在從事郎張庭俊	《繫年要録》卷一百五十四作“左承議郎”。

续表

序号	《宋会要辑稿·刑法》位置	点校本页码	被校原文	校勘内容
311.	一/三七	86	見在所詳定官權戶部侍郎王俁	“權”字原脱，“王俁”原作“王候”，據《繫年要録》卷一百五補、改。
312.	一/三七	87	紹興九年	“九年”原作“元年”，據《繫年要録》卷一百二十六紹興九年二月癸亥改。
313.	一/三七	87	限十日首納曉毁	“曉”當作“燒”或“銷”。
314.	一/三八	88	樞密院令一卷	“令”字原脱，據上下文補。
315.	一/三九	90	詔令吏部改定狀式以聞	“以”原作“之”，據文意改。
316.	一/三九	91	内有已經銜改	“銜”原作“重”，據文意改。
317.	一/四0	91	至紹興六年内	“紹興”原作“紹聖”，據本條下文“紹興六年八月二十三日”改。
318.	一/四0	91	嘉祐、元豐法有曾經盤問	“法”原作“去”，據文意改。
319.	一/四0	92	合依舊參修	“舊”原作“就”，據文意改。
320.	一/四一	93	而其間有釐析爲一司專法	“間”原作“問”，據文意改。
321.	一/四一	94	政和	原作“正和”，據本條下文“政和三年四月一日”改。
322.	一/四一	94	詔依進國子監條法體例推恩	“法”原作“司”，據文意改，參見《宋会要辑稿·刑法》一之四十紹興十三年十月六日條。
323.	一/四一	95	吏部續降並七司通用法	原作“吏部七司並七司通判”，據《繫年要録》卷一百五十九、《中興小紀》卷三十四、《宋史》卷三十、《宋史全文》卷二十一下改。
324.	一/四一	95	不該修入七司條法者	“修”原作“條”，“法”原作“司”，據文意改。

续表

序号	《宋会要辑稿·刑法》位置	点校本页码	被校原文	校勘内容
325.	一/四二	95	右迪功郎魏師心並爲删定官	“魏師心”疑當作“魏師遜”，見下文二十一年七月二十八日條“左迪功郎魏師遜”。
326.	一/四二	96	尚書左僕射	“僕”原作“樸”，據上條及本條下文“左僕射”改。
327.	一/四三	97	先是	“先”原作“一九”，據文意改。
328.	一/四三	98	尚書左僕射	“左”，《中興小紀》卷三十七作“右”。
329.	一/四三	98	令五卷	“令”原作“今”，據文意改，參見《玉海》卷一百十六。
330.	一/四五	99	格令四	“四”原作“三”，因前已有三，故改作四。
331.	一/四五	99	則序位反在著作佐郎之下	“在”原作“存”，據本條上文“删定官在著作佐郎、國子監丞之上”改。
332.	一/四五	100	以來至當	《繫年要録》卷一百八十一作“三省成法來上”。
333.	一/四五	101	修書指揮逐寢	“逐”當作“遂”；《中興小紀》卷三十八作“還”。
334.	一/四六	101	八卷	合計共六十六卷，繫年要録卷一百八十五、宋史卷二百四、宋史全文卷二十三上皆作“七十卷”。
335.	一/四六	102	仍以紹興參附尚書吏部勅令格式爲名	“令”原作“卷”，據《繫年要録》卷一百八十五、《宋史》卷二百四、《宋史全文》卷二十三上改。
336.	一/四六	102	而望銓曹之清	“銓”原作“詮”，據本條下文“銓曹其清矣”改。
337.	一/四六	102	將吏部七司祖宗舊制	“宗”原作“宜”，據本條下文“祖宗成憲”、“祖宗法意”等改。
338.	一/四六	102	若更精擇天官長貳	《繫年要録》卷一百八十五、《中興小紀》卷三十九皆作“若更精擇長貳”。

续表

序号	《宋会要辑稿·刑法》位置	点校本页码	被校原文	校勘内容
339.	一/四六	102	不可更令引例也	“令”原作“今”，據《繫年要録》卷一百八十五、《中興小紀》卷三十九改。
340.	一/四六	103	欺或世俗	“或”當作“惑”。
341.	一/四七	103	刑部侍郎胡交修	“胡交修”原作“故交修”，據《繫年要録》卷七十八、卷一百三十三改。
342.	一/四七	103	大理寺委評事何彦猷	“評”原作“平”，據《繫年要録》卷一百三十三改。
343.	一/四七	103	詔得紹興斷例	“詔”當作“照”。
344.	一/四七	104	例者	“例”原作“出”，據本條上文“捨法用例”、“法者”改。
345.	一/四七	104	竊慮定例雖下	“竊”原作“切”，據文意改。
346.	一/四七	105	令有二途	“途”原作“徒”，據文意改。
347.	一/四七	105	竊見紹興續降指揮	竊”原作“切”，據文意改。
348.	一/四八	106	竊見紹興以來續降	“竊”原作“切”，據文意改。
349.	一/四八	106	前後外悟者不可一二數	“外悟”當作“舛牾”。
350.	一/四八	106	韓光吉	當作“韓元吉”，參見《宋史》卷三百九十《李衡傳》
351.	一/四八	106	蔡洸	原作“蔡光”，據《宋史》卷三百九十《蔡洸傳》改。
352.	一/四八	106	竊見吏部七司條令	“竊”原作“切”，據文意改。
353.	一/四八	107	然上未及諸路一司法令	“上未”當作“尚未”。
354.	一/四九	107		原文天頭舊批“並”字，不知何意。
355.	一/四九	108	竊見乾道新書	“竊”原作“切”，據文意改。
356.	一/四九	109		疑缺樞密院“式”。
357.	一/四九	109	緣系内	“系”當作“條”。

续表

序号	《宋会要辑稿·刑法》位置	点校本页码	被校原文	校勘内容
358.	一/四九	109	即是	“是”字後衍“即是”，已刪。
359.	一/四九	110	紹興編類獲盜推賞刑部例	《文獻通考》卷一百六十七無“刑部”二字。
360.	一/四九	110	則事皆沮而不行	“事”原作“是”，據《文獻通考》卷一百六十七改。
361.	一/五0	110	自紹興三年四月至三十年七月成書	“至”字原脱，據文意補。
362.	一/五0	111	取吏部七司以成三書	“以”當作“已”。已成三書，即吏部七司法、新吏部七司續降、參附吏部七司法。
363.	一/五0	111	時龔茂良爲提舉官	“官”字原脱，據文意及下文淳熙三年三月二十九日條補。
364.	一/五0	111	蔡洸爲詳定官	“蔡洸”原作“蔡洗”，據《文獻通考》卷三十八改。
365.	一/五一	112	今後刑寺斷案别無疑慮	“今”原作“令”，據文意改。
366.	一/五一	113	宣教郎樓鑰	“宣教郎”當作“宣議郎”，見上文淳熙三年三月二十九日條。
367.	一/五一	113	昨修乾道法日	“修”原作“條”，據文意改。
368.	一/五一	113	四年八月	原作“四八年月”，據文意改。
369.	一/五一	113	命官陳乞改政過名	“政”當作“正”。
370.	一/五一	113	毋改輕改成法	“毋改”當作“毋致”。
371.	一/五二	114	京襄	疑當作“荊襄”。
372.	一/五二	114	宜義郎	“宜”當作“宣”。
373.	一/五二	115	今來逐一取道	“道”當作“到”。
374.	一/五二	115	其間有略舉事端	“間”原作“問”，據文意改。
375.	一/五三	116	承直郎刑紳	“刑”當作“邢”。
376.	一/五三	116	分明編類成遝	疑“遝”當作“册”。
377.	一/五三	117	一半充賞	“充”原作“允”，據本條下文“一半充賞”改。

续表

序号	《宋会要辑稿·刑法》位置	点校本页码	被校原文	校勘内容
378.	一/五三	117	今因淳熙新書之名	“新”原作“命”，據本條上下文改。
379.	一/五三	118	實負冤抑	“抑”原作“仰”，據《繫年要録》卷八十七改。
380.	一/五三	118	實負冤抑	“抑”原作“仰”，據本條上文改。
381.	一/五四	118	悉皆刪者	“者”當作“去”。
382.	一/五四	118	諸軍對本本人依階級法	疑此句有誤。
383.	一/五四	119	即行刪去	“去”原作“者”，據文意改。
384.	一/五五	120	而民聽不惑	“而”字前原衍“而”字，已刪。
385.	一/五五	121	並臣今所在	疑“在”當作“奏”或“言”。
386.	一/五五	121	令諸處各條具修書以後	“令”原作“今”，據文意改。
387.	一/五五	121	立限催督	“催”原作“崔”，據文意改。
388.	一/五六	122	蓋將會稡續降編緝無遺	“會稡”，本條下文作“彙萃”。
389.	一/五六	122	乞下刑部立限催督	“催”原作“崔”，據文意改。
390.	一/五六	123	而後不可引爲帝用者	“帝”，疑作“常”。
391.	一/五七	125	謂未曾事發者	原为大字正义，今改作小字注文。
392.	一/五八	126	嘉泰	原作“嘉慶”，據《續編兩朝綱目備要》卷七、《宋史》卷三十八、《續宋編年資治通鑒》卷十二、《宋史全文》卷二十九下改。
393.	一/五八	126	十一月四日	“日”原作“月”，據《續編兩朝綱目備要》卷七、《宋史》卷三十八、《宋史全文》卷二十九下改。

续表

序号	《宋会要辑稿 · 刑法》位置	点校本页码	被校原文	校勘内容
394.	一 / 五八	127	非不整整	疑其中一“整”字有誤。
395.	一 / 五九	129	慶元斷獄令	“令”原作“今”，據本條下文改。
396.	一 / 五九	129	昨修纂吏部總類通用令	“令”原作“今”，據文意改。
397.	一 / 五九	129	兼斷獄令引嫌之項	“嫌”原作“兼”，據本條上下文改。
398.	一 / 六 0	130	吏部尚書、兼詳定勑令官李大性等言	“李大性”原作“李太性”，據上條改。
399.	一 / 六 0	131	然慮其間有未盡實者	“間”原作“問”，據文意改。
400.	一 / 六一	132	不當用覺舉之令	不當用覺舉之令。
401.	一 / 六一	132	以來改正	“來”當作“求”。
402.	一 / 六一	132	從之	原作“行之”，據文意改。
403.	一 / 六二	133	原作“法律”	据眉批“按当是试法律”讲。
404.	一 / 六二	133	不在此任限	“在”原作“準”，據《輯稿 · 職官》一五之三二改。
405.	一 / 六二	133	郎中已上料錢	“料”原作“科”，據《輯稿 · 職官》一五之三二改。
406.	一 / 六二	134	其大理寺官滿三年無闕	《輯稿 · 職官》一五之三二作“其大理寺滿三年無遺闕”。
407.	一 / 六二	134	二月	《輯稿 · 職官》一五之三二作“三月”。
408.	一 / 六二	134	甚非欽恤之義也	“欽”原作“輕”，據《輯稿 · 職官》一五之三二改。
409.	一 / 六二	135	自今有乞試法律者	“今”原作“有”，據《輯稿 · 職官》一五之三三改。
410.	一 / 六二	135	並於大理寺選斷過舊案條律稍繁	“案”字原脱，據文意補。
411.	一 / 六二	135	六通已上者亦奏加奬擢	“加”原作“如”，據《輯稿 · 職官》一五之三三改。

续表

序号	《宋会要辑稿·刑法》位置	点校本页码	被校原文	校勘内容
412.	一/六三	136	仍依近敕並差官與刑部、大理寺交牙考試	“敕”原作“軟”，據《輯稿·職官》一五之三三改；“牙”當作“互”。
413.	一/六三	136	交牙考試	“牙”當作“互”。
414.	一/六三	137	知審刑院朱巽	“朱巽”，《輯稿·職官》一五之三四作“朱選”。
415.	一/六三	138	委在寺眾官體量以聞	“在”，《長編》卷七十三大中祥符三年四月戊午作“本”。
416.	一/六三	138	其權詳斷官以半年為限	“斷”原作“判”，據《長編》卷七十三大中祥符三年四月戊午、改。
417.	一/六四	138	及諸路案内	“案内”原作“同”，據《輯稿·職官》一五之三五改。
418.	一/六四	139	此輩雖云詳練格法	“云”原作“六”，據《長編》卷八十大中祥符六年六月“是月”條改。
419.	一/六四	139	尤須得人盡公程試	“試”原作“式”，據《長編》卷八十大中祥符六年六月“是月”條、《輯稿·職官》一五之三五改。
420.	一/六四	139	誠有之	“之”字原脱，據《長編》卷八十大中祥符六年六月“是月”條補。
421.	一/六四	139	則第曰合入徒罪	“第”，《長編》卷八十大中祥符六年六月“是月”條作“但”。
422.	一/六四	139	仍更條約	“更”，《長編》卷八十大中祥符六年六月“是月”條作“申”。
423.	一/六四	139	與監臨場務無異	“異”原作“巽”，據《長編》卷八十一大中祥符六年十二月壬午、《輯稿·職官》一五之三六改。
424.	一/六四	139	奏取進止	止”原作“旨”，據《長編》卷八十一大中祥符六年十二月壬午改。

续表

序号	《宋会要辑稿·刑法》位置	点校本页码	被校原文	校勘内容
425.	一/六四	140	從本寺之請也	“本”原作“今”，“請”原作“情”，據《輯稿·職官》一五之三六改。
426.	一/六四	140	本寺詳斷官八員	“詳”字原脱，據《長編》卷九十一天禧二年二月辛巳補。
427.	一/六四	140	多不精習法律，望	“習法律，望”，原文空四格，據《長編》卷九十一天禧二年二月辛巳、《輯稿·職官》一五之三七補。
428.	一/六四	141	咸平二年三月	“三月”二字原脱，據《長編》卷九十一天禧二年二月辛巳補。
429.	一/六四	141	刑部衆官舉奏	“衆官舉奏”，原文空四格，據《長編》卷九十一天禧二年二月辛巳、《輯稿·職官》一五之三七補。
430.	一/六四	141	今臣等参	原文空四格，據《長編》卷九十一天禧二年二月辛巳、《輯稿·職官》一五之三七補。
431.	一/六四	141	舉奏幕職	“職”字下原文空四格。此句，《長編》卷九十一天禧二年二月辛巳作“舉奏京官俱歷任”；《輯稿·職官》一五之三七作“舉奏幕職州縣官但歷任”。
432.	一/六四	141	前敕，但	原文空四格，據《長編》卷九十一天禧二年二月辛巳、補。
433.	一/六四	141	所冀精詳法律	“律”原作“曆”，據《長編》卷九十一天禧二年二月辛巳、《輯稿·職官》一五之三七改。
434.	一/六四	141	公平	原文空二格，據《長編》卷九十一天禧二年二月辛巳、《輯稿·職官》一五之三七補。

续表

序号	《宋会要辑稿·刑法》位置	点校本页码	被校原文	校勘内容
435.	一/六四	141	仍令自今所舉官	“今”原作“多”，據《長編》卷九十一天禧二年二月辛巳、《輯稿·職官》一五之三七改。
436.	一/六四	141	具通否以聞	“否”字原脱，據《長編》卷九十一天禧二年二月辛巳、《輯稿·職官》一五之三七補。
437.	一/六四	141	右正	原文空二格，據《輯稿·職官》一五之三七、《長編》卷九十一天禧二年閏四月乙卯補。
438.	一/六四	141	劉燁	“燁”，原文空一格，據《輯稿·職官》一五之三七、《長編》卷九十一天禧二年閏四月乙卯補。
439.	一/六四	141	臣僚陳乞	原文空四格，據《輯稿·職官》一五之三七補；《長編》卷九十一天禧二年閏四月乙卯作“世家陳乞”。
440.	一/六五	142	須曾有奏舉主者	“曾”原作“曹”，據《輯稿·職官》一五之三七改。
441.	一/六五	142	選人求試充法官	“求”原作“來”，據《輯稿·職官》一五之三七改。
442.	一/六五	142	苟誠漏泄	“誠”，《輯稿·職官》一五之三八作“或”。
443.	一/六五	143	且與一任家便知縣後	“家”，《長編》卷一百四天聖四年十一月丙寅作“除家”。
444.	一/六六	145	兼以重罪引用律條者合試	“兼”原作“無”，據《輯稿·職官》一五之三九改。
445.	一/六六	145	赴御史臺同試	“赴”字原脱，據文意補。
446.	一/六六	145	太武升朝官二人同罪奏舉	“太”當作“文”。
447.	一/六六	145	如在任舉駁覆奏公事别無不了	“駁”原作“駮”，據《輯稿·職官》一五之四〇改。

续表

序号	《宋会要辑稿·刑法》位置	点校本页码	被校原文	校勘内容
448.	一/六六	146	如有未滿者	《輯稿·職官》一五之四〇作“如未有年滿者”。
449.	一/六六	146	三司檢法官孫杭	“孫杭”，《長編》卷一百二十二寶元元年六月丙子作“孫抗”。
450.	一/六六	147	三月十四日	日”字原脫，據《輯稿·職官》一五之四一、《長編》卷一百七十二皇祐四年三月己未補。
451.	一/六六	147	大懼炎暍之際	“暍”原作“臘”，據《長編》卷一百七十二皇祐四年三月己未改。
452.	一/六七	147	荊湖南等州軍	“荊湖南”，《長編》卷一百七十二皇祐四年三月己未作“荊湖”。
453.	一/六七	147	直令知院	“直”當作“宜”。
454.	一/六七	147	餘依詔條	“詔”原作“照”，據《輯稿·職官》一五之四一改。
455.	一/六七	147	類聚繳連以聞	“聚”原作“眾”，據《輯稿·職官》一五之四一改。
456.	一/六七	148	雖只一次	“只”原作“知”，據《輯稿·職官》一五之四二改。
457.	一/六七	149	立定試案鋪刑名	《輯稿·職官》一五之四二作“立定試官案鋪刑名”。
458.	一/六八	149	更於奏狀上系銜	“銜”原作“御”，據《輯稿·職官》一五之四三改。
459.	二/一	150	禁约一	“禁”字上原衍“刑法”二字，“一”字原阙，据原文体例删补。
460.	二/一	151	上天	“天”，《宋大詔令集》卷一百八十四作“元”。
461.	二/一	151	縣令等	“等”字原脫，據《宋大詔令集》卷一百八十四補。

续表

序号	《宋会要辑稿·刑法》位置	点校本页码	被校原文	校勘内容
462.	二/二	152	民惟邦本	“惟”原作“為”，據《宋大詔令集》卷一百八十二改。
463.	二/二	152	百日勞則有一日之息	《宋大詔令集》卷一百八十二作“一日勞則有百日之息”。
464.	二/二	152	比屋之民	“屋”原作“星”，據《宋大詔令集》卷一百八十二改。
465.	二/二	152	交儆之詞	《宋大詔令集》卷一百八十二作“儆戒之條”。
466.	二/二	152	今膏澤屢	“今”原作“令”，據《宋大詔令集》卷一百八十二改。
467.	二/二	152	宜體兹意	“兹”，《宋大詔令集》卷一百八十二作“朕”。
468.	二/二	153	九月二十五日	《宋大詔令集》卷二百十四作“十月癸酉”。
469.	二/二	153	朕尊臨萬國	“尊”，《宋大詔令集》卷二百十四作“君”。
470.	二/二	153	兵者兇器	“者”，《宋大詔令集》卷二百十四作“曰”。
471.	二/二	153	契丹	“丹”原作“舟”，據《宋大詔令集》卷二百十四改。
472.	二/三	153	毒虐生民	“虐”原作“雪”，據《宋大詔令集》卷二百十四改。
473.	二/三	153	契丹	“丹”原作“舟”，據《宋大詔令集》卷二百十四改。
474.	二/三	153	氈裘之民	“氈裘”，《宋大詔令集》卷二百十四作“强悍”。
475.	二/三	153	來為唇齒之援	“來”原作“求”，據《宋大詔令集》卷二百十四改。
476.	二/三	153	顧兹曲直	“顧”原作“諒”，據《宋大詔令集》卷二百十四改。
477.	二/三	154	二年	《宋大詔令集》卷一百九十八作“三年”。

续表

序号	《宋会要辑稿・刑法》位置	点校本页码	被校原文	校勘内容
478.	二 / 三	154	但問化之如何耳	“但”字原脱，據《宋大詔令集》卷一百九十八補。
479.	二 / 三	154	邕管記	《長編》卷二十六雍熙二年九月庚戌、《宋史》卷二百四、《文獻通考》卷二百五、《直齋書錄解題》卷八、《崇文總目》卷四、《通志》卷六十六、《廣西通志》卷四十五、《粤西文載》卷六十二皆作“《邕管雜記》”，即其全稱。
480.	二 / 三	154	入忠、萬之境	《宋史》卷六十六、《文獻通考》卷三百一十一、《四川通志》卷三十八作“入萬之境”。
481.	二 / 三	155	採牲	“牲”原作“生”，據本條下文“採牲”改。
482.	二 /4	155	見富人家多召贅婿	《長編》卷三十一淳化元年九月戊寅作“見川、峡富人多招贅婿”。
483.	二 /4	155	京城先是無賴輩	《長編》卷三十二淳化二年闰二月己丑無“先是”。
484.	二 /5	156	建生祠堂	“祠”原作“司”，據本條下文“建祠宇”改。
485.	二 / 六	157	非有所產	“有”，《長編》卷四十五咸平二年七月壬辰作“其”。
486.	二 / 六	158	意在私曲	“意”原作“奇”，據《長編》卷四十五咸平二年七月壬辰改。
487.	二 / 六	158	詳視	“詳”原作“祥”，據《長編》卷四十五咸平二年七月壬辰改。
488.	二 / 六	158	十六日	《長編》卷四十七咸平三年六月丙寅，二十一日。
489.	二 / 六	158	河北縣	《長編》卷四十七咸平三年六月丙寅作“河北州縣”。

续表

序号	《宋会要辑稿·刑法》位置	点校本页码	被校原文	校勘内容
490.	二/六	158	悉就誅鋤	“悉”原作“來”，據《宋大詔令集》卷二百十七改。
491.	二/六	158	用寬詿誤	“用”，《宋大詔令集》卷二百十七作“困”。
492.	二/六	158	從知益州馬知節請也	“也”字原脫，據文意及《長編》卷五十一補。
493.	二/六	159	河北	原脫，據《長編》卷五十八景德元年十月癸未補。
494.	二/七	160	十日	“日”原作“月”，據《長編》卷六十四景德三年九月己酉改。下條“十八日”亦為九月事。
495.	二/七	160	緣沿州郡	“郡”，《長編》卷六十四景德三年九月己酉作“軍”。
496.	二/七	160	十八日	此事《長編》卷六十四記在景德三年“九月戊午”即“十九日”。
497.	二/七	161	齋醮	“齋”原作“齎”，據《長編》卷六十六景德四年八月戊申改。
498.	二/八	161	亦具所費奏聞	“所”字原脫，據《長編》卷六十六景德四年八月戊申補。
499.	二/八	161	三司憑由司	“司”字原脫，據《長編》卷六十六景德四年八月戊申補。
500.	二/八	161	以諸司奏知牘背為之	“《長編》卷六十六景德四年八月戊申無“知”字
501.	二/八	161	官廨樑折	“折”原作“析”，據《長編》卷六十六景德四年八月戊申改。
502.	二/八	161	所實惟穀	“實”，《宋大詔令集》卷一百八十二作“食”。
503.	二/八	161	多所棄捐	“多”字原脫，據《宋大詔令集》卷一百八十二補。

续表

序号	《宋会要辑稿·刑法》位置	点校本页码	被校原文	校勘内容
504.	二/八	161	告諭居民	“居”字原脱，據《宋大詔令集》卷一百八十二補。
505.	二/八	161	令	原作“今”，據《長編》卷六十七景德四年十月庚子改。
506.	二/八	162	大中祥符元年六月八日	《宋大詔令集》卷一百九十九亦作“大中祥符元年六月丁酉”；燕翼詒謀錄卷二却作“四年六月”。
507.	二/八	162	宜申誕告	“申”，《宋大詔令集》卷一百九十九作“令”。
508.	二/八	162	丹白	原作“月白”，據《宋大詔令集》卷一百九十九、燕翼詒謀錄卷二改。
509.	二/九	162	假花株	“株”，《長編》卷七十一大中祥符二年正月丁巳作“樹”。
510.	二/九	163	不聞尊長	“聞”，《宋大詔令集》卷一百九十九同；《長編》卷七十一大中祥符二年正月戊辰作“問”。
511.	二/九	163	三司捕而懲之	“三司”，《長編》卷七十一大中祥符二年六月乙未作“三班”。
512.	二/九	163	百司諸公局	“局”，《長編》卷七十一大中祥符二年六月癸卯作“署”。
513.	二/九	163	挈家屬	“屬”字原脱，據《長編》卷七十一大中祥符二年六月癸卯補。
514.	二/九	163	七月四日	《長編》卷七十二记此事在大中祥符二年七月辛巳，即七月二十八日；《宋大詔令集》卷一百九十九作“十月”。
515.	二/一0	163	禁咒	“呪”原作“術”，據本條上文及《長編》卷七十二大中祥符二年七月辛巳改。

续表

序号	《宋会要辑稿·刑法》位置	点校本页码	被校原文	校勘内容
516.	二/一0	163	情重者以其令眾	“情”、“其”二字原脫，據《宋大詔令集》卷一百九十九補。
517.	二/一0	164	八月十六日	“八月”二字原脫，據《長編》卷七十二大中祥符二年八月癸巳補；“十六日”，《長編》記癸巳，即十一日。
518.	二/一0	164	勿令雜買務供應	“勿”，《長編》卷七十二大中祥符二年八月癸巳無此字，疑誤。
519.	二/一0	164	十九日	《長編》卷七十二大中祥符二年八月丙申作“河梁津吏”。
520.	二/一0	164	浮梁主吏	《長編》卷七十二大中祥符二年八月丙申作“河梁津吏”。
521.	二/一0	164	二十二日	《長編》卷七十二大中祥符二年八月戊戌，即十六日。
522.	二/一0	164	隸習樂部	“隸”，《長編》卷七十二大中祥符二年八月戊戌作“肄”。
523.	二/一0	165	振武等軍士	“等”，《長編》卷七十三大中祥符三年正月丁丑無此字。
524.	二/一0	165	臣已各給裝錢	“臣”字原脫，據《長編》卷七十三大中祥符三年正月丁丑補。
525.	二/一0	165	擅有給齎	“給齎”，《長編》卷七十三大中祥符三年正月丁丑作“給赐”。
526.	二/一0	165	命備償還官	《長編》卷七十三大中祥符三年正月丁丑作“命備錢償官”。
527.	二/一0	165	殺祭棱騰神	《長編》卷七十三大中祥符三年二月乙巳作“殺人祭棱騰邪神”。
528.	二/一0	165	官司嚴加警察	“司”，《長編》卷七十三大中祥符三年四月戊寅作“吏”。
529.	二/一一	166	正月十七日	《長編》卷七十七大中祥符五年“正月乙酉”同；《宋大詔令集》卷一百九十九作“三月癸未”。

续表

序号	《宋会要辑稿·刑法》位置	点校本页码	被校原文	校勘内容
530.	二/一一	166	妖妄惑衆	“妄”，《宋大詔令集》卷一百九十九同；《長編》卷七十七大中祥符五年正月乙酉作“人”。
531.	二/一一	166	諸州屯兵	“州”字原脱，據《長編》卷七十七大中祥符五年五月庚辰補。
532.	二/一一	166	草茅覆屋	《長編》卷七十七大中祥符五年五月庚辰作“多用草茅覆屋”。
533.	二/一一	166	趨近南州軍	“趨”原作“趣”，據《長編》卷七十八大中祥符五年六月壬戌改。
534.	二/一一	166	貿市	《長編》卷七十八大中祥符五年六月壬戌作“貿易”。
535.	二/一一	166	閏十月十四日	此事《長編》卷七十九在大中祥符五年閏十月丁卯，即三日。
536.	二/一一	167	正至	《長編》卷七十九大中祥符五年閏十月丁卯作“正旦”。
537.	二/一一	167	蔭贖人	《長編》卷八十大中祥符六年三月己未作“蔭襲人”。
538.	二/一二	167	閱習樂聲	“樂聲”，《長編》卷八十一大中祥符六年八月乙丑作“聲樂”。
539.	二/一二	167	貿賣邸舍	“貿”，《長編》卷八十一大中祥符六年九月辛卯作“質”。
540.	二/一二	167	申明條約	“條”字原脱，據《長編》卷八十一大中祥符六年九月辛卯補。
541.	二/一二	168	二十四日	《長編》卷八十二大中祥符七年五月戊申，即二十三日。
542.	二/一二	168	請今俟成資日	“今”，《長編》卷八十二大中祥符七年五月戊申作“令”。

续表

序号	《宋会要辑稿·刑法》位置	点校本页码	被校原文	校勘内容
543.	二/一二	168	受川陕任	《長編》卷八十四大中祥符八年正月戊戌作“授川峡任”。
544.	二/一二	168	其家族有因依	《長編》卷八十四大中祥符八年正月戊戌作“其家屬有所依”。
545.	二/一二	168	亡命卒	《長編》卷八十四大中祥符八年正月戊戌作“亡卒”。
546.	二/一二	168	常共賭博	“常”，《長編》卷八十四大中祥符八年正月戊戌作“嘗”。
547.	二/一三	169	今後臣僚等	“臣”字原脱，據《長編》卷八十七大中祥符九年七月癸亥、《宋大詔令集》卷一百九十二補。
548.	二/一三	170	苗稼裁茂	“裁”，《長編》卷九十天禧元年十月壬申作“才”。
549.	二/一三	170	重置其罪	“其”原作“于”，據《長編》卷九十天禧元年十月壬申、《宋史》卷一百七十三改。
550.	二/一三	170	洎廣州	“洎”原作“泊”，據《長編》卷九十二天禧二年十一月癸未改。
551.	二/一三	170	砂鑞等錢	“錢”，據《長編》卷九十二天禧二年十一月癸未作“物。
552.	二/一三	171	七月三日	《長編》卷九十四天禧三年七月戊午同；《太平治跡統類》卷五作“十一月”。
553.	二/一四	171	二十五日	《長編》卷九十四天禧三年七月庚辰同；《太平治跡統類》卷五作“十一月庚辰”。
554.	二/一四	171	鐘離瑾	“瑾”，《長編》卷九十四天禧三年七月庚辰同；《太平治跡統類》卷五作“謹”。
555.	二/一四	171	即時騰奏	“騰”，《長編》卷九十四天禧三年七月庚辰同；《太平治跡統類》卷五作“謄”。

续表

序号	《宋会要辑稿·刑法》位置	点校本页码	被校原文	校勘内容
556.	二/一四	171	利	原作“州”，據《長編》卷九十四天禧三年十月丁亥改。
557.	二/一四	171	號為古族	“古”，《長編》卷九十四天禧三年十月丁亥作“右”。
558.	二/一四	171	興州、劍、利等州、三泉縣	“三泉縣”原在“劍”前，據《長編》卷九十四天禧三年十月丙申移後。
559.	二/一四	172	仍給付施行	“仍”，《長編》卷九十六天禧四年十二月乙酉作“乃”。
560.	二/一五	173	天禧	“禧”原作“僖”，據文意改。
561.	二/一六	174	搉場	“搉”原作“摧”，據文意改。
562.	二/一六	174	人名著青緋衫子	“名”當作“各”。
563.	二/一七	175	廣置屋業	“屋業”，《長編》卷一百七天聖七年閏二月辛卯作“物業”；《玉海》卷一百七十六、《宋史》卷一百七十三皆作“别業”。
564.	二/一七	175	將吏	《文獻通考》卷一十二作“衙前將吏合免户役者”；《玉海》卷一百七十六作“牙前將吏應復役者”。
565.	二/一七	175	典買	“買”原作“賣”，據《文獻通考》卷一十二改。
566.	二/一七	176	至惑中外	“惑”原作“感”，据文意改。
567.	二/一九	177	倉軍	“軍”當作“庫”，据文意改。
568.	二/一九	177	是時常新總權綱	“常”當作“帝”，据文意改。
569.	二/一九	178	九日	原作“九月”，據《長編》卷一百十三明道二年十月“辛丑”改。
570.	二/二0	179	二月十五日	《長編》卷一百十四景祐元年二月甲寅，即二十三日。
571.	二/二0	179	不候朝旨	“候”前衍“奏”字，據《長編》卷一百十四景祐元年二月甲寅刪。

续表

序号	《宋会要辑稿·刑法》位置	点校本页码	被校原文	校勘内容
572.	二 / 二 0	179	枉路赴兗州	“枉”,《長編》卷一百十四景祐元年二月甲寅作“迂”。
573.	二 / 二一	180	民夜聚曉散	“民”字原脱，據《長編》卷一百一十七景祐二年十二月甲子補。
574.	二 / 二一	180	賞錢五萬	“五萬”,《長編》卷一百一十七景祐二年十二月甲子作“三萬”。
575.	二 / 二二	181	以屢有火災也	原作小字注文，今改为大字正文。
576.	二 / 二二	181	恐嚇民財	“嚇”原作“赫”，據文意改。
577.	二 / 二二	181	諸州軍宮觀寺廟	“州軍”二字原脱，據《長編》卷一百一十九景祐三年十二月辛酉補。
578.	二 / 二二	181	幕職官	“幕”字原脱，據《長編》卷一百一十九景祐三年十二月辛酉補。
579.	二 / 二三	183	左正言	《長編》卷一百二十三寶元二年三月戊申、《宋名臣奏議》卷九十八、《歷代名臣奏議》卷二百一十皆作“右正言”。
580.	二 / 二三	183	讖忌之語	“讖”原作“纖”，據《長編》卷一百二十三寶元二年三月戊申、《宋名臣奏議》卷九十八改。
581.	二 / 二三	183	以害讎嫌	“嫌”後内容與《長編》卷一百二十三寶元二年三月戊申、《宋名臣奏議》卷九十八吳育之言内容不同。
582.	二 / 二三	183	臣只傳聞	疑“只”字後缺一字。
583.	二 / 二四	183	宣德門	“門”字原脱，據《長編》卷一百二十三寶元二年五月甲辰、《景文集》卷四十三、《宋史》卷一百二十、《歷代名臣奏議》卷一百十九補。

续表

序号	《宋会要辑稿·刑法》位置	点校本页码	被校原文	校勘内容
584.	二/二四	184	欲乞不以年分整齊	“以”，《宋名臣奏議》卷一百一、《歷代名臣奏議》卷一百九十一皆作“必”。
585.	二/二四	184	無名之賜	“之”原作“支”，據《宋名臣奏議》卷一百一、《歷代名臣奏議》卷一百九十一改。
586.	二/二四	184	右司諫	“右”原作“左”，據上條及《宋名臣奏議》卷一百一、《歷代名臣奏議》一百九十一改。
587.	二/二四	184	定奪減省	“減”字原脱，據《宋名臣奏議》卷一百一、《歷代名臣奏議》一百九十一補。
588.	二/二五	185	三年	有誤，康定只有二年，且於十一月始改年號為慶曆。以下六條皆在十一月前，故此處當為康定二年。
589.	二/二五	185	三月五日	《長編》記此事在卷一百三十一慶曆元年三月丙辰，即“三月七日”。
590.	二/二五	185	七月十七日	《長編》記此事在卷一百三十二慶曆元年七月丙寅，即“七月十九日”。
591.	二/二五	185	許人陳首	疑“首”當作“告”。參見《長編》卷一百三十二慶曆元年七月丙寅“募告者賞錢三十萬”。
592.	二/二五	186	肺腑近戚	“戚”原作“歲”，據《長編》卷一百三十三慶曆元年八月壬辰改。
593.	二/二五	186	無容親近之姦請	“姦請”，《長編》卷一百三十三慶曆元年八月壬辰作“幹請”。
594.	二/二六	186	常切遵守	“常”原作“嘗”，據《長編》卷一百三十三慶曆元年八月壬辰改。

续表

序号	《宋会要辑稿·刑法》位置	点校本页码	被校原文	校勘内容
595.	二/二六	186	妓女	《長編》卷一百三十四慶曆元年十月癸卯作“女伎”。
596.	二/二六	187	詳定減省所	《長編》卷一百三十七慶曆二年六月丙戌作“三司減省所”。
597.	二/二六	187	兩地臣僚	《長編》卷一百三十七慶曆二年六月丙戌作“兩府管軍臣僚”。
598.	二/二六	187	殿前馬步都知押班	《長編》卷一百三十七慶曆二年六月丙戌作“兩省都知押班”。
599.	二/二六	187	兩府臣僚無母、妻	“臣僚無母、妻”五字原脫，據《長編》卷一百三十七慶曆二年六月丙戌補。
600.	二/二六	187	一百萬石	《長編》卷一百三十七慶曆二年六月丙戌作“一百石”。
601.	二/二六	187	郡王	《長編》卷一百三十七慶曆二年六月丙戌作“荊王”。
602.	二/二六	187	宣徽使	“使”字原脫，據《長編》卷一百三十七慶曆二年六月丙戌補。
603.	二/二六	187	節度使	“使”字原脫，據《長編》卷一百三十七慶曆二年六月丙戌補。
604.	二/二六	187	皇親正刺史以上	“上”字原脫，據《長編》卷一百三十七慶曆二年六月丙戌補。
605.	二/二六	187	更牙	“牙”當作“互”。
606.	二/二七	188	從之	“之”字原脫，據文意補。
607.	二/二七	188	決配慈州	“慈州”，《長編》卷一百五十一慶曆四年八月丙申作“黃州”。
608.	二/二七	188	作坊指射為甲匠	“坊”原作“方”，據《長編》卷一百五十一慶曆四年八月丙申改。

续表

序号	《宋会要辑稿·刑法》位置	点校本页码	被校原文	校勘内容
609.	二/二七	188	三司覺其都妄	疑“都”當作“姦”，參見《長編》卷一百五十一慶曆四年八月丙申。
610.	二/二七	188	十一月十七日	《宋大詔令集》卷一百九十一作“大中祥符元年正月己卯”，即十七日，且內容較此條更完整。
611.	二/二七	188	宜盡哀矜	“哀”原作“京”，據《宋大詔令集》卷一百九十一改。
612.	二/二七	189	詔開封府嚴切禁止	“封”字原脫，據文意補。
613.	二/二七	189	榷場	“榷”原作“摧”，據文意改。
614.	二/二七	189	大名府	“名”原作“明”，據《長編》卷一百五十九慶曆六年七月乙酉改。
615.	二/二八	190	更相纔愬	“纔”當作“讒”。
616.	二/二八	190	永靜軍	“永”原作“水”，據《宋史》卷八六改。
617.	二/二九	190	賈昌朝	“朝”原作“期”，據《長編》卷一百六十一慶曆七年十二月壬子改。
618.	二/二九	190	違者以軍法從事	“軍法從事”原作“運法從之”，據《長編》卷一百六十一慶曆七年十二月壬子。
619.	二/二九	191	聽人告捕	“告”原作“造”，據《長編》卷一百六十二慶曆八年正月辛巳、《宋史》卷一百九十七、《文獻通考》卷一百六十一改。
620.	二/二九	191	判北京賈昌朝	“判”字原脫，據《宋会要辑稿·刑法》二之二八十月九日條補。

续表

序号	《宋会要辑稿·刑法》位置	点校本页码	被校原文	校勘内容
621.	二/二九	192	駁其予奪	“其”，《宋大詔令集》卷一百九十三、《文恭集》卷二十四、《宋文鑒》卷三十一作“之”。
622.	二/二九	192	比有憸幸	“比”原作“此”，據《宋大詔令集》卷一百九十三、《文恭集》卷二十四、《宋名臣奏議》卷二十三、《宋文鑒》卷三十一改。
623.	二/三0	192	曾未絕於祈求	“祈求”，《宋名臣奏議》卷二十三作“私求”；《宋大詔令集》卷一百九十三、《文恭集》卷二十四作“斯途”、《宋文鑒》卷三十一作“私祈”。
624.	二/三0	192	苞苴	“苞”原作“包”，據《宋大詔令集》卷一百九十三、《文恭集》卷二十四、《宋文鑒》卷三十一改。
625.	二/三0	192	矧宗祀之涓成	“涓”原作“消”，據《宋大詔令集》卷一百九十三、《文恭集》卷二十四、《宋文鑒》卷三十一改。
626.	二/三0	192	特與恩澤	“特”原作“將”，據《宋大詔令集》卷一百九十三、《文恭集》卷二十四、《宋文鑒》卷三十一改。
627.	二/三0	193	陳舞空言	“陳”，《長編》卷一百七十皇祐三年二月庚子作“仍”。
628.	二/三0	193	令	原作“今”，據文意改。
629.	二/三0	194	撰合事端騰報	疑“騰”當作“謄”，參見《長編》卷二百四十六熙寧六年七月甲子“謄報”。
630.	二/三一	194	所修不得完久	“所”字原脫，據《長編》卷一百七十七至和元年九月乙丑補。

续表

序号	《宋会要辑稿·刑法》位置	点校本页码	被校原文	校勘内容
631.	二/三一	194	所屬官司執奏	“司”字原脫，據《長編》卷一百七十八至和二年二月丙午補。
632.	二/三三	196	詔	從文意知“詔”前當有“乞”、“宜”等字。
633.	二/三四	197	有書送人事	“人事”，《長編》卷二百二十八熙寧四年十一月癸巳、《却掃編》卷下、《清波雜誌》卷七皆作“物”。
634.	二/三四	198	降宣紙式	“宣”字原脫，據《長編》卷二百五十四熙寧七年六月乙酉補。
635.	二/三四	198	公私常用紙	“公私”，《長編》卷二百五十四熙寧七年六月乙酉作“公移”。
636.	二/三四	198	見出賣天下祠廟	疑“見”字衍，當刪。參見《長編》卷二百七十七熙寧九年八月壬辰、《九朝編年備要》卷二十、《太平治跡統類》卷一十二、《文獻通考》卷一百三、《東都事畧》卷八、《宋史全文》卷一十二上皆作“鬻天下祠廟”。
637.	二/三五	200	過還看謁	“過”，本條下文及《長編》卷三百一十二元豐四年四月壬午皆作“往”。
638.	二/三六	200	即時明給價值	“時”，《長編》卷三百一十五元豐四年八月丙寅作“仰”。
639.	二/三六	200	有失舉覺	“舉覺”，《長編》卷三百一十五元豐四年八月丙寅作“覺舉”。
640.	二/三六	200	除軍中委的要用之物方得科買製造外	“外”字原脫，據《長編》卷三百二十五元豐五年四月戊辰補。
641.	二/三六	200	提舉京西常平等事	“西”原作“師”，據《長編》卷三百三十二元豐六年正月壬寅改。

续表

序号	《宋会要辑稿·刑法》位置	点校本页码	被校原文	校勘内容
642.	二/三六	200	黃寔	《長編》卷三百三十二元豐六年正月壬寅作“黃定”。
643.	二/三六	201	管勾機宜文字	原作“主管機宜文字”，據《長編》卷三百三十五元豐六年六月乙丑改。
644.	二/三六	201	勾當公事官	原作“幹當公事官”，據《長編》卷三百三十五元豐六年六月乙丑改。
645.	二/三六	201	知縣	《長編》卷三百四十九元豐七年十月戊子作“知城縣”。
646.	二/三六	201	堡寨主	“寨”原作“塞”，據《長編》卷三百四十九元豐七年十月戊子改。
647.	二/三七	202	大理官司	“司”，《長編》卷三百七十六元祐元年四月辛亥作“局”。
648.	二/三七	202	誰敢不服	原脫，據《長編》卷三百七十六元祐元年四月辛亥補。
649.	二/三七	203	正月二十三日	《長編》卷四百二十一元祐四年正月癸巳，即二十二日。
650.	二/三八	203	同日	當為“二十三”日，見《長編》卷四百二十一元祐四年正月“甲午”，即“二十三日”。
651.	二/三八	203	禁謁	“禁”字原脫，據《長編》卷四百二十一元祐四年正月甲午補。
652.	二/三八	203	改正發運轉運提刑預伎樂宴會	《長編》卷四百三十五元祐四年十一月壬辰中“正”作“立”、“伎”作“妓”、“會”字後還有“者”字。
653.	二/三八	204	令舉人	“令”原作“今”，據《長編》卷四百四十二元祐五年五月戊寅改。

续表

序号	《宋会要辑稿·刑法》位置	点校本页码	被校原文	校勘内容
654.	二/三八	204	曾聚學人	“聚”，《長編》卷四百四十二元祐五年五月戊寅作“教”。
655.	二/三八	204	凡不當雕印者	原脱，據《長編》卷四百四十五元祐五年七月戊子補。
656.	二/三八	204	通判	原作“通州”，據《長編》卷四百五十三元祐五年十二月乙卯改。
657.	二/三八	204	親屬	原作“親親屬”，“親”衍，據《長編》卷四百五十三元祐五年十二月乙卯刪。
658.	二/三九	205	墓田	“墓”原作“暮”，據《長編》卷四百六十五元祐六年闰八月戊辰改。
659.	二/三九	205	入於中國已數十年	“入”原作“人”，據《長編》卷四百六十七元祐六年十月丁卯改。
660.	二/三九	205	十一月二十六日	《長編》卷四百七十七元祐七年九月丙午，即九月二十六日。
661.	二/三九	205	欲令州縣	“令”字原脱，據《長編》卷四百七十七元祐七年九月丙午補。
662.	二/三九	206	止絶官私不得收買外	“私”原作“司”，“收”字原脱，據《長編》卷四百八十三元祐八年四月戊午改、補。
663.	二/三九	206	其抽解之外	“其”原作“具”，據《長編》卷四百八十三元祐八年四月戊午。
664.	二/三九	206	大姓	“大”原作“夫”，據《長編》卷四百八十三元祐八年四月戊午改。
665.	二/三九	206	皆至糜壊至寶	“皆至”，《長編》卷四百八十三元祐八年四月戊午作“皆是”。

续表

序号	《宋会要辑稿·刑法》位置	点校本页码	被校原文	校勘内容
666.	二/四0	207	井亮采	原作“井亮米”，據《東都事畧》卷九十三下、《名臣碑傳琬琰之集》中卷二十九、下卷十二、《文獻通考》卷七十六、《范太史集》卷四十四改。
667.	二/四0	207	紙墨工真	疑“真”當作“值”。
668.	二/四0	207	制書應給者	《長編》卷四百九十三紹聖四年十一月辛未作“制書應給借者”
669.	二/四0	208	書押注籍	《長編》卷四百九十三紹聖四年十一月辛未作“簽押注籍，即日給付”。
670.	二/四0	208	聽量展	《長編》卷四百九十三紹聖四年十一月辛未作“聽量判展”。
671.	二/四一	208	其行移公文	“公文”二字原脱，據《長編》卷四百九十三紹聖四年十一月戊寅補。
672.	二/四一	208	郡縣每季檢舉	《長編》卷四百九十三紹聖四年十一月戊寅作“仍州縣每季檢舉曉示”。
673.	二/四一	208	付身	《長編》卷四百九十五元符元年三月壬子作“已受省部赴身”。
674.	二/四一	208	自祇應人	《長編》卷四百九十七元符元年四月癸巳作“同祇應人”。
675.	二/四一	209	禮、刑部言	《長編》卷四百九十八元符元年五月庚午作“權刑部言”。
676.	二/四二	209	即抄點併押徃使臣	《長編》卷五百六元符二年二月壬午作“其抄點並押伴使臣”。
677.	二/四二	209	鄧棐	《長編》卷五百六元符二年二月庚子作“鄧棨”。
678.	二/四二	209	伏見發運司屬官	《長編》卷五百六元符二年二月庚子作“伏見權發運司勾當公事”。

续表

序号	《宋会要辑稿·刑法》位置	点校本页码	被校原文	校勘内容
679.	二/四二	209	近執政大臣	“近”，《長編》卷五百六元符二年二月庚子作“近日”
680.	二/四二	209	伏望下有司立法	“伏”字原脱，據《長編》卷五百六元符二年二月庚子補。
681.	二/四二	210	進呈文字	“文字”，《長編》卷五百十四元符二年八月戊子作“文書”。
682.	二/四二	210	即輒抛降下縣收買	“即”，《長編》卷五百十六作“如”。
683.	二/四四	212	以戒貪雪	“雪”當作“虐”。
684.	二/四五	213	蓋	“蓋”字後原衍“蓋”字，據文意刪。
685.	二/四六	214	沿海地分	“分”上原衍“方”字，據文意及本條上文刪。
686.	二/四六	214	餘並不得離司出詣所部	“司”原作“同”，據上下文改。
687.	二/四七	215	仁及万物草木禽獸，皆在所	“万物”原脱，“愛”原作“治”，據《宋大詔令集》卷一百九十九補、改。
688.	二/四七	215	今取其羽毛	“今”原作“令”，據《宋大詔令集》卷一百九十九改。
689.	二/四九	217	仍令刑部立法聞奏	“聞”原作“開”，據文意改。
690.	二/五0	217	令開封府迹捕科罪	疑“迹”當作“緝”。
691.	二/五一	218	居住安下	“居”字後原衍“居”字，據文意刪。
692.	二/五二	219	詔誥獲殺牛賞依元豐格	“誥”當作“告”，据本条上文及文意改。
693.	二/五三	221	目不明而彊視	“彊”原作“疆”，據文意改。
694.	二/五五	222	不知正極	“正”當作“止”。
695.	二/五五	222	瘐死	“瘐”原作“廋”，據文意改。
696.	二/五五	222	自今取有請射開懇	“取”當作“敢”，“懇”當作“墾”。
697.	二/五六	223	鳏生狂士	“鳏”當作“鲰”，据文意改。

续表

序号	《宋会要辑稿·刑法》位置	点校本页码	被校原文	校勘内容
698.	二 / 五七	224	無故不殯者	“殯”原作“嬪”，據文意改。
699.	二 / 五八	224	有學籍士人	“有”字原脱，據本條上文“有學籍士人”補。
700.	二 / 五八	225	仍御史覺察糾劾聞奏	“仍”後當有“令”、“委”等字。
701.	二 / 五八	225	毋得騷動	“毋”原作“母”，據文意改。
702.	二 / 五九	225	即以彊為和	“彊”原作“疆”，據文意改。
703.	二 / 六0	227	禁约二	“一”字原脱，据原文体例补。
704.	二 / 六0	228	所有	“有”後原衍“所有”，據文意刪。
705.	二 / 六0	228	詔寄附錢會子輒出新城外行用者	疑“新”當作“京”，参見本條上文“多將京城內私下寄附錢物會子之類出城”。
706.	二 / 六一	228	曾未愈時	“愈”原作“喻”，據文意改。
707.	二 / 六六	232	帥府	“帥”原作“師”，據文意及本條下文“帥臣”改。
708.	二 / 六六	233	林慮縣	“慮”原作“攄”，據《宋史》卷六十二、《太平寰宇記》卷四十五、《說郛》卷九十六下改。
709.	二 / 六七	233	詔冬祀赦	“詔”字後原衍“令”字，今刪。
710.	二 / 六七	234	人凡可按刺州縣者同	“刺”原作“刺”，據文意改。
711.	二 / 六八	235	依監司例，人凡可按刺州縣者同	“刺”原作“刺”，據文意改。
712.	二 / 七五	240	五部禁令	“部”當作“禮”，据文意及本条下文改。
713.	二 / 七六	241	刑統疏議	“疏”字原脱，據本條上文“刑統疏議”補。
714.	二 / 七六	242	其再從舅者婚再從姊妹所生女	“生”字原脱，據本條上文“再從姊妹所生女”補。
715.	二 / 七七	242	科役並於貧弱	“貧”原作“貪”，據文意改。
716.	二 / 七七	242	不以失減	“失”當作“去”。

续表

序号	《宋会要辑稿·刑法》位置	点校本页码	被校原文	校勘内容
717.	二/七七	243	學事	“事”原作“士”，據《輯稿·職官》六十九之六宣和二年九月五日條改。
718.	二/八一	245	緣五文未明	“五”當作“令”。
719.	二/八一	246	仍仰所屬嚴行覺察	“嚴”原作“言”，據文意改。
720.	二/八二	246	府吏	“吏”原作“史”，據文意改。
721.	二/八二	247	本司官除已不住點檢覺察施行外	“察”字原脱，據本條上文“點檢覺察”補。
722.	二/八九	251	百戲人	“戲”原作“戰”，據本條上文“百戲人”改。
723.	二/九0	252	憲司州縣恬莫加恤	“恤”原作“血”，據文意改。
724.	二/九0	254	臣僚言	“言”字後原衍“臣僚言”，今删。
725.	二/九二	256	配流嶺表	“嶺”原作“領”，據《長編》卷四百六十元祐六年六月丙辰“配流嶺表”改。
726.	二/九三	256	尚書省條下條	“條下條”，疑第一個“條”字當作“修”、“修到”等。
727.	二/九四	258	其人系屬京畿等路制置使盧功裔下	“京畿等路”，《靖康要錄》卷五作“京畿、河北、河東”；“使”原作“司”，據《靖康要錄》卷五改。
728.	二/九四	258	具六軍之眾	“具”當作“其”。
729.	二/九五	258	諸局分多占蔽部曲	“諸”字原脱，據《靖康要錄》卷五補。
730.	二/九五	258	此事宜在懲革	“革”原作“格”，據《靖康要錄》卷五改。
731.	二/九五	258	御前使喚之名	“前”字原脱，據《靖康要錄》卷五補。
732.	二/九五	258	特降御寶行下	“御”字原脱，據《靖康要錄》卷五補。

续表

序号	《宋会要辑稿·刑法》位置	点校本页码	被校原文	校勘内容
733.	二 / 九五	258	有曰不任中人	“有”原作“又”，據《靖康要錄》卷五補。
734.	二 / 九五	259	錢幣匱乏	“幣”原作“弊”，據文意改。
735.	二 / 九五	259	錢幣匱乏	“幣”原作“弊”，據文意改。
736.	二 / 九六	259	二日	《靖康要錄》卷八作八月”三日”。
737.	二 / 九六	260	挽强擊刺之利	“刺”原作“剌”，據《靖康要錄》卷八改。
738.	二 / 九七	260	厢兵	原作“行兵”，据《靖康要錄》卷八改。
739.	二 / 九七	260	聞即令	“令”，疑當作“今”。
740.	二 / 九七	260	至於不要今色	“今”當作“本”。
741.	二 / 九七	260	每兩	“每”字前當有“綿”字。
742.	二 / 九七	261	近年	“近”字原脱，據文意補。
743.	二 / 九八	261	乃狂百姓	“狂”當作“誑”。
744.	二 / 九九	262	伯言	“伯”原作“信”，據本條上文改。
745.	二 / 九九	263	營繕	“繕”當作“繕”，据文意改。
746.	二 / 一00	263	竊見	“竊”當作“切”，据文意。
747.	二 / 一00	263	科塼灰	《繫年要録》卷十三作“抛科灰塼”。
748.	二 / 一0一	264	令帥司偏下所部	“偏”當作“遍”。
749.	二 / 一0一	264	出旁約束	“旁”當作“榜”。
750.	二 / 一0一	264	韓仲通	“通”原作“綺”，據《繫年要録》卷七十五改。
751.	二 / 一0二	264	其必不能	“其”字後原衍“其”字，今刪。
752.	二 / 一0二	264	川陜之人	“川陜”，疑當作“川峽”。
753.	二 / 一0五	268	令海巡八厢密行視察	“察”原作“密”，據本條上文“密行覺察”改。

续表

序号	《宋会要辑稿·刑法》位置	点校本页码	被校原文	校勘内容
754.	二/一0六	268	赴局	原作“起局”，据本条上下文“赴局治事”改。
755.	二/一0六	269	來販糴	當作“來往販糴”。
756.	二/一0六	269	各不以去官	“去”字原脱，據《宋会要辑稿·刑法》二之一〇七页十月二日條“不以去官、赦降原減”補。
757.	二/一0七	269	禁商人以箬葉重龍及於茶篰中藏膠鰾漆貨過淮	“商”原作“客”，“膠”原作“筋”，據《繫年要録》卷六十九改。
758.	二/一0七	269	禁商人收買	“商”原作“客”，據《繫年要録》卷六十九改。
759.	二/一0七	269	罪賞並依透漏膠鰾條法	“膠”原作“筋”，據《繫年要録》卷六十九改。
760.	二/一0八	270	按劾	“劾”原作“刻”，据文意改。
761.	二/一0八	270	亦當重黜責	疑當作“亦當重行黜責”。
762.	二/一0八	271	以福州寄居陳義夫	“寄居”，《繫年要録》卷四十七作“土居”。
763.	二/一一0	272	仍令後人戶有遺火去處	“令”當作“今”。
764.	二/一一一	273	訪聞行在漸賣花木窠株	“賣”原作“賞”，據《咸淳臨安志》卷四十改。
765.	二/一一一	273	臨安府諸門曉示	“諸”字原脱，據《咸淳臨安志》卷四十補。
766.	二/一一一	274	結集立願	“立”原作“五”，據《宋会要辑稿·刑法》二之一一三七月二十日條“結集立願、斷絕飲酒”改。
767.	二/一一二	274	死財產備賞	“死”後當有“以”字。
768.	二/一一四	276	及在外新任待闕官吏	“闕”原作“聞”，據文意改。

续表

序号	《宋会要辑稿·刑法》位置	点校本页码	被校原文	校勘内容
769.	二/一一四	276	切緣臺諫許風聞言事	“切”，疑當作“竊”。
770.	二/一一五	277	訪聞此來民間銷金服飾甚盛	“此”當作“比”。
771.	二/一一六	277	一百貫	《繫年要録》卷九十六作“二百千”。
772.	二/一一六	277	安南人使欲買撚金線段	《繫年要録》卷一百七十四作“安南人欲買撚金線緞”。
773.	二/一一六	277	常切覺察	“常”當作“當”，据本條下文“當職官常切覺察”改。
774.	二/一一八	278	禁约三	“禁”字前原衍“续宋会要”，“三”字原脱，据原文体例删補。
775.	二/一一八	279	二月二十三日	前原衍“二年”二字，今删。又该条及其下“五月七日”条原在“十月十五日”条后，今按时间顺序移此。
776.	二/一一八	279	五月七日	前原衍“二年”字，据全书体例，今删。
777.	二/一一八	279	從司諫湯邦彥請也	“湯邦彥”原作“湯邦孝”，據《宋宰輔編年錄卷十八改。
778.	二/一一八	280	令當官入遞印押發於	“於”當作“放”。
779.	二/一一八	280	八月十七日	该条及其下“二十六日”条在原“五月七日”条后，今按时间顺序移此。
780.	二/一一九	280	不得辄因公事科罚	“不得辄”原作“不辄得”，据文意已正。
781.	二/一一九	280	重作施行	“行”下原衍“切”字，据文意删。
782.	二/一一九	281	公私两税	原作“公税两税”，据本条上下文及文意改

续表

序号	《宋会要辑稿·刑法》位置	点校本页码	被校原文	校勘内容
783.	二/一四六	281	十二月十七日	前原有“淳熙二年”，今删。此条及后条原在嘉定十七年二月二日条后，据天头旧批“淳熙二年十二月十七日及三年五月八日两条，移前第一百十九页前半十五行四年二月七日条上”，前移至此。
784.	二/一四六	282	此条原为“禁约三”之末条	据天头旧批“四年六月二十日条应移第一十九页后半第六行八月二十七日条上”，移此。
785.	二/一二一	285	安能逃责	原作“能安”，据文意已正。
786.	二/一二一	286	延致違戾	“延”當作“毋”，參見《宋会要辑稿·刑法》二之一二三五月二十九日“毋致違戾”。
787.	二/一二一	286	並還學色	“學”當作“本”。
788.	二/一二一	286	抛欠不還	“抛”當作“拖”。
789.	二/一二二	287	嚴行禁止	“嚴”字前當有“乞”字，以與本條上文“臣僚言”相呼應。
790.	二/一二二	287	商稅場	“商”原作“啇”，據文意改。
791.	二/一二二	288	糜爛饑膚	“饑”當作“肌”。
792.	二/一二二	288	此类强盗	“此”原作“比”。据文意改。
793.	二/一二二	289	將見科敷錢物日下除放	“放”原作“於”，據本條下文“除放過錢數”改。
794.	二/一二二	289	專一機察楚州北神鎮私渡	“機”當作“譏”。
795.	二/一二三	291	今乃悉是重簷巨蓋	“今”原作“令”，據文意改。
796.	二/一二三	291	以上孝宗會要	原为大字正文，据天头旧批“小字大写”改为小字注文。
797.	二/一二四	292	自辛巳歲比來	“以”原作“比”，据文意改。
798.	二/一二四	292	仰沿邊官司密切機察	“機”當作“譏”。

续表

序号	《宋会要辑稿·刑法》位置	点校本页码	被校原文	校勘内容
799.	二/一二五	294	传播街市	“传”原作“傅”，据文意改。
800.	二/一二五	295	置进奏院	“進”原作“建”，據上下文改。
801.	二/一二六	296	略賣人口	“賣”原作“賞”，據《宋会要辑稿·刑法》二之一四七十月十七日條、“略賣人口”改。
802.	二/一二六	297	許人戶越訴	“人”原作“入”，據文意改。
803.	二/一二六	297	或椌賣物貨	“椌”當作“控”。
804.	二/一二七	298	中書門下省言	“言”字原脱，據文意補。
805.	二/一二七	298	降與免罪外	“降”當作“除”。
806.	二/一二七	299	夫毀一錢則有十餘之獲	“則”下原衍“則”，據文意刪。
807.	二/一二七	299	令諸路監司、守臣根刷私鑄銅器之家	“臣”原作“官”，據本條上文“監司、守臣”改。
808.	二/一二八	299	許所在官司限一月降具申聞	“降”當作“條”。
809.	二/一二八	300	十一日	“十一日”前原衍“三年正月”四字，今删。且此条及后两条原在十月“十三日”条后，据时间先后顺序前移至“十月七日”条后。
810.	二/一二八	300	不得辄与朝例通书	“例”当作“列”。
811.	二/一二八	301	照得蛮人载马敘敘州	“敘敘州”当作“放敘州”
812.	二/一三0	303	庶幾窒其弊於本厚	“厚”當作“原”。
813.	二/一三0	303	久例凡有送迎	疑“久”當作“舊”。
814.	二/一三0	304	求售偽帖	“偽”原作“為”，據本條下文“自今後不許妄給沙彌偽帖”改。
815.	二/一三0	304	庶幾為吏者稍知斷罷敘役之難	“役”當作“復”。
816.	二/一三一	304	或是攝察監察	“監察”當作“監祭”。

续表

序号	《宋会要辑稿・刑法》位置	点校本页码	被校原文	校勘内容
817.	二/一三一	305	枢密院	“枢密院”原作“枢察院”，据文意改。
818.	二/一三一	306	境由已殺四十九人	“由”當作“內”。
819.	二/一三二	307	自餘悉皆盡絕	“盡”當作“禁”。
820.	二/一三二	307	告受支給賞錢一千貫”	“受”當作“首”。
821.	二/一三二	308	即將興販經由地分乃印造州軍不覺察官吏根究	“乃”當作“及”。
822.	二/一三三	309	莫先銷金鋪翠之飾	“鋪”原作“補”，據《宋会要辑稿・刑法》二之一一六、一一七之“鋪翠銷金”及一三二之十二月十一日“銷金鋪翠”改。
823.	二/一三三	309	如有詞訴到官	“詞”原作“祠”，據文意改。
824.	二/一三四	311	人有新坑南坑	“人”字疑有誤。
825.	二/一三四	311	竟不得主還	“主”當作“生”。
826.	二/一三五	311	諸州縣官吏等人不得投使土工	“投”當作“役”。
827.	二/一三五	312	乞今後應管兵官輒敢放屯駐之所私置田宅	“於”原作“放”，据本条上文改。
828.	二/一三六	314	茶鹽舟船並行拘膚	“膚”當作“敷”。
829.	二/一三六	315	商販不通	“商”原作“商”，據文意改。
830.	二/一三六	315	必寘諸罰	疑”諸”當作“重”。
831.	二/一三六	315	今為官吏强買	“彊”原作“疆”，據文意改。
832.	二/一三七	316	何所倚伏	“伏”當作“仗”。
833.	二/一三七	317	妄經朝省者重作施行	“省”原作“首”，據本條上文“妄經朝省”改。
834.	二/一三八	318	陛下當降御筆	“當”當作“嘗”，据本条下文及文意改。
835.	二/一三八	319	並不計與省民交易	“計”當作“許”。

续表

序号	《宋会要辑稿·刑法》位置	点校本页码	被校原文	校勘内容
836.	二/一三八	319	凡屬溪峒去處	“溪”原作“奚”，據上下文改。
837.	二/一三九	319	如古者立戶以祭	“尸”原作“户”，据礼记集说卷一百二十五改。
838.	二/一三九	321	乞令戶部、轉運司行下諸州	“令”原作“今”，據文意改。
839.	二/一四0	322	貧者稱貨子錢	“貨”當作“貸”。
840.	二/一四一	322	須釋清廉介潔之人	“釋”當作“擇”。
841.	二/一四一	322	以銷毀不多或從闊略	疑有脫文。
842.	二/一四一	324	顧逕	“逕”字原脱，據《宋会要辑稿·刑法》二之一四二之十一年四月四日條“顧逕”補。
843.	二/一四二	325	而彊梗弗率	“彊”原作“疆”，据文意改。
844.	二/一四二	325	則有宗室之擾	“有”字原脱，據本條上下文“則有”補。
845.	二/一四二	325	或彊横姦欺之輩	“彊”原作“疆”，据文意改。
846.	二/一四二	325	楮幣	“幣”原作“敝”，据文意改。
847.	二/一四二	325	從商販運米過江	“商”原作“商”，據文意改。
848.	二/一四三	326	楮幣	原作“楮弊”，据文意改。
849.	二/一四三	326	楮幣之價不至於隨起而隨朴矣	“朴”當作“僕”。
850.	二/一四三	327	彼疆	“疆”原作“彊”，据文意改。
851.	二/一四三	327	官吏	“吏”原作“史”，据文意改。
852.	二/一四三	327	上供暗滅	“滅”當作“減”。
853.	二/一四四	329	勢不容不求求市於我	“求”字後原衍“求”，據文意刪。
854.	二/一四四	329	機察其違犯	“機”當作“譏”。
855.	二/一四五	332	案牍	“牍”原作“椟”，据文意改。
856.	二/一四六	332	候牧	“侯”原作“候”，据文意改。

续表

序号	《宋会要辑稿·刑法》位置	点校本页码	被校原文	校勘内容
857.	二/一四六	332	天头旧批“以上续会要”	实则为宁宗会要。
858.	二/一四七	333	四	原作“三”，据原文体例改。
859.	二/一四七	334	其左右江州洞五鎮寨	“州洞”，《繫年要録》卷六十九作“諸峒”。
860.	二/一四七	334	失覺察者	“失覺察者”四字原脱，據《繫年要録》卷六十九補。
861.	二/一四七	334	並無推賞	“無”當作“與”。
862.	二/一四八	335	以臣僚言置立粉壁之弊也	原为小字注文，今改作大字正文。
863.	二/一四八	335	恐嚇以言	“嚇”原作“赫”，據文意改。
864.	二/一四八	336	切恐太輕	疑“切”當作“竊”。
865.	二/一四九	337	續降禁銅器指揮	“銅”原作“錮”，據下文改。
866.	二/一四九	338	天頭舊批：“渭清按：此八月二十四日是紹興五年，此德音卷一萬三千二百二十田訟門引有，正作五年，可證。”	《繫年要録》卷九十二紹興五年八月丙寅可證五年為是，只是“丙寅”為二十五日有異。
867.	二/一四九	338	柳	《繫年要録》卷九十二、《文獻通考》卷二十七作“郴”。
868.	二/一四九	338	海	《繫年要録》卷九十二、《文獻通考》卷二十七作“梅”。
869.	二/一五0	339	川陝四路邊面聯屬	“陝”當作“峽”。
870.	二/一五0	340	桂陽監	“陽”原作“楊”，據《宋史》卷八十八《地理志》四十一改。
871.	二/一五一	341	详见禁採捕	原作大字正文，据文意改作小字注文。
872.	二/一五一	342	十三年	原脱，据天头旧批“渭清按：十二月九日是十三年。《宋史·本纪·高宗七》，十三年十二月辛卯毁私铸毛钱。是月癸未数，九日则辛卯也。”補。

续表

序号	《宋会要辑稿·刑法》位置	点校本页码	被校原文	校勘内容
873.	二/一五一	342	北使所過州軍如要收買物色	“使”原作“史”，據本條下文“北使”改。
874.	二/一五二	343	不得輒用妓樂	“樂”原作“藥”，據《宋会要辑稿·刑法》二之一五三之三月十八日條“許用妓樂”改。
875.	二/一五二	343	糾罰游隋	“隋”當作“惰”，据文意改。
876.	二/一五二	344	如輒敢準折以前及重增其利	“前”當作“錢”。
877.	二/一五二	344	謂之採牲	“牲”原作“生”，據《宋会要辑稿·刑法》二之四淳化元年八月二十七日條“採牲”改。
878.	二/一五二	344	採牲	“牲”原作‘生”，據《宋会要辑稿·刑法》二之四淳化元年八月二十七日條“採牲”改。
879.	二/一五二	344	依獲强盜法	“强”原作“疆”，據文意改。
880.	二/一五三	346	宰執	“執”原作“職”，据文意及《中兴小记》卷三十六改。
881.	二/一五三	346	赵士粲	《浙江通志》卷一百十四作“赵士璨”
882.	二/一五三	346	洞庭柑每对直二千	“直”字原脱，据《繫年要録》卷一百七十補。
883.	二/一五三	346	仍得佳者	“仍”，《繫年要録》卷一百七十作“便”，《宋史全文》卷二十二上作“更”。
884.	二/一五三	347	二十六年	原脱，据《繫年要録》卷一百七十一補。
885.	二/一五三	347	二月二日	《繫年要録》卷一百七十一记此事在绍兴二十六年二月癸酉朔，即二月一日。
886.	二/一五三	347	新授起居舍人兼權給事中淩景夏	“授”原作“受”，據下文“新除授”改。

续表

序号	《宋会要辑稿·刑法》位置	点校本页码	被校原文	校勘内容
887.	二 / 一五三	348	御史臺檢法官褚籍言	“官”原作“宮”，據文意改。
888.	二 / 一五四	348	令犯人獻助錢物以自勉者	“勉”當作“免”。
889.	二 / 一五四	348	逐州私置稅場	“逐”，《繫年要録》一百七十三卷绍兴二十六年七月壬子作“諸”。
890.	二 / 一五四	348	按月支見任官供給	“官”字原脫，據《繫年要録》卷一百七十三補。
891.	二 / 一五四	348	令臺諫、監司按劾	“劾”原作“刻”，據《繫年要録》卷一百七十三改。
892.	二 / 一五四	348	范成象	“范成象”原作“萬成象”，據《繫年要録》卷一百七十、一百七十五改。范成象。范成大兄。
893.	二 / 一五四	349	月至千緡者	“缗”原作“绵”，据文意及下文改。
894.	二 / 一五四	349	如隱敝	“敝”當作“蔽”，据文意改。
895.	二 / 一五四	349	擾支雇直	“擾”當作“優”，据文意改。
896.	二 / 一五五	350	今錢塘南山	“今”原作“金”，據文意改。
897.	二 / 一五五	350	刑勢之家	“形”原作“刑”，據文意改。
898.	二 / 一五五	351	七源等州	“七源”原作“七元”，據《宋史》卷三百四十八《張荘傳》改。
899.	二 / 一五六	352	以上中興會要	原為大字正文，今改作小字注文。
900.	二 / 一五六	352	十月二十七日	原作“孝宗绍兴三十二年未改元”，据文意改。
901.	二 / 一五六	352	衣服器具皆雕鏤粧綴	“粧”當作“妝”。
902.	二 / 一五六	352	歸正等人	“歸”字原脫，據文意補。
903.	二 / 一五七	354	乞行下二廣	“乞”字原脫，據文意補。
904.	二 / 一五七	355	此后文字原作大字正文	今改作小字注文，且疑“郊”字后脫“赦”字

续表

序号	《宋会要辑稿·刑法》位置	点校本页码	被校原文	校勘内容
905.	二 / 一五七	356	而沿淮冒利之徒	“淮”原爲“准”，據文意改。
906.	二 / 一五八	357	行下本路監司	“行”字前當有“乞”字。
907.	二 / 一五八	357	傳寫謄執	“執”當作“報”，据文意改。
908.	二 / 一五八	357	發歲幣過淮交割	“幣”原作“弊”，據文意改。
909.	二 / 一五八	358	伏詳銅錢出界	“出”原作“同”，據文意改。
910.	二 / 一五八	358	知紹興府	“紹興府”原作“興州府”，據《宋史》卷三百八十四《蔣芾傳》改。
911.	二 / 一五九	359	往往出城歸寨支散眾軍	第二個“往”字原脫，据文意補。
912.	二 / 一五九	359	令御史臺常切覺察彈奏	“奏”字原脫，據文意補。
913.	二 / 一五九	360	禁採捕	原脫，據文意補。
914.	二 / 一五九	360	重致其罪	“致”，《長編》卷十九太平興國三年四月丙辰作“置”，疑是。
915.	二 / 一五九	361	令御史臺採察聞奏	“採”當作“覺”。
916.	二 / 一五九	362	輒縱潦原	“潦”當作“燎”。
917.	二 / 一五九	362	如聞内庭洎宗室	《長編》卷七十六大中祥符四年十二月辛亥作“如聞内庭及皇親諸縣”。
918.	二 / 一六一	367	倒直坎中	“直”當作“植”，參見《宋会要辑稿·刑法》一之一六〇、《長編》卷一百四天聖四年四月甲子。
919.	二 / 一六一	367	其用至危	“危”當作“微”，參見《長編》卷一百四天聖四年四月甲子條禁龜筒中的“得直至微，而殘物尤甚”。
920.	二 / 一六二	368	天頭舊批“雜禁”	应指“禁造伪金”、“诏禁市金”、“禁服用金”、“禁金出开”四门。
921.	二 / 一六二	368	十月七日	原脱，据《長編》卷十二開寶四年十月己巳，即七日补。

续表

序号	《宋会要辑稿·刑法》位置	点校本页码	被校原文	校勘内容
922.	二/一六二	368	開封府捕得僞造金民王元義等案問	“造”字原脱，據《長編》卷十二開寶四年十月己巳補；“王玄義”原作“王元義”，據《長編》卷十二開寶四年十月己巳改。
923.	二/一六二	368	自今應兩京及諸道州府	“今”原作“京”，據《長編》卷十二開寶四年十月己巳改。
924.	二/一六二	369	正月十三日	原脱，據《長編》卷六十八大中祥符元年正月乙亥補。
925.	二/一六二	369	權三司使丁謂	“權”字原脱，據《長編》卷六十八大中祥符元年正月乙亥補。
926.	二/一六二	369	西賊回鶻所市入蕃	“西賊”，《長編》卷六十八大中祥符元年正月乙亥作“西戎”。
927.	刑法三/一	372	約估	“估”原作“佑”，據上下文意改。
928.	三/一	373	滿三千又處死	疑“又”當刪或改作“文”。
929.	三/二	373	絹一疋	“絹一”二字原脱，據《長編》卷二十太平興國四年九月丙午補。
930.	三/二	374	自今所定法	“自”原作“目”，據文意改。
931.	三/二	374	川峽四路	“峽”原作“陜”，據《長編》卷八十大中祥符六年二月癸亥改。
932.	三/二	375	令變主識認	“令”原作“今”，據文意改。
933.	三/三	375	候降敕下寺	“敕”原作“刺”，據下文“内無還寺敕文者”改。
934.	三/三	376	取簿歷照證	“照”原作“詔”，據包孝肅奏議集卷五改。
935.	三/三	376	兩鐵錢得銅錢之一	“得”，《長編》卷三百一元豐二年十二月戊戌作“當”。
936.	三/五	378	未能結施	疑“施”當作“絕”或”、“斷”。

续表

序号	《宋会要辑稿·刑法》位置	点校本页码	被校原文	校勘内容
937.	三/五	378	各不礙撿斷者	“撿”當作“檢”。
938.	三/五	378	高宗	“宗”原作“祖”，據文意改。
939.	三/五	379	從之	“之”以下原爲正文文字，據文意改作小字注文。
940.	三/五	379	刑罰世輕世重	“罰”原作“法”，據《尚書·呂刑》改。
941.	三/六	379	其後嘗因論例	“例”當作“列”。
942.	三/六	380	謂如犯竊盜三貫徒一年之類	原爲正文文字，據文意改作小字注文。
943.	三/七	380	常切覺察	“察”下原爲大字正文，據文意改作小字注文。
944.	三/七	381	重祿法斷罪	“祿”原作“錄”，據上下文改。
945.	三/八	382	張杓	“杓”，《繫年要録》卷一百七十六作“礿”。
946.	三/八	382	市價為數	《繫年要録》卷一百七十六作“市價紐計錢數”。
947.	三/八	382	撿估人戶家產	“撿”當作“檢”。据本条下文改。
948.	三/一0	383	二年	原作“明年”。
949.	三/一0	384	六月詔	“詔”原作“訟”，據文意及下條“六月詔書”改。
950.	三/一0	384	爭訟婚田	“訟”原作“詔”，據文意及上條“民爭訟婚田”改。
951.	三/一一	385	從陝西轉運使陳緯之請也	“也”字原脫，據文意補。可參見《輯稿·刑法》三之一三“從河北轉運使劉綜之請也。”
952.	三/一二	386	忘陳文狀	“忘”當作“妄”，据文意改。
953.	三/一二	386	禁奏取裁	“禁”當作“進”。
954.	三/一二	387	示眾十日	“示”原作“令”，据《長編》卷六十景德二年六月己丑改。

续表

序号	《宋会要辑稿·刑法》位置	点校本页码	被校原文	校勘内容
955.	三/一二	387	長吏多與亢禮	“抗”原作“亢”，《長編》卷六十景德二年六月己丑改。
956.	三/一三	387	匿名書	“書”，《長編》卷六十景德二年六月己丑作“事”。
957.	三/一三	387	轉運使	“使”字原脱，據《長編》卷六十景德二年六月己丑補。
958.	三/一三	387	謝清	《長編》卷六十景德二年六月己丑作“謝濤”。
959.	三/一三	387	條疏諫兄弟醜跡	“醜”原作“配”，據《長編》卷六十景德二年六月己丑改。
960.	三/一三	387	轉運	當作“轉運司”，見上條及本條上下文。
961.	三/一四	388	不盡情理	“理”字原脱，據《職官分紀》卷十四補。
962.	三/一四	388	詳酌事理	“酌”字原脱，據《職官分紀》卷十四補。
963.	三/一四	388	不判審狀給付	《職官分紀》卷十四作“判審狀給付”。
964.	三/一四	389	如堅訖施行	“訖”當作“乞”。参见下文“取乞不施行狀”。
965.	三/一四	389	即取責乞施行	“乞”當作“訖”。
966.	三/一五	389	悉以違制論	“制”原作“治”，據《長編》卷六十八大中祥符元年正月己丑改。
967.	三/一五	390	轉運使	“使”，《長編》卷八十二大中祥符七年三月戊戌作“司”。
968.	三/一五	390	書於曆	“曆”，《長編》卷八十二大中祥符七年三月戊戌作“律”。
969.	三/一六	391	情或巨蠹	《長編》卷九十天禧元年十月丙子作“或情理巨蠹”。
970.	三/一六	391	勘斷不當	“勘”原作“堪”，據本條上文“勘斷不當”改。

续表

序号	《宋会要辑稿·刑法》位置	点校本页码	被校原文	校勘内容
971.	三/一七	392	離任在路	"任"字原脱，據《長編》卷九十七天禧五年六月癸丑補。
972.	三/一七	392	提刑司	"刑"原作"點"，據《長編》卷九十七天禧五年六月癸丑改。
973.	三/一八	393	伯叔以上尊親	"尊"原作"遵"，據《宋会要辑稿·刑法》三之四三改。
974.	三/一八	395	閏十二月七日	此事，《長編》卷一百四十四在慶曆三年十月己未，二十五日。
975.	三/一八	395	中書批送省司者	"省"，《長編》卷一百四十四慶曆三年十月己未作'有"；《范文正奏議》卷上作"逐"。
976.	三/一八	395	謂之送殺	"殺"，《長編》卷一百四十四慶曆三年十月己未、《范文正奏議》卷上皆作"煞"。
977.	三/一八	396	二十二	《長編》卷三百五元豐三年六月丙午作"三十二"。
978.	三/二0	396	次尚書省本曹	"次"原作"依"，據《長編》卷三百二十六元豐五年五月甲申改。
979.	三/二0	397	三年	《長編》卷三百九十四正月辛未在元祐"二年"。
980.	三/二0	397	長貳	"貳"原作"二"，據文意改。
981.	三/二一	398	望作滋蔓	"望"當作"妄"。
982.	三/二一	399	明恤庶獄	"恤"，《長編》卷四百九十九元符元年六月壬寅、《宋史》卷二百、《宋会要辑稿·職官》三之七六皆作"審"。
983.	三/二一	399	熙豐之間	"熙豐"原作"元豐"，據《九朝編年備要》卷二十五、《文獻通考》卷一百六十七、《宋史》卷二百改。

续表

序号	《宋会要辑稿·刑法》位置	点校本页码	被校原文	校勘内容
984.	三/二一	399	意者呼吸罪黨	“黨”原作“當”，據《長編》卷四百九十九元符元年六月壬寅改。
985.	三/二一	399	理訴所公案	“公案”原作“公按”，據《長編》卷四百九十九元符元年六月壬寅、《治跡統類》卷二十四、《宋会要辑稿·職官》三之七六、《九朝編年備要》卷二十五、《文獻通考》卷一百六十七、《宋史》卷二百改。
986.	三/二一	399	如合改正	“合”原作“何”，據《長編》卷四百九十九元符元年六月壬寅改；《治跡統類》卷二十四作“故”。
987.	三/二一	399	理訴所公案	“案”原作”按”，據文意及上條改。
988.	三/二二	401	上件語言雖不當稱	“語”字前原衍“言”字，據本條下文“上件語言”刪。
989.	三/二三	401	取索公案看詳	“案”原作“按”，據文意改。
990.	三/二四	403	從提點京兆府路刑獄鄒子崇之請也	原作小字注文，今改作大字正文。
991.	三/二五	403	十三日	《繫年要録》卷四十九、《宋史全文》卷十八作“十二日”。
992.	三/二五	403	並行黜責	“並”，《繫年要録》卷四十九、《宋史全文》卷十八作“重”。
993.	三/二五	403	從知瓊州虞開之請也	此句原作小字注文。“虞開”，《繫年要録》卷四十九、《宋史全文》卷十八上皆作“虞沇”；“之”、“也”字原脱，據文意及上文宣和五年條補。
994.	三/二五	404	二年	《繫年要録》卷六十九作“元年”。
995.	三/二六	405	黄覿等	《繫年要録》卷一百七作“黄覿不法”。

续表

序号	《宋会要辑稿·刑法》位置	点校本页码	被校原文	校勘内容
996.	三/二六	405	檢鼓院	“檢”原作“撿”，據《繫年要録》卷一百七改。
997.	三/二六	405	諸州訴縣	疑“諸”當作“詣”，參見本條下文“詣監司訴本州”。
998.	三/二六	406	緣是案牘亡失	“案”原作“按”，據文意改。
999.	三/二六	406	本縣類申本州	本縣類申本州“本縣”二字原脱，據文意補。
1000.	三/二七	407	雖横有力之家	疑“雖”為“强”之誤。
1001.	三/二八	408	將來事符前斷	《繫年要録》卷一百六十三“將”字前有“而小人之情狀不可掩矣”十字。
1002.	三/二八	408	徑至省	“徑”原作“經”，據《繫年要録》卷一百六十三改。
1003.	三/二八	408	王陞	《中興小紀》卷三十六同;《繫年要録》卷一百六十六作“王陟”。
1004.	三/二八	408	押送本路官司究實	“官司”，《中興小紀》卷三十六、《繫年要録》卷一百六十六皆作“監司”。
1005.	三/二八	409	與之昭洗	“昭”原作“照”，據《繫年要録》卷一百七十三、《文獻通考》卷一百七十三改。
1006.	三/二九	409	元犯事因	“事因”原作“因事”，據《繫年要録》卷一百七十三、《文獻通考》卷一百七十三改。
1007.	三/二九	409	风俗媮薄	“薄”原作“簿”。据靖康要录卷二及《繫年要録》卷一百五十六改。
1008.	三/二九	410	次第經曰	“由”原作“曰”，據文意改，參見《宋会要辑稿·刑法》三之三一“次第經由”。
1009.	三/三0	410	窃为措置	“窃”当作“切”。
1010.	三/三0	410	從左正言王淮之請也	“從”字原脱，據文意補。

续表

序号	《宋会要辑稿·刑法》位置	点校本页码	被校原文	校勘内容
1011.	三／三0	411	三十二年	原作”三十年”，據《繫年要録》卷二百改。“三”字上原衍“绍兴”二字，据原文体例删。
1012.	三／三0	411	十二月	原脱，據《繫年要録》卷二百補。
1013.	三／三0	411	臣僚言	“言”字原脱，據文意及本條下文“從之”補。
1014.	三／三一	412	即取索元案委官看定	“案”原作“按”，据文意改。
1015.	三／三二	413	監司郡守劾所隸之贓私不法者	“劾”原作“刻”，據本條下文“治劾”改。
1016.	三／三四	415	近有爭産業	“爭”字後原文空一格，疑為“訟”或“訴”。
1017.	三／三六	417	任滿到闕	疑“闕”當為“闕”。
1018.	三／三七	419	“五年”上原衍“绍熙”	今删。
1019.	三／三七	419	鬩理不决	“理”疑當作“異”。
1020.	三／三七	419	清强明練	“强”原作“疆”，據文意改。
1021.	三／三八	420	必坐以坐	當作“必坐以罪”。
1022.	三／三九	422	而所誦告訐之人	“誦”疑當作“訟”。
1023.	三／四一	424	案牘積滯	“案”原作“按”，据文意改。
1024.	三／四一	424	州郡承受 本部妥送民訟	疑“妥”字有误。
1025.	三／四一	424	不住經部、經台催趣	疑“趣”當作“趨”。
1026.	三／四二	425	彊宗大姓	“彊”原作“疆”，據文意改。
1027.	三／四二	425	民必有爭而後刑於訟	“刑”當作“形”。
1028.	三／四三	425	臣當次第覺察以聞	疑“臣”字有誤。
1029.	三／四四	427	祖父母、父母	“母、父母”三字原脱，據《長編》卷一百八天聖七年五月己巳補。
1030.	三／四四	427	祖父母、父母	“母、父母”三字原脱，據《長編》卷一百八天聖七年五月己巳補。

续表

序号	《宋会要辑稿·刑法》位置	点校本页码	被校原文	校勘内容
1031.	三/四五	429	兩料稅物	“料”原作“科”，據本條上文“避兩料稅物”改。
1032.	三/四五	429	從中丞晏殊之請也	“之”、“也”字原脱，據文意補。
1033.	三/四五	429	詔	原脱，據文意補。
1034.	三/四五	430	張商英	“張”字原脱，據上文及《資治通鑑後編》卷九十一補。
1035.	三/四五	430	潁昌府	“潁”原作“穎”。据上条知盖漸是許州民，《宋史》卷十六神宗三三年春正月癸酉陞許州為潁昌府，故改之。
1036.	三/四五	430	送具劄子論奏	“送”當作“遂”。
1037.	三/四六	430	潁昌府公案内	“潁”原作“穎”，“案”原作“按”，據文意改。
1038.	三/四六	430	同並後由此罷	“同並”当作“商英”。此事《資治通鑑後編》卷九十一记在紹聖二年二月乙未，即二十九日，“左司諫張商英除尚書左司員外郎，會知開封府王震言商英遣人與盖漸謀害來之邵，坐謫監江寧府稅。”
1039.	三/四六	431	申飾有司	“飾”當作“飭”，据文意改。
1040.	三/四七	432	賣田宅	“賣”疑當作“典賣”，參見本條下文“典賣田產”。
1041.	三/四七	432	與十件事理不相干	疑“件”當作“年”，參見本條上文“理限十年”、“十年陳訴”。
1042.	三/四九	434	供奉宮	“官”原作“宮”，据文意改。
1043.	三/四九	435	五月	《長編》卷二十二記此在太平興國六年三月己未。
1044.	三/四九	435	十日	原作“十一日”，據《長編》卷二十二太平興國六年三月己未、《文獻通考》卷一百六十六、《宋史》卷一百九十九、《宋史全文》卷三改。

续表

序号	《宋会要辑稿·刑法》位置	点校本页码	被校原文	校勘内容
1045.	三 / 四九	435	笞十下三日加一等	疑此句有誤，《長編》卷二十二太平興國六年三月己未、《文獻通考》卷一百六十六、《宋史》卷一百九十九有“不須追捕而易决者，毋過三日”、“而後又定令决獄違限準官書稽程律”之句。
1046.	三 / 五 0	436	清干礙	疑有誤。
1047.	三 / 五 0	437	欲乞今後慮制勘官約束一行人等	疑“慮”字有誤，当作“应”。
1048.	三 / 五一	437	指射州县	“射”原作“謝”，据文意改。
1049.	三 / 五二	438	請成務起請施行	“請”後原有小字“原空”，疑當為“依”或”、“遵”等字。
1050.	三 / 五二	438	邢州	“邢”原作“刑”，據文意改。
1051.	三 / 五二	438	廉成式	與本條下文兩處“文式”異，疑當作“廉文式”。
1052.	三 / 五二	439	抽差司婭	“婭”當作“獄”，參見本條下文“司獄取便抽差”。
1053.	三 / 五二	439	諸州長史	“史”當作“吏”。
1054.	三 / 五二	439	杖罪以下	“杖”，疑當作“徒”，參見本條下文“徒以上”。
1055.	三 / 五二	439	長史與通判量罪區分	“史”當作“吏”。
1056.	三 / 五三	440	延會	“延”當作“筵”。
1057.	三 / 五三	440	見獄吏則頭搶地	“搶”原作“梠”，據前漢書卷六十二司馬遷傳改。
1058.	三 / 五三	441	張詠上言	“上言”二字原脱，據《長編》卷四十四咸平二年四月辛酉補。
1059.	三 / 五四	441	詣會推鞫刑名者	“詣”當作“諳”。
1060.	三 / 五四	441	冊邱震	“冊”，《雞肋集》卷三十三作“毋”。

续表

序号	《宋会要辑稿 · 刑法》位置	点校本页码	被校原文	校勘内容
1061.	三 / 五四	441	托刑州制勘公事	疑“托”當作“赴”，參見《長編》卷三百三十六元豐六年閏六月戊戌“遣大理寺丞郭槩赴廣州制勘公事”；“刑”當作“邢”。
1062.	三 / 五四	441	乞量定責元	“責元”，疑當作“責罰”。
1063.	三 / 五四	441	詣會刑獄清强者	“詣”當作“諳”。
1064.	三 / 五五	442	虚須刑禁	“須”當作“煩”。
1065.	三 / 五五	443	七月二十九日	《長編》卷七十二大中祥符二年七月辛巳，即二十八日。
1066.	三 / 五五	443	提點刑獄司	“司”，《長編》卷七十二大中祥符二年七月辛巳作“使”。
1067.	三 / 五五	443	光化軍斷曹興	《長編》卷七十二大中祥符二年七月辛巳作“光化軍民曹興為盜”。
1068.	三 / 五六	444	犯徒以上徒罪	“上”字后的“徒”字衍，當刪。
1069.	三 / 五六	445	查拱之	“查”原作“杳”，據《長編》卷七十八大中祥符五年八月甲子改。
1070.	三 / 五七	445	女口	“口”原作“亡”，據《長編》卷八十二大中祥符七年正月己亥改。
1071.	三 / 五七	446	不得以刑勢	“刑”當作“形”。
1072.	三 / 五七	446	奏劄子劾事	“劾”原作“刻”，据文意改。
1073.	三 / 五七	446	民婦盧與義子爭財	“子”原脱，據《長編》卷八十六大中祥符九年三月壬子補。
1074.	三 / 五八	447	三司戶部郎官	“三”原作“王”，據《長編》卷八十六大中祥符九年三月壬子及文意改。
1075.	三 / 五八	447	鞫治其事	“鞫”原作“雜”，據《長編》卷八十六大中祥符九年三月壬子改。

续表

序号	《宋会要辑稿·刑法》位置	点校本页码	被校原文	校勘内容
1076.	三 / 五八	447	多援詔文	“援”原作“授”，據《長編》卷九十天禧元年十一月辛丑改。
1077.	三 / 五八	447	望行條約	“約”原作“納”，據《長編》卷九十天禧元年十一月辛丑改。
1078.	三 / 五八	448	支證事狀	“支”疑當作“指”。
1079.	三 / 五八	448	候詔證畢	“詔”當作“照”，參見《宋会要辑稿·刑法》三之六〇“照證人”。
1080.	三 / 五九	448	轉運、提刑獄官公事	《長編》卷九十一天禧二年三月丙辰作“轉運使、提點刑獄官”。
1081.	三 / 五九	448	體頗未便	“體”，《長編》卷九十一天禧二年三月丙辰作“事”。
1082.	三 / 五九	448	五月一日	《長編》卷九十三天禧三年五月壬戌，即六日。
1083.	三 / 五九	448	沿邊總管鈐轄	《長編》卷九十三天禧三年五月壬戌作“緣邊部署鈐轄”。
1084.	三 / 五九	449	桂州職官	《長編》卷九十五天禧四年正月丙子作“桂、廣等州幕職官”。
1085.	三 / 六 0	450	六月一日	“六月一日”上原衍有“二年”，今删。
1086.	三 / 六 0	450	伏觀右京官員	疑“觀”當作“覩”，“右京”當作“在京”。
1087.	三 / 六 0	450	强奪地上事	“地上”，疑當作“土地”。
1088.	三 / 六 0	450	時降指揮	“時”當作“特”。
1089.	三 / 六一	451	準敕勘鼓司官吏	“勘”，《長編》卷一百十四景祐元年六月庚子作“劾”。
1090.	三 / 六一	451	更不取勘	“勘”，《長編》卷一百十四景祐元年六月庚子作“劾”。

续表

序号	《宋会要辑稿·刑法》位置	点校本页码	被校原文	校勘内容
1091.	三 / 六一	451	仍勘皷司官吏	“勘”，《長編》卷一百十四景祐元年六月庚子作“劾”。
1092.	三 / 六二	453	從御史中丞賈昌朝之請也	“也”字原脱，據文意補。
1093.	三 / 六三	453	二年	疑當作“三年”。
1094.	三 / 六四	455	選清彊官置院推勘	“清彊官”原作“清疆宮”，据文意改。
1095.	三 / 六四	455	郭申錫	“申”原作“伸”，據《宋史》卷三百三十郭申錫傳改。
1096.	三 / 六五	457	舉勾當當公事	當作“提舉司勾當公事”。
1097.	三 / 六五	457	內侍官担无择乘驛騎就對獄	“管担”当作“管押”。
1098.	三 / 六六	457	或未知任	“知”當作“之”或“至”，參見《長編》卷二百七十七熙寧九年九月丙子“或方在道”。
1099.	三 / 六六	457	轉運司	“運”字原脱，據《長編》卷二百七十七熙寧九年九月丙子補。
1100.	三 / 六六	458	請求失入死罪刑名事	“請”，《長編》卷二百八十七元豐元年閏正月庚辰作“謂”。
1101.	三 / 六六	458	御史臺	“御”字原脱，據《長編》卷二百八十七元豐元年閏正月庚辰補。
1102.	三 / 六六	458	知諫院	“諫”原作“監”，據《長編》卷二百八十九元豐元年四月丙午改。
1103.	三 / 六六	458	執法刻深	“執”原作“刑”，據《長編》卷二百八十九元豐元年四月丙午改。
1104.	三 / 六六	458	如陛下必欲令蔡確兼領獄事	“如”、“獄”兩字原脱，“令”原作“今”，據《長編》卷二百八十九元豐元年四月丙午補、改。

续表

序号	《宋会要辑稿·刑法》位置	点校本页码	被校原文	校勘内容
1105.	三 / 六六	458	自今	“自”原作“目”，據《長編》卷二百九十六元豐二年正月丁亥改。
1106.	三 / 六七	459	置簿主管	“置”原作“主”，據《長編》卷二百九十九元豐二年八月丁未改。
1107.	三 / 六七	459	行移迂緩	“迂”原作“宿”，據《長編》卷二百九十九元豐二年八月丁未改。
1108.	三 / 六七	459	季終點檢	“終”原作“中”，據《長編》卷二百九十九元豐二年八月丁未改。
1109.	三 / 六七	459	以塞言者之口	“塞”原作“奉”，據《長編》卷三百十三元豐四年六月己未改。
1110.	三 / 六七	459	宜限五日結絕	“五日”，《長編》卷三百十三元豐四年六月己未作“百日”，疑誤。
1111.	三 / 六七	459	景思誼	原作“景思詣”，據《長編》卷三百二十七元豐五年六月辛亥改。
1112.	三 / 六七	459	張誼	原無，據《長編》卷三百二十七元豐五年六月辛亥補。
1113.	三 / 六七	460	同日	《長編》卷三百三十一元豐五年十二月“甲子”，即十八日。
1114.	三 / 六七	460	安惇	“惇”原作“敦”，據《長編》卷三百六十四元祐元年正月丁未改。
1115.	三 / 六七	460	漏泄獄情	“泄”字原脱，據《長編》卷三百六十四元祐元年正月丁未補。
1116.	三 / 六九	463	政和	“政”原作“致”，據文意改。

续表

序号	《宋会要辑稿·刑法》位置	点校本页码	被校原文	校勘内容
1117.	三 / 六九	463	其餘色人	疑當作"其餘諸色人"。
1118.	三 / 七 0	463	乞照有司	疑"照"當作"詔"。
1119.	三 / 七 0	464	按察官	"按"原作"案",據本條下文"按察官"改。
1120.	三 / 七 0	464	重禄法	"禄"原作"録",據下文"重禄法"改。
1121.	三 / 七二	466	五百外	疑當作"五百里外"。
1122.	三 / 七二	466	詔徒以上罪並依奏	"詔"字原脱,據文意補。
1123.	三 / 七三	467	下刑部舉催	"部"字原脱,據文意補。
1124.	三 / 七三	467	下所屬及御史臺差官就推官	此句原作小字注文,据文意改作大字正文。
1125.	三 / 七三	468	謂如非情重法輕之類	此文及以下原爲大字正文,據文意改爲小字注文。
1126.	三 / 七四	468	陽春縣令	"陽春"原作"原空",據《繫年要録》卷七十三補。
1127.	三 / 七四	468	韓禧	"韓"原作"原空",據《繫年要録》卷七十三補。
1128.	三 / 七四	468	帥司	"司"原作"師",據文意改。
1129.	三 / 七四	469	臣僚言	三字原脱,據文意及下文"從之"補。
1130.	三 / 七四	469	李操	《忠正德文集》卷二作"李澡"。本條下文其他處同。
1131.	三 / 七四	469	竊宣諭司元按李操四事	"竊"後當有"見"、"謂"、"以"等字。
1132.	三 / 七五	469	所有文廣	疑此句有誤。
1133.	三 / 七五	470	負冤抑之	"之"字下原空一格,疑有缺,待補。
1134.	三 / 七五	470	動終歲月	"終"當作"經",參見《宋会要辑稿·刑法》三之七六"動經歲月"。
1135.	三 / 七五	470	在外令提刑司	"令"字原脱,據文意補。

续表

序号	《宋会要辑稿·刑法》位置	点校本页码	被校原文	校勘内容
1136.	三/七五	470	如委涉冤抑不當	疑“涉”當作“實”。
1137.	三/七六	471	取索詞欵看詳	“詞”原作“碎”，据本條下文“詞款異同”及文意改。
1138.	三/七七	472	時暫勒留對证	“時暫”，《繫年要録》卷一百三作“暫時”。
1139.	三/七七	472	並令監司按劾	“監司”，《繫年要録》卷一百三作“憲司”。
1140.	三/七七	473	循職郎	疑當作“修職郎”。
1141.	三/七八	473	林智	“智”原作“知”，據本條上下文“林智”改。
1142.	三/七八	473	遂處	疑當作“逐處”。
1143.	三/七八	473	贓吏翻異	“贓”原作“職”，據《繫年要録》卷一百十九改。
1144.	三/七八	473	上曰	《繫年要録》卷一百十九作”劉大中曰”。
1145.	三/七九	474	並專一催促勘結	《繫年要録》卷一百二十三無“並”字。
1146.	三/七九	474	已結勘過名件	“件”字原脱，據《繫年要録》卷一百二十三補。
1147.	三/七九	474	廣右避遠禁每多淹延	“避”當作“僻”；“遠”字下原空一格，疑脱“見”字。
1148.	三/八0	475	正韻額入	疑有誤。
1149.	三/八0	476	取素檢點	“素”當作“索”。
1150.	三/八一	476	當具職官吏	“當具”當作“具當”，參見《宋会要辑稿·刑法》三之八四“具當職官吏姓名”。
1151.	三/八二	478	諸州有結解公事	“諸州有”三字原脱，據《繫年要録》卷一百六十五補。
1152.	三/八二	478	刑察御史	疑“刑”當作“監”。
1153.	三/八二	478	御史點覆察諸獄	疑“點”當作“臺”。

续表

序号	《宋会要辑稿 · 刑法》位置	点校本页码	被校原文	校勘内容
1154.	三 / 八二	479	提刑司於一路選差	“差”後原衍“提刑司於一路選差”，今刪。
1155.	三 / 八三	480	具按奏裁	“按”當作“案”。
1156.	三 / 八三	480	今後訖將	“訖”當作“乞”。
1157.	三 / 八三	480	悉祖宗條格施行	疑“悉”後缺“依”、“遵”等字。
1158.	三 / 八三	481	三十二年	“三”字前原衍“绍兴”，今删。
1159.	三 / 八三	481	樞密院刻將	疑“刻”有誤。參見《繫年要録》卷一百九十四紹興三十一年十一月己巳“御前忠鋭第五將張耘”。
1160.	三 / 八三	481	蔡洸	“洸”原作“況”，據《繫年要録》卷一百八十五改。
1161.	三 / 八四	482	按劾以聞	“劾”原作“刻”，据文意改。
1162.	三 / 八五	484	乞自今遇有翻異公事	“乞自今”原作“自乞今”，據文意改。
1163.	三 / 八五	485	臣浙東提刑程大昌言	疑“臣”字衍，當刪。
1164.	三 / 八五	485	諳曉刑獄	“諳”原作“暗”，据文意改。
1165.	三 / 八五	485	推勘翻異公事	“異”字原脱，據本條上文“推勘翻異公事”補。
1166.	三 / 八六	485	旅行申審	“旅”當作“旋”。參見《宋会要辑稿 · 刑法》三之七一“旋行申請畫一”。
1167.	三 / 八六	486	已而刑部看詳	“刑部”原作“部刑”，據本條上文“詔刑部看詳申尚書省”已正。
1168.	三 / 八六	487	詔	原作“昭”，據文意改。
1169.	三 / 八六	487	内有五次以上翻異人	“上”原作“止”，据文意改。
1170.	三 / 八七	488	按刻以聞	“劾”原作“刻”，据文意改。
1171.	三 / 八七	488	故失故入	“入”原作“人”，據下文“失出失入”改。
1172.	三 / 八七	489	大禮赦	“禮”原作“理”，據文意改。

续表

序号	《宋会要辑稿·刑法》位置	点校本页码	被校原文	校勘内容
1173.	三 / 八七	489	起發違時	“時”字原脱，據本條下文“往往不即起發”補。
1174.	三 / 八七	489	監司差官置院	“司”原作“師”，据文意改。
1175.	三 / 八八	490	遂至囚多瘐死	“瘐”原作“庾”，據文意改。
1176.	三 / 八八	490	甚至瘐死	“瘐”原作“庾”，據文意改。
1177.	刑法四 / 一	491	有犯鹽、曲之人	“鹽、曲”原作“監者”，據《長編》卷二建隆二年八月丁巳改。
1178.	四 / 一	491	配役	原作“役配”，據《長編》卷二建隆二年八月丁巳改。
1179.	四 / 一	492	三年	原作“二年”，據《長編》卷三建隆三年七月乙亥改。
1180.	四 / 一	492	斷徒罪人	“罪”字原脱，據《長編》卷八乾德五年二月癸酉補。
1181.	四 / 一	492	非官當贖銅之外	“官當”原作“當官”，據《長編》卷八乾德五年二月癸酉、《文獻通考》卷一百六十八、《宋史》卷二百一改。
1182.	四 / 一	493	中校署	“中校”二字原脱，“署”原作“局”，據《長編》卷八乾德五年二月癸酉、《文獻通考》卷一百六十八、《宋史》卷二百一補、改。
1183.	四 / 一	493	配隸	“配”字原脱，據《長編》卷八乾德五年二月癸酉補。
1184.	四 / 二	493	多决杖黥面	“多”字原脱，據《長編》卷八乾德五年二月癸酉補。
1185.	四 / 二	493	處以散秩	“以”字原脱，據《長編》卷八乾德五年二月癸酉補。
1186.	四 / 二	493	德	原脱，據《長編》卷八乾德五年四月甲戌補。
1187.	四 / 二	493	皆配南方	“方”原作“房”，據《宋史》卷二百一、《長編》卷十八太平興國二年正月己丑改。

续表

序号	《宋会要辑稿·刑法》位置	点校本页码	被校原文	校勘内容
1188.	四/二	493	鄧翁腰斬，親屬悉配隶	原作“腰斬，鄧翁親屬悉配隸”，據《長編》卷二十一太平興國五年二月戊申改。
1189.	四/二	494	不須轉送闕下	“轉”原作“傳”，據《長編》卷二十三太平興國七年十二月丁酉改。
1190.	四/二	494	至徒以上	“上”原作“北”，據文意改。
1191.	四/三	496	如骨肉願從者亦聽	“如”原作“知”，據文意改。
1192.	四/三	496	即將决遣	“即將”，《長編》卷五十九景德二年四月己亥作“皆即”。
1193.	四/三	496	或刑名疑誤	“疑誤”，《長編》卷五十九景德二年四月己亥作“疑互”。
1194.	四/三	496	則無所準詳	“準詳”，《長編》卷五十九景德二年四月己亥作“詳準”。
1195.	四/四	497	或有枉濫	“枉”，《長編》卷六十三景德三年七月丁巳作“冤”。
1196.	四/四	497	乞委轉運使詳	“詳”當作“看詳”。参見《長編》卷一百六十九皇祐二年十二月己丑“看詳諸州軍編配罪人元犯情理輕重以聞。”
1197.	四/五	498	宜令自今依例給之	“自今”二字原脱，據《長編》卷七十三大中祥符三年二月甲辰補。
1198.	四/五	499	徒隸河南軍籍	“徒”，《長編》卷七十七大中祥符五年四月戊申作“徙”；“河”原作“向”，據《長編》卷七十七大中祥符五年四月戊申改。
1199.	四/五	499	手足指	《長編》卷七十八大中祥符五年六月乙丑無“指”字。
1200.	四/五	499	並隸本軍下名	“下名”，疑當作“名下”。

续表

序号	《宋会要辑稿·刑法》位置	点校本页码	被校原文	校勘内容
1201.	四 / 六	499	從知昇州張詠之請也	“也”字原脱，據《長編》卷七十八大中祥符五年六月乙丑補。
1202.	四 / 六	499	所宜斂恤	所宜斂恤。
1203.	四 / 六	499	一日	原脱，據《長編》卷七十九大中祥符五年“閏十月乙丑朔”補。
1204.	四 / 六	500	憫其稍重	“其”原作“甚”，據《宋大詔令集》卷二百一改。
1205.	四 / 六	500	審刑院	“院”原作“部”，據《宋大詔令集》卷二百一、《長編》卷八十大中祥符六年正月庚子改。
1206.	四 / 六	500	主吏	“主”原作“至”，據《長編》卷八十大中祥符六年正月庚子改。
1207.	四 / 六	500	盜貨官物	“盜”字原脱，據《長編》卷八十大中祥符六年正月庚子補。
1208.	四 / 七	500	以小鐵錢十當一	《長編》卷八十大中祥符六年二月癸亥無“小”字。
1209.	四 / 七	500	徙至近地	“至”，《長編》卷八十大中祥符六年三月丁未作“置”。
1210.	四 / 七	501	非理縶撲	“撲”原作“樸”，據《長編》卷八十三大中祥符七年十二月乙卯補。
1211.	四 / 七	501	即給公憑赴部送人	《長編》卷八十三大中祥符七年十二月乙卯作“即以公驗付部送吏”。
1212.	四 / 七	501	嶺南州軍牢城	“嶺南”，《長編》卷八十五大中祥符八年闰六月丙戌作“嶺北”。

续表

序号	《宋会要辑稿·刑法》位置	点校本页码	被校原文	校勘内容
1213.	四/七	502	八月十九日	《長編》卷八十五大中祥符八年八月甲申，即七日。
1214.	四/七	502	本城	“本”原作“牢”，據《長編》卷八十五大中祥符八年八月甲申改。
1215.	四/八	502	私習天文	“習”，《長編》卷八十八大中祥符九年十一月戊申作“藏”。
1216.	四/八	502	在禁所	“禁”，《長編》卷八十八大中祥符九年十一月戊申作“流”。
1217.	四/八	502	升隸廂軍	“升”當作“並”。
1218.	四/八	503	諸路民爲盜	“民”字原脱，據《長編》卷九十天禧元年八月庚午補。
1219.	四/八	503	如所犯情重，並配牢城	《長編》卷九十天禧元年八月庚午作“自今悉”。
1220.	四/八	503	知潞州錢惟濟	“知”字原脱，據《長編》卷九十天禧元年八月庚午補。
1221.	四/八	503	其見役者	“者”字原脱，據《長編》卷九十一天禧二年三月庚戌補。
1222.	四/八	503	諸州經四月二十七日赦文	“經”原作“該”，據《長編》卷九十一天禧二年閏四月辛亥改。
1223.	四/八	503	刼盜至死降徒	“徒”原作“從”，據《長編》卷九十一天禧二年閏四月辛亥改。
1224.	四/八	503	萬安州	原作‘萬州’，據《宋史》卷九及《元豐九城志》卷九。
1225.	四/九	504	强刼盜賊	“賊”字原脱，據《長編》卷九十一天禧二年閏四月辛亥補。
1226.	四/九	504	棣州	“棣”原作“隸”，據《長編》卷九十一天禧二年閏四月辛亥改。
1227.	四/九	504	遂州選吏部送	疑“遂州”當作“逐州”。

续表

序号	《宋会要辑稿·刑法》位置	点校本页码	被校原文	校勘内容
1228.	四 / 九	504	高清	“清”原作“情”，據《長編》卷九十三天禧三年二月甲午改。
1229.	四 / 九	504	焦邕	“焦”原作“蕉”，據《長編》卷九十三天禧三年二月甲午改
1230.	四 / 九	504	外州牢城	“城”原作“臣”，據文意改。
1231.	四 / 九	505	乃下是詔	“乃”原作“仍”，據文意改。
1232.	四 / 一〇	505	刺配	“刺”字原脱，據《長編》卷九十四天禧三年八月壬寅補。
1233.	四 / 一〇	505	著爲定式	“著”原作“用”，據《長編》卷九十四天禧三年八月壬寅改。
1234.	四 / 一〇	505	十月十四日	《長編》卷九十四天禧三年作“十一月乙卯”；《宋大詔令集》卷二百二作“十二月乙卯”。
1235.	四 / 一〇	505	令參詳	“令”當作“今”。
1236.	四 / 一一	506	二十一日	《長編》卷一百一天聖元年閏九月甲午，即三日。
1237.	四 / 一一	506	並放逐	《長編》卷一百一天聖元年閏九月甲午作“並放從便”。
1238.	四 / 一一	506	依斷訖配窑務及致遠務無家累兵士	《長編》卷一百一天聖元年閏九月甲午作“以妻窑務或軍營致遠務卒之無家者”；《宋史》卷二百一同。
1239.	四 / 一一	507	應斷訖賊情重兇惡者	疑“賊”當作“盜賊”或“劫賊”。
1240.	四 / 一一	507	商州坑冶務	“商”原作“啇”，據文意及辑稿·刑法四之一三四年二月條改。
1241.	四 / 一二	508	並須晝時差人	“時”字下原衍“時”字，據文意刪。
1242.	四 / 一二	509	長史已下	“史”當作“吏”。

续表

序号	《宋会要辑稿·刑法》位置	点校本页码	被校原文	校勘内容
1243.	四/一三	509	知益州薛田	“知”字原脫，據《宋史》二百一補。
1244.	四/一五	511	凶强頑狡	“强”原作“疆”，據文意改。
1245.	四/一五	511	便河	疑即“汴河”。
1246.	四/一五	511	天頭舊批	“‘奏可’下脫四條，補在末頁。”而在辑稿·刑法四之六八有小字注文“以上四條補本卷第十五頁前半十一行“奏可”下。”故下文“七月二十日”至“閏二月一日”，即是按批註移於此處。
1247.	四/一五	511	强盜劫賊	“强”原作“疆”；“盜”字原脫，據文意改、補。
1248.	四/一五	513	李若谷	“李”原作“季”，據《長編》卷一百九天聖八年八月癸卯改。
1249.	四/一五	513	伐堤埽榆柳	“堤”原作“提”，据本條下文“堤埽”改。
1250.	四/一六	513	蕃落	“落”字原無，据本條上文“亦配蕃落”補。
1251.	四/一七	514	元奉宣敕	“宣”原作“宜”，據文意改。
1252.	四/一九	516	如南人即配嶺北	“南人”，《長編》卷一百十九景祐三年七月辛巳作“廣南罪人”。
1253.	四/二一	518	諸路犯罪人	“路”字原脫，據《長編》卷一百四十二慶曆三年七月辛巳補。
1254.	四/二一	518	轉運司	“司”，《長編》卷一百四十二慶曆三年七月庚寅作“使”。
1255.	四/二一	518	群盜結集	“群”原作“郡”，據《長編》卷一百四十八慶曆四年四月癸巳改。

续表

序号	《宋会要辑稿・刑法》位置	点校本页码	被校原文	校勘内容
1256.	四 / 二一	519	南作坊	《長編》卷一百五十一慶曆四年八月丙申無“南”字。
1257.	四 / 二一	519	毋以懲姦	“毋”，《長編》卷一百五十一慶曆四年八月丙申作“無”。
1258.	四 / 二一	519	六年	原作“六月”，據《長編》卷一百五十九慶曆六年七月乙酉、《宋史》卷二百一改。
1259.	四 / 二一	520	十一月	《長編》卷一百六十九皇祐二年作十二月己丑，即十二月六日。
1260.	四 / 二二	520	分故定罪	“故”字下缺一字，此字左右結構，其左邊存“古”字，右缺。
1261.	四 / 二二	520	所有軍民	“有”字下原衍“有”字，據文意刪。
1262.	四 / 二三	521	切見諸州軍犯罪人送逐處編管	“切”當作“窃”。
1263.	四 / 二三	521	切慮誘衆糾集作過	“切”當作“窃”。
1264.	四 / 二四	522	一百八十人	“人”字原脫，據《長編》卷一百八十八嘉祐三年十二月壬寅補。
1265.	四 / 二四	522	登州	“州”字原脫，據《長編》卷一百八十八嘉祐三年十二月壬寅補。
1266.	四 / 二四	522	如不合該刺配	《長編》卷一百八十八嘉祐三年十二月壬寅作“如不系編敕合該刺配”。
1267.	四 / 二四	522	登州配沙門寨罪人	“配”，《長編》卷一百九十一嘉祐五年三月甲寅作“改配”。
1268.	四 / 二四	523	並放遂便	“遂”當作“逐”。
1269.	四 / 二五	524	强刼	“强”原作“疆”，據文意及下條“今後彊刼賊”改。

续表

序号	《宋会要辑稿·刑法》位置	点校本页码	被校原文	校勘内容
1270.	四 / 二五	524	奏請朝旨	“旨”後,《長編》卷二百十七熙寧三年十一月癸卯還有“其已經詳定編配罪人所奏請朝廷指揮量移者，亦準此”之文。
1271.	四 / 二五	524	鄆州揀中兵內	“兵”字後原衍“事”字，據《長編》卷二百十七熙寧三年十一月癸丑刪。
1272.	四 / 二五	525	上批	原脫，據《長編》卷二百十七熙寧三年十一月癸丑補。
1273.	四 / 二五	525	配填龍猛	“配填”二字原脫，據《長編》卷二百十七熙寧三年十一月癸丑補。
1274.	四 / 二六	525	情理輕者	《長編》卷二百三十六熙寧五年闰七月戊辰作“原情理輕重”。
1275.	四 / 二六	525	分作兩等	《長編》卷二百三十六熙寧五年闰七月戊辰“等”字後有“輕者徙之。”
1276.	四 / 二六	525	相度情理輕重	“相度”,《長編》卷二百三十六熙寧五年闰七月戊辰作“再詳”。
1277.	四 / 二六	526	審刑院	原作“樞密”，據《長編》卷二百四十五熙寧六年六月丙子、《宋史》卷二百一改。
1278.	四 / 二六	526	請以二百人爲額	“以”後原衍“以”字，“人”字原脫，據《長編》卷二百四十五熙寧六年六月丙子、《宋史》卷二百一刪、補。
1279.	四 / 二六	526	自今配沙門島罪人	“人”字原脫，據《長編》卷二百四十五熙寧六年六月丙子補。
1280.	四 / 二六	526	萬州	當作“萬安州”。
1281.	四 / 二六	526	不惟事繁防虞	“繁”,《長編》卷二百四十六熙寧六年七月己未作“煩”。

续表

序号	《宋会要辑稿·刑法》位置	点校本页码	被校原文	校勘内容
1282.	四/二六	526	詔	原作“籍”，據《長編》卷二百五十四熙寧七年六月甲申改。
1283.	四/二七	526	班直改罷配龍騎	《長編》卷二百五十四熙寧七年六月甲申無“罷”字。
1284.	四/二七	527	覺察姦盜	“察”字原脱，據《長編》卷三百七元豐三年八月甲辰補。
1285.	四/二七	527	聽編配出川	“川”原作“州”，據《長編》卷三百七元豐三年八月甲辰改。
1286.	四/二七	527	不	“不”字下原衍“不”字，據文意删。
1287.	四/二八	528	又未足懲也	“懲”原作“徵”，據《長編》卷三百二十八元豐五年七月壬午改。
1288.	四/二八	528	若諸處探子	“探子”原作“捕子”，據《長編》卷三百三十三元豐六年二月辛未改。
1289.	四/二八	528	嘗恥言之故也	“故也”二字原脱，據《長編》卷三百三十四元豐六年三月辛丑補。
1290.	四/二八	529	合從本府	《長編》卷三百五十九元豐八年九月乙未作“開封府”。
1291.	四/二八	529	人力姦主已成	“力”原作“刁”，據《長編》卷三百五十九元豐八年九月乙未改。
1292.	四/二九	529	随所在配處	《長編》卷三百六十元豐八年十月己巳無“處”字，《宋史》卷二百一同。
1293.	四/二九	530	犯杖以上罪	“上”原作“下”，據《長編》卷三百七十九元祐元年六月庚子改。

续表

序号	《宋会要辑稿·刑法》位置	点校本页码	被校原文	校勘内容
1294.	四/三0	530	羈管	原脫，據《長編》卷四百八元祐三年二月丁亥補。
1295.	四/三0	531	十年以上者	“者”字原脫，據《長編》卷四百八元祐三年二月丁亥補。
1296.	四/三0	531	先往住罷外	“往”，《長編》卷四百三十四元祐四年十月乙卯作“次”。
1297.	四/三0	531	不該刺配之人	“該”原作“刻”，據《長編》卷四百三十四元祐四年十月乙卯改。
1298.	四/三0	532	它處重役州司	“州司”二字原脫，據《長編》卷四百六十四元祐六年八月庚戌補。
1299.	四/三0	532	今重法地分	“今”原作“令”，據《長編》卷四百六十四元祐六年八月庚戌改。
1300.	四/三0	532	却令徒伴	“却”原作“劫”；“伴”原作“半”，皆據《長編》卷四百六十四元祐六年八月庚戌改。
1301.	四/三0	532	元犯里數配出	“里”，《長編》卷四百六十五元祐六年闰八月癸酉作“重”。
1302.	四/三一	532	餘犯非情重者	《長編》卷四百六十五元祐六年闰八月癸酉無“非”字。
1303.	四/三一	532	造畜蠱毒藥已殺人	“畜”，《長編》卷四百六十八元祐六年十一月癸卯作“蓄”。
1304.	四/三一	532	沙門島人遇赦不該移配	原脫，據《長編》卷四百六十八元祐六年十一月癸卯補。
1305.	四/三一	533	之人	原脫，據《長編》卷五百四元符元年十二月庚子補。
1306.	四/三一	533	都省送下保平章奏	“章”當作“軍”。
1307.	四/三二	533	元符元年九月七日指揮，檢未獲	此句原爲正文，據文意改爲小字注文。

续表

序号	《宋会要辑稿・刑法》位置	点校本页码	被校原文	校勘内容
1308.	四／三二	534	司圜之法	“圜”字下原衍“土”字，據東都事略卷十、《文獻通考》卷一百六十七及卷一百六十八删。
1309.	四／三二	535	各依法剩配外	“剩”當作“刺”。
1310.	四／三三	535	江、饒、建此並依此	“此”當作“州”；此句原爲正文，據文意改爲小字注文。
1311.	四／三三	535	將扶杖窃盜	“扶”當作“持”。
1312.	四／三三	535	窃慮諸路不曉法意	“窃”原作“切”，據文意改。
1313.	四／三三	536	窃見黎賊	“窃”原作“切”，據文意改。
1314.	四／三四	537	即依	疑“依”字衍，當刪。
1315.	四／三五	538	府畿轉運司狀	“府”當作“京”。
1316.	四／三六	539	撿會元犯	“撿”當作“檢”。
1317.	四／三六	539	請受文旁	“旁”當作“榜”。
1318.	四／三七	539	昨因買文旁事	“旁”當作“榜”。
1319.	四／三七	540	又加餘路瀘州有合配千里之人	“加”當作“如”。
1320.	四／三八	541	地里	“里”原作“理”，據文意及本條它處“地里”改。
1321.	四／三九	541	權行在配施行	“在”當作“住”，參見本條它處“住配”。
1322.	四／三九	542	遇有編配之人	“配”字原脱，據本條上文“窃見犯罪編配之人”補。
1323.	四／四0	543	並放遂便	“遂”當作“逐”。
1324.	四／四0	543	年六十以上及七十	疑“七十”當作“七年”。否則與後文“及七十”的規定相矛盾。此外，亦可參見《輯稿・刑法》四之四六之文。
1325.	四／四一	544	應編配移鄉人	“編配”，《三朝北盟會編》卷一百一作“編管”。

续表

序号	《宋会要辑稿·刑法》位置	点校本页码	被校原文	校勘内容
1326.	四/四一	544	李彦	原作“李邦彦”，據《清波雜志》卷二、《宋史》卷二十四、《宋史紀事本末》卷十四改。
1327.	四/四一	544	誤國害民	“害”字前原衍“之”字，據《清波雜志》卷二、《宋史》卷二十四、《三朝北盟會編》卷一百一、《宋史紀事本末》卷十四删。
1328.	四/四二	545	開拆聞奏	“拆”當作“析”，見《輯稿·刑法》四之四二。
1329.	四/四二	545	三年四月八日以下文字	原爲正文，據文意改爲小字注文。
1330.	四/四二	545	二年	疑當作“三年”。
1331.	四/四二	545	永不移放者	“永”原作“并”，據《輯稿·刑法》四之四一五月一日條改。
1332.	四/四二	545	時量移	“時”當作“特與”，見《輯稿·刑法》四之四一。
1333.	四/四二	545	明堂赦恩	疑“恩”衍，當删。
1334.	四/四二	545	“紹興元年”至“並同此制”所有文字	原爲正文，據文意改爲小字注文。
1335.	四/四二	546	欝林州	原作“欝州、林州”，據文意改。此句自“謂”字以下原爲正文，據文意改爲小字注文。
1336.	四/四二	546	廣南	疑有誤。
1337.	四/四二	546	政和殿敕	疑“殿”字衍，當删
1338.	四/四二	547	本日勘會	“日”當作“部”，與前“刑部言”相應。
1339.	四/四二	547	如通並從徒一年科罪	疑“如通”有誤。
1340.	四/四四	548	諸稱配及編管少言地理者	“理”當作“里”。
1341.	四/四五	549	奏劾	“劾”字以下原爲正文，據文意改爲小字注文。

续表

序号	《宋会要辑稿·刑法》位置	点校本页码	被校原文	校勘内容
1342.	四 / 四五	549	秀州	“秀”原作“充”，據《繫年要録》卷八十八改。
1343.	四 / 四五	549	準敕編管化州	“敕”原作“刺”，據《繫年要録》卷八十八改。
1344.	四 / 四五	549	應問	“問”原作“門”，據《繫年要録》卷八十八改。
1345.	四 / 四五	549	大本之不幸也	“幸”字下原衍“幸”字，據《繫年要録》卷八十八刪。
1346.	四 / 四五	549	或少懲艾	“或”，《繫年要録》卷八十八作“咸”。
1347.	四 / 四六	550	新復河南州軍	疑“新”字前當有“制”、“赦”等字，“申”字衍，當刪。參見《輯稿·刑法》四之四〇之文。
1348.	四 / 四六	550	“十二年”以下	原爲正文，據文意改爲小字注文。
1349.	四 / 四六	551	依法具奏	“依”原作“接”，據文意見及本條下文“更不依法具奏”改。
1350.	四 / 四七	551	二千五百里	“五”原作“三”，據《文獻通考》卷一百六十八改。
1351.	四 / 四七	551	鄂州	《文獻通考》卷一百六十八作“太平州”。
1352.	四 / 四七	551	二十三年	原作“二十四年”，據《輯稿·刑法》四之四七“二十四年二月二十三日”條改。
1353.	四 / 四七	552	四月二十三年	“年”當作“日”；四月二十三，《繫年要録》卷一百六十四、《宋史全文》卷二十二上皆作“辛巳”，即“四月二十二日”。
1354.	四 / 四七	552	臨安府	“安”字原脱，據本條下文“知臨安府曹泳”補。

续表

序号	《宋会要辑稿·刑法》位置	点校本页码	被校原文	校勘内容
1355.	四 / 四八	552	各以所配州	“配”原作“酬”，據文意及《輯稿·刑法》四之四七“十九年八月二十二日”條改。
1356.	四 / 四八	553	仰斷遣處差人錮監押前去	“仰”字下原衍“仰”字，據文意刪；疑“錮”當作“禁錮”
1357.	四 / 四八	553	千里以上	“以”字下原衍“以”字，據文意刪。
1358.	四 / 四八	553	許興古	“古”下原衍一“古”字，今刪。
1359.	四 / 四八	553	不支口食	“不”字下原衍“不”字，據文意及《文獻通考》卷一百六十八、《繫年要録》卷一百六十七刪。
1360.	四 / 四八	554	乃盜賊素之處	疑有脱漏。
1361.	四 / 四九	554	二十一日	《繫年要録》卷一百七十七作“乙亥”即“十三日”。
1362.	四 / 四九	554	開具申省	原脱，據《繫年要録》卷一百七十七補。
1363.	四 / 四九	555	本州軍長史	“史”當作“吏”。
1364.	四 / 五 0	555	乞令	“令”原作“今”，據文意改。
1365.	四 / 五 0	556	聚成郡盜	疑“郡”當作“群”。
1366.	四 / 五一	556	須管日下放役	疑有誤。“放役”《輯稿 . 刑法》四之四五“九月十五日”條作“放令逐便”。
1367.	四 / 五一	556	按劾	“劾”字以下原爲正文，據文意改爲小字注文。
1368.	四 / 五一	557	不流遠郡者皆竄逸	疑“不”字衍，與文意矛盾，當刪。
1369.	四 / 五一	557	年限	“限”字以下原爲正文，據文意改爲小字注文。
1370.	四 / 五三	559	免配屯駐軍	原作“免駐屯配軍”，據文意改。
1371.	四 / 五三	559	故從之	“之”字原脱，據文意補。

续表

序号	《宋会要辑稿・刑法》位置	点校本页码	被校原文	校勘内容
1372.	四/五三	560	刼盜罪不致死	“死”字原脱，據文意補。
1373.	四/五三	560	更不分隸屯駐諸軍	“軍”字下原衍“諸”字，據文意刪。
1374.	四/五四	560	類刑部	疑當作“類申刑部”，參見《輯稿・刑法》一之四八“類申刑部”。
1375.	四/五四	561	自後郊祀赦同	“後”原作“今”，據上條改。
1376.	四/五六	563	將犯斷人斷配訖	疑“斷”當作“罪”。
1377.	四/五七	563	少壯堪披帶迭	疑“迭”衍，參見《輯稿・刑法》四之一六、一七。
1378.	四/五七	564	秦案文字	“秦”當作“奏”。
1379.	四/五七	564	五月二十一日條及下條	似非本門内容，其内容與“勘獄”門條文相似。
1380.	四/五八	565	二月十五日條末	據文意推測此處當有“從之”二字。
1381.	四/五八	565	十一月十六日	此條十五年，當爲淳熙十五年，開禧無十五年，似亦可佐證前兩條係錯簡。
1382.	四/五八	566	其餘罪犯	“其”上原衍“人”，今刪。
1383.	四/五八	566	乞令	“令”原作“今”，據文意改。
1384.	四/五九	567	以罪抵死而獲貸者	“者”字原脱，據《文獻通考》卷一百六十八補。
1385.	四/六0	567	今其日積者已多	《文獻通考》卷一百六十八無“其”字。
1386.	四/六0	567	自有年限	“年”字原脱，據《文獻通考》卷一百六十八補。
1387.	四/六0	567	以配為常	原作“以配面爲”，據《文獻通考》卷一百六十八改。
1388.	四/六一	568	重役人犯情理深重	“人”下原衍“充”字，今刪。
1389.	四/六二	570	必加誅戮	“誅”原作“銖”，據文意改。
1390.	四/六三	570	嚴立保伍	“伍”原作“五”，據文意改。

续表

序号	《宋会要辑稿·刑法》位置	点校本页码	被校原文	校勘内容
1391.	四/六三	570	旬存否	疑有缺文。
1392.	四/六三	571	近緣州郡匱	疑有缺文。
1393.	四/六四	571	今之士大	“士大”當作“士大夫”。
1394.	四/六四	572	若非羣衆販賣私商	“羣”原作“郡”，據《文獻通考》卷一百六十八改。
1395.	四/六四	572	立爲赦限	“赦”，《文獻通考》卷一百六十八作“條”。
1396.	四/六四	572	販賣私商	“商”原作“商”，據《宋史》卷二百一、《文獻通考》卷一百六十八改。
1397.	四/六四	572	捕獲之人	“獲”原作“人”，據《宋史》卷二百一、《文獻通考》卷一百六十八改。
1398.	四/六五	574	随敕申明	“明”下原衍“明”字，據文意删。
1399.	四/六五	574	彌堅	“堅”原作“間”，據本條“史彌堅言”改。
1400.	四/六五	574	配廣南遠惡	“配”字原脱，據本條“海賊並兇惡强盜，有配廣南遠惡”補。
1401.	四/六六	57	郡憚所費	“郡”原作“群”，據文意改。
1402.	四/六九	576	五月	《長編》卷二十七雍熙三年九月戊辰；《長編》卷六十景德二年七月辛亥及下条真宗景德二年七月五日追記此事在雍熙三年七月。
1403.	四/六九	576	少峻條貫	《宋史》卷一九九作“稍峻條章”。
1404.	四/六九	576	從徒罪失入死罪者	“徒”，《長編》卷六十景德二年七月辛亥作“流”。
1405.	四/六九	576	斷獄失入死刑者	“獄”原作“奏”，據《宋史》卷一九九改。

续表

序号	《宋会要辑稿·刑法》位置	点校本页码	被校原文	校勘内容
1406.	四 / 六九	576	長吏並勒停見任	“長吏”原作“本吏”，據《長編》卷二十七雍熙三年九月戊辰、《宋史》卷一九九改。“停”字原脫，據《長編》卷二十七雍熙三年九月戊辰補。
1407.	四 / 六九	577	上封者言	“封”原作“刑”，據《長編》卷六十景德二年七月辛亥改。
1408.	四 / 六九	577	減三等	“等”原作“年”，據《長編》卷六十景德二年七月辛亥改。
1409.	四 / 六九	577	徒二年	“二”，《長編》卷六十景德二年七月辛亥作“三”。
1410.	四 / 六九	577	為首者追官	“首”，《長編》卷六十景德二年七月辛亥作“長”。
1411.	四 / 六九	577	並止罰銅	“銅”原作“錮”，據《長編》卷六十景德二年七月辛亥改。
1412.	四 / 六九	577	又未酌中	“酌”原作“酬”，據《長編》卷六十景德二年七月辛亥改。
1413.	四 / 六九	577	至追官者	“至”，《長編》卷六十景德二年七月辛亥作“不致”。
1414.	四 / 六九	577	京朝官	“京”原作“景”，據《長編》卷六十景德二年七月辛亥改。
1415.	四 / 六九	577	武臣	“臣”原作“品”，據《長編》卷六十景德二年七月辛亥改。
1416.	四 / 六九	578	王曉	《長編》卷八十三大中祥符七年九月乙未作“王曙”。
1417.	四 / 六九	578	洎判官等	“洎”原作“泊”，據《長編》卷八十三大中祥符七年九月乙未改。
1418.	四 / 六九	578	為部民所訟	“所”字原脫，據《長編》卷八十三大中祥符七年九月乙未補。
1419.	四 / 六九	578	罰訖代之	“代”当作“贷”。

续表

序号	《宋会要辑稿·刑法》位置	点校本页码	被校原文	校勘内容
1420.	四 / 七0	579	文尉	原作“文蔚”，據《長編》卷八十三大中祥符八年八月己卯及本條上文改。
1421.	四 / 七0	579	因市之	《長編》卷八十三大中祥符八年八月己卯無“因”字。
1422.	四 / 七0	579	張訴於京府	“訴”原作“訢”，據《長編》卷八十三大中祥符八年八月己卯改。
1423.	四 / 七0	579	遂祈	“祈”原作“從”，據《長編》卷八十三大中祥符八年八月己卯改。
1424.	四 / 七0	579	允	原脱，據《長編》卷八十三大中祥符八年八月己卯補。
1425.	四 / 七0	580	給事中慎從吉削一任	“給”字前原衍“免”字，據《長編》卷八十六大中祥符九年三月壬子刪。
1426.	四 / 七0	580	被酒詬悖	“詬”原作“忚”，據《長編》卷八十六大中祥符九年三月壬子改。
1427.	四 / 七0	580	質暨盧迭為訟	“暨”原作“洎”，《長編》卷八十六大中祥符九年三月壬子改。
1428.	四 / 七0	580	虢略尉	“虢”原作“號”，據《長編》卷八十六大中祥符九年三月壬子改。
1429.	四 / 七一	580	濠州	“濠”原作“豪”，據《長編》卷八十六大中祥符九年三月壬子改。
1430.	四 / 七一	580	嘗犯法	“嘗”原作“常”，據《長編》卷八十六大中祥符九年三月壬子改。
1431.	四 / 七一	581	大康縣	《長編》卷八十六大中祥符九年三月乙丑作“泰康縣”。

续表

序号	《宋会要辑稿·刑法》位置	点校本页码	被校原文	校勘内容
1432.	四 / 七一	581	時已罷任	“已”原作“以”，據《長編》卷八十六大中祥符九年三月乙丑改。
1433.	四 / 七一	581	逃避他所	“他”字原脱，據《長編》卷八十六大中祥符九年三月乙丑補。
1434.	四 / 七一	581	知府	“府”原作“家”，據《長編》卷八十六大中祥符九年三月乙丑改。
1435.	四 / 七一	581	劉宗言	“言”原作“古”，據《長編》卷八十六大中祥符九年三月乙丑及《宋史》卷二百七十七改。
1436.	四 / 七二	581	丁慎修	《長編》卷八十六大中祥符九年三月乙丑作“丁謹修”。
1437.	四 / 七二	581	從吉坐首露在已發後	“後”字原脱，據《長編》卷八十六大中祥符九年三月乙丑補。
1438.	四 / 七二	581	累犯憲章	“犯”原作“奉”，據《長編》卷八十六大中祥符九年三月乙丑改。
1439.	四 / 七二	581	宗言	“言”原作“古”，據《長編》卷八十六大中祥符九年三月乙丑及《宋史》卷二百七十七改。
1440.	四 / 七二	581	王承僅	《長編》卷八十六大中祥符九年三月乙丑作“王承謹”。
1441.	四 / 七二	582	特黜遠處監當	“黜”原作“絀”，據文意改。
1442.	四 / 七三	583	權蕲水主簿	“水”前原衍“州”，據《長編》卷一百十九景祐三年八月庚申删。
1443.	四 / 七三	583	蔣堂	原作“蔣當”，據《長編》卷一百十九景祐三年八月庚申改。

续表

序号	《宋会要辑稿·刑法》位置	点校本页码	被校原文	校勘内容
1444.	四 / 七四	583	知廬州	“廬”字原脱，據《長編》卷一百十九景祐三年八月庚申補。
1445.	四 / 七四	583	知廬州	“知”前原衍“就徒”，據《長編》卷一百二十五寶元二年十二月辛未刪。
1446.	四 / 七四	583	廬州	原脱，據《長編》卷一百二十五寶元二年十二月辛未補。
1447.	四 / 七四	583	比部員外郎	《長編》卷一百二十五寶元二年十二月辛未作“比部郎中”。
1448.	四 / 七四	584	同知樞密院	“同”字原脱，據《長編》卷一百二十五寶元二年十二月辛未、《宋史》卷十補。
1449.	四 / 七四	584	即從違制失定	“定”後原缺一字，待補。
1450.	四 / 七四	584	從公坐贖銅放	“坐”當作“罪”，見《長編》卷一百七十八至和二年二月癸巳。
1451.	四 / 七四	584	帝	原作“常”，據《長編》卷一百七十八至和二年二月癸巳、《宋史》卷二百改；《宋史全文》卷九上作“上”。
1452.	四 / 七四	584	知審刑院	原作“知院”，據《長編》卷一百七十八至和二年二月癸巳、《宋史全文》卷九上改。
1453.	四 / 七五	584	勒停	原脱，據《長編》卷一百七十八至和二年二月癸巳、《宋史全文》卷九上補。
1454.	四 / 七五	585	未决者	“未”字原脱，據《長編》卷一百九十五嘉祐六年十月丁酉、《輯稿·職官》一一之一五補。

续表

序号	《宋会要辑稿·刑法》位置	点校本页码	被校原文	校勘内容
1455.	四 / 七五	585	俟再任舉主	“舉主”原作“舆王”，據《長編》卷一百九十五嘉祐六年十月丁酉、《輯稿·職官》一一之一五改。
1456.	四 / 七五	585	若失入二人以上者	“失”原作“夫”，據《長編》卷一百九十五嘉祐六年十月丁酉、《輯稿·職官》一一之一五改。
1457.	四 / 七五	585	英宗	當作“神宗”。
1458.	四 / 七五	585	斷銀沙獄	“沙”疑當作“砂”，見《長編》卷二百十二熙寧三年六月丁丑“银砂案”。
1459.	四 / 七五	585	以槍殺朝父死	“以槍”原作“行搶”，據《宋史》卷二百一、《文獻通考》卷一百七十、稗編卷一百十九改。
1460.	四 / 七五	585	被朝提見	《宋史》卷二百一、《文獻通考》卷一百七十皆作“朝執而殺之”，疑“提”有誤。
1461.	四 / 七五	586	第三	原脱，據《宋史》卷二百一補。
1462.	四 / 七六	586	比類遞減一等	“類”原作“數”，據《宋史》卷二百一改。
1463.	四 / 七六	586	以類上條降官	“以”當作“比”，“官”字下原衍“降官”二字，據文意刪。
1464.	四 / 七六	586	詳斷官	“詳”字原脱，據《長編》卷二百十二熙寧三年六月丁丑補。
1465.	四 / 七六	586	蔡冠卿	原作“蔡寇卿”，據《長編》卷二百十二熙寧三年六月丁丑改。
1466.	四 / 七六	586	詳議官	“詳”字原脱，據《長編》卷二百十二熙寧三年六月丁丑補。

续表

序号	《宋会要辑稿·刑法》位置	点校本页码	被校原文	校勘内容
1467.	四 / 七七	587	十一月五日	《長編》卷二百三十九熙寧五年十月庚辰，即“十月五日”。
1468.	四 / 七七	588	失入罪及失錯	疑“錯”當作“出”。
1469.	四 / 七七	588	失入人死罪	“罪”字原脱，據《長編》卷二百九十七元豐二年四月甲子補。
1470.	四 / 七七	588	會赦	“會”字下原衍“舍”字，據《長編》卷二百九十七元豐二年四月甲子刪。
1471.	四 / 七七	588	其失入流	“流”原作“死”，據《長編》卷三百九十三元祐元年十二月辛丑改。
1472.	四 / 七七	588	比死罪稍輕	“死”原作“元”，據《長編》卷三百九十三元祐元年十二月辛丑改。
1473.	四 / 七七	588	例一項	此三字原作“原缺”，據《長編》卷三百九十三元祐元年十二月辛丑補。
1474.	四 / 七七	588	其徒流	此三字原作“原缺”，據《長編》卷三百九十三元祐元年十二月辛丑補。
1475.	四 / 七七	588	不降特旨	此四字原作“原缺”，據《長編》卷三百九十三元祐元年十二月辛丑補。
1476.	四 / 七七	589	失入死罪	“死”字原脱，據《長編》卷四百六十四元祐六年八月癸卯補。
1477.	四 / 七八	589	誰出公心	“出”下原衍“入”，據《長編》卷四百七十六元祐七年八月丙辰刪。
1478.	四 / 七八	589	失出死罪	“死”字原脱，據《長編》卷四百七十六元祐七年八月丙辰、《宋史》卷二百一補。

续表

序号	《宋会要辑稿·刑法》位置	点校本页码	被校原文	校勘内容
1479.	四 / 七八	590	特免勒停	“免”，《長編》卷四百八十五無此字。
1480.	四 / 七八	590	逮紹聖立法	“法”原作“原缺”，據《宋史》卷二百一、《文獻通考》卷一百六十七補。
1481.	四 / 七八	590	夫失出者	“夫失出”原作“原缺”，據《宋史》卷二百一、《文獻通考》卷一百六十七補。
1482.	四 / 七八	590	聖人之大德	“人”字原脱，據《宋史》卷二百一、《文獻通考》卷一百六十七補。
1483.	四 / 七八	590	請罷理官	原作“原缺”，據《文獻通考》卷一百六十七補；《宋史》卷二百一作“請罷”。
1484.	四 / 七八	590	汪希旦	“旦”原作“且”，據萬姓統譜卷四十六及本條下文“希旦”改。
1485.	四 / 七九	591	使李彦聡者偶得保守領	“守”當作“首”。
1486.	四 / 七九	591	兼詳看法寺案	“詳看”當作“看詳”。“案”字后原文空四格，待補。
1487.	四 / 七九	591	遂持兩望	“兩”字后原文空四格，待補。
1488.	四 / 七九	591	胡直孺	“胡”原作“朝”，據《中興小紀》卷十、《繫年要録》卷四十六紹興元年秋七月丁巳改。
1489.	四 / 七九	592	特受朝奉大夫	“受”當作“授”。
1490.	四 / 八0	592	乎乃命有司申嚴行下	原脱，據《宋史全文》卷十八下補。
1491.	四 / 八0	592	侍致朝廷疏問	“侍”當作“待”。
1492.	四 / 八0	592	出身以來文字	“來”字原脱，據文意補。
1493.	四 / 八0	593	大理寺斷百姓孫昱等案	“理寺斷”，原文空三格，據《繫年要録》卷七十二補。

续表

序号	《宋会要辑稿·刑法》位置	点校本页码	被校原文	校勘内容
1494.	四 / 八 0	593	係屍不經驗	“不經驗”，原文空三格，據《繫年要録》卷七十二補。
1495.	四 / 八 0	593	各得罰銅十斤	“得”原作“將”，據下條“各得罰銅二十斤”改。
1496.	四 / 八 0	593	檀偕	“檀”原作“擅”，據《繫年要録》卷七十二改。
1497.	四 / 八 0	593	地客	《宋史》卷二百一作“佃人”；《繫年要録》卷七十二、《文獻通考》卷一百七十作“耕夫”。
1498.	四 / 八 0	593	阮授	原作“院授”，據《繫年要録》卷七十二、《文獻通考》卷一百七十、《宋史》卷二百一改。
1499.	四 / 八 0	593	阮捷	原作“院捷”，據《繫年要録》卷七十二、《文獻通考》卷一百七十、《宋史》卷二百一改。
1500.	四 / 八 0	593	葉全三	《文獻通考》卷一百七十、《宋史》卷二百一作“葉全二”。
1501.	四 / 八 0	594	常加檢察	“加”原作“炏”，據《繫年要録》卷六十二、《玉海》卷六十七、《宋史全文》卷十八下改。
1502.	四 / 八 0	594	所平反刑獄	“反”原作“及過”，據《繫年要録》卷六十二、《玉海》卷六十七、《宋史全文》卷十八下改。
1503.	四 / 八 0	594	本臺循習舊	“舊”字后原文空二格，待補。
1504.	四 / 八 0	594	令後歲	“歲”字后原文空二格，待補。
1505.	四 / 八一	594	陳與義	“義”字原脱，據《繫年要録》卷八十八補。
1506.	四 / 八一	594	非懲	原缺，據《傳家集》卷四十八、《長編》卷三百五十八元豐八年七月甲寅、《繫年要録》卷八十八補。

续表

序号	《宋会要辑稿·刑法》位置	点校本页码	被校原文	校勘内容
1507.	四 / 八一	594	强盜情	原缺，據《傳家集》卷四十八、《長編》卷三百五十八元豐八年七月甲寅、《繫年要録》卷八十八補。
1508.	四 / 八一	595	耀州勘到張志鬆	“耀”原作“輝”，“勘”原作“堪”，據《傳家集》卷四十八改。
1509.	四 / 八一	595	門下省審如何委得允當	《長編》卷三百五十八元豐八年八月癸酉、《傳家集》卷四十八皆作“令門下省省審，如所擬委得允當，則用繳狀進入施行。”
1510.	四 / 八一	595	用例破條	“破”字原脱，據《傳家集》卷四十八、《繫年要録》卷八十八補。
1511.	四 / 八一	595	光以道德名臣	“光”字原脱，據《繫年要録》卷八十八補。
1512.	四 / 八一	595	大批獄之庇無佗	疑此句有误
1513.	四 / 八二	596	一是改正	“一”當作“至”。
1514.	四 / 八二	596	殺人海刼黃	“黃”字後原有小字注文“原缺”，待補。
1515.	四 / 八二	596	領重杖處死	“領”字後原有小字注文“原缺”，待補。
1516.	四 / 八二	596	上章自劾	“自”原作“白”，據《繫年要録》卷一百四十改。
1517.	四 / 八二	596	刑部看詳	“看詳”原作“詳看”，據文意改。
1518.	四 / 八三	597	大理寺丞	“丞”原作“臣”，據《文獻通考》卷一百六十七改。
1519.	四 / 八三	597	决大辟	“决”原作“史”，據《文獻通考》卷一百六十七改。
1520.	四 / 八三	597	聽親戚辭訣	“訣”原作“决”，據《文獻通考》卷一百六十七改。

续表

序号	《宋会要辑稿·刑法》位置	点校本页码	被校原文	校勘内容
1521.	四 / 八三	597	殆爲文具	《文獻通考》卷一百六十七作“視爲文具”。
1522.	四 / 八三	597	近年	“近”原作“枉”，據《文獻通考》卷一百六十七改。
1523.	四 / 八三	597	撫州獄案已成	“已成”，原有小字注文“原缺”，據《文獻通考》卷一百六十七補。
1524.	四 / 八三	597	獄案已	原有小字注文“原缺”，據《文獻通考》卷一百六十七補。
1525.	四 / 八三	597	乃誤以陳四閑爲陳四	“誤”字下原衍“設”字，據《文獻通考》卷一百六十七刪。
1526.	四 / 八三	597	陳翁進	“翁”原作“公”，據《文獻通考》卷一百六十七改。
1527.	四 / 八三	597	陳進哥	“陳”字原脱，據《文獻通考》卷一百六十七補。
1528.	四 / 八三	597	竊	據天頭舊批改此。
1529.	四 / 八四	598	部檢坐見行條法	“部”字上原作小字注文“原缺”，疑當作“乃詔刑”。
1530.	四 / 八四	598	二年	疑脱年號，且據本條內容，疑當為《輯稿·刑法》六“禁囚”之文，錯簡於此。
1531.	四 / 八四	598	獄殟	“殟”當作“瘟”，參見《輯稿·刑法》六之七五。
1532.	四 / 八五	599	皆降詔勑獎諭	“降”原作“除”，據文意改。
1533.	四 / 八五	600	四月十二日	《長編》卷七十一大中祥符二年四月戊戌，即十三日。
1534.	四 / 八五	600	詔諸州雖封部閑靜	“閑靜”，《長編》卷七十一大中祥符二年四月戊戌作“簡靜”。
1535.	四 / 八五	600	而獄空及季者	“而”字原脱，據《長編》卷七十一大中祥符二年四月戊戌補。

续表

序号	《宋会要辑稿·刑法》位置	点校本页码	被校原文	校勘内容
1536.	四／八五	600	自今亦賜詔獎之	“自今”二字原脫，據《長編》卷七十一大中祥符二年四月戊戌補。
1537.	四／八五	600	言	原脫，據《長編》卷七十二大中祥符二年十一月壬子補。
1538.	四／八五	600	伏見	“伏”原作“復”，據《長編》卷七十二大中祥符二年十一月壬子改。
1539.	四／八五	600	妄覬獎語	“語”，《長編》卷七十二大中祥符二年十一月壬子作“飾”。
1540.	四／八五	601	便决死刑	“便”原作“使”，據《長編》卷七十二大中祥符二年十一月壬子改。
1541.	四／八五	601	朝廷	“廷”原作“庭”，據《長編》卷七十二大中祥符二年十一月壬子改。
1542.	四／八五	601	比務審詳	“務”原作“要”，據《長編》卷七十二大中祥符二年十一月壬子改。
1543.	四／八五	601	邀為己功	“為”字原脫，據《長編》卷七十二大中祥符二年十一月壬子補。
1544.	四／八五	601	專委提點刑獄	“專”原作“轉”，據《長編》卷七十二大中祥符二年十一月壬子改。
1545.	四／八五	601	具狀開祈保明以聞	“祈”當作“析”。
1546.	四／八五	601	推官	《長編》卷三百二十五元豐五年四月壬子作“推、判官”。
1547.	四／八五	601	仍賜絹千匹	“賜”原作“次”，據《長編》卷三百二十五元豐五年四月壬子改。
1548.	四／八五	601	減磨勘二年	“減”字原脫，據《長編》卷三百二十五元豐五年四月戊午補。

续表

序号	《宋会要辑稿·刑法》位置	点校本页码	被校原文	校勘内容
1549.	四/八五	601	楊汲	“汲”原作“伋”，據《長編》卷三百二十九元豐五年九月辛卯改。
1550.	四/八五	602	大理卿楊汲	“卿楊”原文爲小字注文“缺”，據《長編》卷三百四十元豐六年十月乙酉補。
1551.	四/八六	602	餘官吏	“餘”字原脱，據《長編》卷三百四十二元豐七年正月戊午補。
1552.	四/八六	602	存等奏獄空	“空”原作“宗”，據《長編》卷三百四十三元豐七年二月庚辰改。
1553.	四/八六	602	今又推賞	“又”字原脱，據《長編》卷三百四十三元豐七年二月庚辰補。
1554.	四/八六	603	林邵	“邵”原作“郡”，據《長編》卷四百十四元祐三年九月庚戌改。
1555.	四/八六	603	減磨勘年有差	“差”字原脱，據文意補。
1556.	四/八六	604	檢法司	“司”當作“使”。
1557.	四/八六	604	朝廷	“庭”原作“庭”，據文意改。
1558.	四/八六	605	斷絕獄空	“絕”下原衍“天”字，據文意删。
1559.	四/八六	605	夫曾推恩	“夫”當作“未”。
1560.	四/八六	605	王依	“依”原作“衣”，據本條下文改。
1561.	四/八六	605	並目七月二十六日中書差	“目”當作“自”。
1562.	四/八六	605	詔崇寧五年六月三日例推恩	“詔”下疑脱“依”字。
1563.	四/八七	605	今曾旬	原文“曾”字後原作小字“缺”，表示有缺，待補。

续表

序号	《宋会要辑稿・刑法》位置	点校本页码	被校原文	校勘内容
1564.	四 / 八七	606	高郵	“高”原作“亭”，據《輯稿・刑法》四之八七“高郵”及《宋史》卷八八改
1565.	四 / 八七	606	復見開封府左治獄空	“復”當作“伏”。
1566.	四 / 八七	607	慮囚决獄	“獄”字后原作“缺”字表示有缺，待補。
1567.	四 / 八七	607	京東近郡	“郡”字后原作“缺”字表示有缺，待補。
1568.	四 / 八八	608	除四廂兩縣	“除”字后原注“缺”字，據本條上下文所缺為‘四’字，故补。
1569.	四 / 八八	609	司使臣陳宗道等二人	“司”字前原作“缺”字表示有缺，待補。
1570.	四 / 八八	609	開封、祥符兩縣官	“封”下原衍“府”字，據文意刪。
1571.	四 / 八八	610	三十一員	下文相加實只有二十五員。以下總數與所列的分數字之和也多不相等。
1572.	四 / 八八	610	刑曹職級	“職”字原脫，據文意補。
1573.	四 / 八八	610	刑曹典書五人	疑此處缺刑曹職級數。
1574.	四 / 八九	610	第三等官並有官人吏各減二年磨勘，無官人吏各支賜絹五匹。	此句與上句除“五匹”、“七匹”有别外，其他皆同。疑有誤。
1575.	四 / 八九	610	回後本宗有官有服親	“後”當作“授”，參見《輯稿・刑法》四之八八“回授本宗有官有服親”。
1576.	四 / 八九	611	陽	“陽”字之前原有小字注文“缺”，表示缺文，待補。
1577.	四 / 八九	611	省紀得在京日本寺官上表稱賀	“紀”當作“記”。
1578.	四 / 八九	611	“十三年六月二十三日”以下	原爲正文，據文意改爲小字注文。

续表

序号	《宋会要辑稿·刑法》位置	点校本页码	被校原文	校勘内容
1579.	四 / 八九	612	是將見禁罪人	《繫年要録》卷一百五十九、《宋史全文》卷二十一下作“例皆以禁囚”。
1580.	四 / 八九	612	廂界藏寄	“廂”原作“相”，據《繫年要録》卷一百五十九、《宋史全文》卷二十一下改。
1581.	四 / 八九	612	刑措	“措”原作“錯”，據《繫年要録》卷一百九十、《宋史全文》卷二十三上改。
1582.	四 / 八九	612	民無所訴	“訴”，《繫年要録》卷一百九十、《宋史全文》卷二十三上皆作“措”。
1583.	四 / 八九	613	任盡言	“言”字原脱，據福建通志卷二十一補。
1584.	四 / 九0	613	乞上表稱賀	“乞”原作“倉”，據文意及上文孝宗隆興元年十二月二十六日條改。
1585.	四 / 九一	617	大理卿兼刪修敕令官	“兼”原作“無”，據文意改。
1586.	四 / 九一	617	圄空不試	“試”，《咸淳臨安志》卷六作“式”。
1587.	四 / 九一	617	至於一再	“再”原作“載”，據《咸淳臨安志》卷六改。
1588.	四 / 九一	617	四方風動	原脱，據尚書注疏卷三補。
1589.	四 / 九一	618	能單厥心	“單”當作“殫”。
1590.	四 / 九一	618	濟以明恕	“明”原作“民”，據《咸淳臨安志》卷四十一改。
1591.	四 / 九一	618	無瘐死	原作“毋瘦死”，據《咸淳臨安志》卷四十一改。
1592.	四 / 九一	618	任吾牧守之事者	“牧”原作“攸”，據《咸淳臨安志》卷四十一改。
1593.	四 / 九一	618	覽奏歎嘉	“歎嘉”，《咸淳臨安志》卷四十一作“嘉歎”。

续表

序号	《宋会要辑稿·刑法》位置	点校本页码	被校原文	校勘内容
1594.	四/九一	619	詔曰	“曰”原作“元”，據文意改。
1595.	四/九一	619	九年	《咸淳臨安志》卷六作“嘉定八年四月”。
1596.	四/九一	619	詔曰	原作“詔元”，據文意改。
1597.	四/九一	619	刑錯不試	《咸淳臨安志》卷六作“刑措不式”。
1598.	四/九二	619	比歲旱蝗	“旱”原作“早”，據《咸淳臨安志》卷六改。
1599.	四/九二	619	獄無煩繫	“煩”原作“頌”，據《咸淳臨安志》卷六改。
1600.	四/九二	620	朕為京師首善之地	“為”，《咸淳臨安志》卷四十一作“惟”。
1601.	四/九二	620	刑獄滋煩	“煩”，《咸淳臨安志》卷四十一作“繁”。
1602.	四/九三	622	知蘄水縣	“蘄州”原作“蘄水縣”，據《長編》卷一百十九景祐三年八月庚申改。
1603.	四/九四	624	勘入無罪人	“入”原作“人”，據文意改。
1604.	四/九四	624	廖九等六人	“六人”，《繫年要録》卷六十三、《宋史全文》卷十八下作“五人”。
1605.	四/九四	624	知河州	《繫年要録》卷八十五作“新知建州”。
1606.	四/九四	624	寧化縣	“寧”原作“永”，據《繫年要録》卷八十五改。
1607.	四/九四	624	以大辟十人其獄上郡	“其”當作“具”。
1608.	四/九四	625	見黄岡强盜	疑“見”字衍，當删；或作“伏見”。
1609.	四/九四	625	初無事發之回	“回”，疑當作“日”。
1610.	四/九四	625	果皆平人而釋之	“皆”原作“背”，據《繫年要録》卷一百十八改。

续表

序号	《宋会要辑稿·刑法》位置	点校本页码	被校原文	校勘内容
1611.	四 / 九四	625	十數人	疑當作“數十人”。
1612.	四 / 九四	626	洗外淩遲者二人	“洗”當作“法”。
1613.	四 / 九四	626	近來如此雪正者甚多	“多”字原脱，據《繫年要録》卷一百七十三補。
1614.	四 / 九五	627	斷死罪	此門，僅一條，从内容上和时间上看，应归入“冤狱”門。
1615.	四 / 九五	628	出入罪	此門，僅兩條，从内容和时间上看，都应入“断狱”門。
1616.	刑法五 / 一	629	彦進具伏	“伏”原作“狀”，據《長編》卷二十三太平興國七年五月甲辰改。
1617.	五 / 一	630	小喜之罪	“罪”原作“獄”，據《宋大詔令集》卷二百改。
1618.	五 / 一	630	獄既具	“獄”原作“罪”，據《宋大詔令集》卷二百改。
1619.	五 / 一	630	朕	原脱，據《宋大詔令集》卷二百補。
1620.	五 / 一	630	蒱博	“博”原作“愽”，據文意改。
1621.	五 / 二	630	數人結約夜逾壘垣而出	“人”字後原作小字注文“缺”，表示缺文，實不缺；“夜踰壘垣”原作“缺”，據《太宗皇帝實録》卷二八補。
1622.	五 / 二	630	因徧索軍中	“因徧索”，原作“缺”，據《太宗皇帝實録》卷二八補。
1623.	五 / 二	630	得數百餘人不忍悉誅	“得數百餘人不”，原作“缺”，據《太宗皇帝實録》卷二八補。
1624.	五 / 二	630	遂以鐵鉗鉗其頸	原脱一“鉗”字，據《太宗皇帝實録》卷二八補。
1625.	五 / 二	631	舊日受	“受”字前後原作小字注文“缺”，待補。
1626.	五 / 二	631	開封寡婦劉氏	“氏”字原脱，據《太宗皇帝實録》卷三補。

续表

序号	《宋会要辑稿·刑法》位置	点校本页码	被校原文	校勘内容
1627.	五/二	631	遂令侍婢陳訴	“陳”字原脱，據《太宗皇帝實錄》卷三補。
1628.	五/二	631	因疾但未死	“因”字原作“缺”，據《太宗皇帝實錄》卷三補。
1629.	五/二	632	掠治掠治	“掠”字原脱，據《太宗皇帝實錄》卷三補。
1630.	五/二	632	稍見誣構之跡	“構”原作“講”，據《太宗皇帝實錄》卷三改。
1631.	五/二	632	宋延照	“照”，《太宗皇帝實錄》卷三作“煦”。
1632.	五/二	632	陳上良	“上”，《太宗皇帝實錄》卷三作“士”。
1633.	五/二	632	元吉	“元”原作“之”，據《太宗皇帝實錄》卷三及本條上文改。
1634.	五/三	632	左軍巡	“左”字原脱，據《太宗皇帝實錄》卷三、《宋史》卷二百補。
1635.	五/三	632	榜治備諸	“榜”，《宋史》卷二百作“搒”。
1636.	五/三	632	吏宛轉號叫	“宛”原作“死”，據《太宗皇帝實錄》卷三、《宋史》卷二百改。
1637.	五/三	632	勝其苦	原脱，據《太宗皇帝實錄》卷三補。
1638.	五/三	632	他人能勝之乎	“他”字原脱，據《太宗皇帝實錄》卷三補。
1639.	五/三	632	辛仲甫代劉保勳知開封府	“甫代”二字原脱，據《太宗皇帝實錄》卷三補。
1640.	五/三	632	保勳洎判官李繼凝	“洎”原作“泊”；“凝”字原脱，據《太宗皇帝實錄》卷三改、補。
1641.	五/三	632	但坐少時耳	“坐”原作“座”，據文意改。
1642.	五/三	633	伸治冤滯	《宋史》卷一百九十九、《長編》卷二十六作“審理”。

续表

序号	《宋会要辑稿·刑法》位置	点校本页码	被校原文	校勘内容
1643.	五/三	633	陛下	“下”字原脱，據《宋朝事實》卷十六、《事實類苑》卷二、《太宗皇帝實録》卷三四補。
1644.	五/四	634	决獄壅滯	“壅”原作“雍”，據文意及上條“無有壅滯”改。
1645.	五/四	634	入京畿闕雨	“入”當作“以”。
1646.	五/四	634	隱設及逋欠者	疑“設”當作“沒”。
1647.	五/四	634	餘罪皆從輕重	“輕”字後原衍“重”字，據文意刪。
1648.	五/四	634	泊盜攻劍門	“泊”当作“洎”。
1649.	五/五	635	以詔西京乃諸路繫囚	疑“以”字衍，當刪；“乃”，疑當作“及”。
1650.	五/五	635	長史盡時决斷	疑“史”當作“吏”；疑“盡”當作“晝”或“即”。
1651.	五/五	635	時以慧星見也	原作小字注文。
1652.	五/五	636	得其贓狀	“得”字原脱，據《長編》卷四十九咸平四年七月戊戌補。
1653.	五/五	636	轉運使馮亮	“使”原作“司”，據《長編》卷四十九咸平四年七月戊戌改。
1654.	五/五	636	劉琮	《長編》卷六十二景德三年四月丙戌作“劉綜”
1655.	五/五	637	劉承圭	《長編》卷六十二景德三年四月丙戌作“劉承珪”。
1656.	五/六	637	帝曰	“曰”字原脱，據《長編》卷六十二景德三年四月丙戌補。
1657.	五/六	637	皆遣官偏排	“偏”當作“編”，見《輯稿·刑法》五之一三。
1658.	五/六	637	崇政殿	《長編》卷七十一大中祥符二年五月戊寅作“便殿”。

续表

序号	《宋会要辑稿·刑法》位置	点校本页码	被校原文	校勘内容
1659.	五 / 六	637	納估錢者存之	《長編》卷七十一大中祥符二年五月戊寅作“納估錢支與存者”。
1660.	五 / 六	638	五年五月十三日	以下原爲正文，據文意改爲小字注文。
1661.	五 / 六	638	以車駕行幸故	原作小字注文。
1662.	五 / 七	638	董塋配臼外牢城	《長編》卷八十二大中祥符七年六月丙辰“董塋”作“黄塋”，“臼外”作“白州”。
1663.	五 / 七	638	王曙	“曙”字原脱，據《長編》卷八十三大中祥符七年七月戊子“知開封府王曙”補。
1664.	五 / 七	638	再祥審訖施行	“祥”當作“詳”。
1665.	五 / 七	639	流從徒	“徒”字原脱，據文意補。
1666.	五 / 七	639	再令看祥	“祥”當作“詳”。
1667.	五 / 七	640	三年五月九日	以下原爲正文，據文意改爲小字注文。
1668.	五 / 七	640	五年	疑“五”当作“三”之误。如不误，当移“四年三月十六日”之后。
1669.	五 / 七	640	未致諸色人	“致”當作“至”。
1670.	五 / 八	640	十年四月六日	以下原爲正文，據文意改爲小字注文。
1671.	五 / 八	640	事輕罪	疑“事”當作“釋”。
1672.	五 / 八	640	踈决其前諸罪人	疑“其”當作“以”。
1673.	五 / 八	640	湏到吴欵進踈决施行	疑“吴欵進”有誤。
1674.	五 / 八	641	帝已五月踈决罪人	“已”當作“以”。
1675.	五 / 九	642	至和元年正月二十五日	以下原爲正文，據文意改爲小字注文。
1676.	五 / 九	643	毋得以減論	“毋”當作“每”，據文意改。

续表

序号	《宋会要辑稿·刑法》位置	点校本页码	被校原文	校勘内容
1677.	五 / 九	643	二年二月十七日	以下原爲正文，據文意改爲小字注文。
1678.	五 / 九	643	熙寧元年三月二十八日	以下原爲正文，據文意改爲小字注文。
1679.	五 / 一0	644	開封府該今年六月十五日踈决	疑“該”字衍，當刪。
1680.	五 / 一0	644	內見禁布孕婦人	疑“布”當作“有”。
1681.	五 / 一0	644	則二者同出於葉元有一口	“同”原作“周”，“有”字原脱，據《長編》卷三百三元豐三年四月庚戌改、補。
1682.	五 / 一0	644	二年四月七日	以下原爲正文，據文意改爲小字注文。
1683.	五 / 一一	645	已即位，未改元	原作“已元民立”。
1684.	五 / 一一	645	二年六月十五日	以下原爲正文，據文意改爲小字注文。
1685.	五 / 一一	646	三年七月三日	以下原爲正文，據文意改爲小字注文。
1686.	五 / 一二	647	三年六月二十四日	以下原爲正文，據文意改爲小字注文。
1687.	五 / 一三	647	行在	“在”字原脱，據文意補。
1688.	五 / 一三	647	步軍司	原脱，據本條下文“馬軍司、步軍司”補。
1689.	五 / 一三	647	同管	“管”原作“館”，據《繫年要録》卷九十改。
1690.	五 / 一三	648	郭壽之	“之”字原脱，據《中興小紀》卷二十四及上下文補。
1691.	五 / 一三	648	上曰	“曰”字原脱，據《中興小紀》卷二十四補。
1692.	五 / 一三	648	此一事朕踈决多矣	“朕”原作“勝”，據《中興小紀》卷二十四改。
1693.	五 / 一三	648	已釋初五日踈决	《中興小紀》卷二十四作“方消日踈决”。

续表

序号	《宋会要辑稿·刑法》位置	点校本页码	被校原文	校勘内容
1694.	五/一三	648	故有是言	《中興小紀》卷二十四作“故鼎有是言也”。
1695.	五/一三	648	隆興二年六月十六日	以下原爲正文，據文意改爲小字注文。
1696.	五/一四	648	二年六月	“年”原作“十”，據《輯稿·刑法》五之一三改。
1697.	五/一四	649	六月七日	《宋史全文》卷二十四下、《羣書會元截江網》卷四皆作“乾道三年”六月七日。
1698.	五/一五	650	申尚書省	“省”字原脱，據文意补。
1699.	五/一五	650	臨安府	“臨”前原衍“臨”字，據文意刪。
1700.	五/一五	650	莫蒙	當作“莫濛”。
1701.	五/一五	650	七年	當作“十年”，見《輯稿·刑法》五之一四。
1702.	五/一五	652	省獄，太祖建隆二年起	原脱，據天頭舊批補。
1703.	五/一五	650	邢	原作“邪”，據《宋史》卷八六《地理志》改。
1704.	五/一六	653	八人	《宋史》卷一九九作“十四人”。
1705.	五/一六	650	朕恨不能徧閲天下獄訟	“閲”原作“闢”，據《太宗皇帝實錄》卷三改。
1706.	五/一六	650	親行決斷	“親”原作“新”，據《太宗皇帝實錄》卷三改。
1707.	五/一六	650	今國家封疆廣遠	“疆”原作“彊”，據《太宗皇帝實錄》卷三改。
1708.	五/一六	650	轉是淹延	“淹”原作“掩”，據《太宗皇帝實錄》卷三改。
1709.	五/一六	650	宋琪等曰	“宋”字原脱，據《太宗皇帝實錄》卷三補。
1710.	五/一六	650	崔維翰	“維”，《宋大詔令集》卷二百作“惟”。

续表

序号	《宋会要辑稿·刑法》位置	点校本页码	被校原文	校勘内容
1711.	五/一六	650	大事須證佐者	“佐”原作“左”，據《宋大詔令集》卷二百改。
1712.	五/一六	650	仍廉察官吏	“廉”，《宋大詔令集》卷二百作“廣”。
1713.	五/一六	654	則和氣為之損傷	“之”字原脱，據《宋大詔令集》卷二百補。
1714.	五/一七	654	是用特遣使臣就令踈决	疑“用”當作“以”。
1715.	五/一七	655	亢陽滋甚	“亢陽”原作“我旱”，據《長編》卷三十三淳化三年五月己酉改。
1716.	五/一七	655	並走神祇	“神祇”，《長編》卷三十三淳化三年五月己酉作“群望”。
1717.	五/一七	655	持仗	“仗”原作“伏”，據文意改。
1718.	五/一七	656	每夙夜以惟寅	“以”原作“之”，據《宋大詔令集》卷二百十五改。
1719.	五/一七	656	是以分命使臣	“是以”二字原脱，據《宋大詔令集》卷二百十五補。
1720.	五/一八	656	配本處牢城	“配”字原脱，據《宋大詔令集》卷二百十五補。
1721.	五/一八	656	附疾置以聞	《宋大詔令集》卷二百十五無“附”字。
1722.	五/一八	657	莫甚於斯	“於”字原脱，據《宋大詔令集》卷二百一補。
1723.	五/一八	657	已親踈决	《宋大詔令集》卷二百一作“朕已躬親踈决”。
1724.	五/一八	657	其西京諸路繫囚	“西京”，《宋大詔令集》卷二百一作“四京”。
1725.	五/一八	657	畫時决斷	“畫”原作“盡”，據《宋大詔令集》卷二百一改。
1726.	五/一八	657	便與申理	“便”，《宋大詔令集》卷二百一作“即”。

续表

序号	《宋会要辑稿·刑法》位置	点校本页码	被校原文	校勘内容
1727.	五/一八	657	畢聞奏	《宋大詔令集》卷二百一作“畢具聞奏”。
1728.	五/一九	657	庶獄尚繫	“庶”原作“度”，據《宋大詔令集》卷二百一改
1729.	五/一九	657	苦極難訴	“難”原作“誰”，據《宋大詔令集》卷二百一改。
1730.	五/一九	657	梁顥	“顥”原作“灝”，據《長編》卷四十七咸平三年十月丙寅改。
1731.	五/一九	658	徧走郡望	“徧”原作“編”，據《宋大詔令集》卷一百五十一改。
1732.	五/一九	658	感應未聞	《宋大詔令集》卷一百五十一作“未蒙”。
1733.	五/一九	658	或傷和氣	“和”字原脱，據《宋大詔令集》卷一百五十一補。
1734.	五/一九	658	乃兆災氛	《宋大詔令集》卷一百五十一作“或召”。
1735.	五/一九	658	宜令庫部員外郎	“令”原作“今”，據《宋大詔令集》卷一百五十一改。
1736.	五/二0	659	遘之艱食	“之”，《宋大詔令集》卷一百五十一作“茲”。
1737.	五/二0	659	李昉	“昉”原作“防”，據《宋大詔令集》卷一百五十一改。
1738.	五/二0	659	李守仁	《宋大詔令集》卷一百五十一作“李仁”。
1739.	五/二0	659	侍禁閤門祇應	原脱，據《宋大詔令集》卷一百五十一補。
1740.	五/二0	659	江南東西路	“路”字原脱，據《宋大詔令集》卷一百五十一補。
1741.	五/二0	659	有不便事	“事”字前原衍“者”字，據《宋大詔令集》卷一百五十一刪。

续表

序号	《宋会要辑稿·刑法》位置	点校本页码	被校原文	校勘内容
1742.	五/二0	659	實封以聞	“實封”二字原脱，據《宋大詔令集》卷一百五十一補。
1743.	五/二0	659	憂勤政理	“政”，《宋大詔令集》卷二百一作“致”。
1744.	五/二0	660	康宗元	原作“康元”，據《宋大詔令集》卷二百一、《長編》卷五十七景德元年八月庚辰改。
1745.	五/二0	660	與長吏實封以聞	“封”字原脱，據《宋大詔令集》卷二百一補。
1746.	五/二0	660	三年	《長編》卷六十一景德二年九月庚戌作“二年”。以下三條皆為二年事。
1747.	五/二0	660	命轉運使	《長編》卷六十一作“詔轉運司”。
1748.	五/二0	660	有催督結絕	“有”字疑衍或誤。
1749.	五/二0	660	高維忠	《長編》卷六十一景德二年十二月乙未作“高繼忠”。
1750.	五/二0	660	分詣開封府界提點刑獄	“詣”字原脱，據《長編》卷六十一景德二年十二月乙未補。
1751.	五/二0	661	五月十二日	《長編》卷七十一大中祥符二年五月壬申，即十八日
1752.	五/二一	661	並從減等	《長編》卷七十四大中祥符三年八月甲子作“遞減一等”。
1753.	五/二一	661	盜粟食者量事裁遣	《長編》卷七十四大中祥符三年八月甲子作“盜穀食者量行論決”。
1754.	五/二一	661	惟舜猶恤	“惟”，《宋大詔令集》卷二百十五作“雖”。
1755.	五/二一	661	念茲縲紲	“茲”字原脱，據《宋大詔令集》卷二百十五補。
1756.	五/二一	661	徒流罪降等決遣	“徒”字原脱，據《宋大詔令集》卷二百十五補。

续表

序号	《宋会要辑稿·刑法》位置	点校本页码	被校原文	校勘内容
1757.	五/二一	662	慮刑罰之滋冤	“冤”，《宋大詔令集》卷二百十六作“豐”。
1758.	五/二一	662	徒罪降從杖	原作“徒杖”，據《宋大詔令集》卷二百十六改。
1759.	五/二一	662	馬季良	原作“馬李良”，據《長編》卷一百十一明道元年三月丙申改。
1760.	五/二一	662	災傷州軍	“軍”字原脱，據《長編》卷一百十一明道元年三月丙申補。
1761.	五/二二	663	三年	原脱，据《長編》卷一百十九景祐三年七月辛丑补。
1762.	五/二二	663	杖已下並放	《長編》卷一百十九景祐三年七月辛丑作“徒以下釋之”。
1763.	五/二二	664	宋祁	原作“宋祈”，據《宋史》卷二百八十四改。
1764.	五/二二	664	疑此處脱	“流罪降從徒”。
1765.	五/二三	664	分詣京畿及三京	“詣”原作“諸”，據《長編》卷一百四十一慶曆三年五月庚午改。
1766.	五/二三	665	三京诸路	“路”原作“踈”，據文意及上条改。
1767.	五/二三	665	委長吏據見禁囚	疑“據”當作“録”。
1768.	五/二三	665	以歲旱故也	原作小字注文。
1769.	五/二三	665	恩、冀等州旱	“恩”原作“思”，據《長編》卷一百七十皇祐三年五月庚戌改。
1770.	五/二三	666	畿内及輔近郡	疑“近”字衍，當刪。
1771.	五/二三	666	繫囚雜犯死罪以下	“囚”字原脱，據文意及下條“繫囚”補。
1772.	五/二四	667	就委官踈决	疑“就”字衍，当删。
1773.	五/二四	668	郡牧判官	“郡”當作“群”。

续表

序号	《宋会要辑稿·刑法》位置	点校本页码	被校原文	校勘内容
1774.	五/二四	668	放火不降外	“外”字原脱，據文意補。
1775.	五/二四	668	配廣南牢城	“配”字原脱，據文意補。
1776.	五/二四	668	配廣南遠惡州軍	“配”字原脱，據文意補。
1777.	五/二五	668	開封府	“封”字原脱，據文意補。
1778.	五/二五	669	放火不降外	“外”字原脱，據文意補。
1779.	五/二五	669	强刼盜罪死配沙門島	“配”字原脱，據文意及下條補。
1780.	五/二五	669	流者配廣南牢城	“配”字原脱，據文意及下條補。
1781.	五/二五	669	餘罪遞一等	“遞”字下脱“降”或“減”。
1782.	五/二五	669	内情理重並鬬殺情理可憫者	“重”字原脱，據文意及上條“情理重並鬬殺可憫者”補。
1783.	五/二六	670	覺察巡按	“巡按”,《長編》卷二百八十八元豐元年三月辛巳作“逃案”。
1784.	五/二六	670	范鏜	《長編》卷二百八十八元豐元年三月壬午作“范鐺”。
1785.	五/二六	671	開封府官吏	“官”字原脱，據《長編》卷二百八十八元豐元年三月壬午補。
1786.	五/二六	671	今又降釋罪囚	“今”原作“令”，據《長編》卷二百八十八元豐元年三月壬午改。
1787.	五/二六	671	事理輕者	“理”字原脱，據《長編》卷二百九十五元豐元年十二月甲辰補。
1788.	五/二六	671	河東	原脱，據《長編》卷三百三元豐元年四月丁未補。
1789.	五/二六	671	近雖霑潤	“雖”原作“維”，據《長編》卷三百三元豐元年四月丁未改。
1790.	五/二六	671	檢正官	“官”字原脱，據《長編》卷三百三元豐元年四月丁未補。

续表

序号	《宋会要辑稿·刑法》位置	点校本页码	被校原文	校勘内容
1791.	五 / 二六	672	中書言聞開封府大理寺禁繫甚苦	“聞”字原脱，據《長編》卷三百五十元豐七年十一月甲辰補。“苦”，《長編》卷三百五十元豐七年十一月甲辰作“多”。
1792.	五 / 二七	672	開封府界	“界”原作“略”，據《長編》卷三百六十四元祐元年正月壬辰改。
1793.	五 / 二七	672	催促結絕	“催”原作“摧”，據《長編》卷三百六十四元祐元年正月壬辰改。
1794.	五 / 二七	672	聖澤未至浹洽者	原脱，據《長編》卷三百七十五元祐元年四月己亥補。
1795.	五 / 二七	672	減降之恩	“減”原作“臧”，據《長編》卷三百七十五元祐元年四月己亥改。
1796.	五 / 二七	672	候事畢議法	“畢”原作“異”，據《長編》卷三百七十五元祐元年四月己亥改。
1797.	五 / 二七	672	乞差兩制官一員	“兩”原作“西”，據《長編》卷三百七十五元祐元年四月己亥改。
1798.	五 / 二七	673	乞差推官一員	“推官”，《長編》卷三百八十八元祐元年九月癸酉作“推、判官”。
1799.	五 / 二七	673	證佐在遠	“證佐”原作“正左”，據《長編》卷三百八十八元祐元年九月癸酉改。
1800.	五 / 二七	673	所犯該徒以上罪	“上”原作“正”，據《長編》卷三百八十八元祐元年九月癸酉改。
1801.	五 / 二七	673	及乞今後每遇非次踈决	“乞”，《長編》卷三百八十八元祐元年九月癸酉作“迄”。

续表

序号	《宋会要辑稿·刑法》位置	点校本页码	被校原文	校勘内容
1802.	五 / 二八	674	府界諸縣繫囚	“界”原作“罪”，據《長編》卷四百三十八元祐五年二月丁未改。
1803.	五 / 二八	674	躬行分詣外	“躬行”二字原脱，據《長編》卷四百五十九元祐六年六月庚子補。
1804.	五 / 二八	675	事理輕者	“理”字原脱，據文意補
1805.	五 / 二九	675	分詣逐處	“詣”原作“誼”，據《宋大詔令集》卷二百十六改。
1806.	五 / 二九	676	並事故因依徑申尚書省	“因”原作“囚”，據文意改。
1807.	五 / 二九	676	常切點檢醫治	“切”原作“窃”，據文意改。
1808.	五 / 三0	677	申尚書省	“省”下原有“决”，疑衍，已刪。
1809.	五 / 三0	678	朝奉郎	“奉”原作“秦”，據文意改。
1810.	五 / 三0	678	五日	《宋大詔令集》卷二百二作“七日”。
1811.	五 / 三0	678	招摭追逮	“招”，《宋大詔令集》卷二百二作“窘”。
1812.	五 / 三0	678	分詣所部	“詣”原作“諸”，據《宋大詔令集》卷二百二改。
1813.	五 / 三一	679	偏詣所部催促	“偏”當作“遍”。
1814.	五 / 三一	679	不管少有淹延刑禁	疑“管”有誤。
1815.	五 / 三二	680	不幸瘐死	“瘐”原作“瘦”，據文意改。
1816.	五 / 三二	680	遍牒兩路州軍	“軍”原作“運”，據文意改
1817.	五 / 三二	681	殺死四口，各闔家淩遲處斬	疑为“杀死合家四口，各凌迟处斩”之误。
1818.	五 / 三三	681	令鎮撫司	“令”原作“今”；“司”原作“使”，據文意及《繫年要録》卷六十一改。

续表

序号	《宋会要辑稿·刑法》位置	点校本页码	被校原文	校勘内容
1819.	五/三三	682	唐煇	“煇”原作“輝”，據《繫年要録》卷六十二改。
1820.	五/三四	682	張誼	“張”，《繫年要録》卷八十三作“章”。
1821.	五/三四	683	上問	“問”原作“曰”，據《繫年要録》卷八十九、《宋史全文》卷十九中改。
1822.	五/三五	683	除行在外	“除”原作“徐”，據文意改。
1823.	五/三五	683	胡交修	“胡”原作“故”，據《繫年要録》卷一百十二改。
1824.	五/三五	684	具無冤濫	疑“無”前脱“有”字。参見《輯稿·刑法》五之三七
1825.	五/三六	684	催促結絕逐路公事	“促”字原脱，據文意補。
1826.	五/三六	685	行在	原作“在行”，據文意改
1827.	五/三六	685	切慮刑獄淹延	“切”當作“竊”。
1828.	五/三六	685	各且已檢察斷放過名件聞奏	“且”當作“具”。
1829.	五/三六	686	俞儋	“儋”原作“澹”，據《繫年要録》卷一百四十八、《中興小紀》卷三十、《宋史》卷三百七十八改。
1830.	五/三七	686	計贓二十匹又上	“又”當作“以”。
1831.	五/三七	687	度幾	“庶”原作“度”，據文意改。
1832.	五/三七	687	其有貪酷官吏	“其”字前原衍“其”字，據文意刪。
1833.	五/三七	687	二十六年	以下文字因高宗朝特殊的例故和上条合在一起。
1834.	五/三七	687	側身省愆	疑“身”當作“躬”。見《輯稿·刑法》五之三七。
1835.	五/三八	687	令諸路提刑司官親詣所部州縣	“令”、“縣”字原脱，據《繫年要録》卷一百七十三補。

续表

序号	《宋会要辑稿·刑法》位置	点校本页码	被校原文	校勘内容
1836.	五 / 三八	687	詳慮決遣	“遣”原作“愆”，據《繫年要録》卷一百七十三改。
1837.	五 / 三八	688	有司各舉嘗職	“常”原作“嘗”，據文意改。
1838.	五 / 三八	688	兩浙东西	“兩”原作“東”，據文意改。
1839.	五 / 三九	689	“縣”字以下二十四字	原脱，據天頭舊批補。
1840.	五 / 三九	689	錢塘	“錢”原作“前”，據文意及下條“錢塘”改。
1841.	五 / 三九	689	六月初	疑當為“四月初”，参见本条上文“四月下旬方檢會行下”。
1842.	五 / 三九	689	深採慮刑獄淹延	“深”后原衍“採”，今删。
1843.	五 / 四0	690	淫雨為沴，害及禾麥	“沴，害”原作‘冷，宮’，據《宋史全文》卷二十四下改。
1844.	五 / 四0	690	講究所宜以聞	“講”原作“讌”，據《宋史全文》卷二十四下、《歷代名臣奏議》卷三百十四改。
1845.	五 / 四0	690	立限結絕	“限”原作“見”，據《宋史全文》卷二十四下改。
1846.	五 / 四0	690	委憲臣往决遣	疑“往”前脱“前”字。
1847.	五 / 四0	691	已差㻌前往賑恤	“㻌”，疑其姓脱。
1848.	五 / 四一	692	遣	“遣”字下原为大字正文，据文意改为小字注文。
1849.	五 / 四二	694	淳熙元年	不合編年之體，疑有誤。
1850.	五 / 四二	694	固當慮	“慮”字後原作“原空”，疑此缺文當作“因”字。
1851.	五 / 四三	694	内僻遠州縣即州委守臣	“州”字原脱，據《輯稿·刑法》五之四一補。
1852.	五 / 四三	694	分詣所部州軍點檢	“詣”原作“誼”，據文意改。
1853.	五 / 四三	694	在外令提刑委官	疑“委官”衍，當删。
1854.	五 / 四三	695	先詔問權要聲援	疑“詔”當作“招”

续表

序号	《宋会要辑稿·刑法》位置	点校本页码	被校原文	校勘内容
1855.	五／四五	696	並詣一面斷遣訖申奏	“詣”當作“許”，見《輯稿·刑法》五之四二。
1856.	五／四五	696	知奉行不虔	“知”當作“如”，見《輯稿·刑法》五之四二。
1857.	五／四六	697	平遣囚徒	疑“平”當作“决”。
1858.	五／四七	698	如滅裂遣滯	“遣”當作“違”。
1859.	五／四七	698	癃者補攝之人	“者”當作“老”，見本條下文“癃老補攝之人”。
1860.	五／四七	698	乞刑下本路提刑司	疑“刑”當作“行”。
1861.	五／四七	698	守與兵官皆當生罪	疑“生”當作“坐”。
1862.	五／四七	699	遇暑慮囚	“遇”前當有“行在”二字，見《宋史全文》卷三十二。
1863.	五／四八	699	依法施行外	“外”字原脱，據文意補。
1864.	刑法六／二	701	至是	“是”字原脱，據文意補。
1865.	六／二	702	即依前敕差官覆檢外	“依”原作“以”，據文意改。
1866.	六／二	702	提點刑獄	原作“提刑點獄”，據文意改。
1867.	六／三	703	本縣令佐便行覆檢	“令佐”原作“今佐”，據文意及下條“諸縣令佐”改。
1868.	六／四	705	而檢驗官吏多是規避	“而”原作“兩”，據文意改。
1869.	六／四	705	發達限	當作“申發違限”，参见上文“定申發驗狀條限”、“申發日時”。
1870.	六／四	705	丞、簿、監當	《慶元條法事類》卷七十五作“簿、丞、監當官”。
1871.	六／四	705	選差曉事識字巡檢前去	“檢”字原脱，據《宋会要辑稿·刑法》三之七七補。
1872.	六／四	705	重寘典憲	“憲”字原脱，據文意補。
1873.	六／五	706	三百里外	“里”字原脱。據大典卷九一四補。

续表

序号	《宋会要辑稿·刑法》位置	点校本页码	被校原文	校勘内容
1874.	六 / 五	707	初檢到	“初”字前衍“某人”兩字，據《慶元條法事類》卷七十五刪；“檢”字原作“撥”，據《慶元條法事類》卷七十五改。
1875.	六 / 五	707	仍於當時對衆入某字號遞	“對衆”原作“對證”，據《慶元條法事類》卷七十五改。
1876.	六 / 五	707	具狀繳連格目	“格目”原作“檢檢目”，據《慶元條法事類》卷七十五改。
1877.	六 / 六	707	姓名押	“押”字原脱，據《慶元條法事類》卷七十五補。
1878.	六 / 六	707	覆檢	“覆”字前衍“某人”兩字，據《慶元條法事類》卷七十五刪。
1879.	六 / 六	707	某人委實又無力可出	“某人”，《慶元條法事類》卷七十五作“其人”。
1880.	六 / 六	707	州縣依價給還	“州”原作“本”，據《慶元條法事類》卷七十五改。
1881.	六 / 六	707	姓名押	“押”字原脱，據《慶元條法事類》卷七十五補。
1882.	六 / 六	708	十月四日	與本條下文“十月十四日”矛盾。
1883.	六 / 六	708	參酌增潤	“潤”原作“閏”，據文意改。
1884.	六 / 六	708	止有司理一員	“一員”，《慶元條法事類》卷七十五、《洗冤集錄》卷一作“一院”。
1885.	六 / 六	708	丞不得出本縣界	“本”字原脱，據《慶元條法事類》卷七十五、《洗冤集錄》卷一補。
1886.	六 / 六	708	皆闕者	“闕”原作“關”，據《慶元條法事類》卷七十五、《洗冤集錄》卷一改。
1887.	六 / 六	708	驗本縣囚	“縣”原作“院”，據《慶元條法事類》卷七十五、《洗冤集錄》卷一改。

续表

序号	《宋会要辑稿·刑法》位置	点校本页码	被校原文	校勘内容
1888.	六/六	708	牒最近縣	“縣”字原脱，據《慶元條法事類》卷七十五、《洗冤集録》卷一補。
1889.	六/六	708	並於初驗日	“於”字原脱，據《慶元條法事類》卷七十五、《洗冤集録》卷一補。
1890.	六/六	708	應牒最近縣	“縣”字原脱，據《慶元條法事類》卷七十五、《洗冤集録》卷一補。
1891.	六/六	708	並謂非見出巡捕者	“捕”原作“補”，據《慶元條法事類》卷七十五、《洗冤集録》卷一改。
1892.	六/六	709	以知長寧軍張子震有請故也	原作小字注文。
1893.	六/六	709	嘉泰元年	《文獻通考》卷一百六十七作“二年”。
1894.	六/七	709	避佐證之勞	“佐”原作“左”，據《文獻通考》卷一百六十七改。
1895.	六/七	709	欲知省事	《文獻通考》卷一百六十七作“只欲省事”。
1896.	六/七	709	明降指揮	“降”字原脱，據《文獻通考》卷一百六十七補。
1897.	六/七	710	湖南	原作“湖廣”，據《宋史》卷二百、《文獻通考》卷一百六十七改。
1898.	六/九	711	窖藏	原作“害藏”，據《長編》卷五十七景德元年八月庚申改。
1899.	六/九	711	脊杖黥面配牢城	“杖”字原脱，據《長編》卷五十七景德元年八月庚申補。
1900.	六/九	712	此蓋彼時所宜爾	“彼”字原脱，據《長編》卷六十七景德四年十一月癸未補。

续表

序号	《宋会要辑稿·刑法》位置	点校本页码	被校原文	校勘内容
1901.	六/九	712	信款云	“款”原作“疑”，據《長編》卷六十七景德四年十一月癸未改。
1902.	六/九	712	賛云雖日飲酒	原作“賛雖曰飲酒”，據《長編》卷六十七景德四年十一月癸未改。
1903.	六/九	712	其都虞候不能覺察	“其”前原衍“員僚直”，據《長編》卷六十七景德四年十一月癸未删。
1904.	六/一0	712	草場遺火	原作“埸火”，據《長編》卷六十七景德四年十二月戊戌改。
1905.	六/一0	713	專勾司	原作“專句院”，據《長編》卷七十八大中祥符五年九月癸未改。
1906.	六/一0	713	妖邪	原作“恡力”，據《宋大詔令集》卷二百十七改。
1907.	六/一0	713	給取	《長編》卷八十四大中祥符八年五月甲辰作“紿取”。
1908.	六/一0	714	不當宿	原作“下番”，據《長編》卷九十七天禧五年四月丁巳改。
1909.	六/一0	714	王承瑾	“瑾”原作“僅”，據《長編》卷九十七天禧五年四月丁巳改。
1910.	六/一一	714	決配遠處牢城	“遠處”，《長編》卷一百一天聖元年十一月壬寅作“廣南”。
1911.	六/一一	715	廣南牢城	“牢城”原作“城牢”，據文意改。
1912.	六/一二	716	監臨主自盜	“監臨主”原作“零監主”，據文意改。
1913.	六/一二	717	翰林司副	“副”字后原空一格，疑缺，待补。

续表

序号	《宋会要辑稿·刑法》位置	点校本页码	被校原文	校勘内容
1914.	六/一三	717	計贓錢裁	疑“裁”當作“財”。
1915.	六/一三	717	法應絞	“絞”原作“綾”，據文意改。
1916.	六/一三	717	商州	“商”原作
1917.	六/一三	717	坐梃殺盜粟人	“梃”原作“挺”，據文意改。
1918.	六/一四	717	翰以梃傷昇死	“梃”原作“挺”，據文意改。
1919.	六/一四	718	坐怒趙索逋錢毆趙死	疑“趙死”與上文“婢趙氏配鄰州羈管”矛盾
1920.	六/一四	718	知州王涉	“知”字後原缺一字，待補。
1921.	六/一五	720	義男並堂姪女小兒三口	《長編》卷一百二十景祐四年五月丁卯作“义男及堂侄女三人”。
1922.	六/一五	720	監察御史里行	“監”前原衍“命”字，據《長編》卷一百二十景祐四年八月戊子删。
1923.	六/一六	721	商稅	“商”原作“商”，據文意改。
1924.	六/一六	721	非刑期無刑之道	“非”字原脱“刑”字，據《宋史》卷二百補。
1925.	六/一七	722	罰銅三十斤	原作“罰置銅三千斤”，據《長編》卷二百七十五熙寧九年五月戊午改。
1926.	六/一七	722	夜越皇城	“夜”字原脱，據《長編》卷二百七十五熙寧九年五月戊午補。
1927.	六/一七	722	上批	“上”原作“止”，據《長編》卷二百八十八元豐元年二月戊辰改。
1928.	六/一七	722	而師還繫獄	“而”，《長編》卷二百八十八元豐元年二月戊辰作“今”
1929.	六/一七	723	三年	原作“二年”，據《長編》卷三百二元豐三年正月庚寅、三百三元豐三年四月乙未、卷三百四元豐三年五月乙酉知，以下三條皆為三年事。

续表

序号	《宋会要辑稿·刑法》位置	点校本页码	被校原文	校勘内容
1930.	六/一七	723	鈐轄司	“鈐”原作“鈴”，據《長編》卷三百四元豐三年五月乙酉改。
1931.	六/一七	723	具析擅歸本路因依	《長編》卷三百二十一元豐四年十二月甲戌作“分析未得处分间便擅归本路因依”。
1932.	六/一七	723	乞加貸宥	原脱，據《長編》卷三百二十一元豐四年十二月甲戌補。
1933.	六/一七	723	經略司	“司”原作“使”，據《長編》卷三百二十二元豐五年正月戊子改。
1934.	六/一七	724	若更追劾	“劾”原作“効”，據《長編》卷三百二十二元豐五年正月戊子改。
1935.	六/一八	724	自今乞從本府審察	“本府”二字原脱，據《長編》卷三百二十三元豐五年二月丁巳補。
1936.	六/一八	724	五月十三日	《輯稿·刑法》七之一八作“五月十一日”。
1937.	六/一八	724	內已捕斬十六人	“捕斬”，《長編》卷三百二十六元豐五年五月癸巳、《輯稿·刑法》七之一九作“捕獲”。
1938.	六/一八	724	證佐明者	“佐”原作“左”，據《輯稿·刑法》七之一九改。
1939.	六/一八	724	二分一鳌	《長編》卷三百三十元豐五年十月壬子作“三分一鳌”。
1940.	六/一八	725	陛內舍	疑“陛”當作“陞”。
1941.	六/一八	725	黃履	原作“黃復”，據《長編》卷二百八十熙寧十年二月癸巳改。

续表

序号	《宋会要辑稿·刑法》位置	点校本页码	被校原文	校勘内容
1942.	六 / 一八	725	吳安持	“持”原作“特”，據《長編》卷三百五十元豐七年十一月丁巳改。
1943.	六 / 一九	725	故有詔	疑當為“故有是詔”或“故有此詔”。
1944.	六 / 一九	726	就僧屋居之	“僧屋”，《長編》卷三百五十六元豐八年五月丙辰作“增屋”。
1945.	六 / 一九	726	元豐八年三月六日	原脫，據《長編》卷三百六十九元祐元年闰二月庚戌補。
1946.	六 / 一九	726	更不移放外	“外”字原脫，據《長編》卷三百六十九元祐元年闰二月庚戌補。
1947.	六 / 一九	726	淮南	《長編》卷三百七十四元祐元年四月癸巳作“揚州”。
1948.	六 / 一九	727	合從寬減	“寬”原作“末”，據《長編》卷三百七十七元祐元年五月甲子改。
1949.	六 / 二 0	727	軍器監	“監”原“脱”，據《長編》卷三百九十五元祐二年二月己亥補。
1950.	六 / 二 0	727	免真决	“真”原作“其”，據文意改。
1951.	六 / 二 0	727	凡刼盜者	“凡”原作“元”，據《長編》卷四百九元祐三年四月丁酉改。
1952.	六 / 二 0	728	八月十三日	《長編》卷四百十三元祐三年八月“丙子”，即八月三日。
1953.	六 / 二 0	728	特末減	疑“末”當作“寬”。
1954.	六 / 二 0	728	紹興	當作“紹聖”。
1955.	六 / 二一	729	推覺大	疑有誤。

续表

序号	《宋会要辑稿·刑法》位置	点校本页码	被校原文	校勘内容
1956.	六/二一	729	平夏城	“夏”原作“下”，據《長編》卷五百十六元符二年闰九月乙酉改。
1957.	六/二一	729	劉貴	《長編》卷五百十六元符二年闰九月乙酉作“劉賁”。
1958.	六/二一	730	二十三日	《宋大詔令集》卷一百九十五作“丙子”，即二十二日。
1959.	六/二一	730	權臣擅邦	“擅邦”，《宋大詔令集》卷一百九十五作“擅朝”。
1960.	六/二一	730	肆朕纂承	“纂”原作“篡”，據《宋大詔令集》卷一百九十五改。
1961.	六/二一	730	沮壞事功	“事功”原作“為”，據《宋大詔令集》卷一百九十五改。
1962.	六/二二	731	應上書奏疏	“奏”原作“奉”，據《續資治通鑒長編拾補》卷二十五崇寧四年七月丁巳改。
1963.	六/二二	731	編管	原脱，據《續資治通鑒長編拾補》卷二十五崇寧四年七月丁巳補。
1964.	六/二二	731	作樂以協神明	“明”原作“民”，據《續資治通鑒長編拾補》卷二十五崇寧四年九月己亥改。
1965.	六/二二	731	朕尚惻然	“惻”原作“測”，據《續資治通鑒長編拾補》卷二十五崇寧四年九月己亥改。
1966.	六/二二	731	惟不得至四輔畿甸	“至”原作“在”，據《續資治通鑒長編拾補》卷二十五崇寧四年九月己亥改。
1967.	六/二二	732	成忠郎	“忠”原作“中”，據文意改。
1968.	六/二三	733	免真决	“决”原作“次”，據《宋会要辑稿·刑法》六之三四改。

续表

序号	《宋会要辑稿·刑法》位置	点校本页码	被校原文	校勘内容
1969.	六/二五	734	陳仲	《三朝北盟會編》卷一百十二、《玉照新志》卷五、《梁谿集》卷一百八十、《宋史》卷二百一、《中興小紀》卷一作“陳沖”。
1970.	六/二五	734	南恩州	“恩”字原脱，據《三朝北盟會編》卷一百十二、《玉照新志》卷五、《梁谿集》卷一百八十補。
1971.	六/二五	735	陳仲	《三朝北盟會編》卷一百十二、《玉照新志》卷五、《梁谿集》卷一百八十、《宋史》卷二百一、《中興小紀》卷一作“陳沖”。
1972.	六/二五	735	士大夫	“大”字原脱，據《宋史》卷二百一、《中興小紀》卷一補。
1973.	六/二六	736	承信郎	“郎”字原脱，據文意補。
1974.	六/二六	736	合契重杖處死	疑“契”字誤。
1975.	六/二六	736	有例杖於朝堂者	原作“有杖朝堂者”，據《建炎雜記》甲集卷六改。
1976.	六/二六	736	黥面刺配	《建炎雜記》甲集卷六作“黜而特配”
1977.	六/二六	736	丁宗賢	《繫年要録》卷三十九作“丁宗”。
1978.	六/二六	736	有酒	疑“有酒”當作“飲酒”。
1979.	六/二七	737	柝價入已	疑“柝價”當作“折價”。
1980.	六/二七	737	彭友	“友”原作“支”，據《忠正德文集》卷二改。
1981.	六/二七	738	四十二人	《中興小紀》卷十九作“十人”。
1982.	六/二九	740	安府司	疑當作“安撫司”。
1983.	六/二九	740	從義郎	“郎”字原脱，據《繫年要録》卷一百五十六補。

续表

序号	《宋会要辑稿·刑法》位置	点校本页码	被校原文	校勘内容
1984.	六/二九	740	阮州	疑當作“沅州”。
1985.	六/二九	740	第二政將	疑“政”當作“正”。
1986.	六/三0	741	仍籍沒家財	“籍”原作“管”，據文意改。
1987.	六/三0	741	前知廣州新會縣	“前知”原作“知前”，據文意改。
1988.	六/三一	742	御前諸軍都統制	“諸軍”二字原脱，據《三朝北盟會編》卷二百十二、《繫年要録》卷一百六十七補。
1989.	六/三一	743	因言章補外	“章”，《繫年要録》卷一百六十一作“事”。
1990.	六/三三	745	仍籍沒家財	“財”原作“則”，據文意改。
1991.	六/三三	745	令日下前去之任	《繫年要録》卷一百六十八作“令日下之任”。
1992.	六/三三	745	本城收管	“本城”，《繫年要録》卷一百六十八作“牢城”。
1993.	六/三三	745	故有是命	“故”原作“是”，據文意改。
1994.	六/三三	746	二十七年	《繫年要録》卷一百七十四、《建炎雜記》甲集卷六、《宋史全文》卷二十二下皆作“二十六年”。
1995.	六/三三	746	追毁出身以來告敕	“追”原作“退”，據《繫年要録》卷一百七十四、《宋史全文》卷二十二下改。
1996.	六/三四	746	法寺	“法寺”原作“法守”，據下條及文意改。
1997.	六/三四	747	九月八日	《建炎雜記》甲集卷六載孝宗與湯丞相議此事在“九月己丑”，即七日，而降詔在“十月乙丑”，即十三日。
1998.	六/三五	747	二十六日	《宋史全文》卷二十四下作“乙亥”，即二十五日。
1999.	六/三五	748	送藤州編管	“管”原作“官”，據文意改。

续表

序号	《宋会要辑稿・刑法》位置	点校本页码	被校原文	校勘内容
2000.	六 / 三五	748	擅	原作“壇”，據文意改。
2001.	六 / 三六	748	特貸命	“貸”原作“特”，據《宋史》卷三十三、《宋史全文》卷二十四下改。
2002.	六 / 三六	749	撥入犒賞充非泛雜支	“入”原作“人”，據文意改。
2003.	六 / 三七	750	商稅	“商”原作“啇”，據文意改。
2004.	六 / 三七	750	梅州	《宋史全文》卷二十五上作“梧州”。
2005.	六 / 三八	751	當重杖處死	“處”原作“虎”，據文意改。
2006.	六 / 三八	751	文亮捋特犒設錢收受入己	疑“捋”當作“將”。
2007.	六 / 三八	751	追毀出身以來文字	“來”原作“身”，據文意改。
2008.	六 / 三八	752	九年	《繫年要録》卷一百八十三、《宋史全文》卷二十二下皆作“紹興二十九年九月壬午”，即二日。
2009.	六 / 三九	752	往來刺探	“探”原作“深”，據文意改。
2010.	六 / 三九	752	大廉	“大”字原脱，據上文補。
2011.	六 / 四 0	754	法司擬罪當死	“死”原作“寺”，據文意改。
2012.	六 / 四 0	754	私茶鹽酒匿稅商販	“商”原作“啇”，據文意改。
2013.	六 / 四一	755	瘐死獄中	“瘐”原作“瘦”，據文意改。
2014.	六 / 四一	755	罪疑惟輕	“惟”原作“爲”，據《尚書・虞書・大禹謨》改。
2015.	六 / 四一	755	是故貸之	“是故”原作“故是”，據文意改。
2016.	六 / 四一	756	率聯不已	疑“率”當作“牽”。
2017.	六 / 四一	756	紹熙	原作“紹興”，據天頭舊批改。
2018.	六 / 四一	756	不刺面	“刺面”原作“面刺”，據文意改。

续表

序号	《宋会要辑稿·刑法》位置	点校本页码	被校原文	校勘内容
2019.	六 / 四一	756	留正	“留”原作“劉”，據《宋史》二百十三改。
2020.	六 / 四二	756	留正	“留”原作“劉”，據《宋史》二百十三改。
2021.	六 / 四二	756	其平日憑特口吻專以欺詐爲生	疑“特”當作“恃”。
2022.	六 / 四三	758	九月	前原有“紹熙五年”，承前省。
2023.	六 / 四四	759	林采	《文獻通考》卷一百六十七作“林粟”。
2024.	六 / 四四	759	一年天下所上死案	“年”字前原衍“全”，據《文獻通考》卷一百六十七删；《宋史》卷二百亦為“一全年”。
2025.	六 / 四四	759	蒙陛下貸其罪辜者	“罪辜”原作“非辜”，據《文獻通考》卷一百六十七改。
2026.	六 / 四四	760	久在責有可放令逐便	“責”字后原作“缺”，缺文待补。
2027.	六 / 四五	761	龍圖閣待制	“待”原作“侍”。
2028.	六 / 四五	761	臣等窃詳反逆罪	“罪”前原衍“議”字，據《文獻通考》卷一百七十删。
2029.	六 / 四五	761	子妻妾	原脱，據《文獻通考》卷一百七十及本條下文補。
2030.	六 / 四五	761	蓋緣坐沒官	“沒”字原脱，據《文獻通考》卷一百七十補。
2031.	六 / 四五	761	臣下將圖逆節者設	《文獻通考》卷一百七十無“設”字。
2032.	六 / 四五	761	女及生子之妾	“及”原作“反”，據《文獻通考》卷一百七十改。
2033.	六 / 四六	761	親兄弟有官人	“官”原作“宜”，據《文獻通考》卷一百七十改。
2034.	六 / 四六	761	墳廟祭祀	“墳廟”，《文獻通考》卷一百七十作“墳墓”。

续表

序号	《宋会要辑稿・刑法》位置	点校本页码	被校原文	校勘内容
2035.	六 / 四六	762	恭承詔免	疑“免”當作“旨”，參見《歷代名臣奏議》卷八十四。
2036.	六 / 四六	762	其諸孫與曦	“曦”前衍“兵”，據文意刪。
2037.	六 / 四六	762	吳揔	“揔”原作“總”，據上條及本條下文改。
2038.	六 / 四七	762	中心昭然	“中心”當作“忠心”。
2039.	六 / 四七	763	四川宣撫副使安丙言	“安”原作“内”，據上條“權四川宣撫使安丙”改。
2040.	六 / 四七	763	止流徒湖、廣州軍居住	“徒”當作“徙”，參見本條下文。
2041.	六 / 四七	763	不辧菽麥	“辧”當作“辨”。
2042.	六 / 四七	763	依歸朝人體列	“列”當作“例”。
2043.	六 / 四八	764	蘇師旦	“旦”原作“但”，據《宋史》卷四百七十四改。
2044.	六 / 四九	764	使咸知侂胄負滔天下之罪	“咸”原作“減”，據文意改。
2045.	六 / 四九	764	詿誤誘脅人	“脅”原作“協”，據綱目備要卷十二改。
2046.	六 / 四九	764	斷以旱蝗	疑“斷”當作“繼”。
2047.	六 / 四九	764	其餘脅從人	“脅”原作“協”，據文意改。
2048.	六 / 四九	764	郴	“郴”原作“彬”，據西山文集卷十九、雲莊集卷十二改。
2049.	六 / 四九	765	其餘脅從等人	“脅”原作“協”，據西山文集卷十九、雲莊集卷十二改。
2050.	六 / 四九	765	解散歸投	“解”原作“鮮”，據西山文集卷十九、雲莊集卷十二改。
2051.	六 / 四九	765	法守	疑當作“法寺”。
2052.	六 / 四九	765	聖心寬怒	疑“怒”當作“恕”。
2053.	六 / 五 0	765	劾士卒錢	疑“劾”當作“刻”。

续表

序号	《宋会要辑稿·刑法》位置	点校本页码	被校原文	校勘内容
2054.	六 / 五一	766	五月十一日	《宋大詔令集》卷二百作“四月戊子”。
2055.	六 / 五一	766	扇暍泣辜	“辜”前衍“等”字，據《宋大詔令集》卷二百刪。
2056.	六 / 五一	766	即時決遣	“決”原作“次”，據《宋大詔令集》卷二百、攻媿集卷六改。
2057.	六 / 五一	767	乞令自今	“乞”原作“迄”，據文意改。
2058.	六 / 五二	767	至是	當作“自是”。
2059.	六 / 五二	768	至道	“道”下衍“德”，已刪。
2060.	六 / 五二	768	互相浸染	“互”原作“牙”，據文意改。
2061.	六 / 五二	768	請自今持杖刼刼賊	“今”原作“令”，“杖”原作“伏”，據文意、《長編》卷四十八咸平四年正月己巳及《宋刑統》卷一十九改；“刼”字下原衍“刼”，據《長編》卷四十八咸平四年正月己巳、《宋刑統》卷一十九刪。
2062.	六 / 五二	769	又重禁者拳手	“拳”原作“拳”，據《長編》卷六十三景德三年七月辛丑改。
2063.	六 / 五三	770	開封府命後應命官合該勘鞫	“命後”當作“今後”。
2064.	六 / 五四	771	開封府言	“開”字前原衍“詔”字，已刪。
2065.	六 / 五五	771	天章閣待制王礹	“閣”原作“問”，據《長編》卷一百十二明道二年二月壬子改。
2066.	六 / 五五	774	每旬具本州	“每”下原衍“州”字，據本條下文“每旬具本州”刪。
2067.	六 / 五六	774	去外縣字	“外縣”當作“及外縣”，參見本條上文“本州及外縣”。
2068.	六 / 五六	774	瘐死	“瘐”原作“瘦”，據《宋大詔令集》二百二、《蘇軾文集》卷二十六、《宋史》卷二百一改。

续表

序号	《宋会要辑稿·刑法》位置	点校本页码	被校原文	校勘内容
2069.	六 / 五六	775	與犯法者旁緣為姦	“犯”原作“奉”，據《宋大詔令集》二百二、《蘇軾文集》卷二十六改。
2070.	六 / 五六	775	五縣以上	“上”字原脱，據《宋大詔令集》二百二、《蘇軾文集》卷二十六補。
2071.	六 / 五六	775	仍從違制失	“失”，《蘇軾文集》卷二十六作“失入”。
2072.	六 / 五六	775	其有司若不依條貫者	《蘇軾文集》卷二十六作“其有養療不依條貫者”。
2073.	六 / 五六	775	雖不科斷	《宋大詔令集》二百二、《蘇軾文集》卷二十六皆作“雖已行罰”。
2074.	六 / 五六	775	更加黜責	“黜”原作“點”，據《宋大詔令集》二百二、《蘇軾文集》卷二十六改。
2075.	六 / 五七	776	瘐死	“瘐”原作“瘦”，據《長編》卷四百八十一元祐八年二月壬子改。
2076.	六 / 五七	776	二十人	《長編》卷四百八十一元祐八年二月壬子作“二十八人”。
2077.	六 / 五七	776	瘐死	“瘐”原作“瘦”，據《長編》卷四百八十一元祐八年二月壬子改。
2078.	六 / 五七	776	江南東路	“江”字前原衍“浙”字，據浮溪集卷二六周公墓志铭删。
2079.	六 / 五七	776	依申刑部	疑“依申”當作“具申”。
2080.	六 / 五八	777	深怨未盡遵承	疑“怨”字当作“慮”、“恐”等。
2081.	六 / 五八	778	專一分錄所部見禁囚	“專”，《宋史》卷二百一作“季”。
2082.	六 / 五九	778	論如法	“如”原作“所”，據《宋史》卷二百一改。
2083.	六 / 五九	779	亦乞依比詔	疑“比”當作“此”。

续表

序号	《宋会要辑稿·刑法》位置	点校本页码	被校原文	校勘内容
2084.	六/六一	781	垂盡責出	疑“垂”當作“棰”。
2085.	六/六一	781	輒私他所者	疑“私”當作“移”。
2086.	六/六一	781	依法斷遣	“法”字原脱，據文意補。
2087.	六/六二	783	四年二月二十三日德音	以下原为正文，據文意改为小字注文，且当移与本条之下“十三年”之前。
2088.	六/六三	783	十三年十二月八日南郊赦	據文意改为小字注文。
2089.	六/六三	784	流罪以下	《慶元條法事類》卷七十四作“杖以下（品官流以下）”。
2090.	六/六四	784	即是在縣别無流徒罪情款已定禁囚外	疑“外”字衍，當刪。
2091.	六/六四	784	杖以上囚	“上”原作“下”，據《慶元條法事類》卷七十四、《宋刑統》卷二十九、《輯稿·刑法》六之五二改。
2092.	六/六四	784	責囚得病所由連報	“囚”原作“困”，據《慶元條法事類》卷七十四及本條上文改。
2093.	六/六六	786	鹽菜錢五文	“五文”，《晝簾緒論·治獄篇》第七作“十文”。
2094.	六/六六	786	致多瘦損	“瘦”當作“瘐”。
2095.	六/六七	788	致有瘐死	“瘐”原作“瘦”，據文意改。
2096.	六/六七	788	毋致違戾	“毋”原作“母”，據文意改。
2097.	六/六七	788	三十一年九月二日明堂赦，同此制	此句原为大字正文，據文意改为小字注文。
2098.	六/六八	789	致有瘐死	“瘐”原作“瘦”，據文意改。
2099.	六/六八	789	三年十一月二日	以下原为大字正文，據文意改为小字注文。
2100.	六/六八	789	盜取獄内器仗奔逸	“仗”原作“伏”，據本條下文改。

续表

序号	《宋会要辑稿·刑法》位置	点校本页码	被校原文	校勘内容
2101.	六 / 六九	790	致多瘐死者	“瘐”原作“瘦”，據文意改。
2102.	六 / 六九	791	令提刑司類申刑部置籍	“令”原作“今”，據文意改。
2103.	六 / 七 0	792	通計及一分法	《華陽集》卷十四作“通計所禁人數死及一分”
2104.	六 / 七 0	792	通比及分	“通比及分”疑當作“通計及一分”，參見本條上文。
2105.	六 / 七 0	792	六年、九年、十二年、十五年赦同	此句原为大字正文，據文意改为小字注文。
2106.	六 / 七 0	792	六年、九年、十二年、十五年赦同	此句原为大字正文，據文意改为小字注文。
2107.	六 / 七 0	792	饑寒瘐死	“瘐”原作“瘦”，據文意改。
2108.	六 / 七一	792	十五年明堂赦同	此句原为大字正文，据文意改为小字注文。
2109.	六 / 七一	793	往往不能仰體朝廷欽恤之意	疑“往往”前脫漏主語。
2110.	六 / 七一	794	疚心獄事	疑“疚”字當作“究”。
2111.	六 / 七二	794	今來令置知在人曆	“今”原作“令”，據文意改。
2112.	六 / 七二	795	縣寨日給糧食	《東塘集》卷十無“寨”字。
2113.	六 / 七二	795	罪固可嫉	“固”，《東塘集》卷十作“故”。
2114.	六 / 七二	795	在法	“法”原作“發”，據《東塘集》卷十改。
2115.	六 / 七二	795	如有强壯者	“强壯”原作“疆肚”，據《東塘集》卷十改。
2116.	六 / 七三	795	紹興	疑當作“紹熙”。
2117.	六 / 七三	795	毋為文具	“毋”原作“母”，據文意改。
2118.	六 / 七三	796	以並新收	疑“並”當作“憑”，參見下文“以憑銷落”。
2119.	六 / 七四	796	按劾以聞	“劾”原作“勒”，據文意改。

续表

序号	《宋会要辑稿·刑法》位置	点校本页码	被校原文	校勘内容
2120.	六/七四	797	例多倚辦於推獄	“倚”，《文獻通考》卷一百六十七作“陪辦”。
2121.	六/七四	797	於常平米内	“内”字原脱，據《文獻通考》卷一百六十七補。
2122.	六/七四	797	獄囚瘐死	“瘐”原作“瘦”，據文意改。
2123.	六/七五	798	須管躬親檢察	疑“管”當作“官”。
2124.	六/七五	798	閲瘐死人數多者	“瘐”原作“瘦”，據文意改。
2125.	六/七七	798	不如令者	“不如令”原作“不恕令”，據本條上文“多不如令”改。
2126.	六/七七	801	四年	《事物紀原》卷十、《長編》卷六十七景德四年十二月辛酉皆作“景德四年”。
2127.	六/七七	801	十二月二十八日	《事物紀原》卷十作“五月”;《長編》卷六十七景德四年十二月辛酉，即“十二月二十九日”。
2128.	六/七八	802	今諸處輕者同於無用	“今”原作“令”，據文意改。
2129.	六/七八	803	長者以輕重刻式其上	《宋史》卷二百、《欽定續通典》卷一百十四作“輕重長短刻識其上”。
2130.	六/七八	803	不得留節目	《宋史》卷二百、《欽定續通典》卷一百十四“不”字前有“笞杖”二字。
2131.	六/七八	803	從長官給	《文獻通考》卷一百六十七無“長”字。
2132.	六/七九	803	今檢點得	“今”原作“令”，據文意改。
2133.	六/七九	803	杖直丁貴	疑有誤。
2134.	六/七九	803	重多五錢半	疑“五錢半”有誤。
2135.	刑法七/一	804	二十五日	原脱，據《長編》卷三建隆三年七月庚辰補。
2136.	七/一	804	沙门岛	此后原作小字注文，今改作大字注文。

续表

序号	《宋会要辑稿·刑法》位置	点校本页码	被校原文	校勘内容
2137.	七/一	804	四日	原脱，據《長編》卷六乾德三年十一月庚午補。
2138.	七/一	804	百人	《宋史》卷一百八十七同，《長編》卷六乾德三年十一月庚午為“百餘人”。
2139.	七/一	805	妻女	《宋史》卷一百八十七同，《長編》卷六乾德三年十一月庚午為“子女”。
2140.	七/一	805	九日	原脱，據《長編》卷七乾德四年閏八月庚午補。
2141.	七/一	805	數十人	《長編》卷七乾德四年閏八月庚午為“十數人”。
2142.	七/一	805	悉黥配通州義豐監	“黥”原作“黔”，據《長編》卷七乾德四年閏八月庚午改。
2143.	七/一	805	原小字注文	现改作大字正文。
2144.	七/一	805	揀停	原作“棟停”，據《長編》卷一百七十五皇祐五年十二月丙辰“揀停”改。
2145.	七/一	806	原小字注文	现改作大字正文。
2146.	七/一	806	以充馬價	“克價”，據《長編》卷五十五咸平六年七月壬辰改。
2147.	七/一	806	陝西振武	“陝西”原作“關西”，據本條上文“陝西振武軍”改。
2148.	七/一	806	今後諸軍因人員科責	“諸軍因人員”，《長編》卷五十五咸平六年七月丙午作“军士因将校”。
2149.	七/二	807	元年	原作“四年”，據《長編》卷五十六景德元年四月、《文獻通考》卷一百五十二改。以下三條皆作元年事。
2150.	七/二	807	三十日	原脱，據《長編》卷五十六景德元年七月壬子補。

续表

序号	《宋会要辑稿·刑法》位置	点校本页码	被校原文	校勘内容
2151.	七/二	807	何士宗	《宋史》卷一百八十九同。《長編》卷五十六景德元年七月壬子作“何士寧”。
2152.	七/二	807	並行伏事之理	“理”，《長編》卷五十六景德元年七月壬子作“禮”。
2153.	七/二	808	受命掩襲而擒賊者	“擒賊”，《文獻通考》卷一百五十二作“擒殺”。
2154.	七/二	808	内遷職十將已十補置訖以聞	“已十”當作“已下”，參見本條下文“副總頭、副兵馬使已下”。
2155.	七/三	808	旗鎗交錯隊伍者	“隊伍”原作“隊仵”，據《文獻通考》卷一百五十二改。
2156.	七/三	808	不負殺賊者	“赴”原作“負”，據文意及文獻通考卷一百五十二改。
2157.	七/三	808	其軍人身死，犯杖罪	疑此句有誤。
2158.	七/三	808	取裁	“裁”字下原小字注文，现改作大字正文。
2159.	七/四	809	二十七日	原脱，據《長編》卷六十七景德四年十二月己未補。
2160.	七/四	809	原小字注文	现改作大字正文。
2161.	七/四	810	十一月	《長編》記此事在卷七十大中祥符元年十二月。
2162.	七/五	810	饰	其下原小字注文，现改作大字正文。
2163.	七/五	810	一等降配	疑“配”字后有脱文。
2164.	七/五	811	皇城司	“皇”字前原衍“詔”字，據《長編》卷七十四大中祥符三年十月乙亥刪。
2165.	七/五	811	十七日	原脱，據《長編》卷七十六大中祥符四年九月丁亥補。

续表

序号	《宋会要辑稿·刑法》位置	点校本页码	被校原文	校勘内容
2166.	七 / 五	811	率歛軍士緡錢者	“士”字前原衍“頭”字，據《長編》卷七十六大中祥符四年九月丁亥删。
2167.	七 / 五	811	鈐轄	原作“鈐轄”，據上下文改。
2168.	七 / 六	812	七日	原脱，據《長編》卷七十七大中祥符五年二月乙巳補。
2169.	七 / 六	812	利於徙鄭州牢城	“利於”原作“例於”，據《長編》卷七十七大中祥符五年二月乙巳改。
2170.	七 / 六	812	二十七日	原脱，據《長編》卷七十八大中祥符五年九月壬辰補。
2171.	七 / 六	812	仗物	《長編》卷七十八大中祥符五年九月壬辰作“什物”。
2172.	七 / 六	812	二十日	原脱，據《長編》卷八十大中祥符六年三月辛亥補。
2173.	七 / 六	812	原小字注文	现改作大字正文。
2174.	七 / 六	813	二月	疑月份有誤，或當在上條前。
2175.	七 / 六	813	军	其下原为小字注文，现改作大字正文。
2176.	七 / 七	813	忠靖六軍	“忠靖”原作“忠翊”，據文意及本條下文改。
2177.	七 / 七	813	掛	其下原作小字注文，现改作大字正文。
2178.	七 / 七	813	以忠靖六軍所軍校	“所”字疑衍。
2179.	七 / 七	813	四日	原脱，據《長編》卷八十五大中祥符八年闰六月壬午補。
2180.	七 / 七	814	傳付所司	“傳付”，《長編》卷八十五大中祥符八年闰六月壬午作“轉付”。
2181.	七 / 七	814	原小字注文	现改作大字正文。
2182.	七 / 七	814	馬步軍軍頭司	原作“馬步軍頭司”，據《宋史》卷一百八十九改。

续表

序号	《宋会要辑稿·刑法》位置	点校本页码	被校原文	校勘内容
2183.	七/七	814	二十四日	原脱，據《長編》卷八十六大中祥符九年正月己巳補。
2184.	七/七	814	兵馬總數	“總數”原作“都數”，據《長編》卷八十六大中祥符九年正月己巳改。
2185.	七/七	814	十一日	原脱，據《長編》九十天禧元年十月丙子補。
2186.	七/八	815	例	其下原作小字注文，今改作大字正文。
2187.	七/八	816	之	其下原作小字注文，今改作大字正文。
2188.	七/八	816	仁宗	原作“太宗”，據上文改作“仁宗”。
2189.	七/九	818	名件	原作“名姓”，據本條上文“名件明文”改。
2190.	七/九	818	各一領	“各”原作“冬”，據本條下文“各一領”改。
2191.	七/一0	818	剩員	原作“剩负”，據文意改。
2192.	七/一一	818	元年	原作“四年”，據《長編》卷一百十一及《輯稿·刑法》四之一八改。以下兩條並元年。
2193.	七/一一	819	二十二日	原脱，據《長編》卷一百十一明道元年五月壬辰補。
2194.	七/一一	819	軍料錢	“料”，《長編》卷一百十一明道元年五月壬辰作“糧”。
2195.	七/一一	819	小字注文	今改作大字正文。
2196.	七/一一	819	軍料錢	“料”，《長編》卷一百十一明道元年五月壬辰作“糧”。
2197.	七/一一	819	三日	原脱，據《長編》卷一百十一明道元年七月壬申補。

续表

序号	《宋会要辑稿·刑法》位置	点校本页码	被校原文	校勘内容
2198.	七/一一	819	益利路鈐轄司	原作“益州路鈐轄司”，據《長編》卷一百十一明道元年七月壬申改。
2199.	七/一一	819	五日	原脱，據《長編》卷一百十五景祐元年九月辛卯補。
2200.	七/一二	821	八月二十四日	《長編》卷一百二十九康定元年十月乙未、《玉海》卷八十五作“十月十三日”。
2201.	七/一二	821	傳信牌	原作“傳言牌”，據《長編》卷一百二十九康定元年十月乙未、《宋史》卷一百九十六、《玉海》卷八十五改。
2202.	七/一二	821	形制	“形”原作“刑”，據《長編》卷一百二十九康定元年十月乙未、《宋史》卷一百九十六改。
2203.	七/一二	821	左符五	原作“左符一”，據《長編》卷一百二十九康定元年十月乙未、《宋史》卷一百九十六及下文改。
2204.	七/一二	821	甲己	原作“甲巳”，據《長編》卷一百二十九康定元年十月乙未、《宋史》卷一百九十六改。
2205.	七/一二	821	十幹半字	原作“十幹字半”，據《長編》卷一百二十九康定元年十月乙未、《宋史》卷一百九十六、《武經總要前集》卷一十五改。
2206.	七/一二	821	鈐轄	原作“鈐轄”，據《長編》卷一百二十九康定元年十月乙未、《宋史》卷一百九十六改。
2207.	七/一二	821	指揮	“指”字前衍“全”字，據《長編》卷一百二十九康定元年十月乙未、《宋史》卷一百九十六删。

续表

序号	《宋会要辑稿·刑法》位置	点校本页码	被校原文	校勘内容
2208.	七/一二	821	上下並題	“並”字前衍“而”字，據《長編》卷一百二十九康定元年十月乙未、《宋史》卷一百九十六刪。
2209.	七/一二	822	上三枚	原作“上三叚”，據《長編》卷一百二十九康定元年十月乙未、《宋史》卷一百九十六改。
2210.	七/一二	822	下一枚	原作“下二叚”，據《長編》卷一百二十九康定元年十月乙未、《宋史》卷一百九十六、《玉海》卷八十五改。
2211.	七/一二	822	上三枚	原作“上三叚”，據《長編》卷一百二十九康定元年十月乙未、《宋史》卷一百九十六改。
2212.	七/一二	822	鈐轄司	原作“鈐轄司”，據《長編》卷一百二十九康定元年十月乙未、《宋史》卷一百九十六改。
2213.	七/一二	822	下一枚	原作“下一叚”，據《長編》卷一百二十九康定元年十月乙未、《宋史》卷一百九十六改。
2214.	七/一二	822	鈐轄司	原作“鈐轄司”，據《長編》卷一百二十九康定元年十月乙未、《宋史》卷一百九十六改。
2215.	七/一二	822	千人	《長編》卷一百二十九、《宋史》卷一百九十六康定元年十月乙未、《玉海》卷八十五、《武經總要前集》卷一十五作“百人”。
2216.	七/一三	822	第一枚	原作“第一叚”，據《長編》卷一百二十九康定元年十月乙未、《宋史》卷一百九十六改。
2217.	七/一三	822	指使	《長編》卷一百二十九康定元年十月乙未同，《宋史》卷一百九十六作“指揮”。

续表

序号	《宋会要辑稿·刑法》位置	点校本页码	被校原文	校勘内容
2218.	七／一三	822	付去人還	《長編》卷一百二十九康定元年十月乙未、《宋史》卷一百九十六皆作“以還”。
2219.	七／一三	822	鈐轄司	原作“鈐轄司”，據《長編》卷一百二十九康定元年十月乙未、《宋史》卷一百九十六改。
2220.	七／一三	822	藏筆墨紙	原作“藏筆”，據《長編》卷一百二十九康定元年十月乙未、《宋史》卷一百九十六、《玉海》卷八十五改。
2221.	七／一三	823	鈐轄百人	“鈐轄”前原衍“招討”二字，據《長編》卷一百三十四慶曆元年十二月甲午刪。
2222.	七／一三	823	小字注文	此後內容原作。
2223.	七／一三	823	料錢	“料”原作“科”，據《長編》卷一百四十七慶曆四年三月癸未改。
2224.	七／一三	823	嚴申飭戒	“飭”原作“飾”，據《長編》卷一百五十三慶曆四年十一月庚午改。
2225.	七／一四	824	二十四日	原脫，據《長編》卷一百五十六慶曆五年六月戊寅補。
2226.	七／一四	824	二十八日	原脫，據《長編》卷一百五十六慶曆五年六月壬午補。
2227.	七／一四	824	二十四日	原脫，據《長編》卷一百五十七慶曆五年十一月乙巳補。
2228.	七／一四	824	二十一日	原脫，據《長編》卷一百六十六皇祐元年六月壬午補。

续表

序号	《宋会要辑稿·刑法》位置	点校本页码	被校原文	校勘内容
2229.	七/一四	825	川峽	“峽”原作“陜”，據《長編》卷一百七十三皇祐四年八月丙申改。
2230.	七/一四	825	五日	原脱，據《長編》卷二百治平元年二月辛未補。
2231.	七/一四	825	五十	《長編》卷二百治平元年二月辛未作“五十五”。
2232.	七/一四	825	五十	《長編》卷二百治平元年二月辛未作“五十五”。
2233.	七/一五	826	奉園兵士	按下文疑當為“奉先兵士”。
2234.	七/一五	826	军	其下原作小字注文，今改作大字正文。
2235.	七/一五	826	鈐轄	原作“鈐轄”，據文意改。
2236.	七/一六	827	鈐轄司	原作“鈐轄司”，據文意改。
2237.	七/一六	827	鈐轄司	原作“鈐轄司”，據文意改。
2238.	七/一六	827	分五都管轄	《長編》卷二百十一熙寧三年五月癸卯作“分五部法檢治”。
2239.	七/一六	827	樞密使	《長編》卷二百二十七熙寧四年十月丙子作“樞密副使”。
2240.	七/一六	827	雜犯配軍	“配”字原脱，據《長編》卷二百二十七熙寧四年十月丙子補。
2241.	七/一六	828	排連長行充節級	《長編》卷二百四十七熙寧六年十月癸酉作“排聯長行遷節級”。
2242.	七/一六	828	功勞者	“勞”字後原衍“人”字，據《長編》卷二百四十七熙寧六年十月癸酉刪。
2243.	七/一六	828	所傷多者	“所傷”，《長編》卷二百四十七熙寧六年十月癸酉作“金瘡”。

续表

序号	《宋会要辑稿·刑法》位置	点校本页码	被校原文	校勘内容
2244.	七/一六	829	閏正月一日	原作“正月一日”，據《長編》卷二百八十七元豐元年闰正月丙子改。
2245.	七/一七	829	閏正月八日	原作“八月”，據《長編》卷二百八十七元豐元年闰正月癸未改。
2246.	七/一七	829	巡防地分	“地分”前原衍“坊”，據《長編》卷二百八十七元豐元年闰正月癸未刪。
2247.	七/一七	829	十四日	《長編》卷二百八十七元豐元年闰正月庚寅，即十五日。
2248.	七/一七	829	廖思	《長編》卷二百八十七元豐元年闰正月庚寅作“廖恩”。
2249.	七/一七	830	商量軍事	“商”原作“商”，據《長編》卷三百十一元豐四年正月丁酉改。
2250.	七/一七	830	擬定	原作“擬令”，據《長編》卷三百十一元豐四年正月乙卯改。
2251.	七/一七	830	彭遜	《長編》卷三百十一元豐四年正月乙卯作“彭孫”，此條中其他涉及“彭遜”處同。
2252.	七/一七	830	即具以聞	“即”字原脱，據《長編》卷三百十一元豐四年正月乙卯補。
2253.	七/一八	830	差一指揮	“一”字原脱，據《長編》卷三百十三元豐四年六月辛未補。
2254.	七/一八	830	右一廂四指揮	“廂”字原脱，據《長編》卷三百十三元豐四年六月辛未補。

续表

序号	《宋会要辑稿·刑法》位置	点校本页码	被校原文	校勘内容
2255.	七 / 一八	830	至管軍方許	“至”字原脱，據《長編》卷三百十三元豐四年六月辛未補。
2256.	七 / 一八	830	劄與憲知管	《長編》卷三百十三元豐四年六月辛未為“可劄與李憲令知”。
2257.	七 / 一八	831	經略司	《長編》卷三百十四元豐四年七月辛卯作“經制司”。
2258.	七 / 一八	831	麥時昞	《長編》卷三百十四元豐四年七月辛卯作“麥文昞”。
2259.	七 / 一八	831	獲首級	“首”字原脱，據《長編》卷三百十四元豐四年七月辛卯補。
2260.	七 / 一八	831	以充首級者	原作“以充級”，據《長編》卷三百十四元豐四年七月辛卯改。
2261.	七 / 一八	831	彭遜	《長編》卷三百二十二元豐五年正月乙巳作“彭孫”，本條中其它“彭遜”同。
2262.	七 / 一八	831	小字注文	今改作大字正文。
2263.	七 / 一八	831	遜、福随涇原兵進討，隸將下	《長編》卷三百二十二元豐五年正月乙巳作“福初随涇原兵進討，隸孫將下。
2264.	七 / 一八	831	不殺賊	原作“不入賊”，據《長編》卷三百二十二元豐五年正月乙巳改。
2265.	七 / 一八	832	二月	“二月”原作“三月”，據《長編》卷三百二十三元豐五年二月甲寅，即二月二日改。
2266.	七 / 一八	832	會計亡失數	“亡失數”原作“已及數”，據《長編》卷三百二十三元豐五年二月甲寅及下文改。

续表

序号	《宋会要辑稿·刑法》位置	点校本页码	被校原文	校勘内容
2267.	七/一八	832	三分半，四官	原作“五分半”，據《長編》卷三百二十三元豐五年二月甲寅及上下文改。
2268.	七/一八	832	十八日	《長編》卷三百二十三元豐五年二月庚午，即二月十八日。
2269.	七/一八	832	五月十一日	《長編》卷三百二十六元豐五年五月癸巳、《輯稿·刑法》六之一八皆作“五月十三日”。
2270.	七/一九	832	張世規	《長編》卷三百二十六元豐五年五月癸巳作“張世矩”。
2271.	七/一九	832	年六十	《長編》卷三百二十六元豐五年五月癸巳作“六十二”；《輯稿·刑法》六之一八作“六十三”。
2272.	七/一九	832	小字注文	今改作大字正文。
2273.	七/一九	833	計招納	“計”字原脱，據《長編》卷三百二十九元豐五年八月戊午補。
2274.	七/一九	833	十歲以下不計	“不計”原作“不許”，據《長編》卷三百二十九元豐五年八月戊午改。
2275.	七/一九	833	二十千	《長編》卷三百二十九元豐五年八月戊午作“三十千”。
2276.	七/一九	833	至百千止	“止”原作“上”，據《長編》卷三百二十九元豐五年八月戊午改。
2277.	七/一九	833	刺充某指揮	《長編》卷三百三十四元豐六年三月辛丑作“刺充某指揮配軍”。
2278.	七/一九	833	其罪輕得免配行	“輕得”原作“得輕”，據《長編》卷三百三十四元豐六年三月辛丑改。
2279.	七/一九	833	鈐轄	原作“鈴轄”，據文意改。

续表

序号	《宋会要辑稿·刑法》位置	点校本页码	被校原文	校勘内容
2280.	七/二0	834	依陣不勝例	《長編》卷三百三十五元豐六年五月丙子作“依陣亡不勝例”。
2281.	七/二0	834	彭遜	《長編》三百三十五元豐六年六月戊午作“彭孙”。
2282.	七/二0	834	遇軍行始差將副	“始”原作“即”，據《長編》三百三十五元豐六年六月戊午改。
2283.	七/二0	834	乞差蕃官兩員	“乞差”原作“及差”，據《長編》三百三十五元豐六年六月戊午改。
2284.	七/二0	834	輕若泥沙	“若”字原脱，據《長編》三百四十二元豐七年正月丁卯補。
2285.	七/二0	834	追上案罪以聞	原作“追止按罪以聞”，據《長編》三百四十二元豐七年正月丁卯改。
2286.	七/二0	835	乾寧軍	原作“建寧軍”，據《長編》三百四十六元豐七年六月己卯改。
2287.	七/二0	835	未渡法	“渡”原作“度”，據《長編》三百四十六元豐七年六月己卯改。
2288.	七/二0	835	二十一日	《長編》三百四十八元豐七年九月己未，即二十二日。
2289.	七/二0	835	自截手	《長編》三百四十八元豐七年九月己未作“自截手指”。
2290.	七/二0	835	詔	原脱，據《長編》三百四十八元豐七年九月己未補。
2291.	七/二一	835	許人告	《長編》三百五十元豐七年十二月辛巳作“許鄰人告”。
2292.	七/二一	835	鈐轄	原作“鈴轄”，據文意改。

续表

序号	《宋会要辑稿·刑法》位置	点校本页码	被校原文	校勘内容
2293.	七/二一	836	其本兵之府	“之”原作“部”，據《長編》卷三百九十五元祐二年二月辛卯改。
2294.	七/二一	836	詔逐部自今进册	“詔”字原脱，“今”原作“令”，“册”原作“用”，據《長編》卷三百九十五元祐二年二月辛卯補、改。
2295.	七/二一	836	仍更互揭貼	“互”字原脱，據《長編》卷三百九十五元祐二年二月辛卯補。
2296.	七/二一	836	亦具見數以聞	“見數”，《長編》卷四百八元祐三年正月丙寅作“見管人數”。
2297.	七/二一	836	川峽	原作“川陜”，據《長編》卷四百十九元祐三年闰十二月丙辰改。
2298.	七/二一	837	本轄官員	“官員”二字原脱，據《長編》卷四百三十五元祐四年十一月壬辰補。
2299.	七/二二	837	今後	原作“自後”，據《長編》卷四百六十一元祐六年七月己巳改。
2300.	七/二二	837	細開姓名	《長編》卷四百六十五元祐六年闰八月己巳作“細開將校軍人等姓名、差使、優重次數”。
2301.	七/二二	837	損日先差	“損”，《長編》卷四百六十五元祐六年闰八月己巳作“豫日”。
2302.	七/二二	837	通判	“判”字原脱，據《長編》卷四百六十五元祐六年闰八月己巳補。
2303.	七/二二	838	嘗立邊功	“嘗”原作“當”，據《長編》卷四百七十八元祐七年十一月癸未改。

续表

序号	《宋会要辑稿·刑法》位置	点校本页码	被校原文	校勘内容
2304.	七/二二	838	守衛	《長編》卷四百七十八元祐七年十一月癸未作“戰守”。
2305.	七/二二	838	張與	《宋史》卷三百二十八《李清臣傳》作“張輿”;《雞肋集》卷六十二、《九朝編年備要》卷二十四作“張輿”。
2306.	七/二二	838	或輕身入敵	“或”字原脱，據《宋史》卷三百二十八《李清臣傳》補。
2307.	七/二二	839	鈐轄	原作“鈴轄”，據文意改。
2308.	七/二二	839	馬軍	“馬軍”後原衍“禁軍”，據《慶元條法事類》卷十删。
2309.	七/二三	839	鈐轄	原作“鈴轄”，據文意改
2310.	七/二三	839	近下禁軍	“近”字原脱，據《慶元條法事類》卷十及本條下文補。
2311.	七/二三	839	小字注文	今改作大字正文。
2312.	七/二三	839	漢蕃使臣	“臣”原作“吕”，據文意改。
2313.	七/二三	840	樞密院言	“言”字原脱，據《長編》四百九十一紹聖四年九月己卯補。
2314.	七/二三	840	已升軍分	“已”，《長編》四百九十一紹聖四年九月己卯作“或”。
2315.	七/二四	841	質買錢物者	“買”，據上下文意疑當作“賣”。
2316.	七/二四	841	尚書省言	“言”字原脱，據文意補。
2317.	七/二四	841	遊藝寖多	“寖”原作“寖”，據文意改。
2318.	七/二五	842	並系元豐法	“係”当作“依”。
2319.	七/二五	842	鈐轄	原作“鈴轄”，據文意改。
2320.	七/二五	842	川峽路	原作“川陝路”，據本條下文改。
2321.	七/二六	844	一可用	疑缺文字。

续表

序号	《宋会要辑稿·刑法》位置	点校本页码	被校原文	校勘内容
2322.	七/二七	844	是何異歐市人而戰之	“歐”同“驅”，非“毆”意。見東軒筆録卷十一。“之”字後原衍“故”字，據文意刪。
2323.	七/二七	845	以臣僚言承平日久、卒惰而驕故也	原作小字注文，现改为大字正文。
2324.	七/二八	846	二月二十七日	“二月”前原衍“二月”，據文意刪。
2325.	七/二八	846	敢勇	“敢”字後原衍“用”字，已刪。
2326.	七/二八	846	是以經由州縣例多分擾	“分”當為“紛”。
2327.	七/二八	846	當職官並以軍法從之	疑“從之”當作“處之”。
2328.	七/二八	847	伏事之儀	“儀”原作“議”，據《輯稿·刑法》七之二改。
2329.	七/二九	847	祖宗法	“法”字原脱，據上下文補。
2330.	七/二九	847	徒三年	“徒”字原脱，據《慶元條法事類》卷七十五補。
2331.	七/二九	847	明保公狀	“明保”當作“保明”。
2332.	七/二九	847	敗北事理重者	“者”下原衍“者”字，據文意刪。
2333.	七/三0	847	先家族	疑有誤。
2334.	七/三0	848	守控扼要害處，敵至	原作“守控扼要害敵處，至”，據文意改。
2335.	七/三0	848	法	其下原作小字注文，今改作大字正文。
2336.	七/三一	848	旨	其下原作小字注文，今改作大字正文。
2337.	七/三一	848	講造言語	疑“講”有誤，當作“構”、“撰”、“妄”等。
2338.	七/三一	848	遣入營房	疑“遣”當作“還”
2339.	七/三一	849	論	其下原作小字注文，今改作大字正文。

续表

序号	《宋会要辑稿·刑法》位置	点校本页码	被校原文	校勘内容
2340.	七 / 三一	849	窃慮	原作“切慮”，據文意改。
2341.	七 / 三一	849	執縛縣宰	“宰”字原脱，據文意及文獻通考卷一五四補。
2342.	七 / 三一	850	以爲蒸薪	“薪”原作“新”，據文意改。
2343.	七 / 三一	850	功狀冒濫失實	“冒”字原脱，據文意補。
2344.	七 / 三二	850	具有無騷擾	“具”原作“其”，據文意改。
2345.	七 / 三二	850	守	其下原作小字注文，今改作大字正文。
2346.	七 / 三二	850	王王燮	“王燮”原作“燮”，據《忠正德文集》卷七、《宋史》卷四百四十七《楊邦乂》傳改。
2347.	七 / 三三	851	法	其下原作小字注文，今改作大字正文。
2348.	七 / 三三	852	大將察統制官	“大將”二字原脱，據《中興小紀》卷十一及下文補。
2349.	七 / 三三	852	統制官察統領官	“統制官”三字原脱，據《中興小紀》卷十一及下文補。
2350.	七 / 三三	852	奏	其下原作小字注文，今改作大字正文。
2351.	七 / 三三	852	御前志鋭軍諸	當作“御前忠鋭諸軍”。
2352.	七 / 三四	852	與當部隊將序位	疑“與當”當作“當與”。
2353.	七 / 三四	852	虜掠舟船	“舟”原作“州”，據文意改。
2354.	七 / 三五	853	及令所屬糧科院復驗	“令”原作“今”，據文意改。
2355.	七 / 三五	854	守	其下原作小字注文，今改作大字正文。
2356.	七 / 三六	854	亡失公憑	“憑”原作“平”，據本条上文“出給公憑”改。
2357.	七 / 三六	854	有害軍制	“軍制”原作“民制”，據文意改。

续表

序号	《宋会要辑稿·刑法》位置	点校本页码	被校原文	校勘内容
2358.	七/三六	855	楊沂中	“楊”原作“揚”，據《繫年要録》卷七十七改。
2359.	七/三六	855	二十六日	“日”字下原衍“二十六日”，已刪。
2360.	七/三六	855	楊沂中	“楊”字原作“揚”，據《繫年要録》卷七十七紹興四年六月甲辰改。
2361.	七/三六	855	唐暉	《繫年要録》卷七十七紹興四年六月甲辰、《中興小紀》卷十六紹興四年四月辛巳皆作“唐煇”。
2362.	七/三六	855	泰州	原作“秦州”，據《繫年要録》卷八十三紹興四年十二月己丑、《宋史全文》卷十九上紹興四年十二月己丑改。
2363.	七/三六	855	自合施行	“合”原作“今”，據《繫年要録》卷八十三紹興四年十二月己丑、《宋史全文》卷十九上紹興四年十二月己丑己丑改。
2364.	七/三七	856	楊沂中	“楊”原作“揚”，据上文“六月二十六日”条改。
2365.	七/三七	856	楊沂中	“楊”原作“揚”，据上文“六月二十六日”条改。
2366.	七/三七	857	楊存中	“楊”原作“揚”，據《中興小紀》卷三十一紹興十四年正月丙子改。
2367.	七/三七	857	仍乞嚴行約束事	“仍”原作“及”，據《中興小紀》卷三十一紹興十四年正月丙子改。
2368.	七/三七	857	舊有二法	“二”原作“一”，據《中興小紀》卷三十一紹興十四年正月丙子改。

续表

序号	《宋会要辑稿·刑法》位置	点校本页码	被校原文	校勘内容
2369.	七/三七	857	一法招刺軍人	“一法”二字原脱，據《中興小紀》卷三十一紹興十四年正月丙子補。
2370.	七/三七	857	此太重	“此太重”三字原脱，據《中興小紀》卷三十一紹興十四年正月丙子補。
2371.	七/三八	857	貴在必行	“貴”原作“責”，據《中興小紀》卷三十一紹興十四年正月丙子改。
2372.	七/三八	858	窃恐	“窃”原作“切”，據文意改；《中興小紀》卷三十八紹興二十八年春正月壬申作“必至”。
2373.	七/三八	858	暗失軍額	“額”字後原衍“不便”二字，據《中興小紀》卷三十八紹興二十八年春正月壬申、《繫年要録》卷一百七十九紹興二十八年春正月壬申删。
2374.	七/三八	858	沈该	“沈”字原脱，據《中興小紀》卷三十八紹興二十八年春正月庚午及《宋史》卷二百一十三宰輔表第四補。
2375.	七/三八	859	後軍統制官	“後”字下原衍“諸”字，據《繫年要録》卷一百九十四紹興三十一年十一月辛未删。
2376.	七/三八	859	行	其下原作小字注文，今改作大字正文。
2377.	七/三八	859	御前諸軍都統制	“前諸”原作“馬前”，據《繫年要録》卷一百九十四紹興三十一年十一月壬申、《三朝北盟會編》卷二百四十、卷二百四十一改。
2378.	七/三八	859	託詐中風不起	《繫年要録》卷一百九十四紹興三十一年十一月辛未作“託病不戰”。

续表

序号	《宋会要辑稿·刑法》位置	点校本页码	被校原文	校勘内容
2379.	七/三八	859	九月	疑當為“九日”。
2380.	七/三八	859	效	其下原作小字注文，今改作大字正文。
2381.	七/三八	860	十八日	《繫年要録》卷一百九十四、《宋史全文》卷二十三上皆在紹興三十一年十一月乙酉，即十七日。
2382.	七/三九	860	院	其下原作小字注文，今改作大字正文。
2383.	七/三九	860	機速房	“房”原作“虜”，據文意改。
2384.	七/三九	860	二十一日	《宋史全文》卷二十三上、《繫年要録》卷一百九十四紹興三十一年十一月己丑同；《三朝北盟會編》卷二百四十紹興三十一年十一月十八日丙戌。
2385.	七/三九	860	臣謹按	“臣”字原脱，據《繫年要録》卷一百九十四紹興三十一年十一月乙酉補。
2386.	七/三九	860	從容而進兵	“容”字原脱，據《繫年要録》卷一百九十四紹興三十一年十一月乙酉、《三朝北盟會編》卷二百四十紹興三十一年十一月十八日丙戌補。
2387.	七/三九	861	仙宗山	原作“山宗山”，據《繫年要録》卷一百九十四紹興三十一年十一月乙酉、《三朝北盟會編》卷二百四十紹興三十一年十一月十八日丙戌改。
2388.	七/三九	861	假立權幟以誤之	“誤”原作“誒”，據《繫年要録》卷一百九十四紹興三十一年十一月乙酉、《三朝北盟會編》卷二百四十紹興三十一年十一月十八日丙戌改。

续表

序号	《宋会要辑稿·刑法》位置	点校本页码	被校原文	校勘内容
2389.	七/三九	861	興奔而入	“奔”原作“棄”，據《繫年要録》卷一百九十四紹興三十一年十一月乙酉、《三朝北盟會編》卷二百四十紹興三十一年十一月十八日丙戌改。
2390.	七/三九	861	皆以權不戰誤國	“以”原作“已”，據《三朝北盟會編》卷二百四十紹興三十一年十一月十八日丙戌改。
2391.	七/三九	861	以赴國難	“赴”字原作“副”，據《繫年要録》卷一百九十四紹興三十一年十一月乙酉改。
2392.	刑法八	862	天頭舊批	“應歸赦宥類”，考其內容，當入“矜貸門”。

责任编辑：张　立
装帧设计：姚　菲
责任校对：陈艳华

图书在版编目（CIP）数据

《宋会要辑稿 · 刑法》研究 / 马泓波 著 .—北京：人民出版社，2020.10
ISBN 978 – 7 – 01 – 022439 – 8

I. ①宋…　II. ①马…　III. ①刑法 – 研究 – 中国 – 宋代　IV. ① D924.02

中国版本图书馆 CIP 数据核字（2020）第 156558 号

《宋会要辑稿 · 刑法》研究
SONGHUIYAOJIGAO XINGFA YANJIU

马泓波　著

人民出版社 出版发行
（100706　北京市东城区隆福寺街 99 号）

中煤（北京）印务有限公司印刷　新华书店经销

2020 年 10 月第 1 版　2020 年 10 月北京第 1 次印刷
开本：710 毫米 ×1000 毫米 1/16　印张：24.25
字数：320 千字

ISBN 978 – 7 – 01 – 022439 – 8　定价：98.00 元

邮购地址 100706　北京市东城区隆福寺街 99 号
人民东方图书销售中心　电话（010）65250042　65289539